Mensch und Politik

Sozialkunde Bayern

Klasse 11

Christian Raps
Dr. Florian Hartleb

Schroedel

Mensch und Politik
Sozialkunde Bayern
Klasse 11

Christian Raps
Dr. Florian Hartleb

mit Beiträgen von Prof. Dr. Joachim Detjen, Katrin Krämer, Werner Launhardt,
Heinz-Peter Platen und Dr. Gerd Schnorrenberger

in Zusammenarbeit
mit der Verlagsredaktion

Das Werk wurde im Wesentlichen für das einstündige Fach Sozialkunde konzipiert.

© 2014 Bildungshaus Schulbuchverlage
Westermann Schroedel Diesterweg Schöningh Winklers GmbH, Braunschweig
www.schroedel.de

Das Werk und seine Teile sind urheberrechtlich geschützt. Jede Nutzung in anderen
als den gesetzlich zugelassenen Fällen bedarf der vorherigen schriftlichen Einwilligung
des Verlages. Hinweis zu § 52a UrhG: Weder das Werk noch seine Teile dürfen
ohne eine solche Einwilligung gescannt und in ein Netzwerk eingestellt werden.
Dies gilt auch für Intranets von Schulen und sonstigen Bildungseinrichtungen.

Druck A[1] / Jahr 2014
Alle Drucke der Serie A sind inhaltlich unverändert.

Redaktion: Dr. Shida Kiani
Umschlaggestaltung: Druckreif! Sandra Grünberg, Braunschweig
Layout: Janssen Kahlert, Hannover
Grafik: Langner & Partner, Hannover
Druck und Bindung: westermann druck GmbH, Braunschweig

ISBN 978-3-507-**11581**-1

INHALTSVERZEICHNIS

Vorwort 5

I. Struktur und Wandel der Gesellschaft in der Bundesrepublik Deutschland   7

1. Struktur der Gesellschaft in Grundzügen **8**
    1.1 Weniger und älter – Ursachen und Folgen der demografischen Entwicklung. 8
    Methode: Auswertung von Statistiken 14
    1.2 Retter in der Not? – Möglichkeiten und Grenzen der Zuwanderung 16
    1.3 So leben wir Deutschen – soziale Schichten, Lagen und Milieus. 22
    1.4 Bleibt alles (un-)gleich? – Formen sozialer Ungleichheit 28
    1.5 Auf dem Weg in eine offene Gesellschaft? – Soziale Mobilität. 34
2. Kontinuität und Wandel in der Gesellschaft **40**
    2.1 Bleibt die Familie? – Familie im Wandel 40
    2.2 Gleichberechtigt oder gleich? – Wandel im Verhältnis der Geschlechter 46
    2.3 Gleichheit oder Fairness? – Das deutsche Bildungssystem im Wandel 54
    2.4 Flexibel und mobil – die Arbeitswelt im Wandel 60
    Methode: Strukturwandel-Recherche im Rahmen eines Projekt- oder Studientages . . . 66
    2.5 Werteverfall oder neue Werte? – Werte im Wandel 68
3. Sozialstaat und soziale Sicherung **74**
    3.1 Grundlagen des Sozialstaats 74
    3.2 Prinzipien und Strukturen der sozialen Sicherung 80
    3.3 Herausforderungen für die Sozialpolitik I: das Generationenproblem [1] 86
    3.4 Herausforderungen für die Sozialpolitik II: Armut im Wohlstand [1] 94
    3.5 Herausforderungen für die Sozialpolitik III: die Integration von Migranten [1] 102
    Weiterführende Informationen 110

II. Grundzüge politischer Systeme der Gegenwart   111

1. Demokratischer Verfassungsstaat und freiheitsgefährdende politische Ordnungen . . **112**
    1.1 Menschenrechte in der Diktatur 112
    1.2 Menschenrechte in der Demokratie 118
    1.3 Gewaltenverschränkung in parlamentarischen Regierungssystemen:
         Großbritannien und Deutschland 124
    1.4 Gewaltenverschränkung im präsidentiellen Regierungssystem:
         die Vereinigten Staaten von Amerika 130
    Methode: Analyse einer politischen Rede 136
    1.5 Die Prinzipien des demokratischen Verfassungsstaats 138
    1.6 Diktaturen: Gegenpole zum demokratischen Verfassungsstaat 144
    1.7 Die Russische Föderation: Mischform zwischen Demokratie und Diktatur 150
2. Die Sicherung der Zukunftsfähigkeit der Demokratie **156**
    2.1 Herausforderungen und Problemlösungen im Politikfeld „Familie" [2] 156
    2.2 Herausforderungen und Problemlösungen im Politikfeld „Umwelt" [2] 162
    2.3 Herausforderungen und Problemlösungen im Politikfeld „Recht" [2] 168

2.4 Reformen im institutionellen Bereich 174
2.5 Weiterentwicklung des demokratischen Systems in Deutschland I:
der Föderalismus[3] 178
2.6 Weiterentwicklung des demokratischen Systems in Deutschland II:
repräsentative oder plebiszitäre Demokratie?[3] 184
2.7 Weiterentwicklung des demokratischen Systems in Deutschland III:
Reform des Wahlrechts?[3] 190
2.8 Chancen für Demokratisierungsprozesse in der Welt: Polen und Kroatien 196
Methode: Szenario „Die Zukunft der Demokratie gestalten" 202
2.9 Hemmnisse für Demokratisierungsprozesse in der Welt: der Iran 204
Methode: Anregungen zur Auswertung von Fotografien 210
Weiterführende Informationen 212

III. Operatorentrainer Sozialkunde[4] 213

1. Mögliche Operatoren des Anforderungsbereichs I 214
2. Mögliche Operatoren des Anforderungsbereichs II 215
3. Mögliche Operatoren des Anforderungsbereichs III 216
4. Gestalterische Aufgabenstellungen 217

IV. Leitfaden zur Erstellung einer Seminararbeit im Fach Sozialkunde[4] 221

1. Der Ablauf des W-Seminars im Überblick 222
2. Das Rahmenthema 222
3. Die Einführung in die Methoden des wissenschaftlichen Arbeitens 223
4. Exkursionen zu wissenschaftlichen Einrichtungen 223
5. Zwischen- und Abschlusspräsentation 223
6. Die Seminararbeit 224
    6.1 Allgemeines 224
    6.2 Äußere Form und Gestaltung 225
    6.3 Literaturrecherche 227
    6.4 Literaturauswertung und empirische Stoffsammlung 229
    Methode: „Oral History" 229
    Methode: Expertenbefragung 229
    6.5 Bibliografieren 230
    6.6 Zitate und Fußnoten 232
    6.7 Präsentation der Arbeit 234
    Methode: Präsentieren und Visualisieren 234

Glossar 236
Personenverzeichnis[5] 242
Stichwortverzeichnis 246
Bildquellenverzeichnis 248

[1, 2, 3] Von den hier angebotenen drei Unterkapiteln kann jeweils eines ausgewählt werden.
[4] zur fakultativen und eigenständigen Lektüre
[5] zur Vertiefung und Erweiterung

VORWORT

In der Informationsgesellschaft ist eine breite und vertiefte Allgemeinbildung die notwendige Bedingung dafür, sicher urteilen zu können und in der Gesellschaft Verantwortung zu übernehmen. Gerade das Fach Sozialkunde in der gymnasialen Oberstufe des Freistaats Bayern fördert die Entwicklung der Schülerinnen und Schüler zu verantwortungsbewussten Staatsbürgern und befähigt sie zu überlegtem und zielgerichtetem Handeln. Im Sinne der wertorientierten Persönlichkeitsbildung und vor dem Hintergrund der Internationalisierung von Hochschule und Arbeitswelt leistet der vorliegende Oberstufenband „Mensch und Politik" dabei einen wichtigen Beitrag sowohl als Orientierungs- und Lernhilfe wie als Impulsgeber für politisches Denken und demokratisches Engagement.

„Mensch und Politik" – Lernhilfe und Impulsgeber

Die Vorgaben des G8-Lehrplans in Bayern betreffen Inhalte, Didaktik und Methoden des Sozialkundeunterrichts. Angestrebt werden eine geschichtsbasierte und problemorientierte Vermittlung von Faktenwissen und eine methodengestützte Anleitung zum Verständnis der gesellschaftlichen Strukturen und des sozialen Wandels sowie aktueller politischer Entscheidungen und Reformbemühungen in der Bundesrepublik Deutschland. Beabsichtigt wird zugleich die Auseinandersetzung mit grundsätzlichen Fragen zu demokratischen und diktatorischen Ordnungen mit dem Ziel, eine wertorientierte Position zu entwickeln. Verlag und Autoren reagieren mit diesem Band auf diese vielfältigen Herausforderungen: „Mensch und Politik" ist passgenau zum G8-Lehrplan (einstündige Version) entwickelt worden und so angelegt, dass die in der 11. Jahrgangsstufe geforderten Kenntnisse im Fach Sozialkunde erworben werden können. Das Werk ermöglicht damit die sichere Vorbereitung auf das Abitur in Bayern.

sicher zum G8-Abitur

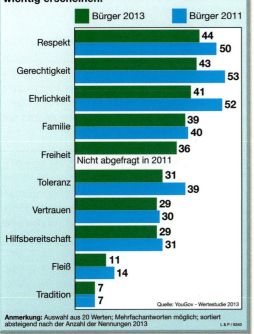

Die Reihe „Mensch und Politik" ist konsequent nach dem Doppelseitenprinzip aufgebaut. Die Doppelseiten bieten unterrichtspraktische Abschnitte und enthalten Autorentexte, Materialien und Aufgaben.

konzeptionelle Schwerpunkte

- Die ausführlichen Autorentexte entsprechen dem neuesten fachwissenschaftlichen Stand und stehen mit den Materialblöcken in einem Verhältnis von einem Drittel zu zwei Dritteln. Sie führen in die Teilthemen ein, vermitteln fundiertes Grundlagenwissen und eröffnen Perspektiven. Die Kernproblematik des Themas wird im Autorentext stets durch textliche wie bildliche Elemente umrissen. Akzente zur Geschichte der westlichen Demokratien erleichtern dabei den Brückenschlag zwischen historisch gewachsenen Bedingungen und gegenwärtigen Herausforderungen.
- Sorgfältig ausgewählte statistische und visualisierende Materialien bieten Zahlen, Fakten und kontroverse Bewertungen. Sekundärtexte bereiten das Thema auf, regen zur Problematisierung an und unterstützen die Sicherung von Grundlagenkenntnissen vor dem Hintergrund aktueller Nachrichten und zeitlos aktueller Debatten. Die Vielfalt der Materialien – Fotografien, Gemälde, Karikaturen, Statistiken, Karten und Texte unterschiedlicher Gattungen – eröffnet den Lehrenden Freiräume zur individuellen Schwerpunktsetzung und motiviert zugleich die Lernenden zur eigenständigen Lektüre des Lehrbuchs.
- Die Aufgaben am Ende eines jeden Themenabschnitts erschließen Autorentext und Materialien gleichermaßen, stoßen die Auseinandersetzung mit ihnen an und bereiten die Schülerinnen und Schüler auf Prüfungsfragen vor.

Wissenserwerb und Kompetenzgewinn

Wissenserwerb und Kompetenzgewinn wecken nicht nur das Interesse an politischen Strukturen und Prozessen, sondern bilden die Basis für Studierfähigkeit bzw. selbstständiges Lernen. Eigens hervorgehobene Methodenseiten dienen in diesem Sinne dem gezielten Methodenlernen, befähigen zur Bestimmung des eigenen Standpunkts und ermutigen zu handlungsorientierten Unterrichtsphasen, ohne aufzugeben, was Stand der Fachdidaktik ist.

„Operatorentrainer"

Der „Operatorentrainer" im Teil III des Bandes unterstützt die Schülerinnen und Schüler bei einer erfolgreichen Vorbereitung auf mögliche Operatoren und Aufgabenstellungen in Leistungskontrollen bis hin zur Abiturprüfung.

„Leitfaden zur Erstellung einer Seminararbeit"

Der „Leitfaden zur Erstellung einer Seminararbeit im Fach Sozialkunde" im Teil IV des Bandes richtet sich ebenfalls ausdrücklich an die Schülerinnen und Schüler und begleitet das wissenschaftsorientierte Arbeiten im Rahmen des Wissenschaftspropädeutischen Seminars. Punktuelle Querverweise in den Materialien ermöglichen in diesem Zusammenhang die rasche Verknüpfung verwandter Themenbereiche. Ein Glossar und ein Personenregister dienen der Vertiefung und weiterführenden Information.

Begleitband für Lehrerinnen und Lehrer

Bei Texten aus dem Internet werden stets das Portal und das Zugriffsdatum angegeben – denn der abgedruckte Text existiert in manchen Fällen nicht dauerhaft. Anhand der Homepage kann die Qualität der Quelle eingeschätzt und nach aktuellem Material gesucht werden. Ein Begleitband für die Hand der Lehrerin und des Lehrers mit der ISBN 978-3-507-11587-3 liefert Lösungsvorschläge zu den Aufgaben in diesem Schülerband sowie Arbeitsblätter, Extemporalien und Klausuren zu den Themen dieses Bandes.

Der besondere Dank der Autoren gilt Frau Melani Barlai, Frau OStRin Sigrid Raps sowie den Verlagsredakteuren, Frau Dr. Shida Kiani und Herrn Dr. Martin Reichinger, für ihre freundliche Unterstützung.

OStR Christian Raps, Tann
Dr. Florian Hartleb, Neuburg am Inn
im Juli 2014

I. Struktur und Wandel der Gesellschaft in der Bundesrepublik Deutschland

1. Struktur der Gesellschaft in Grundzügen

1.1 Weniger und älter – Ursachen und Folgen der demografischen Entwicklung

Der demografische Wandel in der Bundesrepublik Deutschland bewirkt, dass immer weniger junge immer mehr alten Menschen gegenüberstehen, d. h. auch immer weniger Arbeitnehmer immer mehr Rentnern – eine Herausforderung insbesondere für die sozialen Sicherungssysteme.

Demografie — Das Wort „Demografie" kommt aus dem Griechischen und bedeutet „Volk beschreiben". Demografie beschreibt also, wie sich Zahl und Struktur der Bevölkerung (z. B. Alter, Geschlecht, Familienstand, Lebensform, Kinderzahl, Religion) durch demografische Verhaltensmuster und Ereignisse (z. B. Familie gründen, heiraten, umziehen, sterben) verändern.

Bevölkerungsentwicklung — Die bisherige Entwicklung der Bevölkerungszahl in der Bundesrepublik Deutschland lässt sich in drei unterschiedliche Phasen gliedern:

1. Phase — In der 1. Phase, von 1945 bis 1974, kam es zu einer rapiden Bevölkerungszunahme. Die Gründe hierfür lagen zum einen in ansteigenden Geburtenziffern, dem sogenannten „Babyboom" bis Mitte der 1960er-Jahre, und zum anderen in drei Einwanderungswellen:
- Zwischen 1944 und 1950 strömten rund *acht Millionen Flüchtlinge und Vertriebene* aus den ehemaligen deutschen Ostgebieten nach Westen,
- zwischen 1949 und dem Bau der Berliner Mauer 1961 kamen etwa *drei Millionen DDR-Bürger* hinzu, die ihr Land Richtung Bundesrepublik verließen, und
- zwischen 1961 und 1974 folgten circa *dreieinhalb Millionen Ausländer* dem Ruf der Bundesregierung, um in Deutschland Arbeit zu finden.

2. Phase — In der 2. Phase, von 1974 bis 1986, stagnierte die Bevölkerungszahl mit einer leicht rückläufigen Tendenz, bedingt durch den Geburtenrückgang seit 1964 („Pillenknick") und das Ende größerer Einwanderungswellen ab 1974, ausgelöst durch den von der Bundesregierung 1973 verhängten Anwerbestopp für ausländische Arbeitnehmer. Von nun an folgte die Bevölkerungsentwicklung in der Bundesrepublik der Normalentwicklung von Industriegesellschaften. Die Spätwirkungen des Zweiten Weltkriegs, die sich gleichsam als „Nachholbedarf" im „Babyboom" positiv auf das generative Verhalten ausgewirkt hatten, waren überwunden. Dem Kausalzusammenhang entsprechend, dass die Geburtenrate in der Regel sinkt, wenn der sozioökonomische Entwicklungsstand einer Gesellschaft steigt, entstanden in Deutschland von den 1970er-Jahren an Geburtendefizite. Dies zeigt ein Blick auf die sogenannte Fruchtbarkeitsrate, also die Geburten je Frau: Lag diese im Jahr 1875 noch bei 5,0 Kindern, so liegt sie seit den 1970er-Jahren relativ konstant bei 1,4 Kindern. Um die natürliche Reproduktion einer Bevölkerung aufrechtzuerhalten, ist aber mindestens ein Wert von 2,08 Kindern nötig, ein Wert, wie ihn heute z. B. die USA erreichen.

Fruchtbarkeitsrate

In der 3. Phase, von 1986 bis 2005, kam es zu einem erneuten Bevölkerungswachstum in Deutschland, vor allem bedingt durch eine neue Einwanderungswelle der Spätaussiedler aus Osteuropa. Zudem hielten sich die Geburtendefizite in den letzten 30 Jahren in Grenzen, da sich in den 1980er- und 1990er-Jahren die geburtenstarken Jahrgänge der ersten beiden Nachkriegsjahrzehnte im Elternalter befanden. Diese große Elternzahl glich die geringe Kinderzahl einzelner Frauen in etwa aus.

3. Phase

Interpretiert man die Prognosen des Bundesamtes für Statistik richtig, so befindet sich die Bundesrepublik seit etwa 2005 in einer 4. Phase, der des irreversiblen Rückgangs der Bevölkerungszahl, vorausgesetzt, die Fruchtbarkeitsrate bleibt unter zwei Kindern und es wandern durchschnittlich pro Jahr nur 100 000 bis 200 000 Menschen zu. Als Hauptursachen für den Rückgang der Geburtenziffern werden genannt:

4. Phase?

Ursachen des Geburtenrückgangs

- *Funktions- und Strukturwandel der Familie:* Kinderreichtum dient heutzutage nicht mehr der Alterssicherung; Kinder werden häufig als finanzielle Belastung gesehen.
- *Emanzipation der Frau:* Kinder erschweren den Einstieg in die Arbeitswelt; dies kollidiert mit dem Wunsch vieler Frauen, berufstätig zu sein.
- *Mangelnde Vereinbarkeit von Familie und Beruf:* Vielerorts fehlen trotz des 2013 in Kraft getretenen Rechtsanspruchs kommunale, aber auch betriebliche Kinderbetreuungsplätze, die die Familien entlasten könnten.
- *Konsumdenken* und *aufwendiger Lebensstil.*
- *Zunehmende Ausrichtung der Gesellschaft an den Bedürfnissen Erwachsener.*

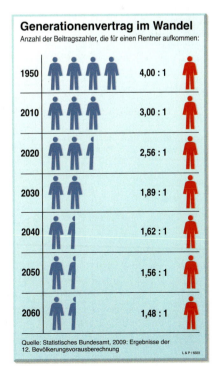

Demografischer Wandel heißt aber nicht nur Rückgang der Geburtenziffern, sondern parallel dazu auch Anstieg der Lebenserwartung. Diese hat sich allein im 20. Jahrhundert um rund 30 Jahre erhöht und beträgt heute für Männer etwa 78 und für Frauen etwa 83 Jahre. Die Ursachen für die gestiegene Lebenserwartung liegen im medizinischen Fortschritt, in der verbesserten Hygiene, der Unfallverhütung und sozialen Sicherung sowie allgemein in der Steigerung des Wohlstands. Die durch die steigende Lebenserwartung und den Geburtenrückgang bedingte Alterung der Gesellschaft ist unumkehrbar, erhöht die Kosten im Gesundheitswesen und erodiert allmählich die Grundlage der Alterssicherung, den Generationenvertrag. Dass die Anzahl der Beitragszahler, die für einen Rentner aufkommen müssen, stetig sinkt, hat schwerwiegende Folgen für die sozialen Sicherungssysteme in Deutschland. Geburtenrückgang und Alterung lassen sich andererseits aber durch Zuwanderung entschärfen.

MATERIAL
1 Die Entwicklung der Bevölkerungszahl in Deutschland

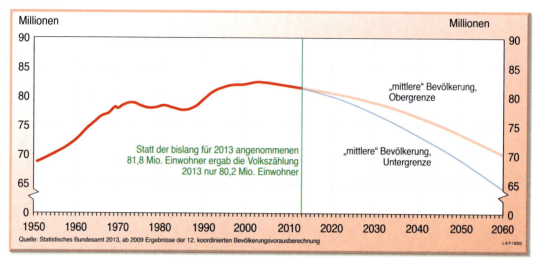

Quelle: Statistisches Bundesamt 2013, ab 2009 Ergebnisse der 12. koordinierten Bevölkerungsvorausberechnung

MATERIAL
2 Der Altersaufbau in Deutschland im Wandel der Zeit

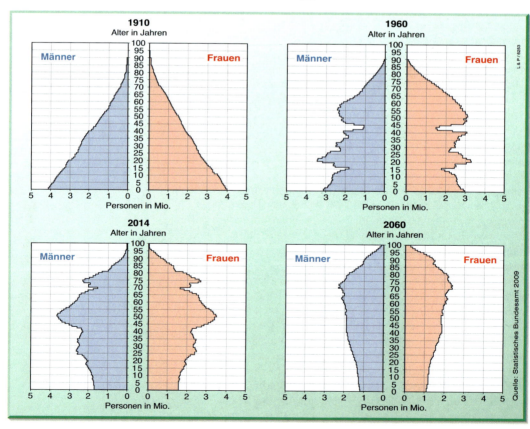

Quelle: Statistisches Bundesamt 2009

MATERIAL
Karikaturen 3

Zeichnung:
Thomas Plaßmann

Zeichnung:
Gerhard Mester

➡ Querverweis: Kapitel I.3.3

1. Analysieren Sie die Grafik M 1, beschreiben Sie die erkennbaren Entwicklungen und versuchen Sie unter Rückgriff auf Ihr geschichtliches Wissen, diese zu erklären.
2. Beschreiben Sie die grafischen Darstellungen in M 2 und suchen Sie nach Erklärungen für Ihre Erkenntnisse.
3. Lokalisieren Sie in den Grafiken M 1 und M 2 Ihren Jahrgang für die Jahre 2014 und 2060 und entwickeln Sie die Perspektiven, die sich für Sie persönlich ergeben.
4. Interpretieren Sie die beiden Karikaturen (M 3) und setzen Sie sie in Bezug zu M 1.

MATERIAL 4 Das Modell des ersten und zweiten demografischen Übergangs

Diesem Modell zufolge sind in vorindustriellen Agrargesellschaften Geburten und Sterbefälle sehr häufig. Die Geburtenrate übersteigt die Sterberate im Allgemeinen etwas. Dies kann als *vorindustrielle Bevölkerungsweise* bezeichnet werden. Im Ergebnis wächst dadurch die Bevölkerung einer Agrargesellschaft langsam. Dies ist jedoch mit viel Arbeit und Leid der Menschen erkauft. Dann beginnt dem Modell gemäß die Sterberate zu sinken. Mit anderen Worten: Die Lebenserwartung der Menschen steigt. Die Geburtenzahl bleibt einstweilen unverändert hoch. Das Resultat ist klar: Die Bevölkerung nimmt rasch zu. In einer weiteren Phase des „demografischen Übergangs" sinkt die Sterblichkeit weiter. Nun beginnt aber auch die Geburtenrate zu sinken. Die Menschen reduzieren die Zahl ihrer Kinder. Die Zahl der Bevölkerung wächst weiterhin. Sodann schwächt sich der Rückgang der Sterberate ab und stabilisiert sich. Die Lebenserwartung der Menschen wächst daher nur noch langsam. Die Geburtenrate jedoch schrumpft weiter. Das Bevölkerungswachstum verläuft also langsamer als bisher. Schließlich stabilisieren sich die Geburten- und die Sterberate auf niedrigem Niveau. Das heißt: Die Menschen bekommen nur noch wenige Kinder und leben recht lange. Dies lässt sich als *industriegesellschaftliche Bevölkerungsweise* bezeichnen. Da das Geburtenniveau immer noch etwas über dem der Sterblichkeit liegt, wächst die Bevölkerung langsam, ähnlich wie in der vorindustriellen Agrargesellschaft. […] [Während des zweiten demografischen Übergangs] sinkt nach der Phase der industriegesellschaftlichen Stabilisierung die Geburtenrate erneut. Sie gerät dauerhaft unter die Sterberate. Dadurch schrumpfen die Bevölkerungen postindustrieller Gesellschaften. Diese Bevölkerungsverluste werden durch andauernde Zuwanderungen mehr oder weniger ausgeglichen. Eine neue, relativ stabile *postindustrielle Bevölkerungsweise* entsteht. […]

Quelle: Stefan Hradil: Die Sozialstruktur Deutschlands im internationalen Vergleich, 3. Aufl., Wiesbaden 2010, S. 38 ff.

MATERIAL 5 Deutschland im Jahr 2050

Deutschland im Jahr 2050. […] Der Staat ist bankrott: Weil immer weniger Menschen arbeiten, sinken die Steuereinnahmen unaufhörlich. Gleichzeitig brauchen Rentenkasse und Krankenversicherungen immer höhere Zuschüsse. Der Staat ist überschuldet. Für Theater, Parks, Museen sind keine Mittel da. Selbst der Unterhalt von Straßen, Schulen oder Universitäten klappt nicht mehr. […] Die Sozialsysteme brechen zusammen: Weil Rentner weniger Beiträge an die Krankenversicherung zahlen als Arbeitnehmer, fehlen den Krankenkassen die Beiträge. Die Rentner bangen jeden Monat um ihr Geld, Pflegebedürftige werden nur noch verwahrt, wenn sie nicht aus eigener Tasche zuzahlen. […] Die Unternehmen wandern ab: In der alternden Gesellschaft sinkt die Nachfrage: Rentner kaufen weniger Handys, machen nicht jede Mode mit, fahren keine Sportwagen. […] Vollbeschäftigung bleibt ein Traum: Arbeit wird immer teurer. Deswegen brechen gerade im mittleren Einkommensbereich die Arbeitsplätze schneller weg, als die Zahl der Arbeitnehmer sinkt. Das Land stirbt: In ein vergreistes Land mit hohen Steuern wandert niemand ein. Wer gut ausgebildet und jung ist, macht sein Glück besser in den USA oder in Asien. Das gilt auch für Deutsche, die in großer Zahl auswandern werden, was den Niedergang der Sozialsysteme beschleunigt. […] Schleichend trennen sich die Wohngebiete der verschiedenen Altersgruppen: Junge ziehen in junge Gegenden, wo es noch Kindergärten und Schulen gibt. Altenghettos entstehen. […] Politiker kapitulieren: […] In der herrschenden Schicht wird der Ruf nach dem starken Staat laut. Der große gesellschaftliche Konsens, der das Land einst getragen hat, ist aufgekündigt.

Quelle: Jan Boris Wintzenburg: Wir haben ein Problem; in: Stern, Nr. 37/2003, S. 26–31

➡ Querverweis: S. 202 f., Methode

MATERIAL 6

Die demografische Revolution liegt schon hinter uns

Im Jahre 2300 sind die Deutschen ausgestorben. Das ist der Fluchtpunkt einer Debatte, die sich von der Panik nährt, dass wir Deutschen wegen der geringen Geburtenrate die Zukunft nicht meistern werden.

Dabei haben die Deutschen im vergangenen Jahrhundert demografisch größere Veränderungen bewältigt, als für die Zukunft erwartet werden. Die Lebenserwartung stieg um mehr als 30 Jahre, der Anteil der Jugendlichen an der Gesamtbevölkerung sank von 44 auf 21 Prozent, der Anteil der über 65-Jährigen wuchs von knapp 5 auf über 16 Prozent, also auf mehr als das Dreifache! Auch die Vorausberechnungen des Statistischen Bundesamtes für 2050 geben bei ganzheitlicher Sichtweise keinen Anlass zur Panik.

Zukunftspessimisten konzentrieren sich auf ein einziges Zahlenverhältnis: dass nämlich jeder Erwerbsfähige künftig 77 Prozent mehr Ältere wird versorgen müssen als heute. Doch diese Sichtweise blendet viele Einflussfaktoren aus. Ausgeblendet werden etwa die Kosten für die Versorgung von Kindern und Jugendlichen. Doch Kindergärten, Schulen, Hochschulen gibt es nicht zum Nulltarif, so wenig wie Essen, Kleidung und Wohnen. Deshalb kennt die amtliche Statistik auch den Gesamtversorgungsquotienten, in dem nicht nur die Kosten für Rentner, sondern auch die für Kinder berücksichtigt werden. Dieser Gesamtversorgungsquotient wird wegen abnehmender Kinderzahl bis 2050 nur um 37 Prozent oder 0,65 Prozent pro Jahr steigen. Um auf jene dramatischen 77 Prozent zu kommen, muss weiterhin die Arbeitslosenquote bis 2050 als konstant angenommen und zudem vom gleichen Renteneintrittsalter wie heute ausgegangen werden. Dass außerdem Produktivitätssteigerungen – die Ursache für die Erfolge des letzten Jahrhunderts – unberücksichtigt bleiben, versteht sich fast von selbst.

50-Jahres-Prognosen gehen von konstanten Verhältnissen in dem betrachteten Zeitraum aus, Strukturbrüche können nicht erfasst werden. Hätte Adenauer im Jahre 1950 für 2000 mehr als die Jahreszahl voraussagen können? Mindestens sechs bevölkerungswirksame Veränderungen konnte er nicht sehen, von der Pille bis zur Auflösung des Ostblocks. Und in unserer schnelllebigen Zeit soll es keine Strukturbrüche mehr geben?

Vor lauter Jammern über die kaum beeinflussbare Geburtenrate werden elementare Faktoren übersehen, die politisch und gesellschaftlich beeinflusst werden können, zum Beispiel Bildung und Beschäftigung. Wir bilden heute die Generation aus, die bis weit über 2050 hinaus die Versorgungsaufgaben trägt. Nur eine solide Bildung und Ausbildung kann sie dafür starkmachen. Aber dazu fehlt angeblich das Geld. [...] Wer die Geburtenrate als Grundlage allen Übels ansieht, sollte nach Frankreich schauen, wo die Geburtenraten höher, die Probleme aber deshalb nicht kleiner sind. [...]

Quelle: Gerd Bosbach: Die demografische Revolution liegt schon hinter uns; in: Welt am Sonntag vom 14.5.2006, S. 12

➡ Querverweis: S. 90 f., M 5–M 7

---

1. Erklären Sie das Modell des demografischen Übergangs (M 4) mit eigenen Worten und versuchen Sie anschließend, das Modell grafisch darzustellen.
2. Benennen Sie die Argumente, die der Autor von M 6 den Ängsten der Deutschen vor einer dramatischen Entwicklung der demografischen Verhältnisse entgegenhält.
3. Stellen Sie die Zukunftsszenarien M 5 und M 6 einander gegenüber. Diskutieren Sie Ihre Ergebnisse und entwickeln Sie in Gruppenarbeit ein eigenes Szenario zur Bevölkerungsentwicklung (S. 202 f.). Nehmen Sie dazu den Text von S. 8/9 zu Hilfe.
4. Recherchieren Sie im Internet (z. B. auf der Homepage der EU), ob die demografische Entwicklung bei unseren europäischen Nachbarn ähnlich verläuft wie in Deutschland, und präsentieren Sie Ihre Ergebnisse (z. B. mithilfe einer PowerPoint-Präsentation) in Ihrem Kurs (S. 234 f.).

Auswertung von Statistiken

Das moderne Leben ist ohne Statistiken nicht mehr vorstellbar: Kaum eine Woche vergeht, in der in den Medien nicht von statistischen Auswertungen die Rede ist. Vor allem in der Wissenschaft und in der Politik stellen Statistiken einen wichtigen Bestandteil der Kommunikation dar, liefern aktuelle und punktgenaue Informationen und dienen in Diskussionen und öffentlichen Debatten der Untermauerung eigener Ansichten.

Statistisches Material kann dem Interessierten in zwei verschiedenen Formen begegnen: als Tabelle oder als Grafik. Grafiken veranschaulichen die in Tabellen dargestellten Ergebnisse und sind daher übersichtlicher und leichter zu rezipieren; andererseits aber gelingt es ihnen manchmal nicht, Ergebnisse so detailliert zu beschreiben wie Tabellen. Bei der Analyse von Statistiken empfiehlt sich ein Vorgehen in drei Schritten:

1. Beschreibung
- Was ist das Thema der Grafik bzw. Tabelle?
- Wer ist der Hersteller bzw. der Auftraggeber der Statistik? Welche Rückschlüsse lässt dies zu? Auf welchen Quellen gründet das Material?
- In welcher Darstellungsform begegnet Ihnen das Material (Tabelle oder Grafik)?
- Welche Bezugsgrößen werden verwendet (z. B. Anzahl der ausländischen Arbeitnehmer in der Bundesrepublik/in Bayern/in Ihrem Landkreis)?
- Wie werden die Bezugsgrößen definiert (d. h., was versteht man unter dem Begriff „ausländischer Arbeitnehmer")?
- Um welche Zahlenarten handelt es sich (Angaben in Prozent/absoluten/gerundeten Zahlen)?
- Wo zeigen sich Leerstellen in der Erhebung? Welche Daten werden nicht repräsentiert oder erfasst?
- Welcher Zeitraum wird durch die Erhebung abgedeckt?

2. Analyse
- Welche Aussagen lassen sich aus dem statistischen Material ableiten? Lassen sich Kern- und Nebenaussagen unterscheiden?
- Welche Art von Antworten bekommen Sie von der Statistik? Beantworten diese Ihre Fragen?
- Welche Besonderheiten bzw. Auffälligkeiten bemerken Sie?
- Welche Thesen werden gestützt bzw. einer kritischen Analyse unterworfen?

3. Kritische Bewertung
- Erkennen Sie etwaige Unklarheiten oder Ungenauigkeiten?
- Ist die Statistik in sich stimmig und logisch aufgebaut?
- Wie aktuell sind die Zahlen bzw. Daten? Sind sie aktuell genug?
- Ist der abgedeckte Zeitraum für die Beantwortung Ihrer Fragen bzw. für die Erlangung wissenschaftlicher Erkenntnisse adäquat?
- Welche Aussageabsicht könnte der Verfasser der Statistik im Auge gehabt haben?
- Welcher Maßstab bzw. welche Proportionen wurden verwendet?

„Ich glaube keiner Statistik, die ich nicht selbst gefälscht habe." Dieses dem ehemaligen britischen Premierminister Winston Churchill (1874–1965) oftmals zugesprochene Zitat spielt darauf an, dass gerade die kritische Bewertung einer Statistik eines besonderen Augenmerks bedarf.

Viele Statistiken werden im Sinne des Verfassers oder Auftraggebers manipuliert oder gefälscht. Bei unseriösen oder schlecht ausgebildeten Statistikern können Unkenntnis, unvollständige Datenerhebungen oder falsche Fragetechniken zur Verzerrung von Ergebnissen führen; inkorrekte Ergebnisse stellen sich beispielsweise bei Suggestivfragen ein („Sie sind doch auch dafür, dass die Löhne steigen, oder?"). Die Art von Manipulation, die den Betrachter/die Betrachterin am stärksten irritieren kann, besteht jedoch in der bewussten grafischen „Verzerrung" von Ergebnissen:

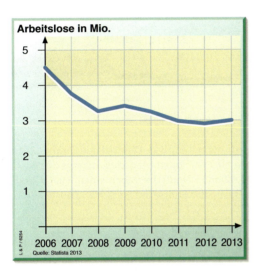

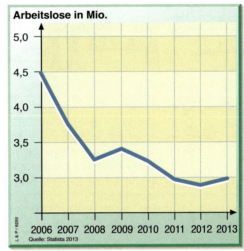

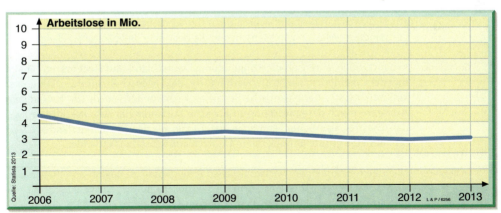

1. Erklären Sie, worin die Manipulation in den drei Grafiken besteht.
2. Prüfen Sie, welcher politischen Partei bzw. welcher Interessengruppe an welcher Form der grafischen „Aufbereitung" gelegen sein könnte. Begründen Sie Ihre Vermutung.

1.2 Retter in der Not? – Möglichkeiten und Grenzen der Zuwanderung

Zeichnung: Gerhard Mester

Zeichnung: Burkhard Mohr

Migration in Zahlen
Rund 6,6 Millionen Ausländer leben derzeit legal in Deutschland (Stand: 2014). Bei einer Gesamtbevölkerung von etwa 80,2 Millionen Menschen beträgt der Ausländeranteil damit 8,2 Prozent. Circa 9 Millionen Deutsche haben einen Migrationshintergrund. Damit stammt mittlerweile fast jeder Fünfte in Deutschland aus einer Zuwandererfamilie.

Vertriebene
Nach dem Ende des Zweiten Weltkriegs befanden sich rund 12 Millionen Deutsche aus den östlichen Gebieten des vormaligen Deutschen Reiches auf der Suche nach einer neuen Heimat. Die Aufnahme der Vertriebenen erfolgte gezwungenermaßen, war es doch undenkbar, den eigenen Landsleuten die Aufnahme zu verweigern. Mit dem deutschen „Wirtschaftswunder" wurde dann das scheinbar Unmögliche möglich: Die Integration dieser Massen von Menschen in die heimische Bevölkerung gelang.

Gastarbeiter
In den 1960er-Jahren, als die Konjunktur in Deutschland „auf Hochtouren" lief und der Bau der innerdeutschen Mauer verhinderte, dass Menschen aus der DDR übersiedeln konnten, musste der gigantische Bedarf an Facharbeitern sowie un- bzw. angelernten Arbeitern durch die Anwerbung zusätzlicher ausländischer Arbeitskräfte gedeckt werden. Diese „Gastarbeiter" kamen in erster Linie aus den Mittelmeerländern. Sie bilden bis heute die größte Gruppe der in Deutschland lebenden Ausländer.

Immigranten
Nach dem Einbruch der wirtschaftlichen Entwicklung zu Beginn der 1970er-Jahre und dem damit verbundenen Anstieg der Arbeitslosenzahl kam es in Deutschland zu einem Anwerbestopp ausländischer Arbeiter und im Anschluss zu einer Konsolidierungsphase: Die vormaligen Gastarbeiter, die eigentlich nur „auf Zeit" ins Land gekommen waren, wurden nun Einwanderer (Immigranten), die sich für immer in Deutschland niederließen und damit nicht nur ihre Arbeitskraft in die Gesellschaft einbrachten, sondern auch ihre kulturellen Besonderheiten, ihre Mentalität und ihre Religion.

Asylsuchende
Ab 1980 stieg die Anziehungskraft der Bundesrepublik als Asyl gewährendes Land immens: So verdoppelte sich die Zahl von Asylsuchenden 1980 im Vergleich zum Vorjahr auf über 100 000 Menschen. Nach dem Ende des Ost-West-Konflikts wuchs die Attrak-

tivität Deutschlands weiter, vor allem für Aussiedler aus Ost- und Südosteuropa und Bürgerkriegsflüchtlinge, etwa aus dem zerfallenden Jugoslawien. Vor dem Hintergrund der finanziellen Lasten der Wiedervereinigung jedoch reagierte die Bundesregierung auf die neuen Wanderungsbewegungen zurückhaltend. Dies zeigte sich konkret in der Verschärfung des Asylrechts 1993 sowie in einer latenten Vernachlässigung der Integration sowohl von Arbeitsmigranten, Asylsuchenden als auch von Spätaussiedlern, die staatlicherseits oft sich selbst überlassen wurden.

Spätaussiedler

Ab 1998 trat die Politik der Bundesregierung in die sogenannte „Akzeptanzphase" ein: So wurde im Jahr 2000 der Anwerbestopp durch die Einführung einer Greencard für IT-Spezialisten umgangen. Im Gegensatz zu den Gastarbeitern der 1950er-, 1960er- und 1970er-Jahre wurden jetzt – angesichts eines akuten Fachkräftemangels und angesichts sinkender Geburtenraten in Deutschland – junge und hoch qualifizierte Fachkräfte aus dem Ausland aktiv angeworben (engl.: „Brain Gain"). Ebenso trat 2000 ein offeneres Staatsangehörigkeitsrecht in Kraft, das die Zuwanderung und Integration erleichtern sollte: So wurde etwa die Wartezeit auf die Einbürgerung von 15 auf 8 Jahre verkürzt. Trotzdem blieb die Einbürgerungsquote mit circa 2 % unter dem europäischen Durchschnitt von etwa 5 %. Ende 2013 schließlich wurde durch die Große Koalition beschlossen, dass alle in Deutschland geborenen Kinder von Ausländern neben der Staatsbürgerschaft des elterlichen Heimatlandes auch die deutsche Staatsangehörigkeit dauerhaft haben dürfen. Ähnlich wie eine vorausschauende Familienpolitik kann auch eine sinnvolle Zuwanderungspolitik den demografischen Wandel verlangsamen – aufhalten kann sie ihn nicht. Eine zu hohe Einwanderungsquote überfordert überdies die Integrationsfähigkeit der einheimischen Bevölkerung und scheitert möglicherweise am Mangel an passenden Arbeitsplätzen.

Fachkräftemangel

Mit Inkrafttreten des ersten deutschen Zuwanderungsgesetzes 2005 wurde der Tatsache Rechnung getragen, dass Deutschland ein Einwanderungsland modernen Typs ist. Dabei bleibt es ein Anliegen der Politik, einerseits die Integrationschancen von Zuwanderern zu fördern, andererseits die Integrationsbereitschaft der Zuwanderer durch Maßnahmen wie den 2008 beschlossenen „Einbürgerungstest" gezielt zu fordern. Um Hochqualifizierten eine Niederlassung zu erleichtern, wurde 2012 die „Blaue Karte EU" eingeführt, die Absolventen eines anerkannten Hochschulabschlusses mit einem konkreten Arbeitsplatzangebot und einem Mindesteinkommen von 46 400 Euro beantragen können.

Zuwanderungsgesetz

Mit diesen Maßnahmen reagiert die Bundesregierung auch auf das Phänomen des „Brain Drain", denn viele in Deutschland geborene und sozialisierte Hochqualifizierte wandern vor allem in Richtung USA aus, wo sie eine höhere Bezahlung, bessere Karrierechancen oder günstigere Forschungsbedingungen erwarten. Für Deutschland aber hat das schwerwiegende Konsequenzen: Die Abwanderung junger und begabter Arbeitskräfte nämlich mindert die Innovations- und Wettbewerbsfähigkeit im Land, und wo keine Forscher sind, finden sich später auch keine kreativen Unternehmer.

Zeichnung: Leslie Gilbert Illingworth

MATERIAL 1 Ein- und Auswanderung 1991 bis 2012

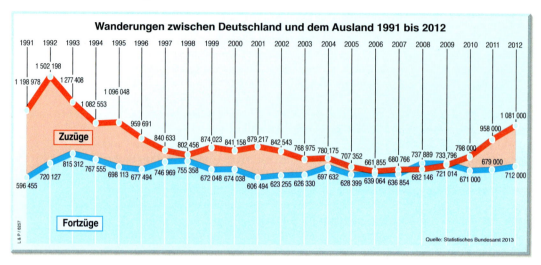

MATERIAL 2 Weiter hohe Zuwanderung nach Deutschland

Wiesbaden – Im Jahr 2012 sind nach vorläufigen Ergebnissen des Statistischen Bundesamtes (Destatis) 1 081 000 Personen nach Deutschland zugezogen. Dies waren 123 000 Zuzüge mehr als im Jahr 2011 (+ 13 %). Zuletzt hatte es eine solch hohe Zuwanderungszahl im Jahr 1995 gegeben. Aus Deutschland fort zogen im Jahr 2012 insgesamt 712 000 Personen, 33 000 mehr als im Jahr 2011 (+ 13 %). Bei der Bilanzierung der Zu- und Fortzüge ergibt sich für 2012 ein Wanderungsüberschuss von 369 000 Personen – dies ist ebenfalls der höchste Wert seit 1995.
Die positive Entwicklung der Zuzüge nach Deutschland im Jahr 2012 ist auf eine stärkere Zuwanderung von ausländischen Personen zurückzuführen [...] Die Zahl der Zuzüge deutscher Personen – dazu zählen Spätaussiedler und Deutsche, die aus dem Ausland zurückkehren – ist dagegen mit rund 115 000 gegenüber dem Vorjahr nahezu konstant geblieben.
Die Zuwanderung ausländischer Personen nahm hauptsächlich aus dem EU-Raum zu. Dabei erhöhte sich die Zuwanderung aus EU-Ländern, die von der Finanz- und Schuldenkrise betroffen sind, besonders deutlich. [...] Eine stärkere Zuwanderung im Vergleich zu 2011 gab es auch aus verschiedenen Ländern, die 2004 beziehungsweise 2007 der EU beigetreten sind. [...]
Aus den sonstigen europäischen Staaten, die nicht der EU angehören, erhöhte sich die Zuwanderung um 16 000 ausländische Personen (+ 14 %). Ebenfalls um 14 % stieg die Zuwanderung aus Afrika, aus Asien wanderten 10 % mehr Personen zu. Die Zuzüge aus Amerika blieben im Vergleichszeitraum nahezu unverändert.
Drei Viertel der Zuwanderung ausländischer Personen entfiel auf insgesamt fünf Bundesländer: Die Zuwandernden gingen vor allem nach Bayern (192 000 Personen), Nordrhein-Westfalen (186 000 Personen), Baden-Württemberg (171 000 Personen), Hessen (90 000 Personen) und Niedersachsen (89 000 Personen).
Von den 712 000 Abwanderern aus Deutschland waren 579 000 ausländische Personen (+ 40 000) und 133 000 deutsche Personen (– 7 000). [...]
Sowohl bei den Zuzügen als auch bei den Fortzügen lässt sich allerdings nicht unterscheiden, ob die Zu- beziehungsweise Abwanderer einen vorübergehenden oder einen dauerhaften Aufenthalt im Zielland planen.

Quelle: Statistisches Bundesamt Deutschland: Pressemitteilung Nr. 156 vom 7.5.2013; https://www.destatis.de/DE/PresseService/Presse/Pressemitteilungen/2013/05/PD13_156_12711.html; Zugriff am 18.1.2014

STRUKTUR DER GESELLSCHAFT IN GRUNDZÜGEN

MATERIAL
5,1 % mehr Einbürgerungen im Jahr 2012 3

Wiesbaden – Im Jahr 2012 wurden in Deutschland mehr als 112 300 Ausländerinnen und Ausländer eingebürgert. Dies waren nach Angaben des Statistischen Bundesamtes (Destatis) 5 400 Einbürgerungen mehr als 2011 (+ 5,1 %) und 10 800 mehr als 2010 (+ 10,6 %). Damit setzte sich die Entwicklung der letzten Jahre fort. Seit der Einführung des neuen Staatsangehörigkeitsrechts im Jahr 2000 war die Zahl der Einbürgerungen zunächst zurückgegangen – von 186 700 im Jahr 2000 auf 94 500 im Jahr 2008. Seither steigen die Zahlen wieder kontinuierlich an. […]

Wie schon in den Vorjahren wird die Liste der am häufigsten eingebürgerten Staatsangehörigkeiten von türkischen Staatsbürgern angeführt, gefolgt von Personen aus dem ehemaligen Serbien und Montenegro und seinen Nachfolgestaaten und aus Polen. […] Das ausgeschöpfte Einbürgerungspotenzial – also das Verhältnis von erfolgten Einbürgerungen zur Zahl jener Ausländerinnen und Ausländer, die seit mindestens zehn Jahren in Deutschland leben und damit alle Voraussetzungen erfüllen – betrug im Jahr 2012 durchschnittlich 2,4 %.

Quelle: Statistisches Bundesamt Deutschland: Pressemitteilung Nr. 281 vom 26.8.2013; https://www.destatis.de/DE/PresseService/Presse/Pressemitteilungen/2013/08/PD13_281_12511.html; Zugriff am 18.1.2014

 Querverweis: Kapitel I.3.5

MATERIAL
Ausländische Bevölkerung in Deutschland 1951 bis 2012 4

Quelle: Statistisches Bundesamt 2013; ab 2012 berichtete Zahlen nach der Volkszählung 2013

1. Berechnen Sie die Salden zwischen Zuzügen und Fortzügen (M 1) und suchen Sie mithilfe der Informationen auf S. 16/17 nach Ursachen für Auffälligkeiten.
2. Werten Sie M 1 bis M 3 aus. Beschreiben Sie den aktuellen Stand der Entwicklung.
3. Erörtern Sie anhand der Materialien dieser Doppelseite, inwieweit die Vorstellung realistisch ist, das Geburtendefizit durch Zuwanderung auszugleichen.
4. Analysieren Sie die Grafik M 4 und suchen Sie nach Ursachen für auffällige Anstiege beim Ausländeranteil an der Gesamtbevölkerung (S. 16/17).

MATERIAL

5 Die Krise lässt Deutschland wachsen

Deutschland wächst. Das ist in Zeiten des allseits beklagten Geburtenrückgangs eine ebenso gute wie erstaunliche Nachricht. […] Das Einwohnerplus ist der Zuwanderung zu verdanken, denn noch immer sterben in der Bundesrepublik mehr Menschen, als geboren werden. […]
Einen entscheidenden Einfluss auf die verstärkte Wanderbewegung hat offensichtlich die Finanz- und Eurokrise. Wie die Statistiker aus Wiesbaden unterstreichen, hat die Zuwanderung nach Deutschland aus den schwer angeschlagenen südeuropäischen Staaten der EU auf fast dramatische Weise zugenommen. […]

Offensichtlich aber hat es sich noch nicht bei allen Zuwanderern herumgesprochen, dass Deutschland sie mit offenen Armen empfängt. Eine Studie der OECD zeigt: Viele Zuwanderer verlassen Deutschland schnell wieder. […] Herbert Brücker, Migrationsexperte beim Institut für Arbeitsmarkt- und Berufsforschung (IAB), sieht es nicht allzu dramatisch, dass viele Zuwanderer relativ rasch ihr Gastland verlassen. Es gelinge eben nicht, allen eine geeignete Arbeitsstelle zu bieten, erklärt er. Allerdings müssten jene, die in Deutschland einen Job in Aussicht hätten, besser unterstützt werden. […] Auch Brücker hebt hervor: „Die Neuzuwanderer sind deutlich besser qualifiziert als der Durchschnitt der deutschen Bevölkerung." Mehr als 40 Prozent von ihnen besitze einen Hochschulabschluss – deswegen sei die Situation auch eine andere als in den 1960er-Jahren. In den Boomjahren der Bundesrepublik seien vor allem ungelernte Arbeiter aus dem Ausland gekommen. Für Brücker ist die aktuell hohe Zuwanderungsrate jedoch nur eine vorübergehende Erscheinung. Wenn die Eurokrise vorbei sei und sich die wirtschaftlichen Bedingungen in anderen Ländern wieder verbessern, werde die Zuwanderung wieder stark zurückgehen.

Zuwanderer 2012 in Tausend / **Veränderung zu 2011** in Prozent

- Portugal: 13 (+40 %)
- Spanien: 38 (+34)
- Italien: 45 (+37)
- Griechenland: 36 (+42)
- Bulgarien: 59 (+14)
- Ungarn: 55 (+23)
- Rumänien: 117 (+31)
- Polen: 184 (+7)

Quelle: Stuttgarter Zeitung online, 13.9.2013

Quelle: Knut Krohn: Die Krise lässt Deutschland wachsen, in: Stuttgarter Zeitung online, www.stuttgarter-zeitung.de/inhalt.zuwanderung-die-krise-laesst-deutschland-wachsen.3d8cf9f0-230f-427f-b3b6-bc0bb0345b92.html vom 13.9.2013; Zugriff am 18.1.2014

1. Analysieren Sie die Grafik M 5 und überprüfen Sie mithilfe des Textes, warum die hohe Zuzugsquote nicht von Dauer sein könnte.
2. Ermitteln Sie aus M 5 und M 6 die Defizite Deutschlands als Einwanderungsland.
3. Erarbeiten Sie aus M 7, worauf sich die Skepsis der deutschen Bevölkerung bezüglich der Zuwanderung gründet.
4. Interpretieren Sie die Karikatur auf S. 17 und führen Sie ausgehend von M 7 in Ihrem Klassenverband eine Debatte darüber, ob die Erhöhung der Zuwanderungsquote in Ihren Augen wünschenswert ist.
5. Verfassen Sie – basierend auf den Informationen in M 1 bis M 7 – einen Kommentar für Ihre Heimatzeitung zum Thema „Deutschland – ein Einwanderungsland?".

STRUKTUR DER GESELLSCHAFT IN GRUNDZÜGEN

MATERIAL
Warum Deutschland nicht die neue USA ist 6

Wie weit trägt der Zuwanderungsboom? Sind wir gar die neue USA, ein Land mit ungeheurer Anziehungskraft für Immigranten über Jahrzehnte hinweg? Experten sind skeptisch. Wirtschaftsforscher begrüßen zwar den steigenden Zustrom an Arbeitskräften als positiv für die deutsche Volkswirtschaft. Er ist ihnen aber nicht stark genug. „Gemessen an unserer guten ökonomischen Lage kommen viel zu wenig Menschen zu uns. Das ist noch weit weg von dem, was unser Arbeitsmarkt langfristig braucht", sagt Klaus Zimmermann, Direktor des Forschungsinstituts zur Zukunft der Arbeit (IZA) in Bonn. Deutschland ist auf Zuzügler angewiesen, um den demografischen Wandel aufzufangen. „Ohne stärkere Zuwanderung fehlen uns in zehn Jahren sechs Millionen Leute", sagt Zimmermann. [...]
Deutsche Jobs sind zwar attraktiv, doch Deutschland selbst ist es nicht. IZA-Direktor Zimmermann sagt es offen: „Das Image Deutschlands als Zuwanderungsland ist schlecht." England, Kanada oder die USA stünden in der Gunst von Auswanderern nach wie vor deutlich höher.
Aber warum ist das so? „Es fehlt nach wie vor am Selbstverständnis als Einwanderungsland", sagt IW-Mann Schäfer [IW: Institut der deutschen Wirtschaft]. Die gesetzlichen Zuwanderungshürden seien zwar in den letzten Jahren gesenkt worden, etwa durch niedrigere Einkommensgrenzen und die Einführung der Blue Card [Blaue Karte EU]. „Insgesamt sind die Regeln aber immer noch kompliziert und intransparent", kritisiert Schäfer. Auch Max Steinhardt, Migrationsforscher beim Hamburgischen Weltwirtschaftsinstitut sieht „bei der Willkommenskultur noch Luft nach oben". Vor allem bei den sogenannten weichen Faktoren könnten wir uns von den USA und Kanada noch einiges abschauen, sagt Steinhardt: „Neue Bürger muss man stärker an die Hand nehmen, ihnen bei bürokratischen Angelegenheiten helfen, sei es die Schulanmeldung der Kinder, der Einstieg in den Beruf oder die Anerkennung von Abschlüssen." Regionale Institutionen wie das Hamburger Welcome Center seien ein erster Schritt. „Aber flächendeckend, wie in den USA und Kanada, gibt es das noch nicht." Immerhin, sagt Steinhardt, gebe es mittlerweile einen politischen Konsens, dass Deutschland mehr Zuwanderung braucht. Diesen Weg müsse man nun weitergehen.

➡ Querverweis: S. 107, M 7

Quelle: Daniel Bakir: Warum Deutschland nicht die neue USA ist, in: Stern online, www.stern.de/wirtschaft/news/vermeintlicher-zuwanderungsboom-warum-deutschland-nicht-die-neue-usa-ist-2008037.html vom 7.5.2013; Zugriff am 18.1.2014

MATERIAL
Zwiespältigkeit in der Bevölkerung 7

Die Deutschen haben nach wie vor ein zwiespältiges Verhältnis zur Zuwanderung: Einer Studie zufolge hält die Mehrheit einerseits Deutschland für ein attraktives Einwanderungsland. Zugleich überwiegt andererseits die Skepsis gegenüber der Zuwanderung. [...]
Im Durchschnitt sind die Deutschen hin- und hergerissen, ob Zuwanderung eher nutzt oder schadet. So sagen sieben von zehn Befragten, Zuwanderung erleichtere die Ansiedlung internationaler Firmen und mache das Leben in Deutschland interessanter. 62 Prozent heben hervor, dass die Überalterung der Gesellschaft vermindert werde. Jeder Zweite betrachtet Zuwanderung als wirksames Mittel gegen Fachkräftemangel.
Dagegen sind jedoch knapp zwei Drittel der Befragten der Auffassung, Zuwanderung führe zu zusätzlichen Belastungen in den sozialen Sicherungssystemen, zu Konflikten mit Einheimischen und Problemen in den Schulen. Und weniger als jeder Zweite spricht sich in der Umfrage dafür aus, Einbürgerung zu erleichtern, doppelte Staatsbürgerschaft zu ermöglichen oder Anti-Diskriminierungsgesetze zu verschärfen.

Quelle: Zwei Drittel der Deutschen sehen Zuwanderung kritisch, in: Focus online (jp/dpa), www.focus.de/politik/deutschland/vorbehalte-und-skepsis-zwei-drittel-der-deutschen-sehen-zuwanderung-kritisch_aid_883318.html vom 17.12.2012; Zugriff am 18.1.2014

1.3 So leben wir Deutschen – soziale Schichten, Lagen und Milieus

Ständewesen Jeder Mensch ist – auf welche Weise und mit welcher Intensität auch immer, bewusst oder unbewusst – in die Gesellschaft eingebunden, in der er lebt. In der vorindustriellen Gesellschaft entschied die durch Geburt erworbene Standeszugehörigkeit über den Platz des Einzelnen in der Gesellschaft (Bauern/ Bürgertum, Adel oder Klerus); abgesehen vom Übertritt in den Stand der Geistlichkeit war ein sozialer Auf- oder Abstieg damals kaum möglich. Demgegenüber spielte und spielt in der Industriegesellschaft und insbesondere in der modernen Dienstleistungsgesellschaft die Geburt zwar immer noch eine große Rolle, die soziale Stellung des Individuums jedoch ist zunehmend veränderbar geworden.

Einer der Ersten, der im 19. Jahrhundert die Bevölkerung in verschiedene Gruppen gemäß jeweils ähnlicher sozialer Lagen untergliederte, war Karl Marx (1818–1883). Marx bezeichnete diese Gruppen als Klassen. Da das Klassenmodell aufgrund seiner ideologischen Überhöhung in Misskredit geriet, setzte der Soziologe Theodor Julius Geiger (1891–1952) in den 1930er-Jahren des 20. Jahrhunderts Marx das Konzept der sozialen Schicht entgegen. Trotz ihrer unterschiedlichen ideologischen Ausrichtung besitzen beide Konzepte einen gemeinsamen Kern:

„Das wird nicht ewig dauern."; Karikatur von 1789

Klassenmodell
- Eine Bevölkerung lässt sich in verschiedene Klassen/Schichten gliedern, denen die Menschen aufgrund ihrer Stellung zu den Produktionsmitteln (Boden, Arbeit, Kapital) sowie ähnlichen Eigentumsverhältnissen oder Berufen zugeordnet werden.
- Menschen aus ähnlichen sozialen Lagen machen ähnliche Erfahrungen, die wiederum ihr Verhalten, ihr Werte- und Normensystem, ihr Denken und ihre Mentalität beeinflussen. Die Menschen sind dadurch nicht zwingend schichtspezifisch determiniert. Die Wahrscheinlichkeit der Ausprägung einer „Schichtmentalität" ist jedoch hoch.
- Aus der Soziallage erwachsen schichttypische Lebenschancen und -risiken.

Schichtmodelle Schichtmodelle müssen stark vereinfachen, sozusagen die Komplexität der Wirklichkeit reduzieren. So unterscheiden z. B. das „Haus-Modell" des Soziologen Ralf Dahrendorf (1929–2009) aus den 1960er-Jahren bzw. das „Zwiebel-Modell" des Soziologen Karl Martin Bolte (*1925) aus den 1970er-Jahren jeweils nur sieben Schichten. Die Vereinfachung führt dazu, dass Schichtmodelle Verbesserungen oder Verschlechterungen in den Lebensumständen einer bestimmten Schicht nicht wiedergeben bzw. Wanderungen zwischen den Schichten nicht erfassen können. Unberücksichtigt bleibt auch die kulturelle Vielfalt der Menschen, die sich etwa in unterschiedlichen Mentalitäten und Lebensstilen zeigt. Zudem erfolgt eine Zuweisung zur jeweiligen Schicht nach dem Status des Hausvorstands, im Normalfall des Familienvaters. Dies wird der heutigen Vielfalt von Lebensformen nicht mehr gerecht.

Lagenmodelle Lagenmodelle versuchten von den 1980er-Jahren an, die traditionellen Schichtmodelle mehrdimensional zu ergänzen. Zu den vertikalen Ungleichheiten in einer Gesellschaft wurden nun ausgewählte horizontale Ungleichheiten hinzugenommen, um herauszufinden, welche materiellen Ressourcen und welche Lebenszufriedenheit an verschiedene Soziallagen geknüpft sind. Dazu wird das vertikale Schichtkriterium „Berufsstatus" mit den horizontalen Kriterien „Geschlecht", „Alter" und „Region" verbunden. So entstehen 64 Soziallagen, die ein differenzierteres Bild bieten als das Schichtmodell. Zurzeit stehen sich dabei zwei Extreme gegenüber: der Langzeitarbeitslose aus dem Osten Deutschlands und der leitende Angestellte bzw. höhergestellte Beamte aus dem Westen der Bundesrepublik. Auch Lagenmodelle haben zwei entscheidende Nachteile: Zum einen bleiben etliche weitere horizontale Ungleichheiten, wie z. B. der Familienstand, ohne Berücksichtigung, zum anderen ist es schwierig, eine gesellschaftliche Gesamtstruktur zu erkennen.

soziale Milieus Ebenfalls in den 1980er-Jahren entstand ein völlig neuer Ansatz zur Analyse der Sozialstruktur: die Erforschung sogenannter „sozialer Milieus". Während die eher traditionellen Schicht- und Lagenmodelle die Menschen zunächst nach ausgewählten Merkmalen in verschiedene Gruppen einteilen und in einem zweiten Schritt die typischen Lagen z. B. mit Lebenschancen oder Lebensstilen zu verknüpfen versuchen, folgen Milieumodelle einer umgekehrten Logik: Sie gruppieren die Menschen zunächst nach Ähnlichkeiten in Mentalität oder sozialem Umfeld (Region, Berufswelt etc.) in Milieus. Erst danach fragen sie, wie diese Milieus mit sozialstrukturellen Merkmalen (Geschlecht, Alter, Lebensform etc.) zusammenhängen. Die Verfechter dieses Ansatzes postulieren, dass Menschen, die eine ähnliche Mentalität besitzen oder in einem ähnlichen sozialen Umfeld leben, sich auch in ihren Werthaltungen, Lebensstilen und Lebenszielen gleichen. Wer also einem bestimmten sozialen Milieu angehört, kauft ähnliche Konsumgüter, erzieht seine Kinder auf ähnliche Weise und gibt meist auch derselben politischen Partei seine Stimme. Somit ist das Gefüge sozialer Milieus in gewisser Weise abhängig von der Schichtstruktur, es gibt z. B. typische Unterschicht- oder Oberschichtmilieus. Die Mentalität und das Werte- und Normensystem eines Menschen sind damit also auch abhängig von seiner beruflichen Qualifikation und seinem Bildungsstand. Auf der anderen Seite aber gibt die Zugehörigkeit zur Schicht nicht unbedingt Auskunft über die Zugehörigkeit zum Milieu, denn man findet innerhalb der einzelnen Schichten durchaus mehrere Milieus.

Sinus-Milieus Besonders bekannt sind die sogenannten Sinus-Milieus, die in der kommerziellen Markt- und Wahlforschung entwickelt wurden. Ziel solcher Milieustudien ist es, Produkte zu entwickeln, die von vornherein auf die Interessen und Wünsche bestimmter Zielgruppen (z. B. Jugendliche, Eltern, Migranten, Wohlhabende) zugeschnitten sind und deren Verkaufsfähigkeit damit erhöht werden soll.

Wasserstoffblond, viel Make-up und sonnenbankgebräunt – das Model Daniela Katzenberger spielt mit Klischees über prekäre Milieus.

MATERIAL

1 Modelle sozialer Schichtung I – die „Bolte-Zwiebel"

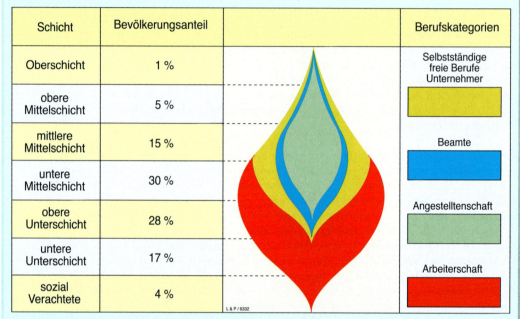

Modell zur sozialen Schichtung der Bevölkerung in der Bundesrepublik Deutschland (1960-er Jahre)

Schicht	Bevölkerungsanteil	Berufskategorien
Oberschicht	1 %	Selbstständige freie Berufe Unternehmer
obere Mittelschicht	5 %	
mittlere Mittelschicht	15 %	Beamte
untere Mittelschicht	30 %	
obere Unterschicht	28 %	Angestelltenschaft
untere Unterschicht	17 %	Arbeiterschaft
sozial Verachtete	4 %	

Nach: Karl Martin Bolte (u. a.): Beruf und Gesellschaft in Deutschland, Westdeutscher Verlag, Opladen 1970, S. 72

Anmerkung: Die Anteile der verschiedenen Schichten an der Gesamtbevölkerung beruhen auf regionalen Untersuchungen aus dem Jahr 1961 sowie auf Repräsentativerhebungen zum Statusaufbau der westdeutschen Bevölkerung aus den Jahren 1960 und 1961. Obwohl diesen Untersuchungen unterschiedliche Methoden zugrunde lagen, kamen sie zu einem ähnlichen Bild des Statusaufbaus der Bevölkerung.

Quelle: Karl Martin Bolte/ Stefan Hradil: Soziale Ungleichheit in der Bundesrepublik, Opladen 1988, S. 220

1. Ordnen Sie jeweils fünf im Erwerbsleben stehende, Ihnen bekannte Menschen gemäß deren Berufspositionen in die Grafik nach Bolte ein (M 1). Ordnen Sie die Menschen dann einer sozialen Schicht zu. Erklären Sie, nach welchen Kriterien Sie dabei vorgehen, und berichten Sie anschließend im Klassenverband, welche Probleme sich ergeben haben.
2. Gehen Sie bei den Grafiken M 2 und M 3 analog zur Aufgabe 1 vor und vergleichen Sie hernach Ihre Ergebnisse mit Ihren Erfahrungen bei der „Bolte-Zwiebel".
3. Führen Sie ein Streitgespräch darüber, inwieweit die Modelle M 1, M 2 und M 3 die Gesellschaft der Bundesrepublik Deutschland adäquat erfassen (können).
4. Interpretieren Sie die Karikatur auf S. 25 und setzen Sie deren Aussage in Bezug zu den anderen Materialien dieser Doppelseite. Diskutieren Sie, ob die Darstellung gerechtfertigt ist.

STRUKTUR DER GESELLSCHAFT IN GRUNDZÜGEN

MATERIAL 2
Modelle sozialer Schichtung II – das „Dahrendorf-Haus"

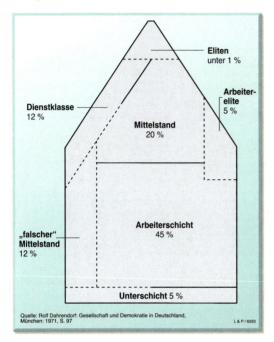

Quelle: Rolf Dahrendorf: Gesellschaft und Demokratie in Deutschland, München: 1971, S. 97

MATERIAL 3
Modelle sozialer Schichtung III – das „Geißler-Haus"

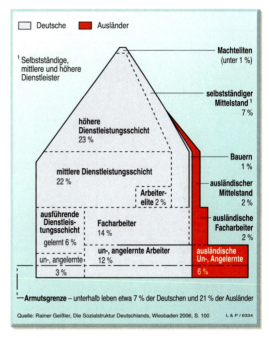

Quelle: Rainer Geißler, Die Sozialstruktur Deutschlands, Wiesbaden 2006, S. 100

Eliten: Führungskräfte in den verschiedenen gesellschaftlichen Bereichen;
Dienstklasse: z. B. nicht-technische Beamte und Verwaltungsangestellte;
Mittelstand: z. B. Selbstständige als alter Mittelstand, ferner Teile des neuen Mittelstands wie Wissenschaftler/-innen, Ingenieure;
falscher Mittelstand: z. B. Arbeitnehmer im Dienstleistungsbereich wie Kellner, Verkäufer;
Arbeiterelite: z. B. Facharbeiter/-innen mit besonderen Kenntnissen;
Arbeiterschicht: in sich vielfach gegliederte Schicht von Arbeitern/-innen im Produktionsbereich, auch Landarbeiter/-innen;
Unterschicht: „Bodensatz" der Gesellschaft, sozial Verachtete;

mittlere Dienstleistungsschicht: als abhängig Beschäftigte im Dienstleistungsbereich in einer Position mit gewissem Einfluss tätig, z. B. Bankfilialleiter/-innen, Amtsleiter/-innen, Lehrer/-innen;
ausführende Dienstleistungsschicht: abhängig Beschäftigte im Dienstleistungsbereich, die einfache Tätigkeiten verrichten, z. B. als Taxifahrer/-innen oder Postbote;
selbstständiger Mittelstand: Selbstständige mit überdurchschnittlichem Verdienst, z. B. Arzt/ Ärztin oder Steuerberater/-in mit jeweils eigener Praxis.

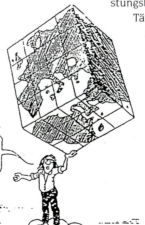

Zeichnung: Peter Leger

MATERIAL

4 Die Sinus-Milieus in Deutschland 2012

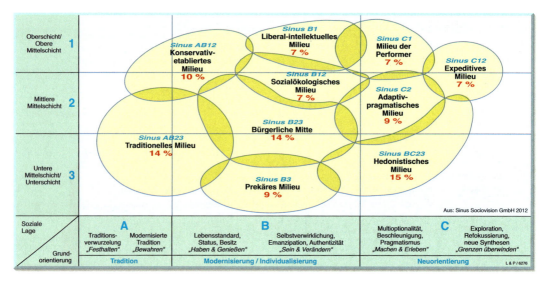

Aus: Sinus Sociovision GmbH 2012

Sinus C 2 – Adaptiv-pragmatisches Milieu (9 %): die mobile, zielstrebige junge Mitte der Gesellschaft: erfolgsorientiert und kompromissbereit, hedonistisch und konventionell, starkes Bedürfnis nach Flexibilität und Sicherheit;

Sinus C 12 – Expeditives Milieu (7 %): die stark individualistisch geprägte digitale Avantgarde: unkonventionell, kreativ, mental und geografisch mobil;

Sinus B 23 – Bürgerliche Mitte (14 %): der leistungs- und anpassungsbereite bürgerliche Mainstream: generelle Bejahung der gesellschaftlichen Ordnung; Streben nach beruflicher und sozialer Etablierung;

Sinus BC 23 – Hedonistisches Milieu (15 %): die spaßorientierte moderne Unterschicht/untere Mittelschicht: Verweigerung von Konventionen und Verhaltenserwartungen der Leistungsgesellschaft;

Sinus AB 12 – Konservativ-etabliertes Milieu (10 %): das klassische Establishment: Verantwortungs- und Erfolgsethik, Exklusivität und Führungsansprüche vs. Tendenz zu Rückzug und Abgrenzung;

Sinus B 1 – Liberal-intellektuelles Milieu (7 %): die aufgeklärte Bildungselite mit aufgeklärter Grundhaltung, postmateriellen Wurzeln, Wunsch nach selbstbestimmtem Leben;

Sinus C 1 – Milieu der Performer (7 %): die multi-optionale, effizienzorientierte Leistungselite mit global-ökonomischem Denken und stilistischem Avantgarde-Anspruch;

Sinus B 3 – Prekäres Milieu (9 %): die Teilhabe und Orientierung suchende Unterschicht mit starken Zukunftsängsten und Ressentiments: geringe Aufstiegsperspektiven und Rückzug ins eigene soziale Umfeld;

Sinus B 12 – Sozialökologisches Milieu (7 %): idealistisches, konsumkritisches/-bewusstes Milieu mit ausgeprägtem ökologischen und sozialen Gewissen: Globalisierungsskeptiker, Bannerträger von Political Correctness;

Sinus AB 23 – Traditionelles Milieu (14 %): die Sicherheit und Ordnung liebende Kriegs-/Nachkriegsgeneration: in der alten kleinbürgerlichen Welt bzw. in der traditionellen Arbeiterkultur verhaftet.

Quelle: Sinus Sociovision 2012, www.sinus-institut.de/loesungen/sinus-milieus.html; Zugriff am 18.1.2014

1. Erklären Sie den Aufbau der Grafik M 4.

STRUKTUR DER GESELLSCHAFT IN GRUNDZÜGEN

MATERIAL 5
Das Sinus-Jugendmilieus 2012

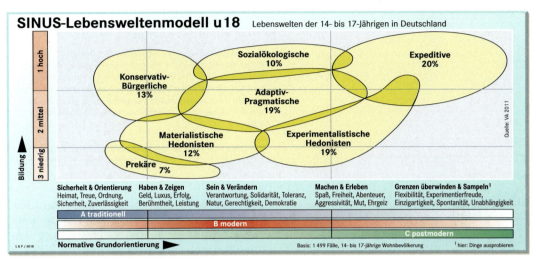

- Die sogenannten Prekären schämen sich oft für die soziale Stellung ihrer Eltern. Sie nehmen wahr, dass sie ausgegrenzt werden, und würden sich gern aus der eigenen Situation herausarbeiten, wissen aber nicht so richtig, wie sie das anstellen sollen.
- Die materialistischen Hedonisten setzen vor allem auf Konsum, wollen sich nicht kontrollieren lassen, keine Autoritäten akzeptieren, streben nach einem „gechillten Leben".
- Die experimentalistischen Hedonisten wollen ihr Leben einfach genießen und möglichst kreativ gestalten. Sie distanzieren sich vom Mainstream.
- Die Adaptiv-Pragmatischen sind so etwas wie die angepassten Neospießer: Sie orientieren sich am Machbaren, planen voraus, streben nach Wohlstand, wollen eigentlich nichts ändern.
- Die Sozialökologischen sind die, die sich am ehesten engagieren und andere von ihren Ansichten überzeugen wollen. Materialismus und Konsum sehen sie kritisch.
- Die Konservativ-Bürgerlichen finden Selbstdisziplin wichtiger als Selbstentfaltung. Es sind die Frühvergreisten unter den Jugendlichen, sie wollen, dass sich möglichst wenig ändert.
- Die Expeditiven werden von den Forschern als flexibel, mobil und pragmatisch beschrieben. Es sind die Hipster unter den Jugendlichen, sie wollen etwas leisten und sich selbst verwirklichen.

Quelle: Oliver Trenkamp/Frauke Lüpke-Narberhaus: Neue Sinus-Studie, in: Schulspiegel online, www.spiegel.de/schulspiegel/leben/sinus-jugendstudie-zeigt-wie-jugendliche-das-prekariat-ausgrenzen-a-824073.html vom 28.3.2013; Zugriff am 18.1.2014

1. Zeigen Sie auf, wodurch sich Schichtenmodelle (M1, M2, M3) vom Modell der Sinus-Milieus (M4, M5) unterscheiden.
2. Vergleichen Sie M4 und M5 und charakterisieren Sie die Unterschiede.
3. Ordnen Sie jeweils drei im Erwerbsleben stehende, Ihnen bekannte Menschen in M4 bzw. Freunde in M5 ein. Erklären Sie, nach welchen Kriterien Sie dabei vorgehen, und berichten Sie anschließend, welche Probleme sich ergeben haben.
4. Vergleichen Sie Ihre Ergebnisse mit denen Ihrer Arbeit an den Schichtmodellen M1, M2, M3. Begründen Sie, welche Zuordnungen leichter vorzunehmen waren.
5. Diskutieren Sie, ob die Sinus-Modelle die Gesellschaft der Bundesrepublik leichter erfassen können als die Schichtenmodelle (M1, M2, M3).

1.4 Bleibt alles (un-)gleich? – Formen sozialer Ungleichheit

> "I don't say he's a great man. Willie Loman never made a lot of money. His name was never in the paper. He's not the finest character that ever lived. But he's a human being, and a terrible thing is happening to him. So attention must be paid. He's not to be allowed to fall in his grave like an old dog. Attention, attention must finally be paid to such a person."
>
> *Linda Loman, über ihren Ehemann Willie; aus Arthur Millers „Death of a Salesman" (1949), 1. Akt*

Was ist „soziale Ungleichheit"? In allen menschlichen Gesellschaften gab und gibt es Unterschiede: Manche Menschen sind reicher oder mächtiger oder privilegierter als andere. Unter „sozialen Ungleichheiten" versteht man Unterschiede in den Lebensbedingungen wie etwa Bildung, Einkommen, Beruf, die es einigen Menschen ermöglichen, allgemein anerkannte Ziele wie Gesundheit, Wohlstand oder Ansehen besser oder schneller zu erreichen als andere Menschen.

Begriffsannäherung In erster Linie bezieht sich der Begriff der sozialen Ungleichheit auf Güter, die in einer Gesellschaft als „wertvoll" erachtet werden und die es ermöglichen, ein „gutes Leben" zu führen. Wertvoll sind in diesem Sinne aber nur solche Dinge, die knapp, d. h. nicht leicht zu bekommen sind. Kartoffeln als Grundnahrungsmittel z. B. waren in der Nachkriegszeit wertvoller als heute. Zweitens handelt es sich nur dann um eine Form von sozialer Ungleichheit, wenn die betreffenden Güter, z. B. die medizinische Versorgung eines Landes, einem Teil der Gesellschaft in größerem Umfang zur Verfügung stehen als einem anderen. Und schließlich bestehen soziale Ungleichheiten dort, wo sich Menschen wertvolle Güter deshalb leisten können, weil sie in der Struktur der Gesellschaft höhergestellt sind. In der zentralistischen Planwirtschaft der DDR beispielsweise konnten Parteifunktionäre die langen Wartefristen beim Erwerb eines Pkw umgehen oder hochwertigere Pkw („Lada", „Wartburg") kaufen, während sich der einfache DDR-Bürger meist mit dem Typ „Trabant" zufriedengeben musste, auf den er im Durchschnitt 16 Jahre wartete.

Chancen- und Verteilungsungleichheit Es existieren zwei Varianten von sozialer Ungleichheit: Als „Chancenungleichheit" wird die ungleiche Verteilung von Chancen unter bestimmten Bevölkerungsgruppen verstanden. So sind im deutschen Bildungssystem z. B. Migranten mit unzureichenden Sprachkenntnissen gegenüber Einheimischen benachteiligt. Als „Verteilungsungleichheit" wird die ungleiche Verteilung eines wertvollen Guts in der gesamten Bevölkerung bezeichnet. So bestehen z. B. Einkommensunterschiede zwischen einem Facharbeiter und einem Geschäftsführer.

Haushaltsnettoeinkommen und Gini-Koeffizient In einem marktwirtschaftlich orientierten Staat wie der Bundesrepublik Deutschland werden soziale Ungleichheiten durch einen Vergleich des Einkommens des Einzelnen mit dem gesellschaftlichen Durchschnittseinkommen ermittelt. Die Soziologie bezieht sich auf das Haushaltsnettoeinkommen, also alle Einnahmen, die einem Haushalt nach Abzug von Steuern und Abgaben zur Verfügung stehen. Als arm gelten demnach die Menschen, die weniger als 60 Prozent des durchschnittlichen Nettohaushaltseinkommens verdienen, als reich diejenigen, deren Einkommen mehr als doppelt so hoch ist wie das durchschnittliche Nettohaushaltseinkommen. Dieses lag im Jahr 2011 bei rund 3 000 Euro im Monat. Das Maß der Einkommensungleichheit bestimmt dabei meist der sogenannte Gini-Koeffizient. Er ist 0 (oder 0 %) bei völliger Gleichverteilung und 1 (oder 100 %) bei maximaler Ungleichverteilung. In Deutschland bewegt sich der Koeffizient seit Jahren um einen Wert von 0,28.

DIE SCHERE ZWISCHEN ARM UND REICH
Zeichnung: Martin Erl

Von den 1970er-Jahren bis etwa 2007 öffnete sich die Schere zwischen Arm und Reich stetig: So haben die einkommensschwächeren Schichten stetig leichte Realeinkommenseinbußen hinnehmen müssen, während auf der anderen Seite die einkommensstarken Bevölkerungsanteile leicht zugelegt haben. Seither kann man eine vorsichtige Umkehrung des Trends beobachten. *soziale Ungleichheit …*

Die Schere zwischen Arm und Reich öffnet sich also seit etwa einer Dekade nicht weiter, sondern zeigt eine leicht rückläufige Tendenz. Im Vergleich mit anderen Staaten wie Großbritannien oder den USA zeigt sich auch, dass die Einkommensungleichheit in Deutschland als unterdurchschnittlich bezeichnet werden kann. Weiterhin recht stark ungleich verteilt ist allerdings das Vermögen. *… in Einkommen und Vermögen,*

Neben dem Haushaltsnettoeinkommen gilt der ausgeübte Beruf als wichtiges Kennzeichen für soziale Ungleichheit, denn er bestimmt die Höhe des Einkommens. Der berufliche Werdegang eines Menschen wiederum wird stark von seinem Bildungsgrad beeinflusst. *… Beruf*

Bildung als Kennzeichen sozialer Ungleichheit ist damit der dritte wichtige Aspekt der Verteilungsungleichheit. Als Maßstab gelten hier die unterschiedlich langen Bildungs- und Ausbildungszeiten. Ein langer Ausbildungsgang verspricht heute mehr Prestige und ein höheres Einkommen als ein kurzer Bildungsweg. Die Bildungsexpansion in der jüngeren deutschen Geschichte hat jedoch dazu beigetragen, dass z. B. der ehemalige Einkommensvorsprung der Akademiker abgenommen hat. Gleichzeitig aber begünstigt die soziale Herkunft noch immer die Wahrscheinlichkeit, einen akademischen Abschluss zu erhalten und in die Elite des Landes aufzusteigen. Dies liegt neben dem höheren Bildungsgrad auch am schichtspezifischen „Habitus" (Aussehen, Auftreten, Charisma) des gehobenen Bürgertums. *… und Bildung*

Die Verteilungsungleichheit, die sich in den oben skizzierten Aspekten manifestiert, wird durch die funktionalistische Theorie der Ungleichheit der 1960er-Jahre gerechtfertigt. Die Theorie besagt, dass eine Leistungsgesellschaft ohne soziale Ungleichheit nicht auskommen kann. Wer das Leistungspotenzial eines Menschen und einer Gesellschaft mobilisieren will, muss Leistungsanreize schaffen und Leistungsunterschiede akzeptieren. Dass diese Theorie sich indirekt bestätigt hat, lässt sich an den planwirtschaftlichen Fehlversuchen aller kommunistischen Staaten ersehen. *funktionalistische Theorie der Ungleichheit*

MATERIAL 1 Soziale Ungleichheit und soziale Gerechtigkeit

Moderne Gesellschaften unterscheiden sich von traditionalen nicht durch das Vorhandensein sozialer Ungleichheit, sondern durch ihren Anspruch, über ein *legitimes* Gefüge sozialer Ungleichheit zu verfügen. Ob soziale Konflikte entstehen oder der gesellschaftliche Zusammenhalt stabil bleibt, hängt daher entscheidend davon ab, inwieweit die Menschen das Gefüge sozialer Ungleichheit als gerecht ansehen. [...]
Vorstellungen von *Leistungsgerechtigkeit* fordern, dass Menschen so viel erhalten sollen (Lohn, Schulnoten, Lob etc.), wie ihr persönlicher Beitrag und/oder ihr Aufwand für die jeweilige Gesellschaft ausmachen. Konzepte der Leistungsgerechtigkeit sehen also ungleiche Belohnungen vor, um die Menschen für ungleiche Bemühungen und ungleiche Effektivität zu belohnen, sie zur weiteren Anstrengung zu motivieren und so für alle Menschen bessere Lebensbedingungen zu erreichen.
Vorstellungen von *Chancengerechtigkeit* zielen darauf ab, dass alle Menschen, die im Wettbewerb um die Erlangung von Gütern und die Vermeidung von Lasten stehen, die gleichen Chancen haben sollen, Leistungsfähigkeit zu entwickeln und Leistungen hervorzubringen. [...]
Als bedarfsgerecht gelten Verteilungen, die dem „objektiven" Bedarf von Menschen entsprechen, insbesondere ihren Mindestbedarf berücksichtigen. Empirisch vorzufinden ist *Bedarfsgerechtigkeit* zum Beispiel in den unterschiedlichen Steuerklassen des Einkommensteuerrechts. [...]
Dem Konzept der *egalitären Gerechtigkeit* zufolge sollen Güter und Lasten möglichst gleich verteilt werden. [...]
Empirische Befunde zeigen, dass fast alle Menschen in Deutschland, allerdings leicht sinkende Anteile, Forderungen nach Leistungsgerechtigkeit zustimmen. Forderungen nach Chancengerechtigkeit und Bedarfsgerechtigkeit schließen sich die meisten, und zwar steigende Anteile der Menschen an. Forderungen nach gleicher Verteilung stimmt nur eine, allerdings ebenfalls steigende Minderheit der Menschen zu.

Quelle: Stefan Hradil: Soziale Ungleichheit, in: ders. (Hrsg.): Deutsche Verhältnisse, Bonn 2012, S. 181–184

MATERIAL 2 Haushaltsausstattung mit Konsumgütern 1960/62 bis 2013 (in Prozent)

	West					Ost					Gesamt
	1962	1973	1983	1988	2004	1960	1970	1983	1988	2004	2013
Pkw	27	55	65	68	77	3	16	42	52	71	77
Waschmaschine[1]	34	75	83	86	95	6	54[1]	87[1]	66	99	95
Gefrierschrank	3	28	65	70	75	0		91	29[3]	43	69	51
Geschirrspülmaschine	0	7	24	29	59					47	67
Telefon[2]	14	51	88	93	99		6	12	16	99	100
MP3-Player					12					10	45
Handy/Autotelefon					72					74	90
Farbfernsehgerät	0	15	73	87	96[4]	0	0	38[3]	52	98[4]	95[5]
Navi					4					3	46
Hi-Fi-Anlage	0	0	38	42	72					64	78
PC					64					61	85
Internetzugang					48					45	80

[1] West – Waschvollautomat. Ost 1970 und 1983 auch andere Waschmaschinen [3] 1985
[2] DDR – Anzahl der Hauptanschlüsse in Wohnungen je 100 Haushalte [4] 2002 [5] 2012

Quellen: West – Datenreport 1987, 115 (1962–1983); Euler 1988, 309 (1988); Ost – StatJb DDR 1984, 281 und 1990, 325 (1960–1988); StBA (2004); gesamt – Statistisches Bundesamt 2014, Ausstattung mit Gebrauchsgütern   ➡ Querverweis: S. 98, M 6

STRUKTUR DER GESELLSCHAFT IN GRUNDZÜGEN

MATERIAL
Soziale Gegensätze **3**

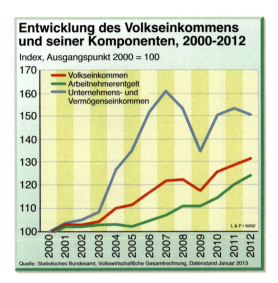

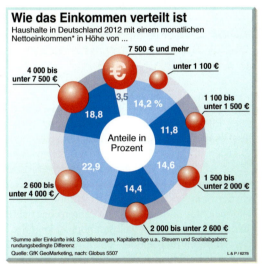

➡ Querverweis: S. 14f., Methode

1. Erarbeiten Sie aus M 1 die verschiedenen Arten sozialer Gerechtigkeit und erklären Sie, wann soziale Ungleichheit als „gerecht" empfunden wird.
2. Analysieren Sie die Tabelle M 2. Erläutern Sie anhand selbst gewählter Beispiele, welche Güter sich im Laufe der Zeit von „wertvollen" Gütern zu Gebrauchsgütern entwickelt haben. Welche der genannten Güter gelten heute als „wertvoll" (S. 28)? Um welche Güter würden Sie M 2 ergänzen?
3. Analysieren Sie die Grafiken in M 3 und verfassen Sie einen Artikel für Ihre Lokalzeitung, in dem Sie die gerade gewonnenen Informationen verarbeiten.

MATERIAL 4 Entwicklung der Haushaltsnettoeinkommen 2000–2010

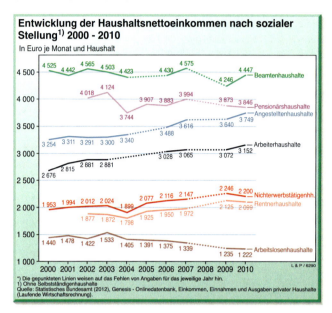

MATERIAL 5 Die Allensbacher Berufsprestige-Skala 2013

MATERIAL 6 Soziale Herkunft und Schulerfolg

Das deutsche Schulsystem wird einer neuen Studie zufolge nur sehr langsam gerechter. Nach wie vor steigen deutlich mehr Schüler ab als auf, heißt es in einer aktuellen Untersuchung der Bertelsmann-Stiftung. [...] Die Studie analysiert, wie gerecht und leistungsstark die Schulsysteme der 16 Bundesländer sind. Die Untersuchung vergleicht, ob sich die Bildungschancen im Schuljahr 2011/2012 im Vergleich zum Schuljahr 2009/2010 verbessert haben. Dabei gab es in den vergangenen Jahren zum Teil kaum Verbesserungen. So liegt der Studie zufolge das Leseverständnis der Grundschüler nahezu auf demselben Niveau wie vor zehn Jahren. Dies ist weiterhin stark von der sozialen Herkunft abhängig. Kinder aus niedrigen sozialen Schichten liegen bei der Lesekompetenz durchschnittlich ein Jahr zurück. Im deutschen Schulsystem gibt es auch weiterhin deutlich mehr Ab- als Aufstiege. Auf einen einzigen Wechsel von einer niedrigeren auf eine höhere Schulart in der Mittelstufe kommen 4,2 Wechsel in umgekehrter Richtung. Zwei Jahre zuvor lag das Verhältnis bei 1 zu 4,3.

Quelle: Bildungschancen an Deutschlands Schulen kaum verbessert (AFP/dpa), in: Die Zeit online, 24.6.2013; Zugriff: 18.1.2014

MATERIAL 7 Trugschluss

Hat irgendjemand etwas gegen ein sozial gerechteres Bildungssystem? Ich jedenfalls nicht. Mich lässt es nicht kalt, dass Arbeiterkinder schlechtere Chancen in der Schule, an der Uni und im Beruf haben als Kinder von Richtern, Managern oder Chefärzten. [...] „Soziale Herkunft prägt nach wie vor den Schulerfolg" – diese Überschrift war vor 100 Jahren richtig, und sie wird in 100 Jahren noch richtig sein! Denn bislang hat weltweit noch niemand [...] das Zaubermittel gefunden, den Einfluss der Familie auf den Bildungs- und Berufserfolg des Nachwuchses auszuschalten. Wie sollte das denn bitte in einem demokratischen Staat funktionieren? „Soziale Herkunft prägt nach wie vor den Schulerfolg" – diese Meldung hat in etwa den Nachrichtenwert von: „Wenn es regnet, wird die Erde nass." Doch die unterschwellige Botschaft lautet: Wenn wir an ein paar Schrauben drehen, dann können wir den Schulerfolg von der sozialen Herkunft entkoppeln. Das ist aber ein Irrglaube, wie viele Studien zeigen. Die Schule wird dadurch einem moralischen Druck ausgesetzt, unter dem sie nur scheitern kann.

Quelle: Thomas Kerstan: Schule muss mehr Bildungschancen bieten, in: Die Zeit online, 24.6.2013; Zugriff: 18.1.2014

MATERIAL 8 — Dimensionen sozialer Ungleichheit

1. Ungleiche soziale Sicherheit: Dazu zählen u. a. die ungleichen Arbeitsplatzrisiken und die ungleiche Güte der Absicherung im Falle der Arbeitslosigkeit. (So unterliegen Frauen, Ausländer, Unqualifizierte, ältere Arbeitnehmer und Behinderte einem erheblich höheren Risiko des Arbeitsplatzverlustes.) [...] Zur Ungleichheit der sozialen Sicherheit zählen aber auch ungleiche Gesundheitsrisiken (so ist z. B. die Wahrscheinlichkeit, Frühinvalide zu werden, für Arbeiter etwa doppelt so hoch wie für Angestellte) und Ungleichheiten in der Gesundheitsversorgung (z. B. schichtspezifische Disparitäten der Arztversorgung und des Arztkontakts). [...]

2. Ungleiche Arbeitsbedingungen: Arbeitsbedingungen können in sehr vieler Hinsicht soziale Ungleichheiten darstellen: Als wichtige Kriterien gelten u. a. Unfallgefahr, Gesundheitsrisiko, körperliche Belastung, Selbstständigkeit (zeitlicher und räumlicher Dispositionsspielraum, Anweisungsunabhängigkeit), Abwechslung, intellektuelle Anforderung, Anweisungsbefugnis, Kommunikations- und Interaktionschancen sowie die Dauer und die Lage der Arbeitszeit. [...]

3. Ungleiche Freizeitbedingungen: U. a. im Zusammenhang mit der Verkürzung der durchschnittlichen Arbeitszeit [...] gerieten auch Ungleichheiten der Freizeitsituation immer stärker ins Blickfeld. [...] Eine immer wichtigere Rolle dabei spielen ungleiche Zugangsmöglichkeiten zu öffentlichen Freizeitinfrastruktureinrichtungen (wie z. B. kulturelle Einrichtungen, Freizeitheime).

4. Ungleiche Wohn- und Wohnumweltbedingungen: Die Größe und Ausstattung von Wohnungen sowie die Beschaffenheit der Wohnumwelt werden in fortgeschrittenen Industriegesellschaften immer mehr zu den wesentlichen Lebensbedingungen der Menschen gezählt. [...]

5. Ungleiche soziale Beziehungen: Unter den mehr oder minder vorteilhaften Lebensbedingungen, die nicht so sehr von staatlichen Leistungen als vom Verhalten der Mitmenschen und diesbezüglichen Bedürfnissen geprägt sind, nehmen die sozialen Beziehungen eine bedeutende Stellung ein. So gilt in der Regel die Integration in soziale Beziehungsnetze als vorteilhaft und Isolation als Nachteil.

6. Ungleichbehandlung: Als letzte der „neuen", auf jeden Fall zu neuer Bedeutung gelangten Dimensionen sozialer Ungleichheit ist die ungleiche Behandlung von Menschen (d. h. Vorurteile, Diskriminierungen, Stigmatisierungen, Rollenstereotype etc.) zu nennen. Es war nicht zuletzt der Zustrom von „Gastarbeitern" und ihre oft vorurteilshafte Behandlung sowie die anhaltende, aber immer weniger hingenommene Benachteiligung von Frauen, die Ungleichbehandlungen zu einer als wesentlich empfundenen Dimension sozialer Ungleichheit machten.

Quelle: Stefan Hradil: Die „neuen" sozialen Ungleichheiten. Was man von der Industriegesellschaft erwartete und was sie gebracht hat, in: Ders. (Hrsg.): Sozialstruktur im Umbruch, Opladen 1985, S. 57f. ➡ Querverweis: Kapitel I.3.4

---

1. Erklären Sie mithilfe von M 4, inwiefern das Haushaltsnettoeinkommen mit dem ausgeübten Beruf zusammenhängt. Weisen Sie nach, ob und in welchem Ausmaß sich die Schere zwischen Arm und Reich weiter geöffnet hat.
2. Zeigen Sie anhand von M 5, dass der ausgeübte Beruf nicht nur einkommensbezogen ein wichtiger Maßstab für soziale Ungleichheit ist.
3. Erläutern Sie ausgehend von M 6, warum Bildung ein wichtiger Maßstab für soziale Ungleichheit ist.
4. Führen Sie ausgehend von M 7 eine Diskussion darüber, inwieweit sich soziale Ungleichheit in einer Demokratie durch Bildung ausgleichen lässt.
5. Stellen Sie die Dimensionen sozialer Ungleichheit zusammen (M 8) und bewerten Sie diese im Vergleich zu den „traditionellen" Kennzeichen.

1.5 Auf dem Weg in eine offene Gesellschaft? – Soziale Mobilität

Was ist „soziale Mobilität"? Ähnlich wie Mobilität die Fähigkeit einer Person beschreibt, von einem Ort A zu einem anderen Ort B zu wechseln, spricht man von sozialer Mobilität, wenn Personen die Möglichkeiten und Fähigkeiten besitzen, innerhalb ihrer Gesellschaft zwischen sozialen Positionen, vor allem zwischen Schichten oder Berufsgruppen, zu wechseln.

Generationen- und Karrieremobilität Geläufig ist die Unterscheidung zwischen der Generationenmobilität, d. h. dem Wechsel der Kindergeneration in eine andere Schicht als die der Elterngeneration, und der Karrieremobilität. Letztere bezeichnet den Wechsel zwischen Schichten, den ein Individuum im Laufe seines Lebens vollzieht. Auch lässt sich unterscheiden zwischen der vertikalen Mobilität, also dem sozialen Auf- bzw. Absteigen, und der horizontalen Mobilität, womit z. B. ein Wohnortwechsel gemeint sein kann. Der Soziologe Theodor Geiger (1891–1952) trennt individuelle Mobilität, den Schichtwechsel von Individuen, von kollektiver Mobilität, dem Schichtwechsel einer ganzen Gruppe.

Strukturwandel Nach Geiger bewegen sich aber nicht nur Individuen permanent zwischen den Schichten. Auch das Schichtgefüge selbst befindet sich in Bewegung, hervorgerufen durch den Strukturwandel. Durch den Bedeutungsverlust zunächst des primären und später auch des sekundären Sektors etwa wanderten seit den 1970er-Jahren immer mehr Menschen in den tertiären Sektor und ergriffen Berufe in Unternehmen, die sich auf die Erbringung von Dienstleistungen spezialisiert haben. So hat sich hierzulande der Wandel zur Dienstleistungsgesellschaft vollzogen, die wiederum selbst im Wandel begriffen ist.

Zunahme der sozialen Mobilität In der unmittelbaren Nachkriegszeit deutete alles auf eine verstärkte soziale Mobilität hin: Der „totale Krieg" hatte die totale Niederlage zur Folge, und so mussten alle Bundesbürger von vorne beginnen. Nicht zuletzt durch die Einführung der Sozialen Marktwirtschaft und das in den 1950er-Jahren einsetzende Wirtschaftswunder schienen den Menschen dabei alle Wege offenzustehen. Auf der anderen Seite sprachen aber auch Aspekte gegen eine gesteigerte soziale Mobilität, wie z. B. das Lastenausgleichsgesetz, das den Vertriebenen aus dem Osten Kompensation für verlorenen Besitz zuerkannte und damit den vormals Besitzenden wieder zum alten Status verhalf. Die Entwicklung der letzten 60 Jahre zeigt, dass die soziale Mo-

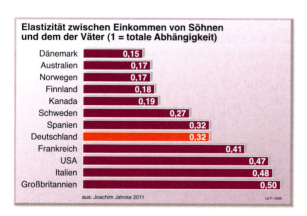

Elastizität zwischen Einkommen von Söhnen und dem der Väter (1 = totale Abhängigkeit)

Dänemark	0,15
Australien	0,17
Norwegen	0,17
Finnland	0,18
Kanada	0,19
Schweden	0,27
Spanien	0,32
Deutschland	0,32
Frankreich	0,41
USA	0,47
Italien	0,48
Großbritannien	0,50

aus: Joachim Jahnke 2011

bilität in der Bundesrepublik schwach, aber kontinuierlich zugenommen hat. Anders ausgedrückt: Die Zahl der Söhne und Töchter, die in der Schicht ihrer Eltern verbleiben, ist stetig geschrumpft.

Die Wahrscheinlichkeit, sozial aufzusteigen, war dabei stets höher als umgekehrt. Vor allem Kindern aus den unteren und mittleren Schichten gelang und gelingt so der Aufstieg in die Schichten der gehobenen bzw. höheren Angestellten und Beamten. Ebenfalls zugenommen hat die Karrieremobilität, wenngleich diese im internationalen Vergleich relativ gering ausfällt, da hierzulande die berufliche Stellung besonders stark vom Ausbildungsniveau abhängt.

Hinter all diesen Entwicklungen stehen zwei wichtige Aspekte des Strukturwandels:
- In dem Maße, wie sich die Bundesrepublik ab den 1970er-Jahren von der Industrie- zur Dienstleistungsgesellschaft entwickelte und der Bedarf an einfachen (Fabrik-)Arbeiten und niedrig qualifizierten Tätigkeiten sank, ist der Bedarf an hoch qualifizierten Fachkräften und insbesondere an akademisch ausgebildeten Personen kontinuierlich gestiegen. Dadurch wachsen die oberen Schichten. Die mittleren Schichten aber schrumpfen bzw. stagnieren, denn es wird eine Aufstiegsmobilität erzwungen, die zugleich einen Abstieg großer Personengruppen verhindert.

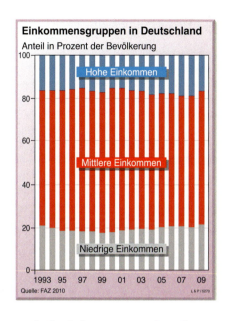

Wachstum der oberen Schichten

- Zweitens dominieren durch den Strukturwandel die eher offenen Bildungsschichten in der gesellschaftlichen Entwicklung die althergebrachten, relativ geschlossenen Besitzschichten, z. B. den alten Mittelstand. Da jedoch ein Wechsel in eine Schicht, die auf Besitzvermögen angewiesen ist, wesentlich schwieriger ist als in eine Schicht, bei der geistiges Kapital eingebracht werden muss, öffnet sich durch die Aufstiegsmöglichkeiten in die höheren Dienstleistungsschichten die Sozialstruktur.

Dominanz der offenen Bildungsschichten

Für Frauen gelten zum Teil andere Rahmenbedingungen. Ihnen gelingt der soziale Aufstieg nicht in dem Maße wie den Männern. Frauen stoßen in etwa ab der oberen Mittelschicht auf Barrieren. Oft fällt es ihnen schwerer als Männern, den Status zu halten. Dieses Defizit kann der Heiratsmarkt nur bedingt ausgleichen, da oft schichtintern geheiratet wird. So sind Verbindungen zwischen Männern, die der Elite entstammen, und Frauen aus der unteren Schicht äußerst selten. Der umgekehrte Fall ist nahezu nicht existent.

Barrieren für Frauen

Die Forscher des Kölner Instituts der Deutschen Wirtschaft (DIW) haben herausgefunden, dass den meisten Menschen am unteren Rand der Gesellschaft die „Flucht nach oben" gelingt. So befanden sich nur 17 Prozent von den Personen, die 2005 in der untersten Einkommensgruppe waren, 2011 noch dort. Der soziale Aufstieg gelingt entgegen der landläufigen Meinung in Deutschland oft und ist in den meisten Fällen dauerhaft: Zwei Drittel der „Aufsteiger" waren auch nach sechs Jahren nicht abgestiegen. Der Schlüssel zum sozialen Aufstieg ist der Bildungsgrad. Wie die obere Grafik zeigt, steht allerdings jedem Aufsteiger ein Absteiger gegenüber: Soziale Mobilität erfolgt also immer in beide Richtungen.

„Verfestigung der Einkommensschichten"

MATERIAL 1 — Auswirkungen des Wirtschaftswunders

1952 beruhigte sich der Preisauftrieb. […] Die erheblichen Lohnsteigerungen der 1950er-Jahre blieben den Arbeitnehmern also so gut wie erhalten. […] Mit steigendem Wohlstand stieg auch der private Verbrauch […], die Spareinlagen wuchsen zwischen 1950 und 1956 auf das Sechsfache an. […] Die Entwicklung der Arbeitslosigkeit rundete das positive Bild ab. […] Die Industrie klagte über den Mangel an Facharbeitern, die Unternehmen machten sich mit Zusatzprämien und anderen Anreizen gegenseitig die Arbeiter abspenstig.

Quelle: Jürgen Weber (Hrsg.): Die Bundesrepublik wird souverän 1950–55, München 1991, S. 266f.

MATERIAL 2 — Die Währungsreform

Verteilungspolitisch war die Währungsreform eine krasse Ungerechtigkeit. Während die Besitzer von Produktionsgütern und Sachmitteln keine Opfer bringen mussten, während Schuldner über Nacht neun Zehntel ihrer Verpflichtungen ledig waren, wurden die Kleinsparer praktisch enteignet. Die sozial Schwachen waren auch die Hauptbetroffenen der rasanten Preissteigerungen, mit denen nach der Preisfreigabe der Handel den ersten Konsumrausch der Verbraucher ausnutzte. […]

Quelle: Jürgen Weber (Hrsg.): Das Entscheidungsjahr 1948, München 1986, S. 175

MATERIAL 3 — Vererbungsraten – Anteil von Männern und Frauen, die die gleiche berufliche Position einnehmen wie ihre Väter, nach sozialer Herkunft (in %)

	Westdeutschland				Ostdeutschland	
	1976–1980	1981–1990	1991–1999	2000–2010	1991–1999	2000–2010
Männer						
obere Dienstklasse	44	49	46	42	26	27
untere Dienstklasse	37	31	31	31	24	24
einfache Routinetätigkeiten	11	16	13	16	–	–
Selbstständige	21	26	21	20	22	21
Landwirte	21	21	25	16	–	–
Facharbeiter/Meister	49	48	50	41	63	54
ungelernte Arbeiter/Tätigkeiten	25	27	24	30	18	29
Frauen						
obere Dienstklasse	15	26	28	32	21	25
untere Dienstklasse	41	33	38	39	37	40
einfache Routinetätigkeiten	38	46	38	42	–	33
Selbstständige	12	11	15	12	24	–
Landwirte	12	10	9	9	–	–
Facharbeiter/Meister	9	8	11	8	22	17
ungelernte Arbeiter/Tätigkeiten	47	45	38	39	36	33

– Fallzahlen zu gering; Datenbasis: ALLBUS, SOEP, ZUMA-Standarddemografie, 1976–2010

Quelle: Statistisches Bundesamt (Hrsg.): Datenreport 2011, Band 1, Bonn 2011, S. 183

1. Benennen Sie die Faktoren, die in den ersten Nachkriegsjahren die soziale Mobilität in der Bundesrepublik begünstigten bzw. blockierten (M 1, M 2).

STRUKTUR DER GESELLSCHAFT IN GRUNDZÜGEN

MATERIAL 4

Erwerbstätige im Inland[1] nach Wirtschaftssektoren[2] (1950 bis 2012)

Jahr	insgesamt 1 000	Land- und Forstwirtschaft, Fischerei (primärer Sektor) Anteil in %	produzierendes Gewerbe (sekundärer Sektor) Anteil in %	übrige Wirtschaftsbereiche, Dienstleistungen (tertiärer Sektor) Anteil in %
2012	41 619	1,6	24,7	73,7
2011	41 164	1,6	24,7	73,7
2010	40 603	1,6	24,6	73,8
2009	40 370	1,7	25,0	73,4
2008	40 348	1,7	25,5	72,9
2007	39 857	1,7	25,4	72,9
2006	39 192	1,6	25,5	72,8
2005	38 976	1,7	25,8	72,4
2004	39 034	1,8	26,4	71,9
2003	38 918	1,8	26,9	71,3
2002	39 257	1,8	27,5	70,7
2001	39 485	1,8	28,2	70,0
2000	39 382	1,9	28,7	69,4
1995	37 802	2,3	32,3	65,4
1990	30 409	3,5	36,6	59,9
1985	27 608	4,4	38,1	57,5
1980	27 420	5,1	41,1	53,8
1975	26 248	6,6	42,4	51,0
1970	26 589	8,4	46,5	45,1
1965	26 755	10,7	49,2	40,1
1960	26 063	13,7	47,9	38,3
1955	22 500	18,5	47,1	34,4
1950	19 570	24,6	42,9	32,5

Quelle: Ergebnisse der Erwerbstätigenrechnung in der Abgrenzung der Volkswirtschaftlichen Gesamtrechnungen (VGR)
[1] bis 1990 früheres Bundesgebiet; 1950 bis 1959 ohne Berlin und Saarland
[2] 1950 bis 1969: Klassifikation der Wirtschaftszweige, Ausgabe 1979 (WZ1979); 1970 bis 1990: Klassifikation der Wirtschaftszweige, Ausgabe 2003 (WZ2003). Ab 1991 Klassifikation der Wirtschaftszweige, Ausgabe 2008 (WZ2008)

Quelle: Statistisches Bundesamt; Stand: 14.10.2013

➡ Querverweis: Kapitel I.2.4

1. Überprüfen Sie auf Grundlage von M 3, ob und in welchem Ausmaß in der Bundesrepublik von sozialer Mobilität gesprochen werden kann. Welche Besonderheiten lassen sich feststellen?
2. Analysieren Sie die Tabelle in M 4, visualisieren Sie die Daten in einer Grafik und überlegen Sie, inwieweit sich der hier dargestellte Wandel auf die soziale Mobilität auswirkt bzw. ausgewirkt hat.
3. Verfassen Sie mithilfe der Daten in M 3 und M 4 einen Artikel für Ihre Heimatzeitung. Greifen Sie dazu auch auf die Ergebnisse der Aufgaben 1 und 2 zurück.
4. Erwägen Sie unter Berücksichtigung der Grafiken auf S. 34/35, wie sich die soziale Mobilität in Deutschland steigern und auf das Niveau der skandinavischen Länder heben ließe.
5. Recherchieren Sie im Internet die Gründe für die hohe soziale Mobilität in den skandinavischen Ländern (Dänemark, Finnland, Norwegen, Schweden).

MATERIAL 5 Der soziale Aufstieg ist in Deutschland die Regel

Den meisten Menschen, die in Deutschland am unteren Rand der Gesellschaft leben, gelingt früher oder später der Aufstieg. Dies ist das Ergebnis einer Studie, die die Lebensverläufe der Bundesbürger untersucht hat. [...] Die große Mehrheit schaffte es demnach, zumindest zeitweilig ihre finanzielle Lage zu verbessern. In den meisten Fällen war der Aufstieg sogar dauerhaft, wie die Untersuchung zeigt, die das Institut der deutschen Wirtschaft (IW) im Auftrag der Initiative Neue Soziale Marktwirtschaft (INSM) vorgelegt hat: Zwei Drittel waren auch nach sechs Jahren nicht wieder abgestiegen. [...]

Von entscheidender Bedeutung für die soziale Mobilität ist der Arbeitsmarkt. So ist Langzeitarbeitslosigkeit das größte Armutsrisiko. Vor allem Geringqualifizierte sind davon betroffen. Zwischen 2005 und 2011 hat sich die Zahl der Erwerbslosen von fünf auf rund drei Millionen verringert. Im Zuge der Hartz-Reformen war der Arbeitsmarkt liberalisiert worden. Die Gewerkschaften bemängeln, dass vor allem unsichere und kurzfristige Beschäftigungsverhältnisse entstanden seien. Doch nach Ansicht der IW-Forscher zeigt die Studie, dass dieser Vorwurf falsch sei. [...]

Eine große Rolle spielt zudem das Bildungsniveau. Denn je besser die Qualifikation ist, desto einfacher ist die Integration in den Arbeitsmarkt. „Der Schlüssel für Aufstieg und Wohlstand ist ein funktionierender Arbeitsmarkt und ein gutes Bildungssystem", betonte [INSM-Geschäftsführer] Pellengahr.

Die soziale Mobilität ist jedoch keine Einbahnstraße. Da die IW-Studie die Bevölkerung in fünf gleich große Einkommensgruppen aufteilt, muss jedem Aufsteiger ein Absteiger gegenüberstehen. [...]

Neben dem Jobverlust ist das Zerbrechen einer Familie der häufigste Grund für eine Verschlechterung der finanziellen Situation. Trennt sich ein Paar mit einem oder mehreren Kindern, so führt dies für denjenigen, der als Alleinerziehender die Kinder behält, in 57 Prozent der Fälle zum sozialen Abstieg. [...]

Auch die Familiengründung kann sich nachteilig auf die soziale Stellung auswirken. So rutschen Paare, die Kinder bekommen, in jedem zweiten Fall mindestens eine Einkommensgruppe tiefer. Umgekehrt zahlt es sich im Regelfall aus, wenn sich zwei Alleinstehende zu einem Paarhaushalt ohne Kinder zusammentun: Denn in einem größeren Haushalt lässt sich günstiger wirtschaften. Wer Kinder großzieht, muss zwar meist zunächst Einbußen hinnehmen, erlebt aber dafür häufig einen sozialen Aufstieg, wenn die Sprösslinge irgendwann finanziell auf eigenen Beinen stehen. Und immerhin 32 Prozent der Paare mit Kindern gelingt der Aufstieg auch schon vorher. Vor allem aus dem untersten Segment sind die Familien in diesem Punkt sogar erfolgreicher als Paare ohne Kinder oder Alleinstehende. Unter den Alleinerziehenden schafften zwischen 2005 und 2011 knapp 22 Prozent den Sprung aus der untersten Gruppe.

Quelle: Dorothea Siems: Der soziale Aufstieg ist in Deutschland die Regel, in: Die Welt vom 28.8.2013, S. 9

---

1. Erarbeiten Sie aus M 5 Faktoren, die die soziale Mobilität positiv oder negativ beeinflussen.
2. Ermitteln Sie aus M 6 die Hindernisse, die einen Aufstieg in die Elite erschweren, und beurteilen Sie das Gegenkonzept des Elitenforschers Michael Hartmann.
3. Zeigen Sie anhand der Grafik auf S. 39, welche Rolle der Faktor „Bildung" bei der Entwicklung der sozialen Mobilität in der Bundesrepublik gespielt hat. Bringen Sie die Grafik dazu auch in Zusammenhang mit M 4.
4. Diskutieren Sie, inwieweit Chancengleichheit im Bildungssektor zu verwirklichen ist.

MATERIAL
Vor allem zählt der richtige Stallgeruch 6

Zeit online: Herr Hartmann, Sie erforschen die Elite. Wer zählt überhaupt dazu?
Elitenforscher Prof. Michael Hartmann: Die Kernelite in Deutschland umfasst rund 1000 Personen. Das sind alle die, die gesellschaftliche Entwicklungen über ihr Amt oder ihr Eigentum maßgeblich beeinflussen können: Minister, Staatssekretäre, Richter am Bundesverfassungsgericht, Spitzenmanager, Großunternehmer, aber auch Herausgeber und Chefredakteure von Zeitungen und Zeitschriften oder die Wissenschaftler an der Spitze der großen Wissenschaftsorganisationen.
Zeit: Welche Faktoren entscheiden darüber, ob jemand den Aufstieg nach ganz oben schafft?
Hartmann: Zunächst: Wer in die Elite will, muss an die Universität. Über 90 Prozent der deutschen Eliten haben heute einen Hochschulabschluss. Aber sobald der Hochschulabschluss in der Tasche ist, zählt vor allem der richtige Stallgeruch. In der Soziologie nennen wir das Habitus: Das Wissen um die versteckten Regeln und Mechanismen an der Spitze, um das, was dort en vogue ist, ein breiter bildungsbürgerlicher Horizont, souveränes Auftreten. Das bevorzugt Kinder aus dem Bürger- und Großbürgertum.
Zeit: Kann man sich dieses Verhalten nicht antrainieren?
Hartmann: Das ist ziemlich schwierig. Welche Kleidung angesagt ist und wie Hummer gegessen wird, kann noch vergleichsweise schnell einstudiert werden. Aber der breite bildungsbürgerliche Horizont, der Kindern aus dem Bürger- und Großbürgertum über Jahre vermittelt wird, ist nur mühsam aufzuholen. Ganz zu schweigen von der Selbstverständlichkeit, mit der gerade Kinder aus dem Großbürgertum agieren. Das ist ein zentrales Unterscheidungsmerkmal zu Arbeiterkindern. Wer aus dem Großbürgertum stammt, kann und weiß auch nicht alles, was in Spitzenpositionen wichtig ist. Aber er kann souverän mit Defiziten umgehen. [...]
Zeit: Wie könnten Aufstiegsmöglichkeiten gerechter verteilt werden?
Hartmann: Wir brauchen ein vernünftiges BAföG. Das BAföG ist das wirkungsvollste Instrument, um etwas zu ändern. Es hat in den Siebzigerjahren schnell und wirksam die Hochschulen für bildungsferne Schichten geöffnet. Über 40 Prozent der Studenten damals erhielten BAföG. Heute sind es nur noch gut 20 Prozent, weil die Bemessungsgrundlagen und Höchstsätze nicht regelmäßig angepasst werden. [...]
Zeit: Sind die Eliten in anderen Ländern durchlässiger?

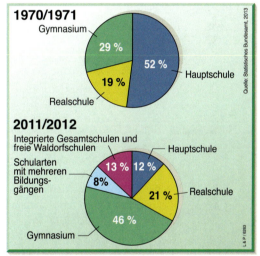

Schüler an ausgewählten Schularten in Deutschland 1970/71 (West) und 2011/12 (gesamt)

Hartmann: Die Eliten in den skandinavischen Ländern sind deutlich durchlässiger als in Deutschland. Dort basiert der Zugang zu Eliten stärker auf Leistung als auf Herkunft. Und zwar in allen Eliten – von der Politik bis zur Wirtschaft.
Zeit: Was wird dort anders gemacht?
Hartmann: Dort gibt es insgesamt viel mehr Hochschulabsolventen als in Deutschland, sodass das Reservoir, aus dem geschöpft werden kann, viel größer ist. Und der bürgerlich-großbürgerliche Habitus zählt dort weniger, weil die Grundeinstellung in den skandinavischen Ländern deutlich egalitärer ist als in Deutschland. Aber auch dort zeigt sich: Allein durch Bildung geht es nicht. Die Herkunft spielt immer eine Rolle.

Quelle: Interview mit Prof. Michael Hartmann von Julian Kirchherr, in: Die Zeit online, www.zeit.de/studium/uni-leben/2013-02/eliten-forscher-hartmann-stipendium-exzellenzinitiative vom 28.2.2013; Zugriff am 18.1.2014 ➡ Querverweis: Kapitel I.2.3

2. Kontinuität und Wandel in der Gesellschaft

2.1 Bleibt die Familie? – Familie im Wandel

Familienfoto, 1909

Familienbegriff Familie begründet ein besonderes Solidaritätsverhältnis. Charakteristisch sind eine ausgeprägte Schutzfunktion, die Regulierung des Sexualverhaltens und eine besondere Repräsentation nach außen. Altbundespräsident Horst Köhler definierte den Sachverhalt einfacher: Für ihn ist „Familie da, wo Kinder sind". Der in Politik und Soziologie heute übliche Familienbegriff umfasst – ganz im Sinne Horst Köhlers – alle Eltern-Kind-Gemeinschaften, also Ehepaare, nichteheliche (gemischt- oder gleichgeschlechtliche) Lebensgemeinschaften sowie alleinerziehende Väter und Mütter mit im gemeinsamen Haushalt lebenden, ledigen Kindern. Somit umfasst die Familie stets mindestens zwei Generationen.

Kleinfamilie Bis in die 1960er-Jahre galt die bürgerlich-moderne Kleinfamilie, bestehend aus einem Ehepaar mit Kindern, als Idealbild und als „kulturelle Selbstverständlichkeit": Man heiratete früh, ließ sich selten scheiden, der Vater ging arbeiten, und die Mutter kümmerte sich meist um den Haushalt und die Kindererziehung. Andere Lebensformen wurden selten gesellschaftlich anerkannt, von Mitgliedern des (katholischen) Klerus oder Verwitweten einmal abgesehen.

Ehe Die gesellschaftliche Anerkennung alternativer Lebensformen verläuft parallel zum Rückgang der Kleinfamilie. Der mit dem zweiten demografischen Übergang verbundene Geburtenrückgang führte ab Mitte der 1960er-Jahre zur Abnahme von Mehrkindfamilien und ab 1980 zunehmend zur Kinderlosigkeit. Somit verlor auch die Institution „Ehe" zunehmend an Bedeutung; sie wird heutzutage oft nur noch geschlossen, wenn ein Kinderwunsch besteht, und viel häufiger und früher wieder geschieden, insbesondere in den großen Städten.

Kinder Die Zahl der Kinder geht durch den demografischen Wandel stetig zurück. So sank die Zahl der minderjährigen Kinder zwischen 2000 und 2011 um etwa 2 Millionen auf rund 13 Millionen ab. Je mehr Kinder in einer Familie leben, desto eher sind die Eltern verheiratet. Circa 70 Prozent aller Kinder leben mit beiden leiblichen Eltern zusammen.

1,6 Millionen Haushalte in Deutschland gehören zur Gruppe der Alleinerziehenden (Stand: 2014). Vier typische Merkmale kennzeichnen diese Gruppe: Rund zwei Drittel haben nur ein Kind, befinden sich in einer sozioökonomisch schlechten Lage, sind einer hohen psychischen Belastung ausgesetzt und oft auf Hilfe bei der Kinderbetreuung angewiesen. In diesen Haushalten leben rund 20 % aller Minderjährigen.

Alleinerziehende

Nahezu die Hälfte der Menschen in Deutschland lebt in einer Familie (Stand: 2014). Familiensektor und Nicht-Familiensektor stehen in Deutschland in einem Verhältnis von einem Drittel zu zwei Dritteln. Während der Familiensektor stetig schrumpft, ist der Nicht-Familiensektor mit seinen unterschiedlichen Lebensformen stark angewachsen.

- Zum Nicht-Familiensektor zählen einerseits kinderlose nichteheliche (gemischt- oder gleichgeschlechtliche) Lebensgemeinschaften. Gerade die nichteheliche Lebensform hat mittlerweile einen hohen sozialen Akzeptanzgrad erreicht und kann vor allem bei jungen Paaren fast schon als Norm bezeichnet werden.
- Aber auch viele Ehen bleiben bewusst kinderlos, selbst wenn keine medizinischen Gründe dafür vorliegen. Der Anteil kinderloser Frauen und Männer ist unter Akademikern am höchsten.
- Die dritte Gruppe im Nicht-Familiensektor sind die Singles, d. h. die alleinstehenden Personen aller Altersgruppen. Deren Anzahl ist in den letzten 100 Jahren von einer auf 16 Millionen gestiegen. Single zu sein bedeutet nicht, außerhalb einer Partnerschaft zu leben. Vor allem die jüngere Generation der 18- bis 35-Jährigen lebt überwiegend in einer festen Beziehung, allerdings in getrennten Haushalten. Singles sind überdurchschnittlich gebildet, verdienen überdurchschnittlich viel und leben häufig in größeren Städten.

Pluralität der Lebensformen

Familien- und Nicht-Familiensektor

Die Ursachen für den Wandel der Familie liegen vor allem in der zunehmenden Individualisierung unserer Gesellschaft. Individualisierung bedeutet, dass die Menschen zu ihrer Existenzsicherung weniger aufeinander angewiesen sind. Möglich wurde die Individualisierung durch den rapiden Einflussverlust der Kirchen und des Glaubens, den zunehmenden Wohlstand, die Bildungsexpansion der 1970er-Jahre und die Emanzipation der Frau. Die Anforderungen der Wirtschaft an die Mobilität und Flexibilität der Menschen und der aus all den genannten Aspekten resultierende Wertewandel haben ihren Teil zur Individualisierung beigetragen.

Individualisierung

Dennoch dominiert die Lebensform der Familie bis heute die alternativen Lebensformen. Ihre Sozialisationsleistung nämlich wird gewünscht und eingefordert, ihre Stabilisierungswirkung von vielen Menschen in Lebenskrisen erfahren, und ihre – vom Bruttoinlandsprodukt gar nicht erfasste – ökonomische Leistung, z. B. in Gestalt des Wissens- und Erfahrungsaustauschs zwischen Jung und Alt, ist kaum abzuschätzen. Der „Leistungsträger Familie" wird denn auch von der Politik gefördert. Durch das 2007 neu eingeführte Elterngeld sowie durch den seit 2013 geltenden Rechtsanspruch auf einen Kita-Platz bzw. den alternativen Anspruch auf Betreuungsgeld sollen vor allem wieder mehr Frauen und junge Paare dazu ermutigt werden, eine Familie zu gründen.

„Leistungsträger Familie"

MATERIAL 1 Artikel 6 GG

(1) Ehe und Familie stehen unter dem besonderen Schutze der staatlichen Ordnung.
(2) Pflege und Erziehung der Kinder sind das natürliche Recht der Eltern und die zuvörderst ihnen obliegende Pflicht. Über ihre Betätigung wacht die staatliche Gemeinschaft.
(3) Gegen den Willen der Erziehungsberechtigten dürfen Kinder nur auf Grund eines Gesetzes von der Familie getrennt werden, wenn die Erziehungsberechtigten versagen oder wenn die Kinder […] zu verwahrlosen drohen.
(4) Jede Mutter hat Anspruch auf den Schutz und die Fürsorge der Gemeinschaft.
(5) Den unehelichen Kindern sind durch die Gesetzgebung die gleichen Bedingungen für ihre leibliche und seelische Entwicklung und ihre Stellung in der Gesellschaft zu schaffen wie den ehelichen Kindern.

MATERIAL 2 Der ganz normale familienpolitische Wahnsinn

Es war uns […] schon vor Theresas Ankunft klar: Wir wollen trotz (oder auch gerade wegen) des Kindes unsere jeweiligen Karrieren als Historiker und freiberufliche Journalistin weiterführen. Doch wie? […] Die von uns ursprünglich geplante geteilte Elternzeit wäre für ihn einem beruflichen Selbstmord gleichgekommen und wurde fallen gelassen. Doch auch so musste Jörg vom Tage der Geburt des Kindes an ein Risiko in Kauf nehmen: Dass ihm die Tatsache, dass es in seinem Leben noch etwas anderes gibt als die Karriere, zum Nachteil ausgelegt werden kann. Auch mir war klar, dass ich Theresas Ankunft mit einem partiellen Abschied vom Job „bezahlen" musste. Bei den absehbar geringen Einkünften aus meiner zeitweisen freiberuflichen Betätigung erschien die Anmietung eines eigenen Büros nicht lohnend. Konsequenz: Schreibtisch zu Hause, Wiege daneben, Hilfskräfte engagieren und schreiben, wann immer es geht. […]

Fehlten mir anfangs nur die Worte zur Beschreibung meines, unseres Glücks, so fehlt mir inzwischen vor allem die Zeit, um meinem Beruf nachzugehen. Unser gemeinsamer Kalender, vor dem wir uns, meist am Sonntagabend, zu einem zeitraubenden „Stundenplan-Slalom" zu dritt versammeln, führt uns jedes Mal aufs Neue den ganz normalen familienpolitischen Wahnsinn vor Augen. Dem wir – wie Millionen anderer Familien – ausgeliefert sind. In unserem Falle sieht das so aus: Beide Erwachsenen haben im Augenblick gemeinsam zwar „nur" etwa 70 Berufsstunden abzudecken; ich kann mir meine etwa 20 Stunden Berufstätigkeit pro Woche sogar weitgehend frei einteilen. […] Wir denken immer: „Wir schlagen uns noch ganz tapfer", teilen Hausarbeit, Erziehung, Alltagskram (wenn auch – gerechterweise – nicht paritätisch) und haben unsere Ansprüche an individuellen Freiraum und den Pflegestatus unserer irdischen Besitztümer (Wohnung) heruntergefahren. Aufgewertet haben wir das Ritual gemeinsamer Mahlzeiten. Ohne zu klagen, kommen wir mit weniger Einkommen aus, obwohl wir mehr als früher arbeiten. […]

Doch wehe uns, wenn irgendwo im System eine Störung auftritt. Und „Störungen", zumal im Alltag mit einem kleinen Wesen, sind schließlich das Normalste von der Welt. Egal, ob uns eine Kinderkrankheit zusätzliche Fürsorge abverlangt oder ob uns eine Vortragsreise, ein Archivaufenthalt oder ein abendlicher Termin des Vaters aus dem Zeitplan kickt (weil er dann als Betreuungsersatz für mich ausfällt). Leicht wird auch ein auswärtiger Interviewtermin der Mama zum Grund, dass sich der diensthabende Papa Urlaub nehmen muss, weil die Ersatzkräfte auch keine Zeit haben und frei disponierbare Großeltern nicht am Ort wohnen. Wenn dann noch die tagsüber eingesetzte Babysitterin drei Tage Urlaub erbittet, weil sie ihr Lernpensum für die anstehenden Prüfungen nicht packt, dann kommt jede noch so gute Organisation an ihre Grenzen. […] Theresa, verzeih!

Quelle: Ulrike Gropp: Das unbequeme Glück: Wie können Frauen heute noch Mütter sein?, in: Das Parlament Nr. 33–34, 9.8.2004

➡ Querverweis: S. 158f., M 1–3

KONTINUITÄT UND WANDEL IN DER GESELLSCHAFT

MATERIAL 3

Haushaltsgrößen in Deutschland 1900 bis 2012

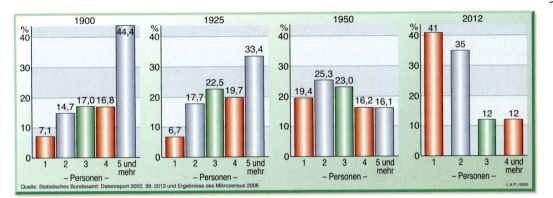

MATERIAL 4 Alleinlebende nach Alter 2011

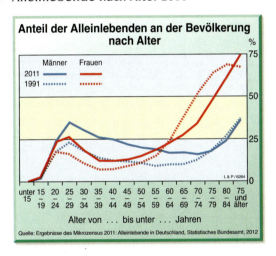

MATERIAL 5 Paarbeziehungen 2012

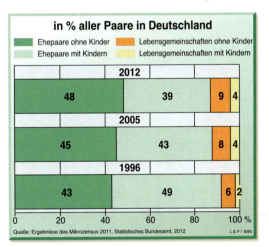

1. Definieren Sie, was unter dem Begriff „Familie" zu verstehen ist (M 1), und grenzen Sie ihn inhaltlich von anderen, Ihnen bekannten Lebensformen ab.
2. Beschreiben Sie die Anforderungen an Theresas Eltern und die Leistungen, die die beiden im Alltag erbringen (M 2). Setzen Sie die Lebenssituation des jungen Paares in Bezug zu Art. 6 GG (M 1) und bewerten Sie Ihre Ergebnisse.
3. Vergleichen Sie die in M 3 bis M 5 dargestellten Entwicklungen mit Ihren Erfahrungen im privaten Umfeld. Wo sehen Sie Übereinstimmungen, wo Unterschiede? Berücksichtigen Sie dabei, ob Sie eher in einem städtisch oder ländlich geprägten Umfeld leben.
4. Welche Lebensform streben Sie für sich persönlich an (Grafik S. 41)? Diskutieren Sie die Vor- und Nachteile der verschiedenen Lebensformen im Kursverband und stellen Sie die Vorstellungen aller in einem Kreisdiagramm dar.

MATERIAL 6 Aufgaben der Familie

- Die Produktion stellte früher eine der Hauptaufgaben der Familie dar. Vor allem in der Landwirtschaft, aber auch in der Stadt war die Familie zugleich Produktionseinheit. Nahrungsmittel, Gebrauchsgegenstände, Dienstleistungen u. v. a. m. wurden in der Familie hervorgebracht. Aber auch in modernen Gesellschaften wird in Familien (wieder) mehr produziert, als gemeinhin angenommen wird: In Familien wird gekocht, gepflegt, repariert, gebaut etc.
- Auch die Konsumption vollzog sich früher nahezu ausschließlich im Rahmen der Familie. Gekaufte und selbst hergestellte Güter und Dienstleistungen wurden in der Familie genutzt. Heute wird zwar oft in Kantinen gegessen, in Schulen gelernt, in Altersheimen Pflege genossen etc., aber gleichwohl stellt die Familie auch in modernen Gesellschaften einen wesentlichen Ort der Konsumption dar. Zahlreiche Konsumgüter (von der Unterhaltungselektronik, über Haushaltseinrichtungen bis hin zum Automobil) und Dienstleistungen (Pflege, Heilung etc.) werden in Familien genutzt.
- Familie dient der Fortpflanzung und damit zur Erhaltung von Gesellschaften. Dem widerspricht nicht, dass in modernen Gesellschaften immer mehr Familien erst im Hinblick auf entstehende oder vorhandene Kinder gegründet werden und immer mehr Kinder in Familien leben, in denen sie nicht geboren wurden. [...]
- Gerade weil Familien heute nur noch in begrenztem Umfang produzieren, versorgen und tätige Solidargemeinschaften sind, beruhen sie mehr denn je auf emotionalen Grundlagen. Sie stellen damit emotionale, ganzheitliche, persönliche „Gegenwelten" gegen die anonyme, rationale, funktional spezialisierte Außenwelt dar. Damit leisten sie viel für die psychische Reproduktion ihrer Mitglieder.
- Als klassische und daher bereits in der Definition festgeschriebene Aufgabe der Familie gilt die Sozialisation von Kindern. Auf der einen Seite wurden im Laufe der Modernisierung wesentliche Teile der Sozialisation und Erziehung [...] aus der Familie ausgegliedert: Kindergärten, Schulen, Universitäten, Medien, Gruppen Gleichaltriger etc. stellen heute wesentliche Sozialisationsinstanzen dar. Auf der anderen Seite kommt in modernen Gesellschaften wegen der geringen Anzahl von Kindern in den einzelnen Familien und wegen der hohen Anforderungen der Gesellschaft an die Sozialisation von Kindern der frühkindlichen Sozialisation immer mehr Bedeutung zu. Der Sozialisation von kleinen Kindern wird in Familien heute viel größere Aufmerksamkeit als zuvor gewidmet.

Quelle: Stefan Hradil: Die Sozialstruktur Deutschlands im internationalen Vergleich, 3. Aufl., Wiesbaden 2010, S. 89

MATERIAL 7 Die wichtigsten Gründe für Kinderlosigkeit im Jahr 2013

Basis: Bundesrepublik Deutschland, Kinderlose unter 50 Jahren. Quelle: Familienministerium, Allensbach, 2013

KONTINUITÄT UND WANDEL IN DER GESELLSCHAFT

MATERIAL

Wie die Parteien Familien fördern wollen 8

CDU/CSU: Ehe und Familie sind für die Union „das Fundament unserer Gesellschaft" und verdienen eine besondere Förderung. CDU und CSU wollen das Ehegattensplitting erhalten und um ein Familiensplitting ergänzen, bei dem Kinder für größere steuerliche Entlastungen sorgen. Kindergeld und Kinderzuschlag sollen steigen. Das Elterngeld kann laut Programm künftig auch als Teilelterngeld für bis zu 28 Monate ausgezahlt werden. Eltern, deren Kinder im zweiten und dritten Lebensjahr nicht in einer Einrichtung betreut werden, erhalten Betreuungsgeld. Der Kita-Ausbau soll vorangetrieben werden. Die Union will für berufstätige Großeltern eine „Großelternzeit" schaffen, in der diese sich um ihre Enkel kümmern. Sie will sich dafür einsetzen, dass Studieren mit Kindern leichter wird.

SPD: Die SPD will das Kindergeld sozial staffeln: Familien mit geringen Einkommen sollen bis zu 140 Euro pro Kind zusätzlich bekommen. Das „bildungsfeindliche" Betreuungsgeld soll abgeschafft werden, die dadurch eingesparten Mittel sollen stattdessen in Tagespflege und Kitas investiert werden. [...] Die SPD will das Ehegattensplitting für künftige Ehen durch einen Partnertarif ersetzen, in dem beide Einkommen unter Berücksichtigung von Unterhaltsverpflichtungen individuell besteuert werden. [...]

Bündnis 90/Die Grünen: Die Grünen wollen „nicht die Ehe, sondern Kinder" fördern. Kindergeld, Zuschläge und Freibeträge sollen schrittweise in einer „Kindergrundsicherung" zusammengefasst werden, die jedem Kind die gleiche finanzielle Unterstützung bietet. Die Grünen halten das Betreuungsgeld für eine „Katastrophe" und wollen es abschaffen. [...] Die Grünen wollen eine Milliarde Euro zusätzlich für eine Verbesserung der Betreuungsqualität bereitstellen. Das Ehegattensplitting soll durch eine Individualbesteuerung ersetzt werden, wobei das Existenzminimum übertragbar sein soll. Bei der Gestaltung des Teilelterngelds sagt die Partei mehr Fairness für die Partner zu und will zudem die Anrechnung des Elterngelds auf das ALG II rückgängig machen.

Die Linke: Die Linkspartei will das Betreuungsgeld und das Ehegattensplitting abschaffen. Das Elterngeld soll nicht auf Hartz IV und andere Transferleistungen angerechnet werden. [...] Beim Kindergeld fordert die Linkspartei eine Anhebung auf 200 Euro. Mittelfristig will sie eine Kindergrundsicherung in Höhe des Existenzminimums (derzeit 536 Euro) einführen. Die bereitgestellten Kitaplätze sollen sich am tatsächlichen Bedarf und nicht an einer Quote orientieren. Ziel ist eine gebührenfreie öffentliche Kinderbetreuung, die die Kinder kostenlos mit hochwertigem Essen versorgt. Die Linkspartei will die Investitionen in die Kinder- und Jugendhilfe erhöhen.

Quelle: Wahlprogramme im Vergleich: Wie die Parteien Familien fördern wollen, www.tagesschau.de/wahl/parteien_und_programme/programmvergleich-familie100.html vom 22.8.2013; Zugriff am 18.1.2014

➡ Querverweis: Kapitel II.2.1

---

1. Stellen Sie in einem Schaubild dar, welche Aufgaben der Familie heute zukommen (M 6). Gewichten Sie die Aufgaben nach ihrer Bedeutung für unsere Gesellschaft.
2. Prüfen Sie die Aussagen der Parteien zur Familienpolitik auf ihre Grundlegung in eher traditionellen bzw. modernen Familienbildern (M 8).
3. Unterteilen Sie die Gründe für Kinderlosigkeit (M 7) in Kategorien und überprüfen Sie, ob die von Parteien angestrebten Maßnahmen zur Familienförderung (M 8) den Gründen für Kinderlosigkeit entgegenwirken können.
4. Entwerfen Sie ein Szenario (S. 202 f.), in dem sich der Staat gar keine familienbezogenen Hilfen leistet. Vergleichen Sie Ihre Überlegungen anschließend im Rahmen einer Internetrecherche mit den Verhältnissen in den USA.

2.2 Gleichberechtigt oder gleich? – Wandel im Verhältnis der Geschlechter

Zeichnung: Thomas Plaßmann

Gleichberechtigung zwischen Anspruch und Wirklichkeit

Artikel 3 GG lautet: „Männer und Frauen sind gleichberechtigt." In der Realität jedoch waren die Frauen in den 1950er- und 1960er-Jahren alles andere als gleichberechtigt. Ein uneheliches Kind war eine Katastrophe, seine Mutter erhielt nicht einmal das Sorgerecht. Das Ehe- und Familienrecht bestimmte den Mann zum Alleinherrscher über Frau und Kinder. Wenn er sie und die Kinder misshandelte, war das seine „Privatangelegenheit". Noch in den 1970er-Jahren bekam eine Frau viel weniger Geld als ein Mann, auch wenn sie dieselbe Arbeit verrichtete wie er. Im geteilten Deutschland verliefen die Bemühungen um die Gleichstellung der Frau aber durchaus unterschiedlich.

Emanzipation im geteilten Deutschland

In der DDR wurde die Emanzipation der Frau als Teil der sozialistischen Ideologie staatlich gesteuert und durchgesetzt. Die SED verfolgte dabei zum einen das Ziel, die weibliche Bevölkerung als „Wähler" zu gewinnen; zum anderen sollte die Zahl der in der Industrie dringend benötigten Arbeitskräfte erhöht werden. Diese Art der „verordneten Gleichstellung" kann insofern als „unecht" bezeichnet werden, als die männliche Bevölkerung den Wert der Gleichberechtigung dazu weder akzeptieren noch internalisieren musste. In der Bundesrepublik hingegen erfolgte die Emanzipation im Zuge der 68er-Bewegung und damit zwar später, jedoch in einer demokratietheoretischen Interpretation „echter", weil sie aus dem Volk heraus entstand und nicht von der Regierung oktroyiert, d. h. aufgedrückt, wurde.

DDR-Propaganda zur Gleichstellung der Frau

KONTINUITÄT UND WANDEL IN DER GESELLSCHAFT

Dass geschlechtsspezifische Ungleichheiten in der Gesellschaft auch heute noch bestehen, zeigt ein Blick in das Bildungswesen und in die Arbeits- und Berufswelt:

- Im Bildungssektor wurden die geschlechtsspezifischen Ungleichheiten am schnellsten und erfolgreichsten abgebaut, vor allem an den allgemeinbildenden Schulen, denn Mädchen zeigen im Durchschnitt bessere Schulleistungen als ihre männlichen Klassenkameraden. So fiel es ihnen leicht, gegenüber den Jungen einen „Bildungsvorsprung" zu erreichen, der sich z. B. daran zeigt, dass jeweils mehr junge Frauen ihre schulische Laufbahn mit der Mittleren Reife oder dem Abitur beenden als junge Männer. Dieses Verhältnis setzt sich an den Universitäten fort: Obwohl sich 2012 insgesamt mehr Männer an deutschen Universitäten eingeschrieben haben, lag der Anteil der Studienanfänger an der gleichaltrigen Bevölkerung bei den Frauen höher als bei den Männern. Die Wahl des Studienfachs aber erfolgt nach wie vor stark geschlechtstypisch: Während sich die jungen Männer eher für natur- oder ingenieurwissenschaftliche Studienfächer immatrikulieren, tendieren die angehenden Studentinnen zu den Geisteswissenschaften.
- In der Berufswelt sind die geschlechtstypischen Ungleichheiten – zum Teil bedingt durch die Studien- und Berufswahl der Frauen – stärker ausgeprägt als im Bereich der Bildung und Ausbildung. Es gibt heute Pfarrerinnen und Museumsdirektorinnen, Pilotinnen und Chefärztinnen, Schreinerinnen und Webdesignerinnen sowie eine Bundeskanzlerin und fünf Bundesministerinnen (Stand: Jan. 2014). Allein, es entscheiden sich weniger Frauen für diese Berufe als Männer. So ist zwar der Anteil der berufstätigen Frauen auf zwischenzeitlich 72 % gestiegen, der Arbeitsmarkt aber ist nach wie vor geteilt, denn traditionell „männliche" Berufe wie Ingenieure, Anwälte oder Geschäftsführer werden besser bezahlt als „frauentypische" Berufe wie etwa Grundschullehrerin, Kindergärtnerin oder Krankenschwester.
- Selbst wenn es Frauen gelingt, in männerdominierte Berufsfelder vorzudringen, haben sie schlechtere Karrierechancen. Dies hat drei Ursachen: Männer zeigen oftmals eine stärkere Karriereorientierung, die sich in höherem Selbstwertgefühl und Dominanzstreben äußert. Zudem sind die höheren Führungsebenen nach wie vor von Männern dominiert, die Frauen oft bezüglich ihrer Kompetenz und Belastbarkeit subjektiv niedrig einschätzen. Schließlich verzichten bei einem bestehenden Kinderwunsch die Frauen zum Wohl der Familie eher auf die Karriere als die Männer bzw. nehmen häufiger die (Karriere bremsende) Elternzeit in Anspruch. Trotz der Emanzipationsbewegung „von unten" hält sich im Familienleben nach wie vor stark die klassische Rollenverteilung, auch wenn beide Ehepartner berufstätig sind: Frauen wenden mehr als doppelt so viel Zeit für die Kinderbetreuung und klassische „Hausfrauentätigkeiten" auf wie Männer. Daraus erwächst häufig eine hohe Doppelbelastung für die Frau, die sich auch beruflich bemerkbar macht: Karriere, die sich meist an Flexibilität und Mobilität des Einzelnen koppelt, ist für die weibliche Bevölkerung oft nur durch einen Verzicht auf familiäre Bindungen zu verwirklichen. Da Frauen in Führungspositionen weiterhin deutlich unterrepräsentiert sind, gibt es in Politik und Gesellschaft Forderungen nach Einführung einer Frauenquote – analog zum Beispiel der skandinavischen Länder.

Ungleichheiten …

… in Bildung,

… Beruf

… und Karriere

Szene aus dem Kinofilm „Billy Elliot" (2000)

MATERIAL 1
Gesetz zur Durchsetzung der Gleichberechtigung von Frauen und Männern (30.11.2001)

§ 1 Dieses Gesetz dient der Gleichstellung von Frauen und Männern sowie der Beseitigung bestehender und der Verhinderung künftiger Diskriminierungen wegen des Geschlechts in dem in § 3 genannten Geltungsbereich dieses Gesetzes. Nach Maßgabe dieses Gesetzes werden Frauen gefördert, um bestehende Benachteiligungen abzubauen. Ziel des Gesetzes ist es auch, die Vereinbarkeit von Familie und Erwerbstätigkeit für Frauen und Männer zu verbessern. Dabei wird den besonderen Belangen behinderter oder von Behinderung bedrohter Frauen Rechnung getragen. Rechts- und Verwaltungsvorschriften des Bundes sollen die Gleichstellung von Frauen und Männern auch sprachlich zum Ausdruck bringen. Dies gilt auch für den dienstlichen Schriftverkehr.
§ 2 Alle Beschäftigten, insbesondere auch solche mit Vorgesetzten- und Leitungsaufgaben, sind verpflichtet, die Gleichstellung von Frauen und Männern zu fördern. Diese Verpflichtung ist als durchgängiges Leitprinzip in allen Aufgabenbereichen der Dienststelle [...] zu berücksichtigen.
§ 3 Dieses Gesetz gilt für alle Beschäftigten in der unmittelbaren und mittelbaren Bundesverwaltung unabhängig von ihrer Rechtsform sowie in den Gerichten des Bundes. [...]

MATERIAL 2
Schulabgänge 2012 nach Geschlecht

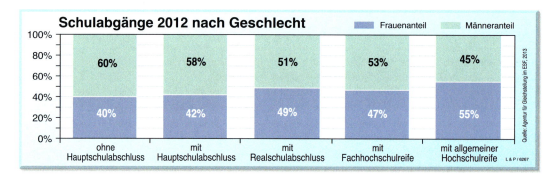

MATERIAL 3
Frauen in verschiedenen Stadien der akademischen Laufbahn

Personengruppen	Frauenanteile in %				
	2000	2003	2006	2009	2012
Studienanfänger/-innen	49,2	48,2	49,4	49,8	49,5
Erstabsolventen/-innen	45,6	49,5	51,6	52,3	51,1
Promotionen	34,2	37,7	40,8	44,1	45,4
Habilitationen	18,5	22,1	22,2	23,8	27,0
Hochschulpersonal insgesamt	50,8	51,3	51,3	51,8	51,9
wissenschaftliche und künstlerische Mitarbeiter/-innen	27,2	30,0	32,3	39,6	40,7
Professor(inn)en insgesamt	10,5	12,8	15,2	19,2	20,4
C4/W3-Professor(inn)en	7,1	8,6	11,0	14,6	16,5

Quelle: Statistisches Bundesamt 2011 (bis 2006); GESIS – Leibniz-Institut für Sozialwissenschaften in Mannheim 2013 (2009, 2012)

KONTINUITÄT UND WANDEL IN DER GESELLSCHAFT

MATERIAL 4

Geschlechtsspezifische Wahl der Studienrichtung

MATERIAL 5

Verdienstabstände 2013

MATERIAL 6

Verteilung der Erwerbstätigen 2013

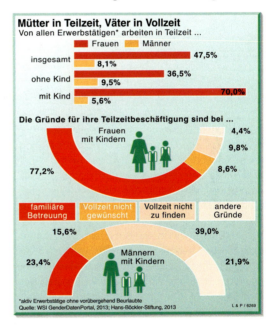

1. Lesen Sie Art. 3 GG und M 1. Erklären Sie die Rechtslage zur Stellung von Mann und Frau in der Bundesrepublik Deutschland mit eigenen Worten.
2. Diskutieren Sie Wirkung und Sinn der gesetzlichen Regelungen und überlegen Sie, ob dadurch nicht Männer benachteiligt werden.
3. Analysieren Sie M 1 bis M 4 in Bezug auf die Chancengleichheit von Frauen und Männern im Bildungssystem.
4. Schreiben Sie einen Kommentar, in dem Sie auf die in M 5 und M 6 gezeigten Diskrepanzen näher eingehen, und versuchen Sie, Lösungsvorschläge einfließen zu lassen. Interpretieren Sie in diesem Zusammenhang die Karikatur auf S. 46.

MATERIAL

7 Rollenaufteilungen

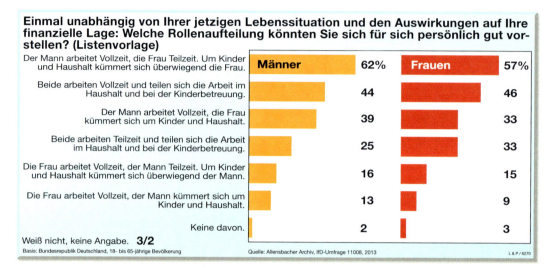

MATERIAL

8 „Männer sind extremer" – Interview mit einer Entwicklungspsychologin

Spiegel: Frau Pinker, Sie behaupten, Kinder und eine gute Karriere seien unvereinbar für Frauen. Sie selbst aber haben drei Kinder – und Ihr Buch über die unterschiedlichen Karrieren von Männern und Frauen ist in den USA ein Bestseller. Sind Sie der lebende Gegenbeweis Ihrer eigenen Thesen?

Pinker: Es ist nicht meine Botschaft, dass Frauen nicht beides haben können. Sie wählen in der Regel nur einen anderen Weg – und das ist eine Frage der Biologie. Ich selbst bin ein gutes Beispiel: Ich habe als Klinische Psychologin einen typischen Frauenberuf gewählt, für den ich viel Empathie brauche – eine weibliche Stärke. Und inmitten meiner Karriere, als meine Kinder klein waren, habe ich mich entschieden, weder an einer Universität zu lehren noch Politikerin zu werden oder Direktorin eines Krankenhauses. Wäre es mir um Geld und Status gegangen, hätte ich das getan. Aber ich habe Teilzeit gearbeitet – eine typisch weibliche Entscheidung.

Spiegel: Eine Entscheidung? Es klingt eher nach dem klassischen Karriereknick. [...]

Pinker: So denken wir, weil wir davon ausgehen, dass Männer und Frauen gleich sind. Sie sind es aber nun mal nicht. [...] Wir haben lange angenommen, dass viele Eigenschaften sich vor allem durch Erziehung und Umwelteinflüsse ausprägen. Aber wir wissen nun, dass es ganz fundamental mit einem Sexualhormon zu tun hat, dass Frauen einen stärkeren Sensor für die Gefühle ihrer Mitmenschen haben. [...]

Spiegel: Sie argumentieren rein biologisch.

Pinker: Nein. Ich sage auch nicht, es gebe keine kulturellen oder gesellschaftlichen Effekte, erst recht bei so komplexen sozialen Fähigkeiten wie dem Einfühlungsvermögen. Die Biologie ist nicht das Ende der Geschichte, sondern ihr Anfang. So gesehen mögen die Unterschiede zwischen den Geschlechtern subtil sein, aber zugleich sind sie fundamental.

Spiegel: Andere Forscher kommen zu dem Schluss, dass diese Unterschiede zu vernachlässigen seien.

Pinker: Diese Wissenschaftler sind in aller Regel keine Naturwissenschaftler, sondern Sozialwissenschaftler. Sie blicken mit einem vorgefassten Urteil auf die Wirklichkeit und erliegen einem Missverständnis. [...] Ich behaupte ja nicht, dass Frauen nicht diskriminiert würden. Wenn Frauen in Unternehmen nicht aufsteigen, liegt das an einer Struktur, die aus männlichen Ritualen und

Alpha-Spielchen besteht. Es geht um Sieg oder Niederlage und um das Verdrängen des Gegners. Dagegen wird eine eher weibliche Fähigkeit wie die, Verbindungen zwischen Menschen und Ideen herzustellen, nicht belohnt. [...]
Spiegel: Finden Sie das richtig?
Pinker: Das ist keine Frage von richtig oder falsch. Man muss die Tatsache zur Kenntnis nehmen, um dann die politische Diskussion zu führen.
Spiegel: Und wie müsste die aussehen?
Pinker: Auf jeden Fall müsste die Arbeitswelt flexiblere Karrierewege bereithalten, die weniger linear verlaufen. Wenn eine Gesellschaft möchte, dass möglichst viele Frauen arbeiten – und das muss ja wohl das Ziel sein –, dann darf der Weg nach oben nicht davon abhängen, dass man 16 Stunden am Tag arbeitet und keine Zeit hat für den Rest des Lebens. [...] Wer in unserem System oben auf der Karriereleiter stehen will, muss dazu bereit sein, Konkurrenten zu verdrängen. [...] Damit haben Frauen oft Schwierigkeiten. Man hat ihnen beigebracht, dass sie um jeden Preis an die Spitze streben sollen. Und dann stellen sie auf halber Strecke fest, dass sie dabei um sich schlagen müssen und dass sie das nicht glücklich macht. Menschen, die dem Irrtum erliegen, der Mann sei das Standardmodell, halten Frauen dann für schwächer und benachteiligt, weil sie sich nicht wie Männer benehmen. [...] Es ist der Ausweis eines evolutionären Programms: Frauen sind nicht dazu geschaffen, alle Energie in ein Projekt zu stecken und dann zu sterben. Sie sind für ein längeres Leben konstruiert, weil sie Kinder aufziehen müssen. Sie konkurrieren sehr wohl, aber anders. Das Ergebnis sind oft maßvollere Entscheidungen. [...]

Quelle: „Männer sind extremer" – Spiegel-Gespräch der Redakteurinnen Samiha Shafy und Katja Thimm mit der Entwicklungspsychologin Susan Pinker, in: Der Spiegel 39/2008, S. 39–66

MATERIAL 9 Aufstiegsbarrieren für Frauen

Geschlechtsspezifische Sozialisationsprozesse erzeugen typische Einstellungs- und Verhaltensunterschiede zwischen Männern und Frauen, die sich in den gegenwärtig existierenden Strukturen der Arbeitswelt meist als Vorteile für Männer und als Nachteile für Frauen erweisen. [...] Männer beobachten die aufstiegsmotivierte Frau offenbar häufig mit einem besonders kritischen Blick und zweifeln an ihrer Kompetenz, Belastbarkeit und Führungsfähigkeit. Dazu können noch geschlechtstypische Vorurteile nach dem Muster kommen: Wenn der Chef mit der Faust auf den Tisch haut, ist er dynamisch; wenn die Chefin mit der Faust auf den Tisch haut, ist sie hysterisch. [...]. Mehrere Studien belegen, dass die Vorbehalte gegenüber Frauen in Führungspositionen einem empirischen Test nicht standhalten. [...] Managerinnen sind [...] nicht nur kommunikativer und integrativer, teambewusster, ehrlicher und offener, sondern auch entscheidungsfreudiger, innovativer, die besseren Planer und wirtschaftlich erfolgreicher. Eine Untersuchung [...] über 22 000 französische Unternehmen förderte erstaunliche Ergebnisse zutage: Von Frauen geleitete Betriebe wuchsen doppelt so schnell und waren doppelt so rentabel wie Unternehmen, die von Männern geführt wurden.

Quelle: Rainer Geißler: Die Sozialstruktur Deutschlands, Wiesbaden 2006, S. 311 ff.

1. Analysieren Sie die Darstellung in M 7 und beschreiben Sie das gezeigte Rollenverständnis von Mann und Frau. Führen Sie im Anschluss eine analoge Befragung in Ihrem Kurs durch und nehmen Sie Stellung zu Ihrem Ergebnis.
2. „Sie argumentieren rein biologisch." – Wie kommen die Journalistinnen in M 8 zu dieser Aussage? Überprüfen Sie, welche Überzeugungen hinter Pinkers Thesen stehen. Vergleichen Sie mit M 9.
3. Entwerfen Sie mithilfe von M 8 und M 9 eine Rede (S. 136), in der Sie zur Gleichstellung von Frauen in Beruf und Karriere Stellung nehmen.

MATERIAL
10 Frauen in Führungspositionen

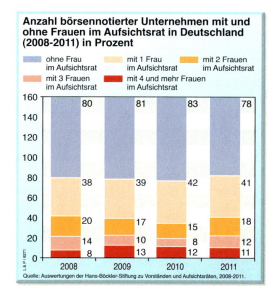

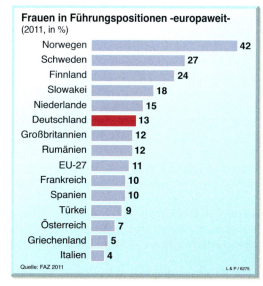

MATERIAL
11 Frauenquote

Zeichnung: Schwarwel

1. Analysieren Sie die Grafiken in M 10 und diskutieren Sie mögliche Ursachen Ihrer Ergebnisse!
2. Interpretieren Sie unter Rückgriff auf M 10 die Karikatur M 11.
3. Erarbeiten Sie aus M 12 und M 13 die jeweilige Argumentation zum Thema „Frauenquote" und debattieren Sie im Anschluss unter Einbeziehung der Informationen aus M 10 über die Einführung einer gesetzlichen Frauenquote.

MATERIAL 12 Es braucht neue Strukturen

Wenn junge Frauen heute sagen, sie brauchen keine Quote und eigentlich auch keine Karriere, dann klingt das ungefähr so, als hätte ein DDR-Bürger gesagt: Was brauche ich eine Reisefreiheit, ich mache ohnehin am liebsten Ferien an der Ostsee. Frauen sollten die gleichen Chancen haben wie Männer, und Fakt ist nun einmal, dass dies nicht der Fall ist. Sicher, viele Frauen wollen gar nicht in die Chefetagen, denn sie wollen meist auch Kinder, und beides ist schlecht vereinbar. Und genau das ist diskriminierend. Eine Quote würde die Unternehmen zwingen, der Diskriminierung durch andere Arbeitsmodelle endlich ein Ende zu setzen.

Es gibt heute zwar mehr Teilzeitjobs als noch vor 20, 30 Jahren. Oberhalb einer bestimmten Karrierestufe ist aber nach wie vor meist Schluss. Da heißt es: Diese Aufgabe erfordert vollen Einsatz, sprich 150 bis 200 Prozent, permanente Verfügbarkeit auch abends und am Wochenende. Als ob zwei, die sich den Job teilen, das nicht viel besser hinbekommen würden.

Man kann auch volkswirtschaftlich argumentieren: Deutschland fehlen Fachkräfte und Kinder. Deshalb können wir es uns nicht leisten, auf das wirtschaftliche Potenzial von Frauen zu verzichten, aber eben auch nicht darauf, dass Frauen Kinder gebären. Wer beides haben will, der muss die Arbeitswelt familienfreundlicher gestalten. Das haben die männlich dominierten Chefetagen bisher einfach nicht hingekriegt.

Weibliche Chefs allein werden das Problem sicher nicht lösen. Jedenfalls nicht, wenn sie sich den alten Strukturen anpassen, auf Kinder verzichten oder deren Erziehung anderen überlassen. Langfristig gibt es nur einen Ausweg: Eltern in die Chefetagen. Nur Führungskräfte – Frauen wie Männer –, die selbst beides wollen, arbeiten und erziehen, werden neue Modelle nicht nur predigen, sondern auch umsetzen.

Der Weg dahin führt über die Frauenquote.

MATERIAL 13 Es braucht keine Quotenfrauen

Die Schwachen brauchen unsere Hilfe! Namentlich: Alte, Behinderte, Migranten – Frauen auch? Ich zumindest möchte mich in dieser Aufzählung nicht eingereiht wissen. Eine Frauenquote für Unternehmen wäre die eigentliche Diskriminierung. Immerhin sind wir dank Alice Schwarzer und Co. heute so weit, dass eine Unterscheidung von Männlein und Weiblein jenseits der Sanitäranlagen im Alltag nicht mehr vonnöten ist. Sicher ist es bedauerlich, dass Wirtschaftsvorstände und Aufsichtsräte im Land deutlich männerdominiert sind. Wir haben tolle Frauen! Zu bezweifeln ist aber, ob die alle mit scharrenden Hufen im Wartestand stehen, um endlich Chefin zu werden, wenn man sie lässt.

Womöglich sind Führungsjobs aus Sicht vieler Frauen gar nicht reizvoll. Sind Frauen schlichtweg weniger machtgeil, müssen nicht erst ein Dutzend Menschen im Organigramm unter sich haben, um sich wertvoll zu fühlen? Die meisten Frauen wissen, was sie können. Und sie ziehen ihre Befriedigung aus anderen Dingen. Wenn jemand für sich entscheidet, dass er lieber mehr Stunden mit seinen Kindern oder einem guten Buch verbringen möchte statt in den Flugzeugen und Konferenzsälen dieser Welt, finde ich das nachvollziehbar. Das Modell Karrieremensch ist einfach stark überholungsbedürftig. Wo Erfolg an ein möglichst hohes Quantum von Anwesenheit im Büro gekoppelt ist, verschenkt ein Land die Chance, Menschen einzubinden, die mehr vom Leben wollen. […]

Frauen bringen andere Qualitäten in einen Beruf ein als Männer. Sie haben das bessere Gespür für Stimmungen, für Zwischenmenschliches, sie sind diplomatischer und anpassungsfähiger – auch disziplinierter. All das sind Gründe, weshalb zahlreiche Frauen um uns herum bereits Führungskräfte geworden sind. Niemand sollte den ausgebooteten Männern die Chance lassen, diese Frauen als Quotenfrauen zu belächeln.

Quelle: Maris Hubschmid (Kontra/M 13) und Ulrike Scheffer (Pro/M 12), Pro und Kontra: Brauchen wir eine Frauenquote?, in: Der Tagesspiegel online, www.tagesspiegel.de/politik/pro-und-contra-pro-es-braucht-neue-strukturen/6290032-2.html vom 6.3.2012; Zugriff am 18.1.2014

2.3 Gleichheit oder Fairness? – Das deutsche Bildungssystem im Wandel

„Humankapital"

„Bildung ist Zukunft" – hinter dieser Forderung findet sich heute das gesamte politische Spektrum in seltener Einmütigkeit zusammen. Anders nämlich als in einer vorindustriellen Gesellschaft die fruchtbaren Böden oder in der Industriegesellschaft die Fabriken und Maschinen, ist in einem modernen, postindustriellen Staat wie der Bundesrepublik Deutschland das Bildungs- und Qualifikationsniveau der Bevölkerung, das sogenannte Humankapital, die wichtigste Ressource.

Zeichnung: Hans Traxler

Chancengleichheit

Während in einer vorindustriellen Gesellschaft beim Gros der Bevölkerung wenig Wert auf Bildung gelegt wird und nur eine kleine (adelige und bürgerliche) Elite über ein höheres Maß an Bildung verfügt, gibt es in einer Industriegesellschaft eine schulische Grundausbildung für alle. Eine darüber hinausgehende schulische oder gar universitäre Ausbildung bleibt anfangs weiterhin einer durch Geburt oder finanzielle Lage bestimmten Oberschicht vorbehalten. Im Lauf der Zeit weitet sich der Bildungsprozess auf immer größere Teile der Bevölkerung aus. Selektions- und Platzierungsfunktion, d. h. Bewertung der Schüler nach Leistung und Einordnung in die soziale Schichtung durch den Bildungsgrad, haben eine hohe Bedeutung. Nicht die Herkunft des Einzelnen, sondern seine Leistungsbereitschaft ist in hohem Grad entscheidend. Angestrebt wird eine Chancengleichheit im Bildungswesen.

Chancengerechtigkeit

Als Teil der Vorstellung von Chancengleichheit ist die Chancengerechtigkeit zu verstehen. Sie fokussiert die Aufstiegschancen von Individuen entsprechend ihren Fähigkeiten, sei es in Form der Förderung von Begabten und Hochbegabten, der frühkindlichen Förderung oder der Erleichterung des Übergangs von Schule zu Beruf. Der Ausbau von Kindertagesstätten bzw. Vor- und Ganztagsschulen sowie die Erhöhung der Ausstattungsetats der Schulen helfen dabei, Chancengleichheit und Chancengerechtigkeit umzusetzen.

Fachwissen

In der postindustriellen Dienstleistungsgesellschaft wächst das Bildungssystem enorm an und fächert sich immer mehr auf. Gleichwohl verursacht diese Entwicklung hohe finanzielle Kosten. In jedem Lebensbereich – ob im Beruf oder in der Freizeit – wird fachliches und technisches Wissen wichtig. Dies wiederum erfordert eine immer stärkere Selektion dessen, was gelehrt und gelernt werden soll. Zugleich wächst die Notwendigkeit, auch nach Beendigung von Schul- und Ausbildungszeiten, sich lebenslang fortzubilden und das eigene Wissen kontinuierlich auszubauen.

Diese Entwicklung kennzeichnet auch die Expansion im Bildungswesen in der Bundesrepublik in den letzten Jahrzehnten. Immer mehr Bürger erwerben in immer länger andauernden Ausbildungszeiten immer mehr höhere schulische oder berufliche Abschlüsse. So hat sich das Gymnasium bundesweit mit einem Anteil von rund 46 % zur Standardschule bei den weiterführenden allgemeinbildenden Schulen entwickelt. Als Ursachen für die Bildungsexpansion und den erhöhten Bildungsbedarf gelten: *Bildungsexpansion und Bildungsbedarf*
- die Transformation der Bundesrepublik von einer Industrie- zu einer Dienstleistungsgesellschaft – der damit verbundene wissenschaftliche und technische Fortschritt durchdringt die Arbeitswelt und alle anderen Lebensbereiche immer stärker;
- der stetig steigende Qualifikationsdruck auf den Einzelnen – nur durch Bildung kann der eigene Status gesichert bzw. erhöht werden.

Ebenso ist Bildung eine unverzichtbare Grundlage für eine freiheitliche, demokratische und solidarische Gesellschaft. Sie dient der Entfaltung der menschlichen Fähigkeiten, sie ist Voraussetzung für Toleranz sowie für den individuellen sozialen Aufstieg und zugleich den gesamtgesellschaftlichen Fortschritt. Dies bedeutet aber auch, dass die Verortung der Menschen eines Staates in sozialen Schichten eng mit dem Bildungssystem verknüpft ist. *Bildung und Demokratie*

Zwar wuchs der Anteil von Kindern aus unteren Schichten, die die Realschule oder das Gymnasium besuchen, stetig. Das Gleiche gilt aber auch für die Kinder aus den mittleren bzw. oberen Schichten, d. h., dass die schichttypischen Ungleichheiten nicht beseitigt wurden. Es wird also nicht nur nach Leistung selektiert, sondern die Bildung des Einzelnen wird auch von einer sozialen Komponente determiniert. Hierfür sind sogenannte „schichtspezifische Sozialisationsprozesse" verantwortlich. Es lässt sich nämlich feststellen, dass Fähigkeiten kognitiver oder sprachlicher Natur oder der Glaube an den eigenen Erfolg bei Kindern aus höheren Schichten stärker ausgeprägt sind als bei Kindern unterer Schichten. Die Kinder höherer Schichten werden in der Regel von den Eltern besser oder intensiver gefördert. Damit korrespondiert, dass das Leistungsvermögen von Kindern unterer Schichten nicht voll ausgeschöpft wird, da deren Eltern eine Distanz zur höheren Bildung haben. Diesem Phänomen soll durch die vermehrte Einführung von Ganztagsschulen und dem Rechtsanspruch auf einen Kita-Platz entgegengewirkt werden. *„schichtspezifische Sozialisationsprozesse"*

Die Arbeit der Zukunft verlangt von den Arbeitnehmern neue, sich ständig wandelnde Qualifikationen. Auch das Verständnis von Beruflichkeit wandelt sich, ebenso wie das Anforderungsprofil innerhalb eines einzelnen Berufsfelds. Damit kommt dem Aspekt der Weiterbildung und des lebenslangen Lernens heute große Bedeutung zu. Letztlich geht es um die Fähigkeit, den eigenen, lebenslangen Bildungsprozess selbst zu organisieren, um auf Veränderungen rechtzeitig und vernünftig reagieren zu können. *lebenslanges Lernen*

STRUKTUR UND WANDEL DER GESELLSCHAFT IN DER BUNDESREPUBLIK DEUTSCHLAND

MATERIAL
1 Bildungsabschlüsse der Bevölkerung 2012 nach Altersgruppen

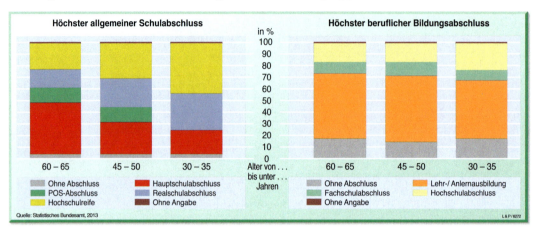

MATERIAL
2 Schulbesuch an verschiedenen Schularten 1952 und 2011/2012

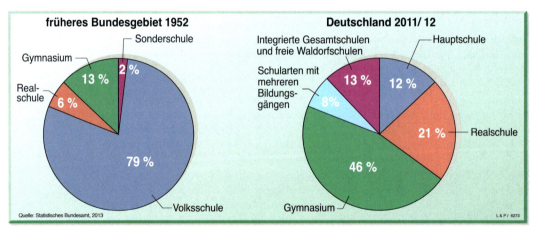

1. Interpretieren Sie die Karikatur auf S. 54.
2. Analysieren Sie die Grafik M1 und erklären Sie Ihre Ergebnisse.
3. Erklären Sie die in M3 vorgestellten Theorien mit eigenen Worten. Finden Sie anschließend Beispiele aus der Realität, die die Theorie stützen bzw. entkräften, und diskutieren Sie sie im Klassenverband.
4. Analysieren Sie die Grafik M2 und setzen Sie sie in Bezug zu M1 und M3. Überlegen Sie danach, welche Punkte für bzw. gegen eine Weiterentwicklung des Trends sprechen.
5. Entwerfen Sie zwei Szenarien für den Alltag in der Bundesrepublik (S. 202 f.) für den Fall, dass sich der Trend aus Grafik M2 in den nächsten Jahren fortsetzt, sowie für den gegenteiligen Fall.

MATERIAL 3: Modernisierungs-, Konflikt- und Konsumtheorien

● *Modernisierungstheorien* besagen, dass die Bildungsexpansion und gleichere Bildungschancen zum Funktionieren und zur Weiterentwicklung moderner Gesellschaften notwendig sind. Mehr Bildung für immer mehr Menschen, auch aus bislang bildungsfernen Gruppen, diene sowohl der Mobilisierung menschlicher Fähigkeiten für die Beherrschung der immer komplexeren Arbeitstechniken als auch der Integration der Gesellschaftsmitglieder in eine immer komplizierte Gesellschaft. [...] Hierbei fördere die Expansion der Bildung die Chancengleichheit. Das heißt: Die Bildung bislang benachteiligter Gruppierungen wird im Zuge der Bildungsexpansion überproportional ausgeweitet, schon deswegen, weil man deren Leistungspotenziale ausschöpfen müsse. Der Einfluss von Herkunft, Geschlecht etc. auf die Erreichung höherer Bildungsabschlüsse schwinde nach Meinung von Modernisierungstheoretikern im Maße der Industrialisierung. Möglich würden Bildungsexpansion und gleichere Bildungschancen, weil immer bessere Lebensbedingungen der Menschen, mehr Wohlstand und dessen immer gleichere Verteilung die Voraussetzungen schaffen, immer mehr Menschen so leistungsfähig zu machen, dass sie weiterführende Schulen erfolgreich besuchen können. [...]

● Im Gegensatz zu Modernisierungstheorien behaupten *Konflikttheorien*, dass die Bemühungen privilegierter Bevölkerungsgruppen, den eigenen Reichtum, eigene Macht und eigenes Prestige aufrechtzuerhalten und diese Vorteile an die eigenen Kinder weiterzugeben, zur Bildungsexpansion führten. Aber die Bildungsexpansion habe keineswegs mehr Chancengleichheit zur Folge, sondern konzentriere sich in den oberen Schichten der Bevölkerung. Dies aus folgenden Gründen: Bildung wirke heute als wichtigstes Zuweisungskriterium für gesellschaftliche Vorteile. Diese Vorteile lassen sich also nur dadurch auf die Kinder übertragen, indem diese hohe Bildungsabschlüsse erlangen. Bildungserfolge bislang benachteiligter Gruppen drohen die herausragenden Positionen von Privilegierten zu gefährden. Um ihre sozialen Vorteile nicht einzubüßen, werden die Mitglieder höherer Schichten bemüht sein, die Hürden zur Erlangung von wirklich privilegierenden Bildungsabschlüssen so zu erhöhen, dass nur ihresgleichen sie erreichen werden. [...] Auch die Weitergabe von ökonomischen [...] und kulturellen „Kapitalien", die für erfolgreiche Bildungskarrieren nützlich sind, an die eigenen Kinder, hilft diesen, die Privilegien ihrer Eltern zu bewahren. Die Folgen des Statuskampfes: immer längere Ausbildungszeiten, eine Vermehrung höherer Bildungsabschlüsse und immer höhere Anforderungen im Hinblick auf höchste bzw. zusätzliche Zertifikate, die in der Regel nur gut Gestellte erreichen. Empirisch sei die Wirksamkeit dieser Mechanismen daran zu erkennen, dass von Geburtsjahrgang zu Geburtsjahrgang die Einflüsse der sozialen Herkunft auf die Erlangung der wirklich vorteilhaften Bildungsabschlüsse nicht ab-, sondern eher noch zunehmen. Ungleiche Lebensbedingungen der Eltern haben so ungleiche Bildungschancen der Kinder zur Folge. Diese setzen sich in ungleichen Berufschancen und Lebensbedingungen fort. Die Ungleichheit der Bildungschancen reproduziert so die Strukturen sozialer Ungleichheit. [...]

● *Ökonomische Theorien* erklären die Bildungsexpansion und das Ergreifen von Bildungschancen mit dem Nutzen, den Bildung für die Handelnden hat. Die Individuen vermehren ihre Bildung, um ihren Nutzen zu steigern. Der ökonomischen *Konsumtheorie* zufolge ist mit Bildung ein Genuss verbunden, sei es unmittelbar durch den Wissenserwerb und die dadurch erfolgenden Anregungen, sei es mittelbar, indem eine interessantere Lebensführung und der Genuss von Kulturgütern möglich wird. Die Konsumthese besagt, dass Einkommen hauptsächlich zur Deckung primärer, materieller Bedürfnisse aufgewendet werden, solange die Einkommen gering sind. Mit steigenden Realeinkommen, nachdem die materiellen Notwendigkeiten befriedigt sind, nähme die individuelle Nachfrage nach Bildung zu, um dadurch Genuss zu erlangen. Die Bildungsexpansion und die Wahrnehmung von Bildungschancen sind nach dieser Theorie also eine Form des gesellschaftlichen Luxus und vom Grade des jeweiligen Wohlstands abhängig.

Quelle: Stefan Hradil: Die Sozialstruktur Deutschlands im internationalen Vergleich, 3. Aufl., Wiesbaden 2010, S. 134 ff.

MATERIAL

4 Vor dem Gebirge der Möglichkeiten

Der Ernst des Lebens lacht herzlich und sagt so nette Sachen wie: „Andreas ist ein richtig sympathischer Junge." Doch das ändert nichts daran, dass der Ernst des Lebens an diesem Morgen im Münchner Arbeitsamt dem 17-jährigen Andreas Meil (Name geändert) in Gestalt der Berufsberaterin Petra Sprenger gegenübertritt. [...] Andreas Meil ist mit seiner Mutter gekommen, und es ist höchste Zeit, dass er sich diesem Gespräch stellt. Es ist der 29. Juli. Am 1. September soll die Lehre beginnen. [...]
Der blonde junge Mann aus Garching bei München ist keinesfalls ein untypischer Problemfall. Er hat vielmehr klugerweise den qualifizierenden Hauptschulabschluss gemacht, als er bemerkte, dass er die Realschule nicht mehr packt. Und nun braucht er Hilfe. Das ist nicht die Ausnahme, sondern die Regel. [...] Beratung tut Not. „Ohne die geht es überhaupt nicht mehr", bestätigt Wirtschaftslehrer Peter Bierl, der seit mehr als 20 Jahren die Berufsberatung an der Realschule Ismaning koordiniert. Noch nie, sagen Experten wie Sprenger und Bierl, war die Berufswahl für junge Menschen so schwierig wie heute. Sie stehen vor einer Fülle neuer Berufe, während der Arbeitsmarkt kaum Raum für Fehlentscheidungen lässt. „Wer seine Ausbildung mehrfach abbricht, hat kaum Aussichten, noch mal einen Platz zu bekommen", sagt Petra Sprenger. [...]
Flachglasmechaniker? Einrohrleitungsbauer? Und wer ahnt schon, dass die Zahnarzthelferin kraft der neuen Ausbildungsverordnung für diesen Beruf nunmehr Zahnmedizinische Fachangestellte heißt? Denn neben den vielen neuen Berufen der IT- und Medienbranchen gibt es viele alte Berufe, die permanent der rasanten technischen Entwicklung angepasst werden. „Früher hatte eine Ausbildungsverordnung zwanzig Jahre Bestand, das ist passé", hat Jochem Ellerich beobachtet. „Die Berufsbilder verändern sich immer rascher." [...] Der Wechsel von der industriellen zur Dienstleistungsgesellschaft hat auch dazu geführt, dass die Konturen vieler Berufe im grauen Büroalltag verschwimmen. Was Väter und Mütter arbeiten, können sich viele Jugendliche nicht mehr ausmalen, weil die Büroarbeitsplätze überall gleich aussehen.
Ausgerechnet aber bewährte Berufe, unter denen sich jeder etwas vorstellen kann, kommen für viele nicht mehr infrage: „Wenn ich Metzger oder Bäcker vorschlage, ernte ich höhnisches Lachen", erzählt Bierl. Schmutz. Blut. Schlechte Arbeitszeit. Das kommt derzeit genauso schlecht an wie die Ausbildung als Bankkaufmann. Aus dem Modeberuf ist der Verlierer der Saison geworden. [...] Doch der mitunter schmerzhafte Abgleich der Fähigkeiten und Wünsche mit den begrenzten Kapazitäten des Marktes gelingt oft nur über die Moderation der Berufsberater.
Entdecke die Möglichkeiten [...], die Erfahrung machen zu müssen, dass die Anforderungen an die Jugendlichen immer komplexer werden. Der Kfz-Mechatroniker macht aus zwei Berufen einen. Wer sich später den mechanischen Teilen des Fahrzeugs widmen will, muss trotzdem befähigt sein, mit einem Computer hoch qualifizierte Fehlerdiagnosen in punkto Elektronik durchzuführen. Vom früher liebevoll als „Schrauber" bezeichneten Mechaniker wird nun ein guter Realschulabschluss erwartet, mit dem Computer sollte er sich auskennen, und gute Leistungen in Physik soll er auch mitbringen. [...]   ➡ Querverweis: S. 64, M 5

Zeichnung: Thomas Plaßmann

Quelle: Harald Hordych: Vor dem Gebirge der Möglichkeiten, in: Süddeutsche Zeitung vom 31.7./1.8.2004

KONTINUITÄT UND WANDEL IN DER GESELLSCHAFT

MATERIAL 5

Häufigkeit des Vorlesens in Abhängigkeit von der sozialen Schicht

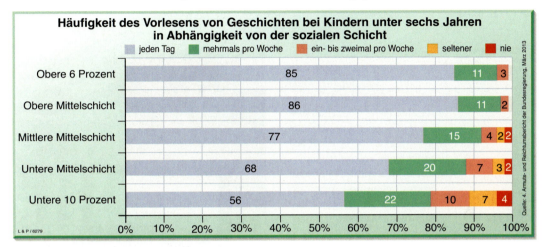

MATERIAL 6

Jugendliche, die sich sicher sind, ihre beruflichen Wünsche verwirklichen zu können

MATERIAL 7

Zuversicht hinsichtlich der persönlichen Zukunft

➡ Querverweis: S. 32, M 6

1. Erarbeiten Sie aus M 4 die Gründe für die Bedeutungszunahme fundierter Bildung.
2. Analysieren Sie die Grafiken M 5 bis M 7 und erklären Sie im Anschluss, inwiefern sich hier „schichtspezifische Sozialisationsprozesse" (S. 55, Autorentext) zeigen.
3. Erörtern Sie ausgehend von M 5 bis M 7 und der Karikatur auf S. 58, ob man in der Bundesrepublik von Chancengleichheit oder Chancengerechtigkeit sprechen kann.
4. Verfassen Sie einen Zeitungsartikel für Ihre Heimatzeitung, in dem Sie die mangelnde Chancengerechtigkeit in Deutschland thematisieren. Zeigen Sie dabei Lösungswege auf.

2.4 Flexibel und mobil – die Arbeitswelt im Wandel

Drei-Sektoren-Theorie

Gemäß der sogenannten „Drei-Sektoren-Theorie" des französischen Soziologen Jean Fourastié (1907–1990) haben unterschiedliche Wirtschaftssektoren im Zeitablauf verschieden große Anteile am Bruttosozialprodukt einer Volkswirtschaft.

Arbeitsplatz der Zukunft?

- Zuerst bestimmt der primäre Sektor Leben und Arbeit der Menschen, die in dieser Phase mehrheitlich als Ackerbauern, Viehzüchter oder Fischer in einer auf Selbstversorgung angelegten, agrarisch geprägten Wirtschafts- und Gesellschaftsform existieren.
- Im Zuge einer gesellschaftlichen Modernisierung, die hierzulande angestoßen wurde durch die Aufklärung im 18. Jahrhundert und die sich schließlich in der Industriellen Revolution des 19. Jahrhunderts durchsetzte, finden immer mehr Menschen Arbeit im sekundären Sektor, dem Produktionssektor.
- Nach einer Übergangsphase kommt es zum Wandel von der Industrie- zur Dienstleistungsgesellschaft („Tertiärisierung"); in der Bundesrepublik fand dieser Wandel in den 1980er-Jahren statt. Dienstleistungen haben im Gegensatz zu den Erzeugnissen des primären und sekundären Sektors keine materielle Gestalt, sondern werden an Personen verrichtet. Zum tertiären Sektor gehören etwa der Handel, das Banken- und Versicherungswesen, das Bildungswesen oder die Gastronomie.

New Economy

Der sektorale Strukturwandel geht einher mit einer steigenden Qualifikation der Erwerbstätigen. Nur wer bereit und in der Lage ist, seine Kompetenzen ständig zu verbessern und die Ressource „Wissen" zu erweitern, wird künftig beruflich aufsteigen bzw. seine Aufstiegsposition auch halten können. Heute spielen dabei neben Fremdsprachenkenntnissen und analytischen Fähigkeiten vor allem Qualifikationen in den Schlüsselbereichen der Informationstechnologie (IT) eine große Rolle. Mitunter ist daher auch von der New Economy oder vom quartären Sektor die Rede.

determiniertes Arbeitsleben

„entstandardisiertes" Arbeitsleben

Während in einer Agrargesellschaft Jahres- und Tageszeiten sowie örtliche Gegebenheiten die Arbeit determinieren, verbringen die Arbeiter in einer Industriegesellschaft ihr gesamtes Arbeitsleben an einem Ort, zum Beispiel in einer Fabrik. Sie finden sich jeden Tag zu fest vorgegebenen Zeiten für eine fest vorgegebene Stundenzahl zu einem festen Stundenlohn an ihrem Arbeitsplatz ein. In einer Dienstleistungsgesellschaft hingegen kommt es für die Erwerbstätigen zu einer „Entstandardisierung" der Arbeit: Arbeitsinhalte und -bedingungen werden ebenso flexibel gehandhabt wie Arbeitszeiten und -verhältnisse. Bislang scheinbar festgefügte Berufsbilder erfahren dadurch große Veränderungen und erfordern vom einzelnen „Wirtschaftssubjekt" eine hohe Mobilität und Flexibilität. Auf dem

KONTINUITÄT UND WANDEL IN DER GESELLSCHAFT

globalen Arbeitsmarkt herrscht daher ein hoher Konkurrenzdruck – nicht nur für Hochqualifizierte. Zugleich erwachsen aus der sich wandelnden Arbeitswelt ungeahnte Chancen – für jeden Einzelnen wie auch für die Gesellschaft als Ganzes.

Mit der Drei-Sektoren-Theorie korrespondiert die These, dass immer mehr Menschen erwerbstätig sein würden und immer weniger von ihnen arbeitslos. Damit würden sowohl die Wirtschaftsleistung eines Staates als auch der Wohlstand der Bevölkerung stetig zunehmen. Ein Blick in die Erwerbspersonenstatistik offenbart, dass trotz hoher Sockelarbeitslosigkeit die Zahl der Erwerbstätigen zwischen 1992 und 2013 um 3,3 Millionen gestiegen ist. Nach dem durch die Wiedervereinigung bedingten Rückgang der sozialversicherungspflichtig Beschäftigten konnte deren Anzahl im Jahr 2013 erstmals wieder seit 1993 die 29-Millionen-Grenze überschreiten. Gleichzeitig stieg die Zahl der nicht sozialversicherungspflichtig Erwerbstätigen von 1992 bis 2013 um 3,5 Millionen Beschäftigte auf 12,4 Millionen an – eine Situation, die auch damit zusammenhängt, dass die im Rahmen der Hartz-IV-Gesetzgebung entstandenen, geringfügigen Beschäftigungsverhältnisse für den Arbeitnehmer sozialversicherungsfrei sind. Oft sind diese Arbeitsverhältnisse zeitlich befristet; die Bundesagentur für Arbeit zählte im Jahr 2012 etwa 7,5 Millionen Arbeitnehmer, die einem „Minijob", also einer geringfügigen Beschäftigung, nachgingen. 2003 waren es nur 4,8 Millionen Arbeitnehmer gewesen.

Erwerbstätige, Erwerbslose und Erwerbspersonen

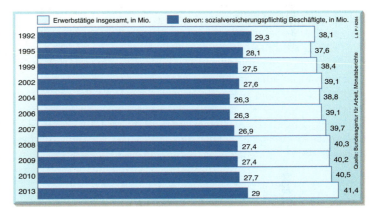

Sozialversicherungspflichtig Beschäftigte 1992 bis 2013

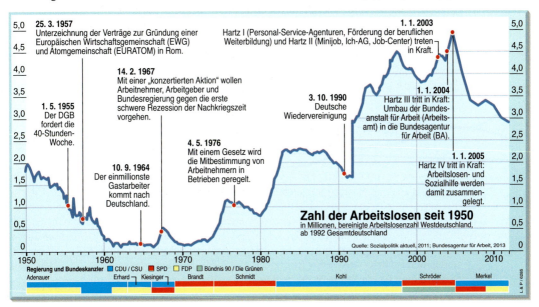

MATERIAL 1 Die „Drei-Sektoren-Theorie"

Jean Fourastié [...] brachte die einzelnen Sektoren nicht nur mit Nachfrageverschiebungen, sondern auch mit den jeweiligen Produktivitätssteigerungen in Verbindung, die der technische Fortschritt dort möglich macht. Im ersten Sektor seien mittlere Steigerungen der Produktivität möglich, im zweiten Sektor besonders hohe, im dritten Sektor dagegen nur sehr begrenzte. Der technische Fortschritt habe zunächst die Nahrungsmittelproduktion gesteigert und die Zahl der dafür notwendigen Arbeitskräfte vermindert. Die Sättigung der Bedürfnisse nach Nahrungsmitteln habe zur Folge gehabt, dass sich die Nachfrage auf weniger notwendige, dingliche Produkte verlagert habe und die auf dem Lande überflüssigen Erwerbstätigen in Städte und Fabriken wanderten. Im sekundären, industriellen Sektor ließen sich [...] daraufhin durch Mechanisierung und Rationalisierung die größten Produktivitätsfortschritte erzielen. Es sei, so schrieb Fourastié 1949, absehbar, dass auch die Nachfrage nach dinglichen Gütern bald (über)erfüllt sein werde. Die Menschen würden daraufhin neue Wünsche nach Dienstleistungen entwickeln, wie zum Beispiel nach Freizeitgestaltung, Bildung, Gesundheitsvorsorge etc. Viele Erwerbstätige werden nach den Produktivitätsfortschritten im sekundären Sektor und in Folge der Nachfrageverlagerungen hin zum Dienstleistungssektor im industriellen Sektor überflüssig werden und zwangsläufig in den Dienstleistungssektor drängen. Hier sei rationalisierender technischer Fortschritt jedoch kaum anwendbar. Die Produktivität von Professoren, Frisören etc. könne nur wenig gesteigert werden. Der „Hunger nach Tertiärem" sei aber unstillbar. [...] Zudem verfeinere und individualisiere sich der Geschmack mit zunehmender Sättigung bei Nahrungsmitteln und industriellen Gebrauchsgütern. [...] Daher könne der Dienstleistungssektor immer mehr Beschäftigte aufnehmen. „Die große Hoffnung des 20. Jahrhunderts" stelle die Tendenz hin zur Dienstleistungsgesellschaft deshalb dar, weil die Lebensumstände der Menschen durch Dienstleistungen bequemer und die Arbeitsbedingungen angenehmer [...] werden würden, weil „höhere" Bedürfnisse befriedigt werden könnten und weil die Arbeitslosigkeit zum Ende kommen werde. [...]

Quelle: Stefan Hradil: Die Sozialstruktur Deutschlands im internationalen Vergleich, 3. Aufl., Wiesbaden 2010, S. 171 ff.

➡ Querverweis: S. 66 f., Methode

MATERIAL 2 Erwerbstätige nach Wirtschaftssektoren in Deutschland

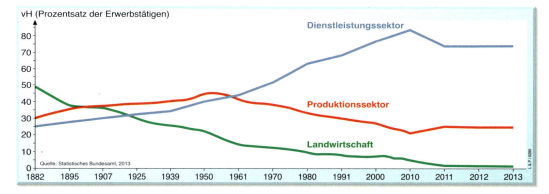

1. Erläutern Sie mit eigenen Worten die Aussagen der Drei-Sektoren-Theorie (M 1) und finden Sie Beweise, die ihre Richtigkeit bestätigen oder widerlegen.
2. Setzen Sie die Grafik M 2 in Bezug zu den in M 1 gemachten Aussagen (S. 14 f.).

KONTINUITÄT UND WANDEL IN DER GESELLSCHAFT

MATERIAL 3

Beispiele geringfügiger Beschäftigung

Begriff der geringfügigen Beschäftigung:
Eine Beschäftigung kann wegen der Höhe des Arbeitsentgelts oder wegen ihrer kurzen Dauer geringfügig sein. Folglich sind zwei Arten von geringfügigen Beschäftigungen zu unterscheiden: geringfügig entlohnte Beschäftigungen und kurzfristige Beschäftigungen. Eine geringfügig entlohnte Beschäftigung liegt vor, wenn das Arbeitsentgelt regelmäßig im Monat 400 Euro nicht überschreitet. Eine kurzfristige Beschäftigung liegt vor, wenn die Beschäftigung für eine Zeitdauer ausgeübt wird, die im Laufe eines Kalenderjahres seit ihrem Beginn auf nicht mehr als zwei Monate oder insgesamt 50 Arbeitstage nach ihrer Eigenart begrenzt zu sein pflegt oder im Voraus vertraglich begrenzt ist, es sei denn, dass die Beschäftigung berufsmäßig ausgeübt wird und ihr Entgelt 400 Euro im Monat übersteigt.

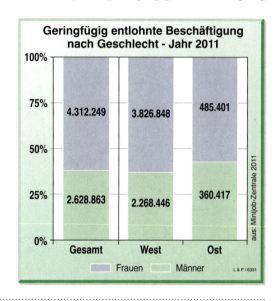

Quelle: Minijob-Zentrale, 2011

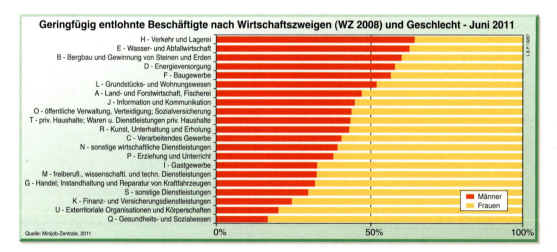

1. Ermitteln Sie die Berufswünsche ihrer Mitschüler und ordnen Sie diese den Ihnen bekannten Sektoren zu. Trifft die Tertiärisierungsthese (M 1) in Ihrem Kurs zu?
2. Analysieren Sie die Grafiken in M 3 und charakterisieren Sie den „typischen" geringfügig entlohnten Beschäftigten.
3. Erörtern Sie die Vor- und Nachteile einer geringfügigen Beschäftigung für den Betroffenen einerseits und den Staat andererseits.
4. Erklären Sie mithilfe der Methode auf S. 210 f. die Aussagen der Fotografie auf S. 60.

MATERIAL

4 Einflüsse auf den Wirtschaftsstandort

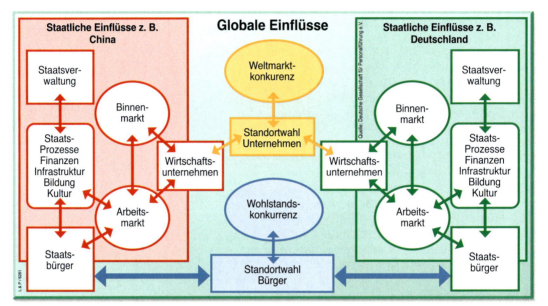

Quelle: Deutsche Gesellschaft für Personalführung e.V.

MATERIAL

5 Mobil und immer bereit?

Er arbeitet mit dem Laptop im Zug oder mietet sich tageweise einen Schreibtisch: Der flexible Arbeitnehmer sitzt nicht mehr von 9 bis 17 Uhr im immer gleichen Büro unter den immer gleichen Kollegen. Arbeit ist unabhängig von Zeit und Ort geworden. Die neu gewonnene Freiheit hat aber auch Nachteile. „Wir sitzen alle zu viel vor dem Monitor. Der Job frisst unsere Freizeit auf, obwohl wir wissen, dass uns die besten Ideen meist nicht bei der Arbeit kommen", so beschreibt der Journalist und Autor Markus Albers in seinem Buch „Morgen komm ich später rein" den Alltag vieler Arbeitnehmer. „Zwischen Meetings, Deadlines und purem Abwarten, bis der Chef Feierabend macht, haben viele Menschen das Gefühl, sie hätten in vier oder fünf Stunden effizienter, selbstbestimmter Zeit genauso viel leisten können."

Doch die Zeiten wandeln sich – auch auf dem Arbeitsmarkt. Berufe, in denen man 40 Jahre in den immer gleichen Strukturen für ein und dasselbe Unternehmen arbeitet, verlieren an Bedeutung. Und auch dem klassischen 9-bis-17-Uhr-Bürojob kehren immer mehr Arbeitnehmer den Rücken.

Ob von zu Hause aus oder im Café, ob mit anderen Gleichgesinnten in einer frei gewählten Bürogemeinschaft oder mit Laptop und Handy auf Reisen: Arbeitsmarktforscher schätzen, dass aktuell in Deutschland bereits 20 bis 30 Prozent der arbeitenden Bevölkerung einer mobilen und flexiblen Beschäftigung nachgehen. „Der Anteil wird in den nächsten Jahren weiter steigen", ist Josephine Hofmann, Arbeitswissenschaftlerin am Fraunhofer-Institut für Arbeitswirtschaft- und Organisation in Stuttgart, überzeugt.

Neue Formen der Arbeitsorganisation finden vor allem in den Informations- und Wissensberufen ihre Anwendung, also bei all jenen, die in ihrem Berufsalltag sowieso bereits viel mit Smartphone und Notebook hantieren. „Der Arbeiter am Fließband wird auch in Zukunft in der Fabrikhalle arbeiten. Er kann ja nicht einfach seine Produktionsmittel mit nach Hause nehmen", so Hofmann. Auch Einrichtungen mit Publikumsverkehr wie Ämter, Banken oder Krankenhäuser werden nicht auf feste Arbeitszeiten und Arbeitsplätze verzichten können.

Beschäftigte in anderen Bereichen können sich

ihren Arbeitsplatz aber bereits heute frei wählen. „Theoretisch kann man mit seinem Notebook auch auf dem Bahnsteig arbeiten, aber dort ist es meist zugig oder laut und man ist leicht abgelenkt", gibt die Fraunhofer-Expertin zu bedenken. Und obwohl viele Menschen die Möglichkeit genießen, von überall aus ihrer Tätigkeit nachgehen zu können – ganz allein und isoliert wollen am Ende doch die wenigsten arbeiten.

Hier setzt sich als neuer Trend das „Co-Working" durch. Mehrere Einzelkämpfer teilen sich ein Gemeinschaftsbüro. Mittlerweile gibt es vor allem in Großstädten Einrichtungen, in denen Schreibtische bei Bedarf auch nur tage- oder stundenweise angemietet werden können. Der Vorteil: Einerseits bleibt man unabhängig, andererseits verliert man nicht die Verbindung zur Außenwelt, kann gegebenenfalls das Feedback von Kollegen einholen, neue Kontakte knüpfen oder gemeinsam Projekte bearbeiten.

In vielen Unternehmen kommt außerdem das so genannte „Desksharing"-Modell in Mode. Wenn Mitarbeiter unterwegs sind oder von zu Hause arbeiten können, brauchen die Unternehmen selbst nicht mehr so viel Platz. Zusätzlich sparen die Firmen Kosten für Schreibtische und Computer, wenn sich mehrere Beschäftigte im Bedarfsfall einen Arbeitsplatz teilen.

Viele Beschäftigte schätzen am mobilen Arbeiten die bessere Vereinbarkeit von Familie und Beruf. Und auch für immer mehr Firmen gilt mittlerweile: Zufriedene Mitarbeiter bringen eine gute Leistung im Job – egal wann und wo sie arbeiten. Doch bei all den Vorteilen sieht Arbeitswissenschaftlerin Josephine Hofmann auch die Gefahren, die flexible Beschäftigungsmodelle mit sich bringen: „Manche Personen sind überengagiert. Vor lauter Multitasking und ständiger Erreichbarkeit können die Leute am Ende nicht mehr abschalten." Die Grenzen von Job und Privatleben weichen auf. Wer sich nicht von Anfang an selbst feste Regeln setzt und diese auch einhält, den kann mobiles Arbeiten krank machen.

Zeichnung: Thomas Plaßmann

Quelle: Dirk Jostes (rbb online) Mobil und immer bereit? Die Zukunft des Arbeitens, in: ARD-Themenwoche 2011: Der mobile Mensch, web.ard.de/themenwoche_2011/?p=2046 vom 26.5.2011; Zugriff am 8.7.2014 ➡ Querverweis: S. 58, M 4

1. Überprüfen Sie anhand der Grafiken auf S. 61 den Realitätsgehalt der These, die am Ende von M 1 aufgestellt wird. Erklären Sie Ihre Beobachtungen auf Grundlage Ihres bis hierher erarbeiteten Wissens.
2. Analysieren Sie die Grafik M 4 und charakterisieren Sie den Einfluss der Globalisierung auf den heimischen Arbeitsmarkt.
3. Erarbeiten Sie aus M 5 die kommenden beziehungsweise bereits eingetretenen Veränderungen in der Arbeitswelt. Inwieweit werden „Flexibilität" und „Mobilität" damit zu Schlüsselkompetenzen?
4. Debattieren Sie, ob eine Arbeitswelt, wie sie in M 5 skizziert wird, wünschenswert ist.
5. Interpretieren Sie obige Karikatur und erläutern Sie deren Aussage.

Strukturwandel-Recherche im Rahmen eines Projekt- oder Studientages

Gesellschaftlicher Strukturwandel hat viele Aspekte. Er kann sowohl den Wandel ganzer Gesellschaften als auch den Wandel von Teilen des Gesellschaftssystems, z. B. des Wirtschaftssystems, meinen. Wandeln sich die in einer Gesellschaft etablierten ökonomischen Grundstrukturen in einer bestimmten Region, so wirkt sich dieser Wandel wiederum auf die Lebensformen der dort Ansässigen aus. Wer die Rahmenbedingungen und Bezugspunkte des eigenen Lebens verstehen und in überregionale Zusammenhänge einordnen will, muss in der Lage sein, den wirtschaftlichen Strukturwandel in der eigenen Region nachvollziehen zu können.

Ursachen und Folgen des Strukturwandels:

- *ökonomische Ursachen und Folgen:* Eine Region kann mit den in ihr produzierten Gütern in Qualität und Preis nicht mehr mit anderen Regionen konkurrieren.

Ein Beispiel für einen vornehmlich ökonomisch erzwungenen Strukturwandel stellt die Stadt Selb in Oberfranken dar, die sich seit Mitte des 19. Jahrhunderts zu einem der wichtigsten deutschen Standorte in der Herstellung von Porzellanwaren entwickelt hatte. Von Mitte der 1970er-Jahre an, also mit dem Übergang von der Industrie- zur Dienstleistungsgesellschaft, gingen die Beschäftigungszahlen in diesem Wirtschaftszweig allerdings stetig zurück. Nach dem Fall der Mauer befanden sich die Selber Firmen in direkter Konkurrenz zu Anbietern aus den ehemaligen Ostblockstaaten und China, denen man aufgrund der vergleichsweise hohen Lohn- und Lohnnebenkosten hierzulande nichts entgegensetzen konnte.

Maxhütte in Sulzbach-Rosenberg, 2002 endgültig stillgelegt

Verstärkt wurde der Effekt durch den Wegfall der sogenannten Zonenrandförderung. Auch die struktur- und regionalpolitischen Förderungsmaßnahmen der Europäischen Union konnten den Niedergang der oberfränkischen Porzellanindustrie und den dortigen Arbeitsplatzverlust nicht aufhalten. Ein weiteres Beispiel für den ökonomisch bedingten Strukturwandel wäre die bereits seit den 1960er-Jahren eingetretene Inrentabilität der Stahlerzeugung. Betroffen war hiervon die Maxhütte im oberpfälzischen Sulzbach-Rosenberg, deren Betrieb jedoch bis zum Jahr 2002 subventioniert und damit künstlich aufrechterhalten wurde.

- *systemisch-soziologische Ursachen und Folgen:* Der Übergang vom primären zum sekundären zum tertiären Sektor zwingt eine Gesellschaft dazu, ihren Bildungsstand den Bedürfnissen des jeweils höheren Sektors anzupassen. Auch infrastrukturelle Maßnahmen sind hierbei vonnöten.

Ein Beispiel hierfür bilden alle Regionen Bayerns, die nach dem Zweiten Weltkrieg noch vornehmlich agrarisch geprägt waren. Da die Nahrungsmittelproduktion relativ rasch rationalisiert werden konnte, wurden viele Arbeitnehmer freigesetzt. Der Mangel an Rohstoffen, der Bayern seit Beginn der Industrialisierung zum Nachteil gereicht hatte, sollte sich nun als Vorteil erweisen: Während nämlich Bundesländer wie z. B. Nordrhein-Westfalen nach wie vor in die Kohle- und Stahlindustrie investierten, gelang in Bayern mithilfe staatlicher Strukturpolitik die Ansiedlung solcher Industriezweige, die nicht auf die Verarbeitung von Rohstoffen, sondern auf Bildung, Forschung und Entwicklung angewiesen waren. Dazu zählen der Maschinen- und Fahrzeugbau, die Luft- und Raumfahrttechnik, die Elektrotechnik, die Optik und die chemische Industrie. Bayern entwickelte sich zu einer Hightechregion, in der Spitzenwissenschaftler ausgebildet werden.

Analyse des Strukturwandels in Ihrer Region:
Um den Strukturwandel in Ihrer Region vollständig erfassen zu können, sollten Sie verschiedenste Informationsquellen nutzen und im Team arbeiten. Folgende Arbeitsschritte bieten sich an:
- *Informations- und Materialsammlung:* Starten Sie mit der Lektüre des Wirtschaftsteils Ihrer Lokalzeitung oder einer überregionalen Zeitung (z. B. Frankfurter Allgemeine Zeitung, Süddeutsche Zeitung, Handelsblatt). Recherchieren Sie in Stadt- und Unternehmensprospekten oder im Internet (z. B. auf der Homepage der eigenen Gemeinde). Weitere Anlaufstellen wären:
  – Rathaus/ Stadtverwaltung; dort: Stadtarchiv, Planungsamt und Amt für Wirtschaftsförderung
  – Agentur für Arbeit; dort: Statistisches Büro
  – Industrie- und Handelskammer (IHK), Handwerkskammer (HWK)
  – Geschäftsstellen der politischen Parteien und Gewerkschaften
  – Bibliotheken und private (sowie kirchliche) Archive
  – Zeitzeugenbefragungen
- *Materialsichtung:* Verschaffen Sie sich einen Überblick über das von Ihnen zusammengetragene Material, setzen Sie Schwerpunkte und formulieren Sie detaillierte Fragestellungen, die Sie bei Ihrer weiteren Untersuchung leiten sollen.
- *Arbeitsteilung:* Teilen Sie sich in Arbeitsgruppen auf, die sich jeweils mit einem ganz bestimmten Problem beschäftigen, etwa mit der Frage:
  – welche Art von Strukturwandel es in der Vergangenheit gab,
  – welche Ursachen dem Strukturwandel zugrunde lagen,
  – welche Probleme entstanden sind,
  – auf welch künftigen Wandel sich Ihre Region wird einstellen müssen und
  – welche Probleme möglicherweise entstehen werden.
- *Auswertung:* Möglich ist z. B. die Simulation einer Strukturkonferenz, bei der Sie Ihre bisherigen Ergebnisse vorstellen und ggf. Experten hinzuziehen, die Sie bei Ihren Recherchen kennengelernt haben. Erarbeiten Sie gemeinsam Leitfragen zu den Entwicklungsperspektiven Ihrer Region:
  – Wie könnte die Zukunft in unserer Region aussehen?
  – Welche Entwicklungen müssten gefördert werden?
  – Welche Auswirkungen ergeben sich damit für unser eigenes Leben?
  – Was ist zu tun, was zu unterlassen?
- *Präsentation:* Eine Möglichkeit besteht z. B. darin, Ihre Ergebnisse im Rahmen einer Fotoausstellung oder eines Videofilms zu zeigen.

Das ehemalige Hochofenwerk „Phoenix West" in Dortmund ist in buntes Licht getaucht. Rund 500 Scheinwerfer ließen das Industrierelikt im Februar 2004 für drei Nächte „erstrahlen". Das einst florierende Stahl- und Hüttenwerk hatte 1998 seine Produktion eingestellt.

2.5 Werteverfall oder neue Werte? – Werte im Wandel

Benimmkurs für Kinder in München

Merkmale von Werten

Unter einem Wert versteht man die von einer Gesellschaft allgemein akzeptierten und verinnerlichten Vorstellungen von etwas, das gewünscht, anerkannt oder angestrebt wird. Werte sind kulturell bestimmt und definierbar; sie können institutionalisiert werden und sind rechtlich kodifizierbar – womit auch ihre Nichteinhaltung zu ahnden ist. Ein Beispiel wäre der oberste Wert des Grundgesetzes, die „Menschenwürde". Treffen die genannten Kriterien nicht zu, so ist ein Wert die persönliche Angelegenheit eines jeden Einzelnen; als Beispiel könnte hier der Wert „Fleiß" genannt werden. Das zweite wichtige Merkmal eines Wertes besteht in seiner Wandlungsfähigkeit. Wird ein Wert als nicht mehr zeitgemäß erachtet, kann es zur „Entkodifizierung" dieses Wertes oder zur „Neukodifizierung" eines anderen Wertes kommen. Ein Beispiel für eine solche Neukodifizierung wäre die Gewaltlosigkeit in der Erziehung von Kindern, deren körperliche Züchtigung in Schule und Elternhaus lange gängige Praxis war.

Wertewandel-theorie

Nach der Wertewandeltheorie des US-amerikanischen Politikwissenschaftlers Ronald Inglehart (* 1934) fußen die Werte der Mitglieder einer Gesellschaft darauf, ob sie im Wohlstand leben oder nicht. Menschen, die in Armut aufwachsen, entwickeln daher ein „materiell" ausgerichtetes Wertesystem, d. h., sie wollen ihre Lebensumstände verbessern und materiellen Besitz anhäufen. Diese These trifft beispielsweise auf die Generation zu, die nach dem Zweiten Weltkrieg aufwuchs und vor den Trümmern ihrer (materiellen) Existenz stand. Menschen, die hingegen in Wohlstand aufwachsen, entwickeln laut Inglehart ein „postmaterielles" Wertesystem, d. h., sie streben nach freier Entfaltung und nach Selbstverwirklichung. Für Inglehart sind die Revolten der 68er-Bewegung ebenso Beweis für seine Theorie wie das Aufkommen der Friedensbewegung in den 1970er-Jahren oder die „Null-Bock-Generation" der 1980er-Jahre.

„Materialisten" und „Postmaterialisten"

In Anlehnung an die sogenannte „Bedürfnispyramide" des amerikanischen Psychologen Abraham Maslow (1908–1970) ging Inglehart davon aus, dass Menschen nach den Gütern streben, die in ihrem Umfeld knapp sind, und dass auf die Befriedigung materieller Wünsche, z. B. Nahrung oder Kleidung, stets das Streben nach „höheren" Werten folgt, etwa nach sozialer Anerkennung oder nach Mitspracherechten. Zweitens glaubte Inglehart, dass sich die in der Jugendphase eines Menschen erworbenen Werthaltungen im späteren Leben nicht wesentlich verändern würden. Nach dieser Theorie müsste also die Anzahl der „Materialisten" in einer Wohlstandsgesellschaft zugunsten der „Postmaterialisten" stetig zurückgehen. Ab den späten 1960er-Jahren war dies anscheinend auch der Fall. Ende der 1980er-Jahre konnten nur noch rund 17 % zur Gruppe der Personen gezählt werden, die ein materialistisches Wertesystem besaßen. Die damit verbundene Individualisierung hatte gravierende gesellschaftliche Auswirkungen: Die Akzeptanz von „Pflichten" gegenüber Staat und Gesellschaft nahm ab und wurde durch ein selbst definiertes „Pflichtgefühl" ersetzt. Man betrachtete es beispielsweise als Pflicht der Menschheit gegenüber, für den Frieden zu demonstrieren, nicht mehr jedoch als staatsbürgerliche Pflicht, Wehrdienst zu leisten.

„Pflichtgefühl" im Wandel

Ab den beginnenden 1990er-Jahren wendete sich plötzlich das Blatt und Ingleharts Theorie musste relativiert werden, denn der Anteil der Materialisten begann auf Kosten der Postmaterialisten wieder zu steigen. Ein Umfragevergleich aus den Jahren 1991 und 2009 belegt in einem scheinbar harmlosen Bereich einen Einstellungs- und Wertewandel von Eltern: 1991 fand der Wert „sich durchsetzen, sich nicht so leicht unterkriegen lassen" noch die meiste Zustimmung unter den Erziehungszielen (75 %), 2009 nahmen „Höflichkeit und gutes Benehmen" (88 %) den Spitzenplatz auf der Werteskala ein, neben Ordentlichkeit und Gewissenhaftigkeit (76 %). Dass sich Werte wandeln, ist mithilfe von Umfragen belegbar. Schwieriger sind die Ursachenforschung und die Abschätzung der Folgen, gerade wenn man bedenkt, dass in Teilen der Gesellschaft postmaterialistische Werte wie die Möglichkeit zur Selbstverwirklichung erreicht zu sein scheinen, während die materielle Armut beachtlicher Bevölkerungsgruppen gestiegen ist.

Einstellungs- und Wertewandel

Auch der demografische Wandel, die tendenzielle Überalterung der Bevölkerung und die Veränderungen in der Arbeitswelt führen zu einem wahrnehmbaren Wertewandel. Zugleich verändern neue Prozesse, etwa die Globalisierung, der Klimawandel oder der medizinische Fortschritt in der Gentechnologie, bisherige Werte: Die „Machbarkeit" wird zur Gefahr für Menschenwürde und Grundwerte, Grenzen werden leichter überschritten. Es geht also immer auch um die Frage nach dem, was im stetigen Prozess des Wertewandels unabdingbar Bestand haben soll.

beständiger Wandel

Zeichnung: Erich Rauschenbach

MATERIAL 1 Helmut Klages' Wertsynthesetheorie

Die von Klages begründete Schule der Wertewandelforschung, die ebenfalls eine empirisch fundierte Analyse der Prozesse des Wertewandels in Deutschland und anderen Industriestaaten liefert, unterscheidet sich […] von der Schule Ingleharts […] deutlich.

Von Inglehart trennen Klages insbesondere die von diesem unterstellte evolutionäre Qualität des Wertewandels, die Art und Weise, wie Inglehart die Einordnung der Werte in die Kategorien Materialismus und Postmaterialismus vorgenommen hat, und die von diesem unterstellte Eindimensionalität der Materialismus-Postmaterialismus-Achse. Dem evolutionistisch-optimistischen und eindimensionalen Erklärungsmodell Ingleharts stellt Klages einen Ansatz gegenüber, der von dem Bedeutungsverlust von Pflicht- und Akzeptanzwerten zugunsten von Selbstentfaltungswerten als einem generellen Trend, nicht als einer evolutionären Entwicklung ausgeht. Dabei betont Klages die Ambivalenz des Wertewandels […] sowie die Möglichkeit konstruktiver und destruktiver Wertsynthesen. […] Klages konstatiert:

- einen immer radikaler auftretenden Anspruch auf eine individuelle, nur eigenen Entscheidungen entspringende und nicht rechenschaftspflichtige Lebensgestaltung;
- ein Staatsverständnis, das das politische Gemeinwesen vorwiegend als Dienstleistungseinrichtung versteht;
- eine sukzessive Auflösung der Normbindung sozialen Verhaltens;
- eine zunehmende Abkehr von großen Organisationen;
- einen zunehmenden Verfall der parlamentarischen Demokratie und
- einen zunehmenden Verfall von Arbeitsdisziplin und Leistungsbereitschaft.

Seine Analysen sind […] vom Bemühen um Neutralität geprägt […]. Auf diese Weise entgeht ihm auch die Bedeutung von positiven Momenten des Wandels nicht, […], etwa

- die trotz abnehmender Parteienbindung zunehmende Bereitschaft der Menschen zur Beteiligung am politischen Leben;
- das mit dem wachsenden Desinteresse an den konventionellen Beteiligungsangeboten der repräsentativen parlamentarischen Demokratie einhergehende steigende Interesse an unkonventionellen Formen der politischen Partizipation;
- die zunehmende Bereitschaft, Randgruppen zu tolerieren;
- die wachsende Bereitschaft zum Verzicht in einer schwierigen Lage.

Hervorzuheben ist auch, dass Klages allgemein als problematisch empfundene gesellschaftliche Entwicklungen […] nicht als unmittelbares Ergebnis des Wertewandels interpretiert. […] So führt Klages im Hinblick auf die […] gebrandmarkten Phänomene des Rückgangs der Arbeitsmotivation und der zunehmenden Freizeitorientierung aus, dies sei nicht die Folge einer grundlegenden Erschütterung der kollektiven Arbeitsmoral. Vielmehr handele es sich bei der zunehmenden Fixierung der Menschen auf die Freizeit um eine „kompensatorische Werterfüllung", ausgelöst durch eine mit dem Vordringen von Selbstentfaltungswerten und dem Zurücktreten von Pflicht- und Akzeptanzwerten einhergehende „Erwartungsenttäuschung" in der Arbeitswelt. […]

Die Formel vom Bedeutungsgewinn der Selbstentfaltungswerte auf Kosten der Pflicht- und Akzeptanzwerte hält Klages aber nur für tauglich, den „Megatrend des Wertewandels" zu bezeichnen; auf der „Mikroebene" seien durchaus abweichende Entwicklungen zu beobachten. So weist er nach, dass innerhalb der Kategorie der Pflicht- und Akzeptanzwerte vor allem die Bedeutung der Werte Gehorsam und Unterordnung stark rückläufig ist, während die Bedeutung der Werte Ordnungsliebe und Fleiß lediglich eine leicht abnehmende Tendenz aufweist. Die zentrale Leistung der Wertewandelforscher um Helmut Klages besteht wohl darin, dass sie die Existenz unterschiedlicher Werttypen nachgewiesen haben, dass sie die gesellschaftlich und politisch relevanten Handlungspotenziale dieser Werttypen ermittelt sowie die Verbreitung der Werttypen in […] Deutschland erforscht haben.

Quelle: Olaf Winkel: Wertewandel und Politikwandel. Wertewandel als Ursache von Politikverdrossenheit und der Chance ihrer Überwindung, in: Aus Politik und Zeitgeschichte, B 52–53/1996, S. 14–18

➡ Querverweis: S. 5, Grafik

KONTINUITÄT UND WANDEL IN DER GESELLSCHAFT

MATERIAL
Wertetypen / Mischtypen **2**

Der Aufstieg der Ehrlichkeit
Die 10 wichtigsten Erziehungsziele im Vergleich

Als „besonders wichtige Erziehungsziele werden genannt"

	1982	2000	2010
1	Selbstvertrauen	Ehrlichkeit	Ehrlichkeit
2	Selbstständigkeit	Selbstständigkeit	Verlässlichkeit
3	Lebensfreude	Selbstvertrauen	Hilfsbereitschaft
4	Ehrlichkeit	Lebensfreude	Selbstvertrauen
5	Aufgeschlossenh.	Aufgeschlossenh.	Selbstständigkeit
6	Kontaktfähigkeit	Kontaktfähigkeit	Anstand
7	Fröhlichkeit	Fröhlichkeit	Verantwortung
8	Toleranz	Fleiß	Fleiß
9	Kritikfähigkeit	Höflichkeit	Gerechtigkeit
10	Rücksicht	Toleranz	Vertrauen

Quelle: Stiftung für Zukunftsfragen

Die Bevölkerungsmehrheit in Deutschland ist einem Mischtyp aus Materialisten und Postmaterialisten zuzuordnen.
● „Ordnungsliebende Konventionalisten" sind [...] Pflichtmenschen. Sie streben vor allem nach den Werten „Pflichterfüllung und Akzeptanz". Sie halten also wenig von Selbstentfaltung, sei es aus egoistischen oder aus altruistischen Motiven. An den Werten „hedonistisch-materialistische Selbstentfaltung" sowie „idealistische Selbstentfaltung" liegt ihnen wenig. Diesen Wertetypus fand man 1997 besonders häufig unter ostdeutschen Männern und unter Nichterwerbstätigen.
● Die „perspektivlos Resignierten" weisen ein niedriges Ausmaß an Werten in allen drei erfassten Dimensionen auf. Sowohl „Pflicht- und Akzeptanzwerte" als auch Werte der „hedonistisch-materialistischen" [...] wie [...] der „idealistischen Selbstentfaltung" bedeuten ihnen wenig. Diese Menschen streben nach nichts (mehr). Solche Häufungen von „Nicht-Werten" weisen unter anderen arbeitslose Menschen auf.
● Den Typus des „nonkonformen Idealisten" traf man 1997 in Westdeutschland häufiger an als in Ostdeutschland. Hierunter sind Menschen zu verstehen, die primär nach Selbstentfaltung streben, aber nicht aus egoistischer Genusssucht, sondern aus idealistischen Motiven. (Sie arbeiten z. B. in Hilfs- und Umweltorganisationen mit.) Sie haben das Ziel der „idealistischen Selbstentfaltung", nicht aber der „hedonistisch-materialistischen Selbstentfaltung", auch trachten sie nicht nach „Pflichterfüllung und Akzeptanz".
● Während alle bisher genannten Wertetypen mit 15 % bis 17 % ungefähr gleich häufig [...] vertreten sind, war ein gutes Drittel der Menschen dem Typus des „hedonistischen Materialisten" zuzuordnen. Dieser Typus hält von Pflichten genauso wenig wie von „idealistischer Selbstentfaltung", umso mehr von „hedonistisch-materialistischer Selbstentfaltung". Er möchte materielle Genüsse erfahren – je eher, desto lieber.

Quelle: Stefan Hradil: Die Sozialstruktur Deutschlands im internationalen Vergleich, 3. Aufl., Wiesbaden 2010, S. 274 f.

---

1. Interpretieren Sie die Karikatur auf S. 69.
2. Fassen Sie Klages' Wertsynthesetheorie thesenartig zusammen und zeigen Sie die wichtigsten Unterschiede zur Postmaterialismustheorie von Inglehart (M 1; S. 68/69).
3. Diskutieren Sie beide Theorien in Gruppen. Welche Theorie halten Sie für überzeugender? Begründen Sie.
4. Erklären Sie, was man unter einem „Mischtyp" versteht (M 2). Wo würden Sie sich selbst einordnen? Führen Sie anschließend die Umfrage (Grafik neben M 2) in Ihrem Kurs durch und ordnen Sie sich erneut ein.

MATERIAL 3 Unterscheidungsmerkmale

Materialistische Werte	Postmaterialistische Werte
stabile Wirtschaft	Schutz des Rechts auf Meinungsfreiheit
Aufrechterhaltung von Recht und Ordnung	mehr Mitspracherechte in der Politik
Patriarchat	Emanzipation der Frau
Verbrechensbekämpfung	mehr Mitspracherechte am Arbeitsplatz
positives Wirtschaftswachstum	dauerhafter Frieden und Umweltbewusstsein

Eigene Darstellung

➡ Querverweis: Kapitel II.2.2

MATERIAL 4 Ausprägungen des Wertewandels in Deutschland

Die 68er sind an allem schuld: am Verlust der Werte, an Geburtenrückgang und Arbeitslosigkeit. So sehen es die neuen Konservativen – und machen es sich zu leicht. Vom vielbeschworenen Werteverfall kann vor allem bei der jüngeren Generation keine Rede sein. […] Was sollen die Achtundsechziger und der durch sie initiierte Werteverfall nicht alles ausgelöst haben:
- den Geburtenrückgang, weil die selbstverwirklichungssüchtigen Nachachtundsechziger lieber Abenteuerreisen machen, statt am Kindbett zu wachen;
- die Erziehungskrise, weil sich Eltern und Lehrer nicht mehr trauen, auf Pünktlichkeit und saubere Fingernägel zu achten;
- den Kollaps des Sozialstaats, weil dank der leistungsfeindlichen Achtundsechzigerideologie die Arbeitslosen von heute nicht mal mehr ein schlechtes Gewissen haben, wenn sie sich in die soziale Hängematte legen;
- die schlecht integrierten Ausländer, weil die Altachtundsechziger lieber auf Multikulti machen, statt dem Türken beizubringen, dass in Deutschland auch deutsch gegrüßt wird. […]

Angesichts dieses breiten Konsenses erscheint es umso erstaunlicher, dass sich die Sache mit den Werten bereits durch einen relativ flüchtigen Blick in die Fachliteratur klären lässt: Entweder entzieht sich der angeblich so schwerwiegende Werteverfall seit Jahrzehnten jedem empirischen Nachweis – oder aber es gibt ihn gar nicht. Wer könnte das besser beurteilen als Helmut Klages? Von 1975 an lehrte Klages als Professor an der […] Deutschen Hochschule für Verwaltungswissenschaften in Speyer. […] Nach unzähligen empirischen Studien und jahrzehntelanger soziologischer Forschung kann Klages seine grundlegenden Erkenntnisse in Sachen Werte und Wertewandel in einem Satz zusammenfassen: „Diese Erkenntnisse fallen insgesamt überraschend positiv aus und widerlegen das Lamento vom ‚Werteverfall' aufs nachdrücklichste."
Es gibt nach Ansicht der seriösen Soziologie keinen allgemeinen Werteverfall – wohl aber einen Wertewandel. Dieser Wandel verläuft nach Klages Ansicht genau in die richtige Richtung: Er macht den Menschen fit für das Leben in der Moderne. Die Werte, nach denen wir leben, haben sich zusammen mit den Begleitumständen unseres Lebens verändert und verändern sich weiter:
- Wir mussten zum Beispiel flexibler werden, um uns auf unsere schneller wechselnden sozialen Rollen einzustellen. Welcher Mann hätte es sich vor vierzig, fünfzig Jahren träumen lassen, dass er kurz vor einem Geschäftstermin zu Hause noch schnell sein Kind wickelt – das war Frauensache.
- Wir mussten toleranter werden: Wer hätte es sich in den Fünfzigerjahren schon vorstellen können, an seinem Arbeitsplatz einen Asiaten oder einen Schwarzafrikaner als Chef zu akzeptieren?
- Wir mussten kreativer werden: Mit der bloßen Anwendung einmal erlernter Fähigkeiten lässt sich in immer weniger Berufen Geld verdienen.
- Wir mussten lernen, mit ganz neuen Wertekategorien zu leben: Vor vierzig Jahren wussten die Menschen noch nicht einmal, was Nachhaltigkeit heißt. Heute gilt es als asozial, sein Altpapier in die Hausmülltonne zu stopfen.

Sehr deutlich lässt sich die Richtung des Wertewandels an den Zielen ablesen, die sich Eltern bei der Erziehung ihrer Kinder setzen: Seit Anfang der Fünfzigerjahre – und nicht erst seit 1968 – wurde das Erziehungsziel „Selbstständigkeit und freier Wille" immer wichtiger. Die Bedeutung von „Gehorsam und Unterordnung" nahm demgegenüber ab. Was aber keineswegs heißt, dass Eltern ihre Kinder heute zu pflichtvergessenen Egomanen heranziehen wollen: Die klassischen Sekundärtugenden „Ordnungsliebe und Fleiß" sind heute bei der Erziehung noch genauso wichtig wie vor 50 Jahren. Es spricht laut Klages vieles dafür, dass der Wandel genau in die richtige Richtung verläuft, um uns das Überleben in einer globalisierten Welt leichter zu machen. Wir werden in Zukunft immer selbstständiger arbeiten müssen, wir werden immer häufiger nur unseren eigenen Willen als Antrieb besitzen – ob es darum geht, sich ein Leben lang fortzubilden oder nach einem beruflichen oder privaten Rückschlag neu anzufangen. Zuverlässigkeit und Engagement bleiben wichtige Anforderungen, die uns am Arbeitsplatz und in der Familie abverlangt werden. Doch blinder Gehorsam bringt uns immer weniger weiter. Heinrich Manns „Untertan" würde es in modernen Unternehmen nicht weit bringen.

Neben den veränderten Anforderungen, die die Gesellschaft an uns stellt, gibt es noch einen zweiten mächtigen Motor des Wertewandels: unsere eigenen Bedürfnisse. Meistens jagen wir unser Leben lang den Dingen nach, die wir in der Jugendzeit am meisten vermisst haben. Wer in Deutschland während Weltwirtschaftskrise und Kriegsjahren aufgewachsen ist, der wird wahrscheinlich zeit seines Lebens zu schätzen wissen, was Jüngeren selbstverständlich vorkommt: ein Haus, gutes Essen, ein Leben in Ordnung und Sicherheit. [...]

Die Achtundsechziger erschütterten erfolgreich die alten Autoritäten. Gleichzeitig forderte der gesellschaftliche Wandel uns allen mehr und mehr Flexibilität ab. So kam es, dass die Kinder der Achtundsechziger zwar in materiellem Wohlstand und großer Freiheit aufwuchsen, dabei aber bisweilen Verbindlichkeit und klare Regeln vermissten. Dieses unerfüllte Bedürfnis nach Autorität liefert eine mögliche Erklärung dafür, warum Jugendliche in den vergangenen Jahren wieder stärker zu traditionellen Wertorientierungen neigen – und damit die These vom anhaltenden, durch die Achtundsechziger ausgelösten Werteverfall ein weiteres Mal Lügen strafen. Familie, Treue, aber auch Fleiß, Einfluss und materielle Sicherheit stehen bei deutschen Jugendlichen heute wieder hoch im Kurs. Umweltbewusstsein und politisches Engagement sind demgegenüber weniger wichtiger geworden. [...]

Könnte es vielleicht sein, dass all die Studien zur Werteorientierung einen entscheidenden Fehler machen? Sie fragen die Menschen ja in erster Linie danach, welche Werte ihnen wie viel bedeuten. Womöglich prahlen wir in Umfragen damit, wie wichtig uns Anstand und Sitte sind – um dann in unserem konkreten Handeln unablässig dagegen zu verstoßen? [...]

Fazit: Es gibt in Deutschland keinen flächendeckenden Werteverfall infolge von 1968, sondern höchstens einen punktuellen Werteverfall am unteren Ende der Gesellschaft infolge von schlechter Arbeitsmarkt- und Sozialpolitik. Im Gegenteil: Der im Gefolge von 1968 in Deutschland eingetretene Wertewandel hin zu mehr Toleranz, Kreativität und Flexibilität war dringend notwendig.

Quelle: Christian Rickens: Feindbild '68; in: Spiegel Online, www.spiegel.de/kultur/gesellschaft/wertedebatte-feindbild-68-a-453979.html vom 13.12.2006, Zugriff am 7.1.2014

1. Überprüfen Sie M 3. Versuchen Sie eine Definition für die Begriffe „materialistische Werte" und „postmaterialistische Werte".
2. Fassen Sie M 4 thesenartig zusammen. Wie wird Klages These (M 1) gestützt?
3. Visualisieren Sie in einer Grafik, welche Werte seit den 1950er-Jahren ansteigend wichtig sind (M 4) und welche im Laufe der Zeit wieder unwichtiger wurden. Setzen Sie Ihre Ergebnisse anschließend in Bezug zur These Ingleharts (S. 68/69).
4. Analysieren Sie die Grafik auf S. 5. Führen Sie eine analoge Befragung in Ihrem Kurs durch.

3. Sozialstaat und soziale Sicherung

3.1 Grundlagen des Sozialstaats

Schutz vor Risiken — Es ist eines der wichtigsten Ziele im menschlichen Leben, sich gegen die Risiken und Unvorhersehbarkeiten abzusichern, die das Leben gemeinhin mit sich bringt. In der vorindustriellen Zeit übernahm diese Sicherungsfunktion die (Groß-)Familie, insbesondere in den ländlichen Gebieten. Wer krank wurde, erhielt Pflege, wer zu alt zum Arbeiten war, wurde in den „Austrag" geschickt und miternährt.

Bismarck und die „Deutsche Sozialversicherung" — Mit der Industrialisierung und der Abwanderung breiter Bevölkerungsteile in die städtischen Industrie- und Ballungszentren wandelten sich die Lebensformen. Nun war die persönliche Existenz eines jeden bedroht, der körperlich nicht mehr in der Lage war zu arbeiten. Krankheiten, Unfälle, Arbeitslosigkeit und Alter, aber auch Einkommensausfälle durch Schwangerschaften oder den Tod eines „Familienernährers" – all diesen Risiken waren Millionen von Menschen „schutzlos" ausgesetzt. Anfangs versuchten Kirchen oder einzelne Unternehmerpersönlichkeiten, die Unwägbarkeiten des Arbeiterdaseins abzufangen. Mit der Einführung der „Deutschen Sozialversicherung" versuchte Reichskanzler Otto von Bismarck (1815 – 1898) vergeblich, dem wachsenden Unmut der Arbeitermassen zu begegnen. Deutschland damit international zum Vorreiter eines modernen Sozialstaats gemacht zu haben, hatte Bismarck so allerdings nie beabsichtigt.

„soziales Netz" — Mit dem einsetzenden Wirtschaftswunder in den 1950er-Jahren kam es zu einem beständigen und großzügigen Ausbau des Sozialstaats in der Bundesrepublik Deutschland. Der Bevölkerungsteil, der nicht vom Einkommen eigener Arbeit oder der Unterstützung durch die eigene Familie lebte, sondern Leistungen aus den staatlichen Sicherungssystemen erhielt – Rentner, Arbeitslose oder Sozialhilfeempfänger, Studierende –, wuchs beständig, das „soziale Netz" wurde immer engmaschiger.

Sozialstaatsprinzip — In den Grundgesetz-Artikeln 20 und 28, der rechtlichen Grundlage für die Schaffung und den Ausbau des Sozialstaats, heißt es, Deutschland sei ein „demokratischer und sozialer Bundes- und Rechtsstaat". Das Sozialstaatsprinzip ist eines von vier Verfassungsprinzipien. Alle staatlichen Organe sind damit zu einer Politik des sozialen Ausgleichs und der sozialen Sicherheit *verpflichtet*. Da das Grundgesetz an dieser Stelle recht vage bleibt, ist der Grad der sozialstaatlichen Ausprägung jedoch nicht vorgeschrieben und muss im demokratischen Prozess immer wieder aufs Neue festgelegt werden.

Soziale Marktwirtschaft — Es entspricht dem Wirtschaftssystem der Sozialen Marktwirtschaft, dass für diejenigen Mitbürger, die am Leistungswettbewerb nicht oder nur eingeschränkt teilnehmen können, ein sozialer Ausgleich geschaffen wird. Das bedeutet konkret, dass den leistungsstärkeren Mitgliedern der Gesellschaft Zahlungen in Form von Steuern und Sozialversicherungsbeiträgen auferlegt werden, von denen wiederum die leistungsschwächeren in Form von Sozialleistungen profitieren (Umverteilung). Daneben hat der Staat gegenüber seinen Bürgern die Pflicht, für soziale Sicherheit zu sorgen, d. h. die Existenzgrundlage für ein menschenwürdiges Leben zu sichern.

SOZIALSTAAT UND SOZIALE SICHERUNG

Aufgrund des demografischen Wandels und des Anstiegs der Erwerbslosen ist die Zahl der Leistungsempfänger in den letzten dreißig Jahren kontinuierlich gestiegen. Gerade die Alterung breiter Bevölkerungskreise verschärft bestimmte Standardrisiken in einer postindustriellen Gesellschaft wie der Bundesrepublik, da die Kosten nicht nur der Renten-, sondern auch der Gesundheitssicherung überproportional steigen. Dies wirkt sich auf die ganze Bevölkerung aus: Die Steuern und Abgaben müssen steigen, um das Sozialsystem auch künftig finanzierbar zu halten.

Einnahmen und Ausgaben

Im Angesicht einer stetig wachsenden Staatsverschuldung und der finanziellen Engpässe der staatlichen Sicherungssysteme begann die Bundesregierung unter Kanzler Gerhard Schröder (1998 – 2005) mit der Reform und dem Umbau des deutschen Sozialstaats („Agenda 2010"). Kernelemente der rot-grünen Reformpolitik bildeten die Kürzung staatlicher Leistungen sowie die Forderung und Förderung privater Eigenverantwortung und Eigenleistung.

Agenda 2010

So wurden – auch als Folge von Missbrauch – die Bezugsdauer des Arbeitslosengeldes gekürzt, das Arbeitslosengeld und die Sozialhilfeleistungen zum sogenannten Arbeitslosengeld II zusammengefasst („Hartz IV") und zusätzlich zum staatlichen Rentenversicherungssystem ein Anreiz zur ergänzenden, persönlichen Vorsorge geschaffen („Riester-Rente").

Hartz IV

Mit dem Gesetz zur Stärkung des Wettbewerbs in der gesetzlichen Krankenversicherung (GKV-WSG), dem sogenannten Gesundheitsfonds, schuf die Große Koalition (2005 – 2009) nach langen Diskussionen ein Konzept zur Umorganisation der Finanzierung der gesetzlichen Krankenversicherung in Deutschland. Ziel all dieser Maßnahmen ist es, den Sozialstaat finanzierbar, den Lebensstandard der Bevölkerung hoch und die Bundesrepublik in der globalisierten Wirtschaftswelt wettbewerbsfähig zu halten.

Gesundheitsfonds

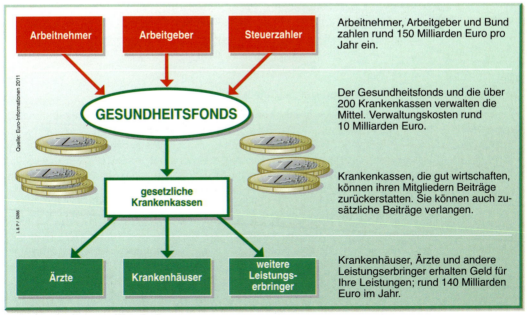

So funktioniert der Gesundheitsfonds.

MATERIAL 1 Theorien zum Entstehen gesellschaftlicher Sicherungseinrichtungen

• *Funktionalistische Theorien* betonen die Prägekraft großer, umfassender Entwicklungstrends: Gegen die Modernisierung, die Industrialisierung oder die Durchsetzung des Kapitalismus können die Einzelnen wenig ausrichten. Aus diesen Entwicklungen ergeben sich vielmehr viele Zwänge, auf bestimmte Weise zu handeln. Auch der Aufbau von Systemen sozialer Sicherung stellt aus dieser Sicht eine notwendige Reaktion auf veränderte äußere Gegebenheiten dar. Die Industrialisierung, die Modernisierung bzw. der Kapitalismus, also im Grunde wirtschaftliche Entwicklungen, brachten eine Fülle von Risiken – und damit Krankheit, Not und Tod – für die Menschen mit sich. Es führte nach Ansicht von Funktionalisten kein Weg daran vorbei, Sicherungseinrichtungen aufzubauen, um ein Zusammenbrechen menschlicher Gesellschaften zu verhindern.

• *Konflikttheorien* heben dagegen hervor, dass die Systeme sozialer Sicherung keineswegs zwangsläufig entstanden seien. Vielmehr habe erst massiver Druck vonseiten der Bevölkerung, insbesondere durch die Arbeiterbewegung, dazu geführt, dass Absicherungen gegen Existenzbedrohungen infolge von Alter, Krankheit, Unfall oder Armut geschaffen worden seien. Die jeweilige Politik sei also durchaus wirksam. Je nach Art der vertretenen Konflikttheorie werden die Massendemokratie schlechthin oder aber spezifischer Sozialdemokratie und Gewerkschaften als politische Vertretungen der Arbeiterklassen bzw. politische Koalitionen zwischen bestimmten Parteien als Ursachen des Sozialstaats genannt.

• *Institutionelle Ansätze* erklären das Zustandekommen sozialer Sicherung konkreter. Hier wird der Staat nicht, wie im Lichte von Konflikttheorien, als ausführendes Organ von Interessen, sozialen Bewegungen oder politischen Parteien gesehen. Vielmehr sind staatliche Instanzen selbst die Ursache, dass soziale Sicherungen entstanden. Staatliche Instanzen steuern, entscheiden und schaffen Systeme sozialer Sicherung. Je nach Version der institutionellen Theorie ist es der Wettbewerb zwischen den Staaten, die Eigendynamik von Staatsstrukturen oder das Streben von Eliten nach Machterhalt, die als Ursachen genannt werden.
Im Zusammenhang mit institutionellen Ansätzen sind auch *Theorien der „Pfadabhängigkeit"* zu nennen: Hiernach macht es ein einmal eingeschlagener Weg (z. B. die Einführung eines statuserhaltenden Versicherungsprinzips) sehr schwer, diesen „Pfad" wieder zu verlassen. Freilich lassen sich so eher die Verlaufsformen als die Entstehung von sozialen Sicherungssystemen erklären.

Quelle: Stefan Hradil: Die Sozialstruktur Deutschlands im internationalen Vergleich, 3. Aufl., Wiesbaden 2010, S. 242 f.

MATERIAL 2 Verfassungsrechtliche Grundlagen des Sozialstaats im Grundgesetz

Verfassungsrechtliche Grundlagen des Sozialstaates im Grundgesetz

Sozialstaatsprinzip	Soziale Grundwerte	Bestandsgarantie
Art. 20 Abs. 1: „Die Bundesrepublik Deutschland ist ein demokratischer und sozialer Bundesstaat." Art. 28 Abs. 1: „Die verfassungsmäßige Ordnung in den Ländern muss den Grundsätzen des republikanischen und sozialen Rechtsstaates im Sinne dieses Grundgesetzes entsprechen."	Art. 1 Abs. 1: „Die Würde des Menschen ist unantastbar." Art. 1 Abs. 1 und Abs. 3: Grundrechtsbindung der staatlichen Gewalt Grundrechte, insbesondere Art. 3: Gleichheit vor dem Gesetz Art. 6: Schutz von Ehe und Familie Art. 9 Abs. 3: Koalitionsfreiheit Art. 14 Abs. 2: Sozialbindung des Privateigentums	Art. 79 Abs. 3: „Eine Änderung dieses Grundgesetzes, durch welche … die in den Art. 1 und 20 niedergelegten Grundsätze berührt werden, ist unzulässig." Art. 19 Abs. 2 GG: „In keinem Falle darf ein Grundrecht in seinem Wesensgehalt angetastet werden."

MATERIAL 3: Art. 20 GG: Entscheidung für den Sozialstaat

Mit der Entscheidung für den Sozialstaat wird die immer wieder gestellte Forderung nach sozialer Gerechtigkeit zu einem leitenden Prinzip aller staatlichen Maßnahmen erhoben. [...] Die *Sozialstaatsklausel* des GG fordert nicht die Einrichtung eines totalen Wohlfahrtstaates, [...] sie erstrebt aber die annähernd gleichmäßige Verteilung der Lasten (BVerfGE 5, 85/198). Zwischen dem ebenfalls verfassungsrechtlich geforderten Schutz der persönlichen Freiheit des Einzelnen und der Forderung nach einer sozialstaatlichen Ordnung besteht allerdings eine unaufhebbare und grundsätzliche Spannungslage (BVerfGE 10, 354/370). Der Gesetzgeber hat deshalb bei Entscheidungen zwischen diesen beiden verfassungsrechtlichen Grundsätzen einen gewissen Spielraum; seine Entscheidung zugunsten der Freiheit der persönlichen Entfaltung des Einzelnen ist jedenfalls dann nicht zu beanstanden, wenn eine andere Lösung durch das Sozialstaatsprinzip nicht unbedingt geboten ist (BVerfGE 18, 257/267).

Die Entscheidung für die Sozialstaatlichkeit hat [...] in vielen Bereichen erhebliche Auswirkungen:

a) Aus dem Sozialstaatsprinzip ergibt sich in Verbindung mit der Würde des Menschen ein Anspruch des Einzelnen gegen den Staat, für ihn im Falle seiner – verschuldeten oder unverschuldeten – Bedürftigkeit so zu sorgen, dass sein Existenzminimum gesichert ist („Fürsorgeanspruch"). [...]

b) Der Staat ist auch verpflichtet, im weiten Bereich der sogenannten *Daseinsvorsorge* (z. B. Versorgung mit Gas, Wasser, Strom; Gesundheitsvorsorge; Schulwesen) Leistungen zugunsten des Einzelnen zu erbringen. Er [...] kann dafür eine zumutbare Gegenleistung in Geld fordern.

c) Das Sozialstaatsprinzip beschränkt auch den Grundsatz der Vertragsfreiheit (z. B. Preisgestaltung im sozialen Wohnungsbau).

d) Die *Zwangsversicherung bestimmter Gruppen* ist ebenfalls Ausfluss des Sozialstaatsprinzips. Die Vorsorge für Krankheit, Alter, Unfall usw. rechtfertigt die zwangsweise Versicherung des Einzelnen, wenn dieser entweder nur teilweise eigene Leistungen dafür einbringt oder sonst mit hoher Wahrscheinlichkeit für den Staat eine derart hohe Belastung einträte, dass er seinen sozialen Verpflichtungen nur noch im beschränkten Umfang nachkommen könnte.

e) Aus dem Sozialstaatsprinzip folgt auch das Gebot einer *sozialen Steuerpolitik*. [...]

Das Grundgesetz enthält keinen besonderen Katalog spezifisch sozialer Grundrechte. [...] Einen Katalog sozialer Rechte mit der Qualität einfachen Bundesrechts (nicht Verfassungsrang) garantiert die *Europäische Sozialcharta* von 1964:

a) das Recht auf Arbeit;
b) das Recht auf gerechte, auf sichere und gesunde Arbeitsbedingungen und auf ein gerechtes Arbeitsentgelt;
c) das Recht auf Kollektivverhandlungen und auf kollektive Arbeitskampfmaßnahmen einschließlich des Streikrechts; [...]
d) das Recht auf Berufsberatung und auf berufliche Ausbildung;
e) das Recht auf Gesundheit; [...]
f) das Recht der körperlich, geistig oder seelisch Behinderten auf berufliche Ausbildung sowie auf berufliche und soziale (Wieder-)Eingliederung;
g) das Recht der Familie auf sozialen, gesetzlichen und wirtschaftlichen Schutz;
h) das Recht der Mütter und Kinder auf sozialen und wirtschaftlichen Schutz, unabhängig vom Bestehen einer Ehe.

➡ Querverweis: S. 140, M I

Quelle: Dieter Hesselberger: Das Grundgesetz. Kommentar für die politische Bildung, Neuwied 1999, S. 176 f.

---

1. Erläutern Sie die Erklärungsansätze für das Zustandekommen gesellschaftlicher Sicherungseinrichtungen (M 1). Wo liegen die wichtigsten Unterschiede?
2. Diskutieren Sie im Kursverband, welche Theorie überzeugender ist.
3. Erklären Sie die Zielsetzungen, die die Verfassungsgeber mit dem Sozialstaatsgebot (M 2, M 3) verfolgten.

MATERIAL

4 Die Entwicklung der Sozialleistungsquoten und der Ausgaben des Sozialbudgets

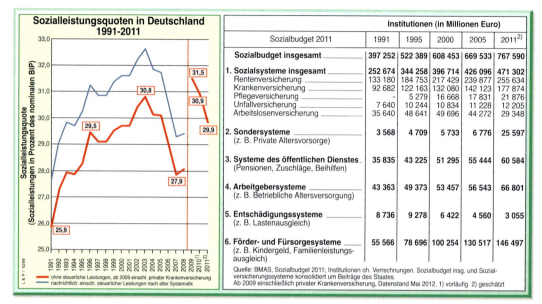

MATERIAL

5 Beitragssätze in der Sozialversicherung

MATERIAL

6 Probleme und Zukunftsperspektiven des Sozialstaates

Seit einigen Jahren ist der Sozialstaat vor allem durch die kontroversen Debatten über Kürzungen von Sozialleistungen, den Umbau und die Reformfähigkeit der sozialen Sicherungssysteme präsent. Ursache dafür sind eine Reihe von tief greifenden Veränderungen und Entwicklungen, die sich in ihrer Wirkung in den nächsten Jahren noch verschärfen werden. Dabei spielen sowohl interne (aus dem Sozialstaat selbst hervorgegangene) als auch externe Faktoren eine Rolle. Dazu gehören

• **der demografische Wandel:** [...] Dabei ist grundsätzlich von folgenden vier miteinander verknüpften Trends auszugehen:

– Die Geburtenrate wird auf einem niedrigen Niveau verharren. Gleichzeitig nimmt [...] die Lebenserwartung zu;

– eine zahlenmäßig kleinere Bevölkerung wird zu einer abnehmenden Bevölkerungsdichte mit starken regionalen Unterschieden führen;

– die Verschiebungen in der Altersstruktur der Bevölkerung sind voraussichtlich stärker als vielfach angenommen. Auch eine kontinuierliche Zuwanderung kann diese nicht ausgleichen, sondern bestenfalls abmildern;

– immer weniger junge Menschen stehen immer mehr älteren Menschen gegenüber [...].
- **die soziokulturellen Herausforderungen**: Die soziokulturellen Herausforderungen beruhen vor allem auf der drastischen Veränderung der Familienstrukturen und kleinräumigen Gemeinschaften, die sich mit Pluralisierung und „Individualisierung" kennzeichnen lässt. Hieraus resultiert zweierlei: Zum einen nehmen die Leistungen der informellen Wohlfahrtsproduktion in Familie und Nachbarschaft massiv ab, zum anderen sind nicht mehr nur „großflächige" staatliche Maßnahmen, die sich auf größere Bevölkerungsgruppen mit ähnlichen sozialen Problemen richten, gefragt. [...] Die Diskussion um das mittlerweile auch schon in der Mittelschicht zum Kampfbegriff mutierte Stichwort der sozialen Gerechtigkeit weist auf zunehmende Verteilungskonflikte und einen gleichzeitig anscheinend abnehmenden Gemeinsinn hin [...].
- **die politisch-ökonomischen Veränderungen**: Zu alledem kommen als politisch-ökonomische Besonderheit in Deutschland die Folgelasten der deutschen Wiedervereinigung hinzu. Sie umfassen umfangreiche Transferleistungen, die über Steuern und vor allem Sozialversicherungsbeiträge finanziert sind. Gerade im Hinblick auf die noch immer gravierende wirtschaftliche Struktur- und Wachstumsschwäche in den neuen Bundesländern öffnet sich auf diese Weise die Schere zwischen Einnahmen und Ausgaben. Zu den strukturellen Problemen können ferner konjunkturelle Krisen hinzutreten, die negative Folgen für den Sozialstaat haben. [...]
- **die Globalisierungsfolgen**: Die im Zuge der Globalisierung zunehmende Bedeutung transnationaler Beziehungen bringt auch für den traditionell national geregelten Sozialstaat ganz neue ökonomische, politische und rechtliche Herausforderungen mit sich. [...]

Zu den unmittelbar sozialstaatlich relevanten Folgen dieser Entwicklungen gehört der Druck auf die Sozialausgaben, von deren Reduzierung man sich eine Erhöhung der Wettbewerbsfähigkeit verspricht. Dieser Druck muss nicht nur zum Abbau von Leistungen führen, er kann auch einen Umbau zum aktivierenden und vorsorgenden Sozialstaat mit positiven Effekten für die Wirtschaft befördern. Das Verhältnis von Sozialpolitik und Wirtschaft ist zweischneidig; es gibt hemmende wie fördernde Tendenzen. So verbraucht der Sozialstaat Ressourcen, die er über Steuern und Beiträge dem Wirtschaftssystem entzieht; zugleich stellt er aber via Bildungs- und Gesundheitswesen „gute" Arbeitskräfte zur Verfügung. Auch reduziert er soziale Spannungen und Konflikte zwischen Kapital und Arbeit. Weil es zum konservativen Typus des Sozialstaats in Deutschland gehört, dass er hauptsächlich über Beiträge finanziert wird, beeinflussen Veränderungen in den Beschäftigungs- und Entlohnungssystemen seine Leistungsfähigkeit ganz unmittelbar. So erzeugt die Tatsache, dass mittlerweile ein Niedriglohnsektor und neue Formen der Selbstständigkeit mit geringen Einkommen existieren, neue Armutsrisiken für viele Erwerbstätige und künftige Rentenbezieher.
- **die zunehmende Europäisierung**: Zu den neuen Rahmenbedingungen des nationalen Sozialstaates gehört die Europäische Union, die mit ihren Regulativen und Vorgaben in die Sozialpolitik einwirkt, zugleich aber auch gegen den Druck der Globalisierung abpuffert. Lange hat die EU ihren Schwerpunkt auf die wirtschaftlichen und bürgerlichen Rechte und weniger auf die sozialen Ansprüche und Ausgleich gelegt. Die in den Artikeln 136 – 148 des EG-Vertrages festgelegten sozialpolitischen Kompetenzen weisen den europäischen Behörden – wenn überhaupt – nur eine sekundäre Rolle zu.

Quelle: Josef Schmid: Probleme und Zukunftsperspektiven des Sozialstaates, in: Stefan Hradil (Hrsg.): Deutsche Verhältnisse. Eine Sozialkunde, Bonn 2012, S. 427 ff.

➡ Querverweis: S. 143, M 6

---

1. Analysieren Sie M 4 hinsichtlich wichtiger Auffälligkeiten.
2. Skizzieren Sie die Probleme, die sich aus den Daten von M 4 und M 5 ergeben.
3. Erarbeiten Sie aus M 6 die Probleme, die sich in Zukunft für den Sozialstaat ergeben, und erörtern Sie im Anschluss auf Grundlage von M 1–6 Lösungsstrategien.

3.2 Prinzipien und Strukturen der sozialen Sicherung

Zeichnung:
Thomas Plaßmann

drei Säulen der sozialen Sicherung

Das System der sozialen Sicherung in Deutschland beruht auf der Annahme, dass nicht eine ganze Schicht oder Bevölkerungsgruppe, sondern der Bedarf und die Nöte des einzelnen Bürgers im Mittelpunkt staatlicher Unterstützung stehen *(Individualitätsprinzip)*. Davon ausgehend fußt das System der sozialen Sicherung auf drei Säulen:

I. Versicherungsprinzip

Gemäß dem Versicherungsprinzip werden im Rahmen der gesetzlichen Sozialversicherungen (Kranken-, Pflege-, Unfall-, Renten- und Arbeitslosenversicherung) die allgemeinen Lebens- bzw. Standardrisiken (Krankheit, Unfall, Alter und Arbeitslosigkeit) versichert. Dabei gelten je nach Versicherung wiederum zwei verschiedene Prinzipien.
- Renten- und Arbeitslosenversicherung arbeiten nach dem sogenannten *Äquivalenzprinzip,* das heißt, dass bei Eintritt des Versicherungsfalls, also bei Erreichen des Renteneintrittsalters oder bei Arbeitslosigkeit, die Höhe der Leistungen davon abhängt, wie viel und wie lange man bereits in die jeweilige Kasse eingezahlt hat. Wer nach zehn Jahren Erwerbstätigkeit beispielsweise aus gesundheitlichen Gründen in Rente gehen muss, erhält monatlich eine geringere Zuwendung als jemand, der nach mehreren Jahrzehnten Berufstätigkeit Rente bezieht.
- Bei der gesetzlichen Kranken- und Pflegeversicherung ist die Beitragshöhe unerheblich für die Versicherungsleistung. Hier gilt das *Solidaritätsprinzip,* d. h., dass jeder Bürger bzw. Beitragszahler im Versicherungsfall über seine eigenen Beitragszahlungen für den anderen eintritt. Jemand, der einen Unfall hatte, wird damit nicht schlechter versorgt, nur weil er ein geringes Einkommen hat. Eine bevorzugte Behandlung erhalten nach empirischen Untersuchungen allerdings diejenigen, die privat versichert sind. Dafür müssen die Beiträge aber vom Versicherten allein übernommen werden. Die privaten Krankenversicherungen erhalten auch keine Zuschüsse vom Bund.

II. Versorgungsprinzip

Unter dem Versorgungsprinzip versteht man die Fürsorgepflicht für diejenigen, die im öffentlichen Dienst beschäftigt sind oder einen sozialrelevanten Status haben. Betroffen sind daher Gruppen, die der Fürsorgepflicht des Staates unterliegen.
- Auch hier gilt das *Solidaritätsprinzip,* also das Einstehen der gesamten Bürgergesellschaft für diejenigen, die für uns alle besondere Dienste verrichten (z. B. Polizeibeamte), oder für diejenigen, die besondere Opfer auf sich nehmen und sich dadurch wirt-

schaftlich schlechter stellen bzw. gesundheitliche Schäden davontragen. So erhalten z. B. Eltern für ihre Kinder Kindergeld oder Witwen bzw. Witwer von Kriegsversehrten eine Hinterbliebenenrente. Hierfür gibt es keine Versicherungen und damit auch keine Beitragszahler. Finanziert wird die staatliche Versorgung daher durch Steuergelder.

Gemäß dem Fürsorgeprinzip greift die staatliche Fürsorge dann ein, wenn weder die eigenen Anstrengungen und das persönliche Einkommen noch die aus dem Versicherungs- und/oder dem Versorgungsprinzip erfolgten Leistungen ausreichen, um ein menschenwürdiges Dasein zu garantieren.
- Nach dem *Subsidiaritätsprinzip* wird Hilfe aber nur dann gewährt, wenn Selbsthilfe nicht möglich ist. Darunter fällt z. B. die Sozialhilfe bei nicht arbeitsfähigen Personen oder das Wohngeld bei den Beziehern von Arbeitslosengeld II, wenn die finanziellen Mittel nicht ausreichen.

III. Fürsorgeprinzip

Gerade die Versorgung mit Gesundheitsdienstleistungen ist in Deutschland im Vergleich mit manchen anderen europäischen Ländern hervorragend, aber sehr teuer. Daher war eine grundsätzliche Neuorientierung der Organisation des Gesundheitswesens und der Finanzierung der gesetzlichen Krankenversicherung (GKV) als Fortentwicklung des bisherigen Versicherungssystems erforderlich. 2011 trat das „Gesetz zur nachhaltigen und sozial ausgewogenen Finanzierung der Gesetzlichen Krankenversicherung" (GKV-FinG) in Kraft. Durch *Maßnahmen zur Einnahmenstabilisierung*, z. B. Anhebung und Festschreibung des Beitrags, einkommensunabhängige Zusatzbeiträge gekoppelt mit einem Sozialausgleich, sowie *Maßnahmen zur Ausgabenbegrenzung*, z. B. Deckelung der Verwaltungskosten der GKV, sollen die stetig steigenden Gesundheitskosten in den Griff bekommen werden. Für 2015 hat die Große Koalition (2013–2017) beschlossen, den Beitrag von 15,5 auf 14,6 % des Bruttolohns zu senken. Da das Geld nicht reichen wird, können die Kassen nun nach Bedarf einen einkommensabhängigen Zusatzbeitrag erheben.

Gesundheitsreform

Die Prinzipien der sozialen Sicherung sollen im Bereich der Krankenversicherung beispielhaft erläutert werden: Nur 0,5 % der Deutschen haben keine Krankenversicherung, knapp 90 % sind in der gesetzlichen Krankenkasse pflichtversichert, der Rest trifft private Vorsorge (Stand: 2012). Um die Genehmigung zur privaten Krankenversicherung zu erhalten, muss man verbeamtet oder selbstständig sein oder eine bestimmte Einkommensgrenze überschreiten; finanziert wird das Gesundheitssystem durch Pflichtbeiträge, die automatisch vom Bruttoeinkommen abgezogen und je zur Hälfte von Arbeitgebern und -nehmern übernommen werden (*Versicherungsprinzip*). Dafür erhalten alle Beitragszahler im Krankheitsfall verschiedene Leistungen (*Solidaritätsprinzip*). Im Laufe der letzten Jahre wurden wegen der steigenden Gesundheitskosten die Eigenbeteiligungen der Bürger stetig erhöht (Erhöhung der Arzneimittelzuzahlung 2004, einkommensunabhängige Zusatzbeiträge 2011, einkommensabhängige Zusatzbeiträge 2015). Wer dazu finanziell aus eigener Kraft nicht in der Lage ist (*Subsidiaritätsprinzip*), erhält staatliche Hilfen (*Fürsorgeprinzip*). Bei Kindern entfallen die Eigenbeteiligungen (*Versorgungsprinzip* und *Solidaritätsprinzip*).

Beispiel Krankenversicherung

Daneben wird im Rahmen der Sozialstaatlichkeit aber auch das Umfeld einer effizienten Gesundheits- und Vorsorgepolitik eine Rolle spielen. So sind Gesundheitserziehung, die Schaffung von Anreizen zu gesundheitsbewusstem Verhalten, Maßnahmen zum Schutz der Gesundheit, die Chancengerechtigkeit zwischen den Generationen oder Umweltschutzmaßnahmen zu überdenken und zu verbessern.

Gesundheitserziehung

MATERIAL 1 Der Sozialstaat

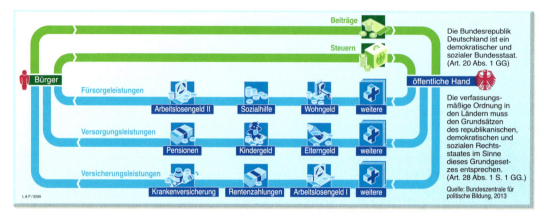

MATERIAL 2 Solidaritäts- und Subsidiaritätsprinzip

Unter *Solidarität* versteht man im Allgemeinen die gegenseitige Hilfe in einer Gruppe, das gegenseitige Einstehen der Mitglieder einer Gruppe füreinander. In unserem ausdifferenzierten sozialen Sicherungssystem mit seinen großen anonymen Versichertengruppen ist das Element der persönlichen gegenseitigen Hilfe kaum zu finden. Das Solidarprinzip im sozialen Sicherungssystem – wie wir es verstehen – reduziert und konkretisiert sich folgerichtig als ein anonymer Akt der Umverteilung der Belastungen (Finanzierungen) und/oder Leistungen. Dabei gibt es drei Ausprägungen des Solidarprinzips in einer Versichertengemeinschaft.
 Zunächst kann damit gemeint sein, dass *ungleiche Risiken bei gleichem Beitrag oder Beitragssatz zusammengelegt* werden. Da private Versicherungen ihre Prämien nach eingebrachtem individuellem Risiko kalkulieren, kommt es dadurch zu einer Umverteilung zugunsten der Menschen, die ein größeres Risiko einbringen.
● Die zweite Ausprägung des Solidarprinzips basiert auf dem Modell der *intertemporalen Umverteilung*. [...] Stellen wir uns den Lebensablauf eines Menschen vor, so sehen wir, dass den Zeiten der Erwerbstätigkeit, in der Leistungseinkommen erzielt wird, Zeiten der Kindheit und Jugend, Schule und Ausbildung, Krankheit, Arbeitslosigkeit, Alter und möglicherweise noch weitere Zeiten einer Verhinderung oder Minderung der Erwerbstätigkeit gegenüberstehen. Wenn man nun annimmt, das gesamte Lebenserwerbseinkommen eines Arbeiters würde in der heutigen Zeit bei richtiger Umschichtung ausreichen, um auch den lebensnotwendigen Bedarf in den Zeiten ohne Leistungseinkommen abzudecken, reicht es aus, wenn das Sozial(versicherungs)system diese intertemporale Umverteilung des Lebenseinkommens, die individuell nur ungenügend geschehen kann, in einer Solidargemeinschaft [Generationenvertrag] optimal organisiert.
● Die dritte Interpretation sieht das Solidarprinzip nur bei einer merklichen *interpersonellen* Umverteilung verwirklicht. Solidarisch ist eine Gruppe oder Versichertengemeinschaft erst dann, wenn die Last zugunsten der sozialökonomisch Schwächeren zum Teil auf die stärkeren Schultern der Bezieher höherer Einkommen geladen wird. [...] Alle drei Ausformungen finden sich im deutschen Sozialversicherungssystem verwirklicht. Das Ausmaß der Umverteilung variiert nach dem relativen Anteil der Sachleistungen. Sie ist bei der Rentenversicherung, wo überwiegend Einkommenstransfers stattfinden, geringer ausgeprägt als bei der Krankenversicherung und der Pflegeversicherung. Insgesamt ist der Umfang der interpersonellen Umverteilung nicht übermäßig hoch. Das erhöht die Akzeptanz der Sozialversicherung in der Bevölkerung, die auf ein ausgewogenes Verhältnis von Leistung und Gegenleistung achtet. [...]

SOZIALSTAAT UND SOZIALE SICHERUNG

Das *Subsidiaritätsprinzip* wird einmal als eine Aufforderung an den Staat verstanden, die kleineren sozialen Einheiten, insbesondere die Familien, besonders zu fördern, aber auch als ein Votum für den Vorrang der freien Wohlfahrtsverbände als Anbieter sozialer Dienste [...]. Neue soziologische Ansätze in Theorie und Praxis greifen diesen Gedanken auf. Es geht vor allem um die aktive Teilhabe der Betroffenen an der Erbringung sozialer und gesundheitlicher Dienste. Es wird eine „Steigerung der kooperativen Kompetenz des Klienten" angestrebt. So soll die individuelle Fähigkeit, aktiv mit den professionellen Leistungserbringern wie Ärzten, Sozialarbeitern, Sozialpädagogen und Pflegekräften zusammenzuarbeiten, geschult und verbessert werden. Darüber hinaus sollen in kleinen Selbsthilfegruppen Teile der notwendigen Sozialleistungen unentgeltlich auf Gegenseitigkeit erbracht werden. Diese Strategie der „Stärkung der kleinen Netze" tritt in Konkurrenz sowohl zu entfremdenden wohlfahrtsstaatlichen Systemen als auch zu Absichten, soziale Dienste zu privatisieren. Eine vorsichtige Einschätzung der Möglichkeiten des Selbsthilfeprinzips wird anerkennen, dass noch bedeutende ungenutzte Potenziale an sozialer Initiative und Gemeinnützigkeit zu erschließen sind, auf der anderen Seite jedoch weite Bereiche der sozialen Sicherung [...] allenfalls durch Selbsthilfeengagement sinnvoll zu ergänzen sind.

Quelle: Lothar F. Neumann/Klaus Schaper: Die Sozialordnung der Bundesrepublik Deutschland, 5., überarb. u. aktual. Aufl., Frankfurt a. M. 2008, S. 165 ff.

MATERIAL 3

Sozialleistungen pro Kopf im EU-weiten Vergleich 2010 (in Euro)

Quelle: Eurostat, 2013

1. Erläutern Sie die Grundprinzipien des sozialen Sicherungssystems (M 1).
2. Fassen Sie die Kernaussagen von M 2 zusammen und erklären Sie mit eigenen Worten, was unter dem Solidaritäts- und Subsidiaritätsprinzip zu verstehen ist.
3. Konkretisieren Sie die Prinzipien der sozialen Sicherung (M 1; S. 80/81) an einem selbst gewählten Beispiel. Ziehen Sie zu Recherchearbeiten das Internet heran, z. B. die Homepage der Bundeszentrale für politische Bildung.
4. Vergleichen Sie die Ausgaben für die sozialen Sicherungssysteme innerhalb der Europäischen Union (M 3).
5. Beschreiben Sie, wie andere EU-Staaten ihr Gesundheitswesen organisieren. Recherchieren Sie dazu im Internet und in der Fachliteratur und halten Sie ein Referat.

MATERIAL
4 Das bleibt übrig vom Gehalt …

MATERIAL
5 So funktioniert die gesetzliche Krankenversicherung

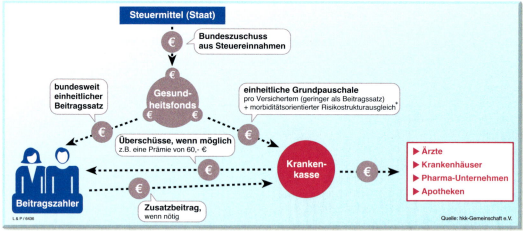

* Der „Morbi-RSA" gibt die Krankheitshäufigkeit bezogen auf eine bestimmte Bevölkerungsgruppe an; für Versicherte, die zu einer Risikogruppe gehören, bekommt eine Kasse mehr Geld aus dem Fonds. Dies dient dem Ausgleich von Unterschieden zwischen den Kassen in der Versichertenstruktur.

MATERIAL
6 Gesundheit kostet immer mehr

MATERIAL
7 Zweiklassenmedizin

Im Unterschied zur privaten Krankenversicherung (PKV) basiert die gesetzliche Krankenversicherung GKV auf dem Solidarprinzip: Ein Versicherter zahlt seinen Beitrag gemäß seinen Einkünften und erhält Leistungen nach seinen gesundheitlichen Bedürfnissen, also unabhängig von der Höhe der Einzahlungen. Allerdings sind Art und Umfang der Leistungen gesetzlich geregelt. Sie müssen „ausreichend", „zweckmäßig" und „wirtschaftlich" sein, eine Behandlung darf das „Maß des Notwendigen" nicht überschreiten. […]
Die Beiträge zur GKV werden zwischen Arbeitnehmern und Arbeitgebern aufgeteilt. Der Arbeitnehmeranteil wird direkt vom Arbeitslohn oder Gehalt einbehalten. Kinder und Ehepartner ohne eigenes Einkommen sind kostenlos mitversichert. Mit der Einführung des Gesundheitsfonds im Juli 2009 gilt für alle GKV ein einheitlicher Beitragssatz. Dieser wurde letztmalig zum 1. Januar 2011 auf 15,5 Prozent des Bruttolohns angehoben, die Arbeitgeber zahlen 7,3 Prozent davon, die Arbeitnehmer 8,2. Reicht der einzelnen GKV dies nicht für alle notwendigen Leistungen, kann sie Zusatzbeiträge in unbegrenzter Höhe erheben, die allein vom Versicherten bezahlt werden müssen.
Neben den GKV gibt es in Deutschland den Zweig der privaten Krankenversicherung. Nach Angaben des Verbandes der privaten Krankenversicherung hatten im Jahr 2010 8,86 Millionen Menschen in Deutschland eine private Vollversicherung, also etwas mehr als zehn Prozent. Beitreten dürfen Beamte, Selbstständige oder Arbeitnehmer mit einem Arbeitsentgelt oberhalb der Versicherungspflichtgrenze von 4 125 Euro im Monat oder 49 500 im Jahr (Wert für 2011 [2014: 53 550 €]).
Wer in die PKV wechselt, erhofft sich eine bessere Betreuung: Chefarztbehandlung, Einzelzimmer, keine langen Wartezeiten auf Termine etc. Tatsächlich haben es Privatpatienten leichter, die beste Gesundheitsversorgung zu erhalten. Heutzutage gibt es kaum einen Experten, der noch bestreitet, dass es in Deutschland eine Zweiklassenmedizin gäbe, zumal auch nicht jeder Kranke bekommt, was medizinisch möglich ist. Ein Wechsel in die PKV lohnt sich vor allem für junge, gesunde Menschen, der Eintritt im fortgeschrittenen Alter kann sich dagegen rächen. Außerdem gilt hier das Motto: Viel kostet viel.

Quelle: Zwei-Klassen-Medizin auf hohem Niveau, in: Stern online, www.stern.de/wirtschaft/versicherung/das-deutsche-gesundheitssystem-zwei-klassen-medizin-auf-hohem-niveau-1545823.html; Zugriff am 2.1.2014

1. Interpretieren Sie die Karikatur auf S. 80 und überprüfen Sie deren Wahrheitsgehalt vor dem Hintergrund von M 4.
2. Erklären Sie die Finanzierung der gesetzlichen Krankenversicherung (M 5).
3. Erarbeiten Sie aus M 5 und M 6 die Probleme, denen das Krankenversicherungssystem gegenübersteht. Welche Konsequenzen ergeben sich daraus?
4. Ermitteln Sie aus M 7, was man unter „Zweiklassenmedizin" versteht, und stellen Sie die Unterschiede zwischen gesetzlicher und privater Krankenversicherung einander gegenüber.
5. Nehmen Sie in Form eines Zeitungskommentars Stellung zum Thema „Zweiklassenmedizin in Deutschland".

3.3 Herausforderungen für die Sozialpolitik I: das Generationenproblem

Zeichnung: Thomas Plaßmann

demografischer Wandel — Der demografische Wandel und der damit verbundene Wandel der Altersstruktur in der Bundesrepublik Deutschland bedeuten für die sozialen Sicherungssysteme, speziell das Gesundheits- und Rentensystem, stetig steigende Kosten bei einem stetigen Zuwachs an Leistungsempfängern. Politik und Gesellschaft sind daher zu einem Umdenken im Bereich des Kranken- und Pflegeversicherungssystems sowie der Alterssicherung gezwungen.

Generationenvertrag — Die gesetzliche Rentenversicherung ist beschränkt auf eine – durch ihr Alter definierte – Bevölkerungsgruppe und wird finanziert durch Versicherungsbeiträge, die die Versicherten allerdings zu einem Zeitpunkt einzahlen, zu dem sie selbst noch gar nicht bezugsberechtigt sind. Die Grundlage hierfür bildet der sogenannte Generationenvertrag, d. h., dass die im Erwerbsleben stehenden Generationen gemäß dem Solidaritätsprinzip mit ihren Beiträgen die Leistungen für die gerade in Rente befindliche Generation tragen. Damit soll der Lebensstandard auch nach dem Ende des Erwerbslebens garantiert werden. Die Höhe der Rente richtet sich vor allem nach den im Laufe eines Lebens eingezahlten Beiträgen.

Leistungsarten — Es existieren grundsätzlich drei Leistungsarten: Rentenzahlungen wegen Erreichen der Erwerbsaltersgrenze, wegen verminderter Erwerbsfähigkeit und wegen Todesfalls, die sogenannte Hinterbliebenenrente, die an Verwitwete oder Waisen ausbezahlt wird.

Altersrente — Die Erwerbsaltersgrenze wird seit 2012 schrittweise von 65 auf 67 Jahre bis zum Jahr 2031 angehoben. Flankiert wird die Rente mit 67 von der Jobinitiative „50 plus". Durch Lohnzuschüsse und Qualifizierungsprogramme will die Regierung die Beschäftigungschancen Älterer verbessern. So sollen vor allem ältere Langzeitarbeitslose reaktiviert und in den Arbeitsmarkt integriert werden.

Wie bei der Altersrente übernimmt auch die Erwerbsminderungsrente eine Lohnersatzfunktion: Wer eine Tätigkeit nicht mehr länger als sechs Stunden pro Tag ausführen kann, ist rentenberechtigt. Die Höhe der Zahlungen richtet sich wie bei der Altersrente nach den eingezahlten Beiträgen, wobei die Betroffenen aber mit Abschlägen von bis zu 11 % rechnen müssen.

Erwerbsminderungsrente

Die Hinterbliebenenrente bezeichnet keine Lohnersatz-, sondern eine Unterhaltsersatzfunktion. Sie ersetzt den bisher vom Verstorbenen erhaltenen Unterhalt, vorausgesetzt dieser hat mindestens fünf Jahre lang seine Beiträge bezahlt. Damit die Lohn- bzw. Unterhaltsersatzfunktion garantiert ist, orientiert sich die Höhe der Rente an der Einkommensentwicklung.

Hinterbliebenenrente

Um den drohenden „Konflikt der Generationen" zu entschärfen und den sozialen Frieden im Lande zu erhalten, lassen sich verschiedene politische Lösungsansätze verfolgen:

Konflikt der Generationen?

- Durch die *Erhöhung des Renteneintrittsalters* wird die Zahl der voll leistungsberechtigten Rentner reduziert. Erstens entlasten die Erwerbstätigen, die erst mit 67 Jahren in Rente gehen, die Kassen für zwei Jahre. Zweitens sind diejenigen, die etwa aus gesundheitlichen oder arbeitsmarktbedingten Gründen früher als mit 67 Jahren in Rente gehen, nicht mehr voll bezugsberechtigt, d. h., sie müssen mit Abschlägen rechnen.

Rente mit 67

- Durch die *Änderung der Rentenformel* wird die Höhe der monatlichen Leistungen reduziert. Dieser Ansatz erfordert einerseits einen Bewusstseinswandel, denn die Bevölkerung war jahrzehntelang davon ausgegangen, dass die Rente sicher sei. Andererseits ist die Änderung der Rentenformel nur schrittweise möglich, da den künftigen Rentnern genug Zeit eingeräumt werden muss, um privat vorzusorgen. Die Grundlagen, steuervergünstigte Rücklagen für das Rentenalter zu bilden, wurden 2002 mit der Riesterrente (benannt nach dem ehemaligen Bundesminister für Arbeit und Sozialordnung Walter Riester) und 2005 mit der Rüruprente (benannt nach dem Ökonomen und „Wirtschaftsweisen" Hans-Adalbert Rürup) geschaffen. Diese privaten Investitionen bilden inzwischen die zweite Säule der deutschen Altersvorsorge. Die dritte Säule stellt die betriebliche Altersvorsorge dar, die ebenfalls zur Ergänzung der staatlichen Rentenversicherung konzipiert wurde. 2002 wurden die Betriebsrenten dazu durch steuerliche und sozialversicherungsrechtliche Bestimmungen attraktiv gemacht.

Riester und Rürup

- Durch eine *stärkere Steuerfinanzierung* könnten die Ausgaben des Staates, die nicht nur bei den sozialen Sicherungssystemen ständig ansteigen, gegenfinanziert werden. Das Modell der steuerfinanziert garantierten Rente wird gegenwärtig jedoch von den meisten politischen Parteien abgelehnt.

IMMER MEHR DEUTSCHE RENTNER MÜSSEN ARBEITEN! ZUM BEISPIEL: WAHLPLAKATE KLEBEN...
Zeichnung: Jürgen Janson

MATERIAL

1 Grundzüge des geltenden Rentensystems in Deutschland

In der Rentenversicherung sind alle Personen, die in einem beruflichen, unselbstständigen Beschäftigungsverhältnis stehen oder sich in der Berufsausbildung befinden – mit Ausnahme der Beamten –, versicherungspflichtig. Sie erfahren durch die Rentenversicherung einen lebenslangen Schutz gegenüber den Risiken der Erwerbsminderung, des Alters und des Todes. Das gilt auch für Behinderte, die in anerkannten Werkstätten beschäftigt sind, sowie für Wehr- und Zivildienstleistende. Aber auch Selbstständige können pflichtversichert sein. Dazu gehören unter anderem selbstständige Handwerksmeister, die sich jedoch nach 18 Beitragsjahren von dieser Pflicht befreien lassen können. Selbstständige Künstler und Publizisten sind auf Antrag nach dem Künstlersozialversicherungsgesetz pflichtversichert. [...]

Pflichtversichert sind: generell alle Arbeitnehmer, Auszubildende, bestimmte Gruppen selbstständiger Personen wie z. B. Handwerksmeister, Lehrer und Erzieher, Hebammen, Künstler, Publizisten u. a., Wehrdienstpflichtige und Zivildienstleistende, nicht erwerbsmäßig tätige Pflegepersonen, Bezieher bestimmter sogenannter Entgeltersatzleistungen wie Krankengeld, Arbeitslosengeld, Versorgungskrankengeld, Übergangsgeld und Unterhaltsgeld, behinderte Menschen, die in Behindertenwerkstätten tätig sind, und Mütter oder Väter während der Zeit der Kindererziehung (für Geburten ab dem 1.1.1992 bis zu drei Jahren, für Geburten bis zum 31.12.1991 bis zu einem Jahr). Landwirte sind grundsätzlich nicht in der gesetzlichen Rentenversicherung, sondern in der Alterssicherung der Landwirte pflichtversichert. Beamte sind grundsätzlich versicherungsfrei. Geringfügig Beschäftigte mit einem monatlichen Verdienst bis 450 Euro können sich von der Rentenversicherungspflicht befreien lassen. [...]

Die Leistungen der gesetzlichen Rentenversicherung gliedern sich in zwei zentrale Bereiche: Die Zahlung von Altersrenten gehört seit dem Bestehen der gesetzlichen Rentenversicherung zu ihren zentralen Aufgaben. Aber auch vor den Folgen der verminderten Erwerbsfähigkeit und des Todes des Ehepartners sind die Versicherten durch die Rente weitestgehend abgesichert. Die zweite große Aufgabe der Rentenversicherung ist die Rehabilitation. Sie sorgt dafür, die Erwerbsfähigkeit kranker und behinderter Menschen positiv zu beeinflussen und – wenn möglich – wiederherzustellen. [...]

Entscheidend für die Rentenhöhe ist der während des gesamten Versicherungslebens erzielte Arbeitsverdienst. Voraussetzung für den Bezug aller Altersrenten ist dabei, dass versicherte Männer und Frauen, die die Altersgrenze erreicht haben, eine Mindestversicherungszeit erfüllt und einen Rentenantrag gestellt haben müssen. Die Regelaltersgrenze beträgt [bis 2022] 65 Jahre. Bei Erfüllung weiterer Voraussetzungen und unter Berücksichtigung von versicherungsmathematischen Abschlägen kann Rente auch vorher beantragt werden. [...]

Renten wegen Alters werden in der Regel geleistet als: Regelaltersrente ab dem 65. Lebensjahr, Altersrente für langjährige Versicherte, Altersrente für schwerbehinderte Menschen, Altersrente wegen Arbeitslosigkeit oder nach Altersteilzeitarbeit und Altersrente für langjährig unter Tage beschäftigte Bergleute. [...]

Die gesetzliche Rente folgt dem solidarischen Prinzip „Einer für alle – alle für einen". Sie wird im Wesentlichen durch Beiträge der Versicherten und ihrer Arbeitgeber, durch den Bundeszuschuss und sonstige Einnahmen der Rentenversicherungsträger finanziert. [...] In der Rentenversicherung gilt der Generationenvertrag. Das heißt, dass von den laufenden Beitragseinnahmen auch immer die laufenden Renten im Umlageverfahren gezahlt werden. Beim Umlageverfahren werden die Beiträge der Rentenversicherten direkt an die Rentner ausbezahlt. [...] Die gesetzliche Rentenversicherung wird hauptsächlich durch Beiträge der Beitragszahler finanziert. Arbeitnehmer und Arbeitgeber tragen die Beiträge entsprechend dem jeweils gültigen Beitragssatz je zur Hälfte. [...]

Seit dem 1. Januar 2013 liegt der Beitragssatz bei 18,9 Prozent des Bruttolohns oder -gehalts. Er ist für das gesamte Bundesgebiet gleich. Die Beitragsbemessungsgrenze liegt im Jahr 2013 in den alten Bundesländern bei 69 600 Euro im Jahr und in den neuen Bundesländern bei 58 800 Euro. Über die jährliche Rentenanpassung nehmen die Renten an der wirtschaftlichen Entwicklung der Löhne und Gehälter teil.

Quelle: Deutsche Sozialversicherung, www.deutsche-sozialversicherung.de/de/rentenversicherung/finanzierung.html; Zugriff am 2.1.2014

SOZIALSTAAT UND SOZIALE SICHERUNG

MATERIAL 2

Einnahmen und Ausgaben der Rentenversicherung

Einnahmen und Ausgaben der Rentenversicherung 2012 in Mio. Euro

Einnahmen		Ausgaben	
Beitragseinnahmen	193 687	Rentenausgaben	229 231
Bundeszuschüsse	45 446	Beiträge und Zuschüsse zur KVdR	16 247
zusätzliche Bundeszuschüsse	20 123	Leistungen zur Teilhabe	5 679
Erstattungen	775	Ausgleichszahlungen zwischen allg. RV und KnV	0
Ausgleichszahlungen zwischen allg. RV und KnV	0	Beitragserstattungen	102
		Verwaltungs- und Verfahrenskosten	3 645
Vermögenserträge	202	Kindererziehungsleistungen	165
sonstige Einnahmen	235	Beiträge und Zuschüsse zur PVdR	0
		sonstige Ausgaben	302
Einnahmen insgesamt	**260 467**	**Ausgaben insgesamt**	**255 370**
		Einnahmeüberschuss	5 097

Quelle: Deutsche Rentenversicherung, 2013

MATERIAL 3

Durchschnittliche Rentenbezugsdauer

in Jahren	Männer	Frauen	insgesamt
alte Bundesländer			
1960	9,6	10,6	9,9
1970	10,3	12,7	11,1
1980	11,0	13,8	12,1
1990	13,9	17,2	15,4
1995	14,0	17,7	15,7
2001	14,3	18,3	16,2
2005	15,2	19,3	17,2
2010	16,5	20,5	18,4
2012	16,9	20,8	18,9
neue Bundesländer			
1995	11,6	19,6	16,0
2001	12,0	20,8	16,7
2005	12,9	21,6	17,5
2010	14,9	22,4	18,9
2012	15,7	23,0	19,6
Deutschland			
1995	13,6	18,2	15,8
2001	13,8	18,9	16,3
2005	14,7	19,8	17,2
2010	16,2	20,9	18,5
2012	16,7	21,3	19,0

Quelle: Deutsche Rentenversicherung, 2013

MATERIAL 4

Entwicklung des Standardrentenniveaus

allgemeine Rentenversicherung, alte Bundesländer

Jahr	durchschnittliches Jahresarbeitsentgelt in EUR brutto	Standardrente mit 45 Versicherungsjahren in EUR brutto	Rentenniveau[1] (nominal) in % brutto
1957	2 578	1 478	57,3
1960	3 119	1 661	53,2
1965	4 719	2 319	49,1
1970	6 822	3 376	49,5
1975	11 150	5 417	48,6
1980	15 075	7 562	50,2
1985	18 041	9 217	51,1
1990	21 447	10 763	50,2
1995	25 905	12 732	49,2
2000	27 741	13 373	48,2
2005	29 202	14 110	48,3
2007	29 913	14 148	47,3
2010	31 144	14 834	47,6
2012[2]	32 928	14 996	45,5

[1] Quotient aus Standardrente und Jahresentgelt mal 100 [2] Datenstand April/Mai 2013

Quelle: Statistisches Bundesamt, 2012

1. Interpretieren Sie die Karikatur auf S. 86 und setzen Sie sie in Bezug zu M1.
2. Erklären Sie die Merkmale des deutschen Rentensystems in eigenen Worten (M1).
3. Erarbeiten Sie aus M2 bis M4 die Entwicklungen und die gegenwärtige Lage im deutschen Rentensystem. Welche Probleme ergeben sich Ihrer Meinung nach? Überlegen Sie mögliche Lösungen und diskutieren Sie diese im Kursverband.
4. Interpretieren Sie die Karikatur auf S. 87. Ist mit dieser Situation angesichts ihrer Analyseergebnisse aus M2 bis M4 zu rechnen?

MATERIAL

5 Reformmöglichkeit I: Erhöhung des Renteneintrittsalters

Das am 09.03.2007 vom Deutschen Bundestag beschlossene „Gesetz zur Anpassung der Regelaltersgrenze an die demografische Entwicklung und zur Stärkung der Finanzierungsgrundlagen der gesetzlichen Rentenversicherung" stellt den bisherigen Endpunkt eines seit den 1990er-Jahren beginnenden Paradigmenwechsels in der Rentenpolitik dar. [...] Kernpunkt des RV-Altersgrenzenanpassungsgesetzes ist die stufenweise Anhebung des gesetzlichen Regelrenteneintrittsalters vom 65. auf das 67. Lebensjahr. Seit 2012 bis zum Jahr 2029 erfolgt eine Anhebung [...] Als zentrale Begründungen für die Anhebung der Regelaltersgrenze wurden im Gesetzentwurf der Fraktionen von CDU/CSU und SPD folgende Punkte genannt:
- Die Veränderung der Relation von aktiver Erwerbsphase zu durchschnittlicher Rentenbezugsdauer – letztere sei in den letzten 40 Jahren von 7 auf 17 Jahre gestiegen und dieser Anstieg werde sich angesichts einer erwarteten fortlaufenden Erhöhung der Lebenserwartung fortsetzen. Daher sei es im Sinne einer generationengerechten Rente nötig, die Beitragszeiten zu verlängern und die Rentenbezugszeiten zu verringern. [...]
- Der demografische Wandel führe dazu, dass die Zahl junger, qualifizierter Erwerbspersonen und damit das Angebot an Arbeitskräften zurückgehe. Es gelte, die Erfahrung und das Wissen älterer Arbeitnehmerinnen und Arbeitnehmer stärker zu nutzen und die Beschäftigungsquote Älterer zu erhöhen – auch um einem drohenden Fachkräftemangel entgegenzuwirken.

Quelle: Gerhard Bäcker/Ernst Kistler/Uwe G. Rehfeld: Die Heraufsetzung der Altersgrenzen: Regelungen, Begründungen, Hintergründe, www.bpb.de/politik/innenpolitik/rentenpolitik/154838/heraufsetzung-der-altersgrenze vom 11.2.2013; Zugriff am 5.2.2014

MATERIAL

6 Reformmöglichkeit II: Kapitaldeckungsverfahren

Idealtypisch betrachtet bedeutet eine Alterssicherung über ein Kapitaldeckungsverfahren, dass Versicherte während der Phase ihrer Erwerbstätigkeit einen Kapitalstock aufbauen, der sich durch produktive Anlage (Zinserträge) vermehren soll und aus dem dann im Alter die Ansprüche auf Rentenzahlungen geleistet werden. Im Prinzip kann ein solches versicherungswirtschaftliches Alterssicherungssystem sowohl privat als auch staatlich organisiert sein. [...]
Im Umlageverfahren werden die laufenden Zahlungen an die Rentenbezieher dagegen aus den laufenden Einnahmen durch die Beiträge der Versicherten (und Steuerzuschüssen) beglichen. Ein Kapitalstock existiert nicht bzw. allenfalls in einem kleinen Rahmen, um kurzfristige Schwankungen zwischen Einnahmen und Ausgaben ausgleichen zu können. Die Rechtsbeziehung beruht dabei nicht auf einem Versicherungsvertrag, sondern auf einer politischen Entscheidung, die diese revolvierende Umverteilung zwischen den Generationen garantiert. Man spricht daher von einem Generationenvertrag, der Ausdruck einer politischen Norm ist, aber nicht bedeutet, dass zwischen den Generationen ein privatrechtliches Vertragsverhältnis besteht.
Im Gegensatz zu dieser idealtypischen Bipolarität zeigen sich in der Realität vielfältige Mischformen und auch historisch Übergänge vom einen zum anderen System. [...] Im Kapitaldeckungsverfahren kann z.B. durch eine staatliche Subventionierung, etwa über Steuervorteile oder direkte Zahlungen aus dem steuerfinanzierten Staatshaushalt, eine Sozialkomponente eingebaut sein. [...]
Hinzuweisen ist darauf, dass in der Realität auch in einem Land zu einem bestimmten Zeitpunkt Umlageverfahren und Kapitaldeckungsverfahren durchaus nebeneinander existieren können. So ist die Gesetzliche Rentenversicherung in Deutschland heute auf dem Umlageverfahren aufgebaut, die zweite und dritte Ebene der Alterssicherung aber, die betriebliche und private Vorsorge, auf Basis des Kapitaldeckungsverfahrens.

Quelle: Gerhard Bäcker/Ernst Kistler/Uwe G. Rehfeld: Umlage- versus Kapitaldeckungsverfahren – idealtypisch, www.bpb.de/politik/innenpolitik/rentenpolitik/154971/umlage-versus-kapitaldeckungsverfahren vom 11.2.2013; Zugriff am 5.2.2014

MATERIAL 7

Reformmöglichkeit III: steuerfinanzierte Grundsicherung

Wird die öffentliche Alterssicherung auf eine steuerfinanzierte Grundrente reduziert, lässt sich ohne Einschränkung von einem Systemwechsel reden, in dessen Folge die Rentenversicherung aufgelöst und die Lebensstandardsicherung im Alter ausschließlich von privaten und/oder betrieblichen Vorsorgeeinrichtungen übernommen wird. [...] [Dabei] sind unlösbare Umstellungsprobleme zu konstatieren:

● Die hohen Aufwendungen für eine Grundrente sind nur über deutliche Erhöhungen von Einkommen- und/oder Verbrauchsteuern finanzierbar. Im Gegenzug würden die Beitragsbelastungen aber nur langsam sinken. Betroffen von den Steuererhöhungen wäre primär die jeweils erwerbstätige Generation, die aber gleichzeitig noch nach dem Umlageverfahren so lange für die Finanzierung der laufenden Renten der jeweiligen Rentnergeneration zuständig ist, bis diese gleichsam „natürlich" auslaufen. [...] Denn die gesetzlichen Renten und Rentenanwartschaften unterliegen einer grundgesetzlich geschützten Eigentumsgarantie und müssen gezahlt werden. Zusätzlich wäre auch noch für die ergänzende private Altersvorsorge zu sparen. Die entsprechende „Übergangsperiode" wird dabei auf 40 – 50 Jahre geschätzt. [...]

● Angesichts der Finanzierungsprobleme in der Umstellungsphase würde die Grundrente unter Druck geraten; das Risiko von Niveauabsenkungen und Einkommens- und Vermögensanrechnungen würde wachsen. [...]

● Ein Einkommensniveau im Alter oberhalb des Existenzminimums bliebe allein abhängig von der Fähigkeit und Bereitschaft zur zusätzlichen privaten Vorsorge. Darüber wird ein Großteil der Menschen nicht verfügen. Es käme zu einer noch stärkeren Differenzierung der Alterseinkommen; die soziale Ungleichheit in der Gesellschaft würde sich vergrößern.

● Da sich die Arbeitsmarkt- und Einkommensposition nicht auf die Grundrente auswirken, könnten Einführung und Existenz einer Grundrente einen (weiteren) Anlass für eine weitgehende Deregulierung des Arbeitsmarktes und einen Ausbau der Niedriglohnbeschäftigung bieten, mit nachteiligen Folgen für die Arbeitnehmer in der Erwerbsphase.

● Die Einführung einer steuerfinanzierten Grundrente würde den Abschied von der Idee des Sozialstaats bedeuten. Unsere Gesellschaft baut auf Solidarität – nicht nur bei der Alterssicherung zwischen Generationen und Starken und Schwachen. Diese Partizipation ist auch ein Faktor für Innovation und Kreativität und damit Produktivität, also unseren Wohlstand.

➡ Querverweis: S. 13, M 6

Quelle: Gerhard Bäcker/Ernst Kistler/Uwe G. Rehfeld: Vollständiger Systemwechsel: Begrenzung der öffentlichen Alterssicherung auf eine Grundrente, www.bpb.de/politik/innenpolitik/rentenpolitik/154966/grundrente vom 11.2.2013; Zugriff am 5.2.2014

---

1. Nennen Sie die Möglichkeiten, die zur Umstrukturierung des Rentensystems existieren (M 5 bis M 7), und diskutieren Sie die jeweiligen Vor- und Nachteile im Klassenverband.
2. Recherchieren Sie im Internet, welche Positionen die politischen Parteien zur Reformierung des Rentensystems einnehmen. Vergleichen Sie Anspruch und Wirklichkeit und verfassen Sie anschließend einen Zeitungsartikel zum Thema.
3. Entwerfen Sie ein Szenario (S. 202 f.), in dem es keinen staatlichen Rentenvorsorgezwang gibt. Welche Folgen ergäben sich langfristig für die Gesellschaft?

MATERIAL

8 Viel für die Alten

Noch nie haben die Parteien den Rentnern im Wahlkampf so viel versprochen wie in diesem Jahr [2013]. Die Union will Milliarden für höhere Renten älterer Mütter ausgeben, die SPD die 67er-Altersgrenze erheblich lockern, die Grünen versprechen eine Altersrente von mindestens 800 Euro, die Liberalen wollen bessere Zuverdienstchancen für Rentner. All das steht in eigentümlichem Gegensatz zu mehreren Studien, die zuletzt vor schwierigen Jahren warnten, weil schon bald die Zahl der Älteren stark steigen wird und weniger junge Menschen für deren Alterssicherung aufkommen müssen.

Auch die Bertelsmann-Stiftung wird in der kommenden Woche einen Ländervergleich vorstellen, der in diese Richtung weist. Für diese Studie [...] wurden Schuldenstand, Einkommenssituation von Kindern und alten Menschen sowie Ressourcenverbrauch in 29 Industrieländern verglichen. Deutschland schneidet dabei nur mittelmäßig ab. Während beispielsweise in Estland auf jedes Kind nur 6 400 Dollar Staatsschulden entfallen, steht jedes deutsche Kind unter 15 Jahren heute mit rund 267 000 Euro in den Miesen.

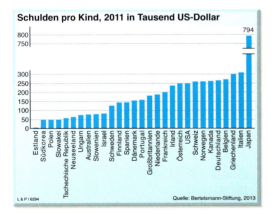

Die Studie fragt außerdem nach dem „ökologischen Fußabdruck" einer Gesellschaft – einer Größe, in der sich Produktions- und Konsumverhalten der heutigen Erwachsenengenerationen niederschlagen. Dabei schneiden die Vereinigten Staaten, Belgien und überraschenderweise ganz besonders Dänemark schlecht ab – der Ressourcenverbrauch pro Kopf ist hier besonders hoch.

Auch der Vergleich von Kinder- und Altersarmut enthält Überraschungen: Hier hat die Stiftung beispielsweise errechnet, dass in den Niederlanden das Missverhältnis besonders groß ist – was aber vor allem daran liegt, dass die Niederländer mit einem Armutsquotienten von 1,7 Prozent bei den Älteren besonders gut dastehen, die Kinderarmut liegt mit einer Quote von 8,3 Prozent im Mittelfeld. Generell ist Kinderarmut in Nordeuropa ein deutlich kleineres Problem als in anderen wohlhabenden Regionen der Welt, der Anteil der Armen an der gesamten Altersgruppe liegt zwischen zwei und sieben Prozent. In Südeuropa hingegen geht es dem Nachwuchs schlechter. Deutschland steht mit einer Kinderarmutsquote von deutlich unter zehn Prozent weitaus besser da als die meisten Länder. In den USA liegt sie dagegen bei 21 Prozent.

Erhebliche Unterschiede gibt es auch bei den finanziellen Mitteln, die der Staat den Älteren im Vergleich zu den Jüngeren zur Verfügung stellt. Zehn der 29 untersuchten Länder geben mindestens fünfmal so viel Geld für die ältere Generation aus wie für die jüngere. Dabei gilt tendenziell, dass dieser Vorteil für die Älteren dort besonders stark ist, wo es auch besonders viele ältere Wähler gibt. Augenfällig ist aber auch, dass Gesellschaften, deren Altersstruktur ganz ähnlich ist, darauf sehr unterschiedlich reagieren: Griechenland macht siebenmal so viel Geld für die Älteren wie für die Jüngeren locker, Schweden nur 3, 4-mal so viel. [...]

Insgesamt entsteht in der Studie ein Bild, das nicht ganz zum Sound des deutschen Wahlkampfs passt: Mehr Ehrgeiz beim Schuldenabbau wäre demnach nicht nur in Südeuropa eine gute Idee, sondern auch in Deutschland. [...] Der Ländervergleich der Bertelsmann-Stiftung erinnert daran, dass staatliche Angebote nicht alles sind – auch Haushaltssanierung kann man als Anstrengung für künftige Generationen verstehen.

Quelle: Elisabeth Niejahr: Viel für die Alten. Eine Studie vergleicht die Generationengerechtigkeit in 29 Ländern, in: Die Zeit, Nr. 16 vom 11.4.2013

SOZIALSTAAT UND SOZIALE SICHERUNG

MATERIAL
Generationengerechtigkeit **9**

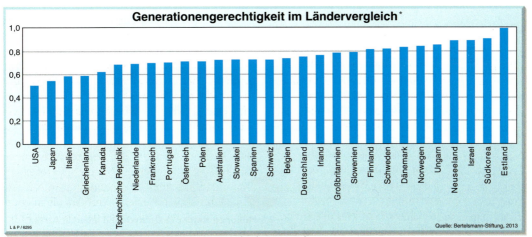

* Je geringer der Wert ist, desto weniger Generationengerechtigkeit ist gegeben.

MATERIAL
Sorglosigkeit **10**

*Zeichnung:
Gerhard Mester*

1. Erarbeiten Sie aus M 8 die Ergebnisse der Studie zur Generationengerechtigkeit.
2. Analysieren Sie die Grafik M 9 und stellen Sie mithilfe von M 8 die Faktoren zusammen, die zum präsentierten Gesamtergebnis geführt haben.
3. Interpretieren Sie die Karikatur M 10 und überprüfen Sie mithilfe von M 2 bis M 4 und M 8 bis M 9 den Wahrheitsgehalt der Aussage.
4. Diskutieren Sie im Kursverband, ob und gegebenenfalls wie in Deutschland für mehr Generationengerechtigkeit gesorgt werden muss.
5. Nehmen Sie in Form eines Zeitungskommentars Stellung zur Generationengerechtigkeit in Deutschland.

3.4 Herausforderungen für die Sozialpolitik II: Armut im Wohlstand

Aufgaben moderner Sozialpolitik

Armut ist ein gesellschaftliches Phänomen mit vielen Gesichtern. Um Armut und soziale Ausgrenzung zu vermeiden und im besten Falle zu überwinden, sieht eine moderne Sozialpolitik ihre wichtigste Aufgabe nicht nur darin, die „Verlierer der Gesellschaft" aufzufangen, sondern *allen* Mitgliedern in der Gesellschaft ökonomische und soziale Teilhaberechte zu ermöglichen. Nachhaltige Armutsbekämpfung darf dabei nicht mit der Linderung akuter Not verwechselt werden. Sie will vielmehr die Ursachen von Armut beseitigen.

Plakat einer Kampagne des Sozialverbands VdK Deutschland

Armutsaspekte

Armut ist durch drei wesentliche Aspekte gekennzeichnet:
- Arm zu sein bedeutet in der Bundesrepublik nicht, um sein physisches Überleben kämpfen zu müssen, sondern betrifft die Unterversorgung von Menschen bestimmter sozialer Schichten im Verhältnis zum Wohlstand der Gesellschaft. Grundlage dieser *relativen Armut* ist das durchschnittliche Einkommen der Bevölkerung, das Äquivalenzeinkommen. Wer weniger als 60 % des Äquivalenzeinkommens zur Verfügung hat, gilt als relativ arm. Als statistische Grundlage der *absoluten Armut* hingegen gilt die Größe von einem bzw. zwei US-Dollar pro Tag und Kopf. Wer diese Summe oder weniger zur Verfügung hat, gilt nach der Berechnung der Weltbank als arm.
- Armut ist eine *interkulturell* und *historisch relative Erscheinung*, d. h., sie ist abhängig von den jeweiligen gesellschaftlichen und zeitlichen Umständen.
- Armut ist *mehrdimensional*, d. h., sie ist nicht nur ein ökonomisch-materielles, sondern auch ein soziales, kulturelles und psychisches Problem als Folge von gesellschaftlicher Ausgrenzung und geringem Selbstwertgefühl.

Einkommensarmut

Da die Armut in Deutschland in erster Linie von der Einkommenssituation des Einzelnen abhängig ist, wird zwischen zwei Arten unterschieden: der bekämpften Einkommensarmut, bei der die Armutsgrenze durch das Bundessozialhilfegesetz nach einem komplizierten Verfahren festgesetzt wird und die bei rund 40 % des derzeitigen durchschnittlichen Haushaltseinkommens für Alleinlebende liegt (653 Euro pro Monat; Stand: 2012), und der relativen Einkommensarmut, die bei 60 % des derzeitigen durchschnittlichen Haushaltseinkommens für Alleinlebende liegt (980 Euro pro Monat; Stand: 2012). Etwa 16 % der Deutschen leben unter dieser Grenze. Der Durchschnittswert in den damals 27 EU-Staaten (seit 2013 mit Kroatien 28) lag 2012 bei circa 17 %.

Risikogruppen

Bedroht von Armut sind sieben Bevölkerungsgruppen, von denen vier den sogenannten „traditionellen" Risikogruppen zugerechnet werden: alleinerziehende Mütter, kinderreiche Familien, Kinder und Jugendliche sowie Menschen mit niedriger schulischer und beruflicher Qualifikation. In den letzten Jahren sind (Langzeit-)Arbeitslose, Migranten und getrennt Lebende als neue Risikogruppen hinzugekommen.

Die Leistungen aus den sozialen Sicherungssystemen werden der allgemeinen Lohnentwicklung angepasst; so hat sich die Armutsgrenze in Deutschland immer weiter „nach oben" verschoben, d. h., dass es einem Bedürftigen 2014 materiell besser geht als einer Vergleichsperson im Jahr 1965. Andererseits aber hat sich die Schere zwischen der Armutsgrenze und dem Durchschnittseinkommen weiter geöffnet, der Abstand im Lebensstandard zwischen Angehörigen des Prekariats und Durchschnittsverdienern, die sogenannte „Armutskluft", ist also größer geworden.

Armutsgrenze und „Armutskluft"

Je länger eine Person in Armut lebt, desto schwerer sind die Folgen für den Einzelnen und die Solidargemeinschaft. Zur finanziellen Not kommt meist die psychische Belastung, hervorgerufen durch Leistungs- und Prestigedruck. Resignation, soziale Isolation und physische oder psychische Erkrankungen sind mögliche Folgen, die u. U. wiederum zu sozialer Stigmatisierung und zu Ausgrenzung führen können – ein Teufelskreis.

Folgen von Armut

Unterschiede zwischen Arm und Reich zeigen sich aber nicht nur in der Einkommens-, sondern auch in der Vermögensungleichheit. So verfügen laut dem Vierten Armuts- und Reichtumsbericht der Bundesregierung aus dem Jahr 2012 die reichsten 10 % der Bevölkerung über rund 53 % des gesellschaftlichen Gesamtvermögens, während die unteren 50 % der Bevölkerung etwa über 1 % verfügen und die ärmsten 10 % verschuldet sind. Beim sogenannten Produktivvermögen, also dem Besitz oder der Beteiligung an Unternehmen, zeigen sich die Unterschiede noch deutlicher: Etwa 2 % der Privathaushalte verfügen hier über 75 % des privaten inländischen Kapitals.

Vermögensungleichheit

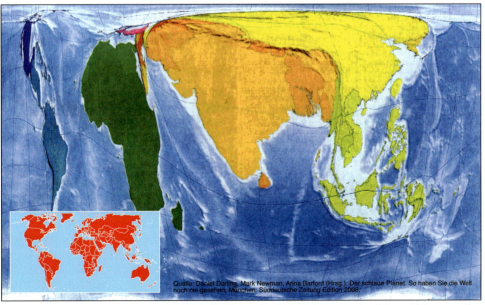

Quelle: Daniel Dorling, Mark Newman, Anna Barford (Hrsg.): Der schlaue Planet. So haben Sie die Welt noch nie gesehen, München: Süddeutsche Zeitung Edition 2008.

Die Karte bildet die Staaten nicht in ihrer tatsächlichen Größe ab, sondern entsprechend der Zahl der Menschen, die von weniger als zwei US-Dollar pro Tag leben müssen. Besonders arme Länder erscheinen größer.

MATERIAL
1 Absolute Armut

- 1,1 Milliarden Menschen (= 21 % der Weltbevölkerung) haben weniger als 1,25 Dollar pro Tag zur Verfügung und gelten damit als extrem arm.
- Weltweit arbeiten 240 Millionen Kinder und verdienen dabei zwischen 1–2 Dollar pro Tag.
- In China beträgt die Wochenarbeitszeit in manchen Fabriken 100 Stunden bei einem Stundenlohn von 50 Eurocent.
- 840 Millionen Menschen weltweit hungern.
- Jedes 4. Kind unter 5 Jahren leidet unter Mangelernährung. Alle 10 Sekunden stirbt deswegen eines dieser Kinder.
- Auf das reichste Fünftel der Weltbevölkerung entfallen 45 % des Fleisch- und Fischkonsums und 87 % der Motorfahrzeuge; auf das ärmste Fünftel entfallen 5 % des Fleisch- und Fischkonsums sowie unter 1 % der Motorfahrzeuge.

- In Zentralafrika beträgt die durchschnittliche Lebenserwartung von im Jahr 2013 geborenen Kindern 51 Jahre, in Europa 77 Jahre.
- Der Anteil Afrikas am Welthandel beträgt knapp 1,5 %, obwohl 12 % der Weltbevölkerung in Afrika leben.

Autorentext

➡ Querverweis: S. 210f., Methode

MATERIAL
2 Armutsgefährdungsquoten 2005–2012

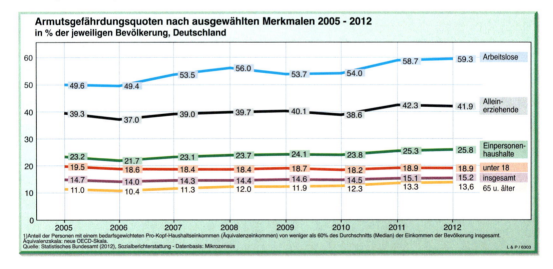

1. Erklären Sie anhand von M 1 und des Fotos den Begriff der „relativen" Armut.
2. Werten Sie M 2 bis M 3 aus und versuchen Sie, die Merkmale der Armut in Deutschland zusammenzufassen.
3. Erarbeiten Sie mithilfe von M 4 einen Armutsbericht für Ihre Gemeinde im Rahmen eines Projekts im Sozialkundeunterricht.

MATERIAL 3: Armutsrisikoschwelle nach Haushaltstypen 2010*

	Bedarfssatz nach neuer OECD-Skala	in Euro je Monat		
		untere Schwelle	Schätzwert	obere Schwelle
1-Personen-Haushalt	1,0	981	993	1 005
Ehe-/Paar ohne Kinder	1,5	1 472	1 490	1 508
Ehe-/Paar mit 1 Kind	1,8	1 766	1 788	1 809
Ehe-/Paar mit 2 Kindern	2,1	2 060	2 086	2 111
Ehe-/Paar mit 3 Kindern	2,4	2 354	2 384	2 412
Alleinerziehende mit 1 Kind	1,3	1 275	1 291	1 103
Alleinerziehende mit 2 Kindern	1,6	1 570	1 589	1 608

* auf Basis der nominalen Haushaltsnettoeinkommen; Median 19 866 Euro bzw. 1 655 Euro pro Monat; Basis: SOEPv28

Quelle: DIW Wochenbericht, Nr. 43/2012: Einkommensentwicklung und Armutsrisiko, S. 9

MATERIAL 4: Das Pentagon der Armut

BIOGRAFIE / PERSÖNLICHKEIT
- Alter/Krankheit/Behinderung/Gebrechlichkeit
- mangelnde intellektuelle Fähigkeiten
- Sozialisationsdefizite
- Stigmata/Diskriminierung
- Passivität/Fatalismus/Suchtverhalten
- fehlender Zeithorizont/Frustrationsintoleranz
- übertriebene Anspruchshaltung/mangelnde Leistungsbereitschaft

SOZIALE NETZE
- Bedeutungsverlust von Familie und Verwandtschaft
- Krisenanfälligkeit der Kleinfamilie/Scheidung
- Alleinerziehung
- anonymes Wohnen ohne Nachbarschaftsbeziehungen
- fehlende Beziehungen am Arbeitsplatz

GESELLSCHAFTLICHE WERTHALTUNGEN
- Wandel von natürlicher zu künstlicher (rechtlicher) Subsidiarität & Sozialrecht statt zwischenmenschlicher Verantwortlichkeit
- auf persönliche Autonomie zielendes Selbstverwirklichungsstreben
- Gewinn von Status und Selbstwertgefühl über Konsum
- extreme Leistungsbezogenheit

ARBEIT / EINKOMMEN
- mangelnde Bildung/Ausbildung
- Rationalisierung von Arbeitsprozessen/weniger Nischen für Leistungsschwache/Verengung des Marktes für Ungelernte & niedrige Löhne
- hohe geografische und professionelle Mobilitätsanforderungen
- schlechte Arbeitszuteilung/zu wenig Teilzeitstellen
- Lücken im Sozialversicherungssystem/kleine oder uneinbringliche Alimente/geringe Kinderzulagen
- Arbeitslosigkeit

KOSTEN / KONSUM
- aggressive Werbung/übertriebenes Konsumbedürfnis
- Verschuldung/Konsumkredite
- steigende Freizeitkosten
- zu hohe Kosten für die Befriedigung von Grundbedürfnissen (Wohnen, Krankenversicherung, Ernährung)
- fehlende Zeit zum preisbewussten Einkaufen
- hohe Kosten für professionelle Fremdbetreuung der Kinder

L & P / 6335

---

1. Führen Sie im Kursverband eine Debatte über den richtigen Umgang von Staat und Gesellschaft mit dem Phänomen der Armut.

MATERIAL

5 Nettovermögen der Haushalte 2013

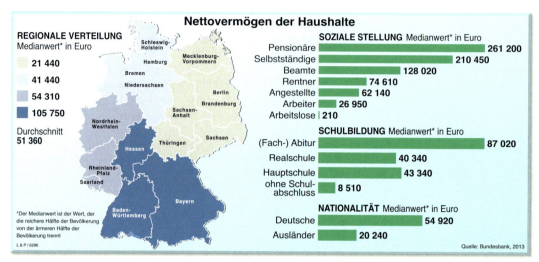

MATERIAL

6 Hartz-IV-Regelsatz: Wie viel Geld ist wofür vorgesehen?

Monatliche Regelleistungen (seit 1. Januar 2014) nach Einzelpositionen

	Erwachsene	Kind 0–5 Jahre	Kind 6–13 Jahre	Jugendliche 14–17 Jahre
Nahrungsmittel/ alkoholfreie Getränke	138,81	83,98	104,47	133,71
Bekleidung/Schuhe	32,84	33,29	36,04	40,11
Wohnen, Energie, Instandhaltung	32,69	7,53	11,99	16,54
Innenausstattung, Haushaltsgeräte etc.	29,64	14,54	12,74	15,86
Gesundheitspflege	16,81	6,51	5,36	7,08
Verkehr	24,63	12,59	15,16	13,60
Nachrichtenübermittlung	34,54	16,81	16,60	17,02
Freizeit/Unterhaltung/Kultur	43,18	38,34	44,72	33,86
Bildung*	1,49	1,04	1,24	0,32
Beherbergungs- und Gaststättenleistungen	7,74	1,48	3,79	5,16
andere Waren und Dienstleistungen	28,63	9,89	7,89	11,74
gesamt	391,00	226,00	260,00	295,00

* ergänzt durch Bildungsgutscheine der Bundesagentur für Arbeit ➡ Querverweis: S. 30, M 1

1. Beschreiben Sie, worauf sich die Unterschiede zwischen Arm und Reich gründen (M 5).
2. Fassen Sie die Kernaussagen des Vierten Armuts- und Reichtumsberichts zusammen (M 7).
3. Vergleichen Sie die Aussagen von M 6 und M 7 und zeigen Sie Problemfelder auf.
4. Selbstversuch: Leben Sie eine Woche lang vom Hartz-IV-Regelsatz (M 6).

MATERIAL 7
Bildung und Beschäftigung – Schlüssel zur Armutsvermeidung

Familie ist der natürliche und erste Bildungsort, den ein Kind erlebt. Die Familie ist als Erste verantwortlich für einen guten Start ins Leben, für die gelingenden Übergänge in die verschiedenen Bildungslebensabschnitte und für eine gute Begleitung auf dem Weg ins Erwachsenenleben. Auch zur nichtformalen und informellen Bildung kann das Elternhaus beitragen und anregen. Nicht alle Kinder starten jedoch mit den gleichen guten Grundvoraussetzungen in ihrem sozialen Umfeld. Da, wo Eltern – aus welchen Gründen auch immer – nicht in der Lage sind, ihr Kind so gut zu unterstützen, wie es andere Familien können, da sind institutionelle Angebote notwendig, um diesen Kindern eine faire Bildungschance zu eröffnen.

Bereits die Dauer frühkindlicher Betreuungs- und Bildungserfahrungen hat Einfluss auf einen gelingenden Schulstart, die Lesekompetenz am Ende der Grundschulzeit und die Übergangschancen zu einer höherqualifizierenden Schule. Der erreichte Schulabschluss wiederum prägt die Übergangschancen in die Berufsausbildung, die Position am Arbeitsmarkt, die Weiterbildungsbeteiligung und damit die Häufigkeit und Dauer von Phasen der Arbeitslosigkeit und relativ geringem Einkommen sowie das Einkommen im Alter. Darüber hinaus beeinflusst der Bildungsstand eines Menschen seine Reaktionsmöglichkeiten in schwierigen Lebensabschnitten. [...]

Erwerbstätigkeit ist Grundlage des allgemeinen Wohlstands in Deutschland. Sie dient den privaten Haushalten als wichtigste Quelle zur Finanzierung ihres Lebensunterhalts und ist damit eine wesentliche Voraussetzung für gesellschaftliche Teilhabe. Arbeitsplatzverlust und längerer Verbleib in Arbeitslosigkeit sind zentrale Risikofaktoren für ein relativ geringes Einkommen, einen eingeschränkten Lebensstandard oder die Abhängigkeit von staatlichen Leistungen. Arbeitslosigkeit verschlechtert den Gesundheitszustand und das subjektive Wohlergehen. Sind Eltern langfristig arbeitslos, geht hiervon auch eine negative Signalwirkung auf die davon unmittelbar betroffenen Kinder und Jugendlichen aus. Dies kann auch deren Bildungs- und Ausbildungschancen reduzieren. [...]

Übereinstimmend zeigen Studien: Kinder sind kein Armutsrisiko an sich, vielmehr kommt es entscheidend auf die Erwerbsbeteiligung der Eltern an. Die besonderen Lebenslagen bei Familien mit Kindern, wie die fehlende oder zu geringe Erwerbsbeteiligung der Eltern aufgrund mangelnder Betreuungsangebote für Klein- und Schulkinder oder Krisen wie Trennung und Scheidung, führen häufiger zu einem relativ geringen Einkommen. Beim Zusammenkommen verschiedener Faktoren können sich Armutsrisiken in den verschiedenen Lebenslagen gegenseitig verstärken und es wird schwieriger, die Situation zu überwinden. Überdurchschnittlich oft betroffen von Armutsrisiken sind Alleinerziehende und deren Kinder sowie Familien mit Migrationshintergrund. [...]

Die Teilhabechancen von jungen Menschen sind mit Blick auf eine Berufsausbildung und den Arbeitsmarkt für diejenigen am geringsten, die keinen Schulabschluss erreicht haben. [...]

Ebenfalls weniger gute Ausbildungs- und Berufschancen haben Jugendliche und junge Erwachsene, die nur über einen Hauptschulabschluss verfügen. [...]

Selbst eine abgeschlossene Berufsausbildung genügt aufgrund der wechselnden Arbeitsbedingungen oft nicht mehr, um den Anforderungen des gesamten Berufslebens gerecht zu werden. Vor diesem Hintergrund hat der Ansatz des lebenslangen Lernens in den vergangenen Jahren Bedeutung gewonnen. Der Ansatz nimmt die gesamte Bildungsbiografie des Individuums in den Blick und löst die bisherige Konzentration der Bildungszeiten auf bestimmte Lebensphasen mit definierten Bildungszielen ab. Es gilt, Fähigkeiten und Fertigkeiten ein Leben lang an neue Entwicklungen anzupassen, um möglichst lange den sich stetig wandelnden Anforderungen der Arbeitswelt gewachsen zu bleiben. Studien belegen, dass die Teilnahme an Weiterbildungsmaßnahmen das Arbeitslosigkeitsrisiko reduziert.

Quelle: Bundesministerium für Arbeit und Soziales (Hrsg.): Lebenslagen in Deutschland. Der Vierte Armuts- und Reichtumsbericht der Bundesregierung, März 2013, S. XIII ff.

➡ Querverweis: Kap. I.2.3

MATERIAL

8 Benachteiligte Kinder stärken

Eine Längsschnittanalyse für den UNICEF-Bericht zur Lage der Kinder in Deutschland 2013 ergab, dass zwischen 2000 und 2010 rund 8,6 Prozent der Kinder und Jugendlichen langjährige Armutserfahrungen gemacht haben. Die meisten von ihnen (6,9 Prozent) lebten zwischen 7 und 11 Jahre lang in einem Haushalt, der mit weniger als 60 Prozent des Durchschnittseinkommens auskommen musste. 1,7 Prozent aller Heranwachsenden wuchsen sogar 12 bis 17 Jahre unter diesen schwierigen Bedingungen auf. Auf die heutige Situation bezogen wären demnach insgesamt rund 1,1 Millionen Heranwachsende einen Großteil ihrer Kindheit und Jugend relativer Armut ausgesetzt.

„Wir müssen die am stärksten benachteiligten Kinder frühzeitiger und umfassender unterstützen", erklärte Prof. Dr. Hans Bertram, Herausgeber des UNICEF-Berichts [...]. „Der Ausbau von Krippen, Kitas und Ganztagsschulen allein reicht nicht aus, um das Wohlbefinden und die Teilhabe dieser Kinder zu sichern."

„Jedes Kind hat ein Recht darauf, dass wir ihm helfen, einen Platz im Leben zu finden", sagte Dr. Jürgen Heraeus, Vorsitzender von UNICEF Deutschland. „Wir dürfen nicht hinnehmen, dass eine große Gruppe von Kindern einfach abgehängt wird."

Namhafte Wissenschaftler stellen in dem Report neue Forschungsergebnisse zur Situation von Kindern vor, die besonders von Ausschluss bedroht sind: Kinder alleinerziehender und arbeitsloser Eltern, Kinder mit Migrationshintergrund sowie Kinder in problematischen und gewaltbelasteten Lebensverhältnissen. Armutserfahrungen haben demnach stark negative Auswirkungen auf Kinder, wenn sie mindestens ein Drittel der Kindheit andauern. Je länger und je öfter Kinder Phasen von relativer Armut durchleben, desto negativer sind die Folgen nicht nur für die materielle Situation. Wer als Kind dauerhaft unterhalb der Armutsgrenze leben muss, ist als Erwachsener deutlich unzufriedener mit seinem Leben. Gelernte Hoffnungslosigkeit macht es schwer, Herausforderungen im weiteren Leben zu meistern.

Besonders schwierig ist die Situation von Kindern alleinerziehender Eltern. Sie haben zum Beispiel bereits am Ende der vierten Klasse einen Leistungsrückstand in Mathematik und Naturwissenschaften von einem halben Lernjahr auf ihre Altersgenossen. Die Ursache liegt jedoch nicht in der Familienform, sondern in den sozialen und ökonomischen Problemen vieler alleinerziehender Eltern. 2009 hatte zum Beispiel jede vierte alleinerziehende Mutter die Schule nicht beendet bzw. lediglich einen Hauptschulabschluss.

UNICEF Deutschland hält es für dringend erforderlich, dass Bund, Länder und Gemeinden gemeinsam die Teilhabechancen der am stärksten benachteiligten Kinder verbessern. Die Politik sollte sich das Ziel setzen, den Anteil von Kindern in verfestigter Armut in den kommenden vier Jahren zu halbieren.

Wird nicht gegengesteuert, kann das Wohlbefinden und die Zukunftsfähigkeit der Kinder Schaden nehmen. So belegen Untersuchungen, dass diese Kinder weniger Sport machen, mehr fernsehen und häufiger rauchen. Problembelastete Kinder und Jugendliche sind auch stärker in Gefahr von Computer- und Internetabhängigkeit, da sie dort möglicherweise leichter Erfolgserlebnisse haben.

„Schwierige" Lebensverhältnisse sind auch Hauptursache für gewalttätiges Verhalten: schlagende Eltern, Gewaltmedienkonsum, gewaltakzeptierende Männlichkeitsnormen und das Zusammentreffen vieler Heranwachsender mit solchen Erfahrungen in bestimmten Schulen oder Stadtteilen. Gleichzeitig wirken aber auch präventive Maßnahmen gegen Gewalt. So sank insgesamt der Anteil der polizeilich registrierten Straftaten von Jugendlichen von 8,2 Prozent in 1998 auf 6,7 Prozent in 2011.

Im internationalen Vergleich der Industrienationen schneidet Deutschland beim Wohlbefinden von Kindern im oberen Drittel ab. So gibt es Fortschritte bei der Bildung und bei der Gesundheit. Und auch die materielle Situation der deutschen Mädchen und Jungen ist mit Platz 11 unter 29 Ländern vergleichsweise gut. Allerdings birgt der Blick auf Durchschnittswerte die Gefahr, die gravierenden Probleme eines Teils der Kinder zu übersehen.

Quelle: Pressemitteilung zum UNICEF-Bericht zur Lage von Kindern in Deutschland 2013, Köln, 24.10.2013, www.unicef.de/presse/2013/kinder-in-deutschland/25812; Zugriff am 3.1.2014

STRUKTUR DER GESELLSCHAFT IN GRUNDZÜGEN

MATERIAL
Rekordniveau beim Taschengeld **9**

Sie kaufen sich am liebsten Süßigkeiten, Zeitschriften, Essen und Getränke: Schüler in Deutschland können meist vollkommen frei über ihr Taschengeld verfügen – und davon besitzen sie mehr als jemals zuvor, wie die in Berlin vorgestellte KidsVerbraucherAnalyse (KidsVA) in 1645 Doppelinterviews mit Kindern und Eltern sowie Elternbefragungen zu Vier- und Fünfjährigen ermittelte.

Deutschlands Schulkinder bekommen so viel Taschengeld wie nie zuvor. Durchschnittlich 27,56 Euro stehen den 6- bis 13-Jährigen im Monat zur Verfügung. Das ist wie schon in den vergangenen
5 Jahren eine Steigerung gegenüber dem Vorjahr, dieses Mal um 40 Cent. Kein kleiner Brocken: Etwa 330 Euro Taschengeld stehen jedem Schulkind damit durchschnittlich pro Jahr zur Verfügung. Hochgerechnet auf die 5,9 Millionen 6- bis
10 13-Jährigen in Deutschland macht das knapp 1,9 Milliarden Euro.
Zusätzlich zum Taschengeld bekommen sie durchschnittlich 80 Euro zu Weihnachten, 64 Euro zum Geburtstag und 25 Euro zu Ostern.
15 Hinzu kommen Geldgeschenke bei Besuchen von Verwandten, bei guten Zeugnissen oder fürs Helfen im Haushalt. Vier von fünf Schulkindern dürfen zudem frei über ihr Taschengeld verfügen. Am liebsten geben sie es der Untersuchung zu-
20 folge für Süßigkeiten, Zeitschriften, Essen und Getränke aus. […]
Die Studie des Egmont Ehapa Verlags zeigt außerdem, dass Kinder und Jugendliche in Deutschland immer markenbewusster werden. Fast zwei

Zeichnung: Gerhard Mester

Drittel der Kinder zwischen 6 und 13 Jahren (62 25 Prozent) bevorzugen besonders bei Sportschuhen eine bestimmte Marke. Das sind drei Prozent mehr als im vergangenen Jahr. Bei Spielekonsolen wissen 58 Prozent der Kinder genau, was sie wollen, bei Bekleidung 56 Prozent. 30
Neben der Frage nach Markenpräferenzen der Kinder wurde auch die Bereitschaft der Eltern getestet, die Wünsche zu erfüllen: Bei Sportschuhen war fast die Hälfte der Eltern dazu bereit (47 Prozent), bei Spielekonsolen lag die Zahl bei 26 Pro- 35 zent, bei Bekleidung bei 43 Prozent. Einen hohen Anstieg des Markenbewusstseins verzeichnete die Studie auch bei Spielsachen. Der Wert stieg um 13 Prozent auf 44 Prozent.
Auch die Internetnutzung verharrt laut der KidsVA 40 auf hohem Niveau. […] Jedes zweite Schulkind besitzt ein eigenes Handy oder gar Smartphone.

Quelle: Rekordniveau: So viel Taschengeld bekommen Deutschlands Schüler (AFP/dpa), in: www.t-online.de/eltern/erziehung/id_64854534/kidsva-taschengeld-von-deutschlands-schueler-erreicht-rekordniveau.html vom 9.8.2013; Zugriff am 3.1.2014

1. Beschreiben Sie, worin die Ursachen für Kinderarmut liegen und wie sich diese auswirken (M 8).
2. Erwägen Sie Strategien gegen die Kinderarmut in Deutschland (M 8), ohne die Finanzierungsschwierigkeiten außer Acht zu lassen.
3. Begründen Sie, warum man in der Bundesrepublik von einer wachsenden Armutskluft sprechen kann (M 8, M 9).
4. Recherchieren Sie, wie sich Armut in anderen Staaten darstellt und wie die Regierungen damit umgehen. Präsentieren Sie Ihre Ergebnisse in einem Kurzreferat.

3.5 Herausforderungen für die Sozialpolitik III: die Integration von Migranten

Zeichnung: Thomas Plaßmann

„Teilintegration"   Die Lebens- und Arbeitsbedingungen der Zuwanderer in Deutschland haben sich seit den 1960er-Jahren insgesamt und kontinuierlich verbessert. Nur wenigen aber ist es gelungen, mit den mittleren und oberen Schichten der einheimischen Bevölkerung gleichzuziehen. Soziologen sprechen heute daher von einer „Teilintegration": Offenbar ist der soziale Aufstieg für die meisten Migranten in Deutschland nur bedingt möglich, was deren Integration zusätzlich zu den spezifischen „Zuwandererproblemen" erschwert.

Ursachen   Die „Teilintegration" hat mannigfaltige Ursachen:
- So haben Migranten, die (noch) nicht eingebürgert sind, einen *minderen Rechtsstatus*, d. h., sie besitzen keine politischen Teilhaberechte; Bürgern aus den EU-Staaten wurden Teile dieser Rechte 1992 mit dem Vertrag von Maastricht eingeräumt, etwa das kommunale aktive und passive Wahlrecht.
- Über 35 % der in Deutschland lebenden Ausländer gehören laut Statistik zur Einkommensunterschicht, die weniger als 70 % des mittleren Einkommens zur Verfügung hat, während nur 21 % der Deutschen in diesen Schichten zu finden sind. Um hierzulande eine Tätigkeit aufnehmen zu können, benötigen Ausländer eine *Arbeitserlaubnis,* für deren Erteilung gemäß dem Zuwanderungsgesetz vom 1. Januar 2005 die Ausländerbehörde zuständig ist.
- Viele Menschen mit Migrationshintergrund sind am Arbeitsplatz (noch immer) einer besonders starken körperlichen und psychischen Belastung ausgesetzt, da sie oftmals Stellen besetzen, die vielen Deutschen gerade wegen dieser Belastungen als unattraktiv erscheinen. Zuwanderer sind darüber hinaus stärker von *Arbeitslosigkeit* bedroht als Deutsche: Ihre Arbeitslosenquote liegt bei etwa 16 %, während die Arbeitslosenquote in Deutschland insgesamt 6,9 % beträgt (Stand 2013).
- Die *Wohnverhältnisse* von Ausländern sind im Vergleich zu Deutschen schlechter, da laut Statistik Personen mit Migrationshintergrund im Vergleich zur Gesamtbevölkerung im Durchschnitt mit 46,2 m² knapp 8 m² weniger Wohnraum pro Person zur

Verfügung steht, die Wohnlage meist qualitativ schlechter ist und nur ein geringer Anteil (26 %) über Wohneigentum verfügt. Der Anteil der Deutschen mit Immobilieneigentum liegt dagegen bei rund 48 %.
- Als zentrale Ursache für sämtliche Integrationsprobleme gelten die schlechteren *Bildungs- und Berufschancen* von Migrantenkindern. Der Hauptgrund dafür ist wiederum in den mangelhaften Sprachkenntnissen zu suchen, denn das Erlernen der deutschen Sprache kann als „Schlüssel" zur Kultur und Mentalität unseres Landes gesehen werden. Probleme, die aus versäumten Bildungschancen entstehen, werden beim Wechsel in Berufsausbildung und Arbeitsmarkt weitergetragen.

Integration ist ein kontinuierlicher, gegenseitiger Prozess, den alle Beteiligten wollen und unterstützen müssen, wenn er funktionieren soll. Um das Entstehen von „Parallelgesellschaften" und „Ghettoisierung" zu vermeiden und um der Jugendkriminalität in „sozialen Brennpunkten" vorzubeugen, sind Hilfestellungen seitens der Politik erforderlich, insbesondere im Bildungsbereich und in der Jugendarbeit. Dazu zählen die gezielte Förderung der Sprachkompetenz von Migrantenkindern bereits ab dem Kindergarten oder Beratungsangebote beim Übertritt in weiterführende Schulen. Auch der Bau und Ausbau von Ganztageskindergärten und -schulen ist zukunftsträchtig.

Integration als gegenseitiger Prozess

Für ein erfolgreiches Gelingen von Integration sind aber vor allem Eigeninitiative und Eigenverantwortung gefragt. Dies beinhaltet den festen Willen zur Integration genauso wie das Bekenntnis zu den Grundwerten der deutschen Gesellschaft und zu den Grundlagen unserer Verfassungsordnung. Auf der anderen Seite sind Toleranz und Akzeptanz ethnischer Minderheiten durch die einheimische Bevölkerung erforderlich.

Integrationswillen und Toleranz

Allerdings stößt die Bereitschaft der Deutschen zur Aufnahme von weiteren Zuwanderern angesichts wachsender wirtschaftlicher und sozialer Probleme an Grenzen, was oft zu sozialer Ausgrenzung oder Diskriminierung der Migranten führt. Unterschiedliche Vorstellungen von Ehre, Religion sowie von Sitten und Moral können die Integrationsprobleme zusätzlich verstärken. Das aus Vorurteilen genährte Bild vom „kriminellen" Ausländer ist jedoch nicht zu halten. Eine Auswertung der Kriminalitätsstatistiken zeigt, dass sich die meisten Arbeitsmigranten sehr wohl gesetzestreu verhalten.

Ausgrenzung und Integrationsprobleme

Zeichnung: Thomas Plaßmann

MATERIAL

1 Armutsgefährdungsquote mit und ohne Migrationshintergrund

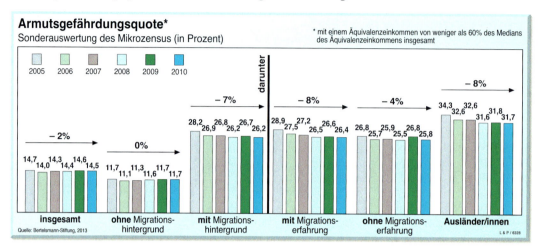

MATERIAL

2 Arbeitslosenquote unter Deutschen und Ausländern

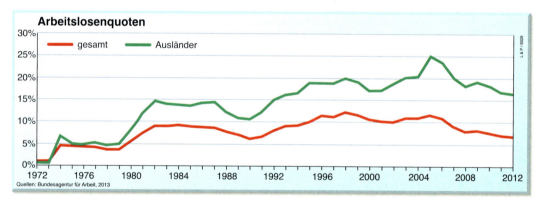

SOZIALSTAAT UND SOZIALE SICHERUNG

MATERIAL 3

Zufriedenheit von Migranten in Deutschland im europäischen Vergleich

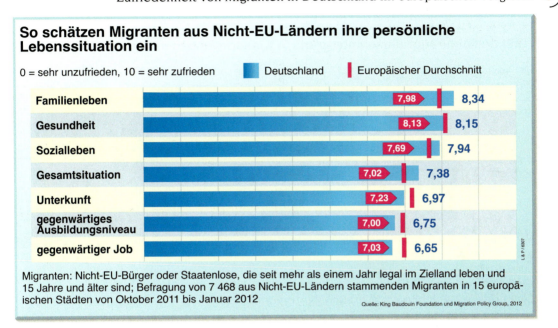

MATERIAL 4

Schulabschlüsse der Bevölkerung nach Migrationshintergrund

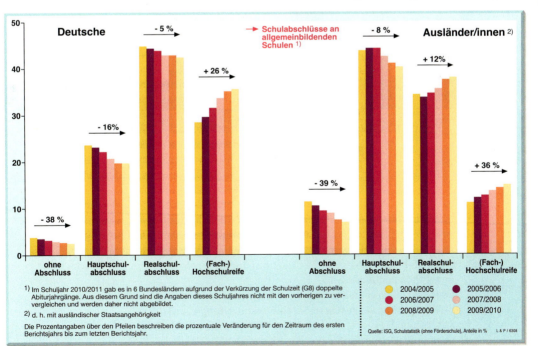

MATERIAL
5 Quote der Kindertagesbetreuung nach Migrationshintergrund 2011

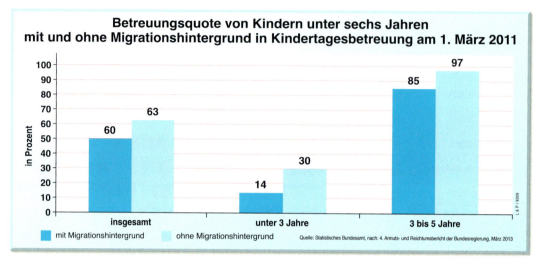

MATERIAL
6 Zugehörigkeitsgefühl nach Migrationshintergrund 2013

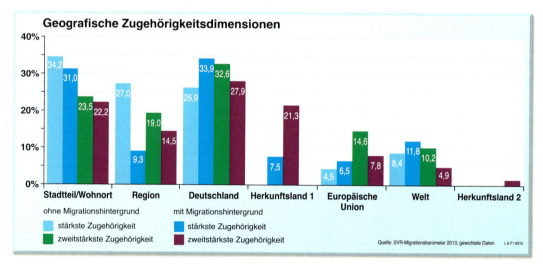

1. Interpretieren Sie die Karikatur auf S. 102 vor dem Hintergrund von M 4.
2. Analysieren Sie M 1 bis M 6. Welche Schwierigkeiten ergeben sich bei der Integration von Migranten? Visualisieren Sie Ihre Ergebnisse in einem Schaubild.
3. Führen Sie eine Debatte zu den Chancen und Grenzen der Überwindung von Integrationshindernissen.
4. Ermitteln Sie mithilfe des Internets Fallbeispiele zu den einzelnen Schlagworten in M 1 bis M 6 und gestalten Sie eine Wandzeitung zum Thema.
5. Analysieren Sie die Grafik M 6, führen Sie eine analoge Umfrage in Ihrem Kurs durch und vergleichen Sie das Ergebnis mit M 6.

MATERIAL 7

„Ich bin eine bayerische Türkin"

Als sie acht Jahre alt war, machte ihre Mutter einen Versuch. Einen Rückkehrtest. „Ein Jahr schickte sie mich zur Probe zu Verwandten in die Türkei", erinnert sich Yasemin Tolanlar: „Die Leute waren nett, es war schön, aber mein Zuhause ist doch Deutschland." Sie konnte nicht in Izmir bleiben. Und tatsächlich: Die Familie blieb und ging nicht zurück in die Türkei.

Als Gastarbeiter waren sie gekommen, damals in den Siebzigerjahren. „Acht bis zehn Stunden täglich haben meine Eltern in einer Münchner Fabrik am Fließband gestanden. Sie wollten ein paar Jahre bleiben, Geld verdienen und dann zurückkehren." Daraus sei ja nun nichts geworden. „Zum Glück, denn ich und mein vier Jahre älterer Bruder – wir kannten das Land ja gar nicht, wir sind beide in München geboren."

Trotzdem ist das so eine Sache mit der Identität. Ist sie Deutsch-Türkin? Deutsche? Die 26-Jährige nimmt einen Schluck Kaffee, legt den Kopf schief und schaut in die Ferne:

Yasemin Tolanlar

„Also als Deutsche bezeichne ich mich eher nicht, aber sage manchmal, dass ich Türkin bin." Ihr Freund, der aus einer deutschen Familie stammt, „reißt dann Witze: ‚Möchtegern-Türkin' nennt er mich, weil ich ja keinen türkischen, sondern einen deutschen Pass habe". Sie lächelt. „Naja, ich finde, er soll mich einfach ‚bayerische Türkin' nennen, das trifft's ganz gut." Sie fühle sich sehr wohl in Bayern. Ihre Eltern hätten sie „nicht traditionell türkisch" erzogen, „also nicht konservativ". So habe sie nicht wie manche Gleichaltrige rebellieren müssen: „Obwohl meine Eltern hart arbeiteten und nur wenig Zeit hatten für uns Kinder, haben sie auf unsere schulischen Leistungen geachtet und uns zum Beispiel Nachhilfe organisiert." Sicher eine Ausnahme in Gastarbeiter- und Zuwandererfamilien.

Tolanlar spricht perfekt deutsch, mit leichter münchnerischer Färbung. Sie sei in ihrer Schulzeit in eine gemischte Klasse gegangen, das habe ihr geholfen: „Ich hab sprachlich immer von meinen deutschsprachigen Mitschülern profitiert." Ihr Bruder hingegen habe am Anfang eine rein türkische Schulklasse besuchen müssen: „Da waren überhaupt keine Deutschen, das funktionierte nicht."

Nach der Ausbildung zur Friseurin und anschließender Meisterprüfung eröffnete Yasemin Tolanlar einen eigenen Laden mit einer Angestellten: „Die meisten Kunden wissen gar nicht, dass meine Familie aus der Türkei kommt. Neulich meinte einer, ich sei wohl Spanierin." […]

Ihre Eltern seien „als Zuwanderer natürlich noch sehr auf die türkische Community fixiert gewesen", in ihrem eigenen Freundeskreis dagegen würden die Deutschen überwiegen: „Aber das spielt doch alles keine Rolle. Entscheidend ist, dass man angekommen ist in der Gesellschaft hier, dass man dabei ist, dass man sich anpasst", sagt sie – und macht eine Pause. „Ja, ich weiß schon. Anpassung halten manche für das falsche Wort."

Wie etwa der türkische Ministerpräsident Recep Tayyip Erdogan, der Anfang Februar auf einer Großveranstaltung in Köln knapp 20 000 Deutsch-Türken vor „Assimilation" warnte. Dies sei „ein Verbrechen gegen die Menschlichkeit", so Erdogan. Yasemin fühlt sich nicht angesprochen: „Ob ich es Integration oder Anpassung nenne oder sonstwie, das ist doch nur ein Wort." Sie sei „bestens integriert oder meinetwegen auch angepasst". Sie feiere sogar Weihnachten, „aber nicht, weil ich an Jesus Christus glauben würde, sondern weil das einfach ein Familienfest ist für mich. Die Christen sehen es religiös, okay, das ist in Ordnung. Und ich feiere eben parallel mit meinen Verwandten."

Sie findet die gegenwärtige Debatte nach Erdogans Auftritt „komisch, wir Türkischstämmigen werden in ein falsches Licht gerückt". Erdogan sei für sie der Regierungschef der Türkei – aber sie lebe in Deutschland: „Und da regiert die Bundeskanzlerin Angela Merkel."

Quelle: Sebastian Fischer, „Ich bin eine bayerische Türkin", in: Spiegel Online, www.spiegel.de/politik/deutschland/integration-ich-bin-eine-bayerische-tuerkin-a-536237.html vom 29.2.2008; Zugriff am 3.1.2014

Querverweis: S. 20 f., M 5–7

MATERIAL

8 Inkognito zum neuen Job

Frauen verdienen weniger und steigen seltener ins Management auf. Und wer Öztürk heißt, den laden viele Firmen gar nicht erst zum Vorstellungsgespräch ein. Migranten – nein danke. Dies haben Studien bereits belegt.

Ein Pilotprojekt zeigt nun auf, wie mehr Chancengleichheit in die Personalabteilungen einziehen kann. Eineinhalb Jahre lang haben fünf Unternehmen und drei öffentliche Arbeitgeber anonymisierte Bewerbungen getestet, unter ihnen die Deutsche Post, L'Oréal und das Bundesfamilienministerium. [...] In dem Bericht [...] kommen die Autoren vom Bonner Institut zur Zukunft der Arbeit (IZA) und der Viadrina-Universität Frankfurt an der Oder zu dem Schluss, dass anonyme Bewerbungen denen, die sonst unter Pauschalurteilen leiden, zugutekommen.

Frauen und Zuwanderer haben danach in der Regel dieselben Aussichten, zu einem Vorstellungsgespräch eingeladen zu werden, wie andere Gruppen, sie haben also die gleichen Chancen auf einen Termin beim Chef. IZA-Präsident Klaus Zimmermann spricht von einem „vielversprechenden Ansatz", ihre beruflichen Möglichkeiten „signifikant zu verbessern".

Bei dem Großversuch mit gut 8500 Bewerbungen hatten die Arbeitgeber zunächst auf Angaben wie Foto, Name, Alter und Geschlecht verzichtet. Mal mussten die Aspiranten einen Onlinefragebogen ausfüllen, mal wurden verräterische Zeilen geschwärzt. Für die Vorentscheidung zählten also nur die Fakten wie Abschlüsse und Berufserfahrung. Erst vor dem Bewerbungsgespräch durften die Chefs Namen und Zeugnisse sehen. Dann aber haben die Bewerber nach Einschätzung der Forscher bereits die entscheidende Hürde überwunden, denn im persönlichen Gespräch wucherten Klischees weniger.

„Das Projekt hat gezeigt, dass anonymisierte Bewerbungen den Fokus auf die Qualifikation lenken", sagt die Leiterin der Antidiskriminierungsstelle des Bundes, Christine Lüders. Zudem habe sich das Verfahren als praktikabel erwiesen. Laut Bericht sehen die Personalverantwortlichen das neue Verfahren „durchgängig positiv", nur das Schwärzen von Unterlagen wird als aufwendig kritisiert. Auch die Jobsuchenden befürworten das Verfahren überwiegend, allerdings glaubt ein gutes Viertel von ihnen, dass ihre Chancen bei herkömmlichen Bewerbungen höher sind.

Quelle: Roland Preuß: Inkognito zum neuen Job, in: Süddeutsche Zeitung online, www.sueddeutsche.de/karriere/anonyme-bewerbungen-inkognito-zum-neuen-job-1.1334284 vom 17.4.2012; Zugriff am 18.1.2014

MATERIAL

9 Gegen anonymisierte Bewerbungen

Diskriminierung ist schlecht und soll nicht sein, darin sind sich alle einig. Und es lässt einen Politiker grundsätzlich gut aussehen, wenn er sich aktiv dagegen wendet. Der Vorschlag der Antidiskriminierungsstelle des Bundes (ADS), anonymisierte Lebensläufe zum Standard zu machen und damit ein höheres Maß an Chancengleichheit zu schaffen, gehört aber eindeutig in die Kategorie „gut gemeint", und das ist oft das Gegenteil von „gut gemacht". Obendrein wird der Versuch in der Praxis scheitern müssen – am Einfallsreichtum von Bewerbern und Arbeitgebern.

Führungskräfte, Personaler, Mitarbeiter wollen sich ein vollständiges Bild von einem Bewerber machen. Dazu gehören ganz grundlegende Eigenschaften wie das Alter, das Geschlecht, aber auch das äußere Erscheinungsbild. Bei Bewerbungen wird in der Tat als Erstes auf das Bild geschaut. Das ist nicht ignorant, böse oder unfair, sondern menschlich.

Wenn Unternehmen die Chance nicht mehr hätten, die persönlichen Informationen über die schriftliche Bewerbung zu erhalten, dann würden sie sich dieselben eben anders beschaffen, etwa durch persönliche Kurzinterviews. Dass Unternehmen die Informationen bekommen, die sie wollen, lässt sich nicht verhindern.

Name, Alter und Anschrift, also die Basisinformationen, die die ADS nicht in einer Bewerbung sehen will, können in Wahrheit nur schwer verborgen werden. Das Alter ermittelt man aus der beruflichen Laufbahn oder den Zeugnissen. Das Geschlecht erschließt sich aus dem Namen in der Mailadresse, aus den privaten Aktivitäten und bisherigen Lebensstationen. Denn welches Geschlecht hat wohl ein ehemaliger Zivi, ein Burschenschafter oder eine Stadtmeisterin im Synchronschwimmen? [...]

Grundsätzlich auf Altersangaben, Namen, Geschlecht zu verzichten ist schon aus geschäftsrelevanten Gründen nicht möglich, weil für viele Jobs die genannten Informationen relevant sind. Das wurde schon im Zusammenhang mit dem Allgemeinen Gleichbehandlungsgesetz gesehen und zu Recht berücksichtigt.

Darf ein Unternehmen bei der Suche eines Rezeptionisten auf das Äußere des Kandidaten achten? Darf ein Softwarehersteller darauf Wert legen, dass seine neuen Mitarbeiter jung sind, weil er weiß, dass Menschen zwischen 20 und 30 Jahren tendenziell ihre kreativste Phase haben?

Dass ein Modell für Männerunterhosen bitte männlich sein soll, ist klar, aber wie die vorherigen Beispiele zeigen, sind die Dinge nicht immer so eindeutig.

Das Thema Bewerberauswahl ist vielschichtig und nicht leicht mit einheitlichen Vorschriften zu regeln, Verunsicherung würde gegenüber Klarheit überwiegen, wenn die ADS-Ideen umgesetzt würden. Aufseiten der Arbeitgeber kann man das Einfordern und die Nutzung jener Informationen schlichtweg nicht verbieten. Man täte ihnen damit auch keinen Gefallen. Die Vorstellung, man helfe den Unternehmen mit einem Verbot, ist geradezu absurd. Wenn Unternehmen Wert auf Vielfalt legen, wovon die Antidiskriminierungsstelle a priori ausgeht, dann sollte man es diesen selbst überlassen, wie sie diese Vielfalt erreichen wollen. Ich schlage vor, dass Arbeitgeber es den Bewerbern überlassen, ob sie Foto, Geburtsdatum, Adresse, Namen oder Familienstand preisgeben wollen. In Online-Bewerbungsformularen sollten diese Angaben optional sein, wie auch immer das Weglassen einer Information dann interpretiert würde. Ich denke, wir sollten in erster Linie darauf vertrauen, dass Unternehmen bei der Auswahl ihrer Mitarbeiter tendenziell besser einschätzen können, was für sie richtig, relevant und wichtig ist, als die Antidiskriminierungsstelle des Bundes.

„Wenn Sie uns Ihren Namen nicht verraten, verraten wir auch nicht, bei welcher Firma Sie sich gerade bewerben!"

Quelle: Armin Trost: Contra, in: Pro & Contra Anonymbewerbung: Ich bin ein Niemand – nimm mich!, in: Unispiegel online, www.spiegel.de/unispiegel/jobundberuf/pro-contra-anonymbewerbung-ich-bin-ein-niemand-nimm-mich-a-686457.html vom 31.3.2010; Zugriff am 18.1.2014

➡ Querverweis: Kapitel I.1.2
➡ Querverweis: Kapitel I.2.2

1. Grenzen Sie auf Basis von M 7 die Begriffe „Anpassung" und „Integration" voneinander ab. Interpretieren Sie in diesem Zusammenhang die Karikatur auf S. 103.
2. Erarbeiten Sie aus M 8 bis M 9 die Argumente für und gegen eine anonymisierte Bewerbung.
3. Nehmen Sie ausgehend von M 8 bis M 9 in Form eines Zeitungskommentars Stellung zum Vorschlag der anonymisierten Bewerbung.

Weiterführende Informationen

1. Literaturhinweise

Einen sehr guten Überblick zur Sozialstruktur bieten folgende Standardwerke:
- Geißler, R., Die Sozialstruktur Deutschlands. Zur gesellschaftlichen Entwicklung mit einer Bilanz zur Wiedervereinigung, Wiesbaden 2013^7
- Hradil, S., Die Sozialstruktur Deutschlands im internationalen Vergleich, Wiesbaden 2010^3
- Schäfers, B., Sozialstruktur und sozialer Wandel in Deutschland, Stuttgart 2012^9

Folgende Werke befassen sich eingehend mit den Inhalten einzelner Kapitel:
- Ackeren, I. v./Klemm, K., Entstehung, Struktur und Steuerung des deutschen Schulsystems, Wiesbaden 2012^2
- Ahrens, R., Nachhaltigkeit in der deutschen Familienpolitik, Wiesbaden 2012
- Breit, G./Massing, P., Soziale Milieus: politische und gesellschaftliche Lebenswelten in Deutschland, Schwalbach am Taunus 2010
- Hradil, S., Soziale Ungleichheit in Deutschland, Wiesbaden 2012^7
- Kaelble, H., Sozialgeschichte Europas: 1945 bis zur Gegenwart, München 2007
- Kalter, F., Migration und Integration, Wiesbaden 2012
- Massing, P./Pohl, K., Abnehmende Bevölkerung – zunehmende Probleme: Der demografische Wandel in Deutschland als Herausforderung, Schwalbach am Taunus 2013
- Neumann, L. F./Schaper, K., Die Sozialordnung der Bundesrepublik Deutschland, Frankfurt a. M. 2008^5
- Schmidt, M. G., Der deutsche Sozialstaat: Geschichte und Gegenwart, München 2012
- Shell Deutschland Holding (Hrsg.), Jugend 2010, Frankfurt a. M. 2010
- Statistisches Bundesamt Deutschland (Hrsg.), Datenreport 2011. Ein Sozialbericht für Deutschland, Wiesbaden 2011

2. Internet

Für weitergehende Recherchen bieten sich u. a. die Homepages der folgenden Institutionen an:
- Bundesministerium für Arbeit und Soziales
- Bundesministerium des Innern
- Bundeszentrale für politische Bildung
- Statistisches Bundesamt Deutschland
- Bayerische Landeszentrale für politische Bildungsarbeit.

Auf den Homepages folgender Rundfunk- und Fernsehsender können stets aktuelle Videos oder Audios zu den Themen des ersten Semesters heruntergeladen werden:
- Mediathek der ARD
- Bayerischer Rundfunk
- Audio-Portal des Deutschlandfunks
- Mediathek des MDR
- Fernsehsender PHOENIX
- Mediathek des ZDF.

II. Grundzüge politischer Systeme der Gegenwart

1. Demokratischer Verfassungsstaat und freiheitsgefährdende politische Ordnungen

1.1 Menschenrechte in der Diktatur

„Du sollst nicht töten."
Altes Testament, 2. Buch Moses 20

Menschenrechte Hinter der Menschenrechtserklärung der Vereinten Nationen von 1948 steht die Überzeugung von der Universalität der Menschenwürde und von den unveräußerlichen Freiheits- und Gleichheitsrechten. Auf diesen liberalen Vorstellungen basieren das Grundgesetz der Bundesrepublik Deutschland von 1949 wie auch die Gründungsakten der Europäischen Gemeinschaften, die Römischen Verträge, aus dem Jahr 1957. Die nunmehr verbindliche Festschreibung der Menschenrechte beruhte auf den Erfahrungen der ersten Hälfte des 20. Jahrhunderts, in der die systematische Entrechtung von Millionen von Menschen und ein beispielloser, staatlich organisierter Terror zu unvorstellbarem Leid in Europa und der Welt geführt hatten.

„Zeitalter der Extreme" Zwar hat sich in keiner anderen Zeit die Staatsform der Demokratie weltweit stärker ausgebreitet als im 20. Jahrhundert, doch war auch zu keiner anderen Zeit die Herrschaftsform der Diktatur strenger und furchtbarer ausgeprägt. Daher gilt das 20. Jahrhundert insbesondere in der ersten Hälfte als „Zeitalter der Extreme" (Eric Hobsbawm). Der deutsche Nationalsozialismus (1933–1945) oder der sowjetische Stalinismus (1924–1953) strebten gar die „totale" Steuerung der Gesellschaft an. Das Individuum zählte in diesen Herrschaftsformen nichts; der Mensch musste sich einem Kollektiv völlig unterordnen.

Massenmord im Dritten Reich Im totalitären Dritten Reich sollte die bestehende Ordnung in der Gesellschaft durch eine „Volksgemeinschaft" abgelöst werden. Zu diesem Zweck vernichteten die Nationalsozialisten unter der Führung Adolf Hitlers in einem Prozess der Gleichschaltung alle „volksfeindlichen Elemente". In den Monaten nach der „Machtergreifung" im Januar 1933 wurden politische Parteien zerschlagen, Gewerkschaften und Berufsverbände aufgelöst, Vereine verboten und Wahlen abgeschafft. Nationalsozialistische Großorganisationen wie die Hitlerjugend sollten einen „funktionierenden" Staatsbürger formen. Menschen, die dem Idealbild des „deutschen Übermenschen" nicht entsprachen, hatten mit Verfolgung und Vernichtung zu rechnen. So wurden psychisch kranke oder körperlich behinderte Menschen in Scharen getötet, offiziell unter dem Deckmantel der Sterbehilfe (Euthanasie). Wehrlose Opfer des staatlichen Terrorapparats waren auch Homose-

Konzentrationslager Buchenwald nach der Befreiung durch US-Truppen, 14. April 1945: *auf einem Anhänger liegende Dutzende von Leichen.*

xuelle, die als „asoziale Elemente" für ihr Menschsein mit dem Leben bezahlten. In Arbeits- und Vernichtungslagern, den Konzentrationslagern (KZ), wurden ganze Volksgruppen, insbesondere Juden, Sinti und Roma, ermordet.

Bereits in den 1920er-Jahren entstand in der Sowjetunion Josef Stalins ein totalitäres Regime. Oberstes Staatsziel war ein mit planwirtschaftlichen Methoden erzielter wirtschaftlicher Fortschritt. Im Vergleich zum Nationalsozialismus übertraf unter der sowjetrussischen Herrschaft die Ausbeutung der Arbeitskraft des Einzelnen die Verfolgung Andersdenkender. In den berüchtigten Straflagern (Gulags) war Zwangsarbeit an der Tagesordnung. Der Terror der „Geheimpolizei" (OGPU) überschattete zudem das Alltagsleben der breiten Bevölkerung. Bis zum Tode Stalins 1953 wurden Systemkritiker – auch wenn dies hochrangige Parteifunktionäre oder staatliche Führungskräfte waren – regelmäßig ermordet.

Zwangsarbeiter in einem sowjetischen Gulag, Usbekistan, 1939

Staatsterror in der Sowjetunion

Die 1949 aus der sowjetischen Besatzungszone entstandene DDR war nur auf dem Papier eine „Deutsche Demokratische Republik". In Wirklichkeit war sie eine Diktatur, in ihrer Anfangszeit nach stalinistischem Muster. Auch in der DDR waren die Menschenrechte dem sozialistischen Staatsziel untergeordnet. Freiheitsrechte bestanden zwar formal, konnten jedoch jederzeit per Gesetz eingeschränkt werden. Die Ideologie der Sozialistischen Einheitspartei Deutschlands (SED) verteufelte die Bundesrepublik als „Klassenfeind" und raubte den Bürgern ihre Reisefreiheit. Die Errichtung der Berliner Mauer 1961 sollte eine massenhafte Abwanderung verhindern und machte das „unrechtmäßige" Verlassen der DDR fortan zu einem lebensgefährlichen Unterfangen. Für die Verfolgung politisch Andersdenkender schuf das SED-Regime eine politische Geheimpolizei, das Ministerium für Staatssicherheit („Stasi"), in dessen Amtsstuben Briefe ohne rechtliche Genehmigung gelesen oder private Telefongespräche abgehört wurden.

Beschränkung der Freiheit in der DDR

Zu Menschenrechtsverletzungen kommt es auch in der Gegenwart, etwa wenn Systemkritiker gezielt ermordet oder – wie in der Volksrepublik (VR) China – Oppositionelle zu langjährigen Gefängnisstrafen oder zum Tode verurteilt werden. Die chinesische Regierung lehnt die westliche Demokratie als für China nicht geeignetes Ordnungsmodell ab. Der Staatsaufbau der Volksrepublik China orientiert sich im Wesentlichen an der ehemaligen Sowjetunion. So hat die Kommunistische Partei Chinas weitreichende Machtbefugnisse. Die Unterordnung individueller Rechte unter kollektive Interessen prägt den Staat – bis in die Familienpolitik hinein. Um das Bevölkerungswachstum zu bremsen, hat der Staat in den 1970er-Jahren die sogenannte „Ein-Kind-Politik" eingeführt. Danach dürfen in Städten lebende Paare nur ein Kind bekommen, wobei dies in letzter Zeit etwas gelockert wurde bzw. Lockerungen angekündigt wurden. Oppositionelle Kräfte werden unterdrückt und in Arbeitslager gebracht. Chinas Justiz lässt trotz aller Versprechen, für gerechtere Verfahren bei der Verhängung von Todesstrafen zu sorgen, keine Transparenz in ihrer Rechtsprechung zu. Konkrete Angaben zur Anzahl der Hinrichtungen gibt es nicht. Menschenrechtler gehen jedoch von Tausenden Hinrichtungen jährlich aus.

Menschenrechtsverletzungen in der VR China

MATERIAL

1 Abschaffung von Grundrechten – die Notverordnungen vom Februar 1933

Erste Notverordnung vom 4. Februar 1933
Auf Grund des Artikels 48 Abs. 2 der Reichsverfassung wird zur Abwehr kommunistischer staatsgefährdender Gewalttakte folgendes verordnet:

§ 1 (1) Öffentliche politische Versammlungen sowie alle Versammlungen und Aufzüge unter freiem Himmel sind spätestens achtundvierzig Stunden vorher unter Angabe des Ortes, der Zeit und des Verhandlungsgegenstandes der Ortspolizeibehörde anzumelden. [...]

§ 7 (1) Druckschriften, deren Inhalt geeignet ist, die öffentliche Sicherheit oder Ordnung zu gefährden, können polizeilich beschlagnahmt und eingezogen werden. [...]

§ 14 (1) Die obersten Landesbehörden oder die von ihnen bestimmten Stellen können verbieten, dass Geld- oder Sachspenden zu politischen Zwecken oder zur Verwendung durch politische Organisationen von Haus zu Haus, auf Straßen und Plätzen, in Gast- und Vergnügungsstätten oder an anderen öffentlichen Orten eingesammelt werden; das Verbot kann auf einzelne Sammlungen oder die Sammlungen bestimmter Vereinigungen beschränkt werden. [...]

„Antreten zum letzten freien und gleichen Bürgerrecht!"; Karikatur zur Reichstagswahl 1933

Die Verordnung zum Schutz von Volk und Staat vom 28. Februar 1933 setzte die weiteren Grundrechte außer Kraft. Vorwand dafür war der Reichstagsbrand vom 27. Februar. Die Nationalsozialisten behaupteten, der Anschlag eines Einzeltäters sei der vorhergesagte kommunistische Umsturzversuch gewesen.

Zweite Notverordnung vom 28. Februar 1933
[...] § 1 Die Artikel 114, 115, 117, 118, 123, 124 und 153 der Verfassung des Deutschen Reichs werden bis auf weiteres außer Kraft gesetzt. Es sind daher Beschränkungen der persönlichen Freiheit, des Rechts der freien Meinungsäußerung, einschließlich der Pressefreiheit, des Vereins- und Versammlungsrechts, Eingriffe in das Brief-, Post-, Telegraphen- und Fernsprechgeheimnis, Anordnungen von Hausdurchsuchungen und von Beschlagnahmungen sowie Beschränkungen des Eigentums auch außerhalb der sonst hier bestimmten gesetzlichen Grenzen zulässig.

§ 2 Werden in einem Lande die zur Wiederherstellung der öffentlichen Sicherheit und Ordnung nötigen Maßnahmen nicht getroffen, so kann die Reichsregierung insoweit die Befugnisse der obersten Landesbehörde vorübergehend übernehmen.

Quelle erste Notverordnung: Reichsgesetzblatt 1933 I, S. 35–40; Quelle zweite Notverordnung: Dokumente der Deutschen Politik, Berlin 1938, Band 1, S. 13 f.

1. Arbeiten Sie aus M 1 heraus, welche Grundrechte 1933 abgeschafft wurden.
2. Interpretieren Sie obige Karikatur im historischen Kontext vor und nach den Notverordnungen.
3. Charakterisieren Sie die in M 2 und M 3 dargestellten Menschenrechtsverletzungen.
4. Diskutieren Sie, ob es auch eine Diktatur geben kann, die die Menschenrechte achtet.

MATERIAL 2

„Und sie werden nicht mehr frei ihr ganzes Leben"

„Diese Jugend, die lernt ja nichts anderes als deutsch denken, deutsch handeln. Und wenn dieser Knabe und dieses Mädchen mit ihren zehn Jahren in unsere Organisationen hineinkommen und dort nun so zum ersten Mal überhaupt eine frische Luft bekommen und fühlen, dann kommen sie vier Jahre später vom Jungvolk in die Hitlerjugend, und dort behalten wir sie wieder vier Jahre, und dann geben wir sie erst recht nicht zurück in die Hände unserer alten Klassen- und Standeserzeuger, sondern dann nehmen wir sie sofort in die Partei und in die Arbeitsfront, in die SA oder in die SS usw. Und wenn sie dort zwei Jahre [...] sind und noch nicht ganze Nationalsozialisten geworden sein sollten, dann kommen Sie in den Arbeitsdienst und werden dort wieder sechs und sieben Monate geschliffen, alle mit einem Symbol, dem deutschen Spaten. [...] Und sie werden nicht mehr frei ihr ganzes Leben. Und sie sind glücklich dabei."

Rede von Adolf Hitler, 2.12.1938, Reichenberg/ Sudetenland; abgedruckt in: Horst Möller et al. (Hrsg.): Die Tödliche Utopie, München (u. a.) 2001, S. 145

MATERIAL 3

Aus einer Petition an den Staatspräsidenten der DDR

Das Ministerium für Staatssicherheit als Schwert und Schild der Partei gegen (vermeintliche) innere und äußere Feinde

„Meine beiden Töchter sind am 26.8.1950 von SSD-Beamten in Friedrichroda/Thüringen festgenommen worden [SSD = Staatssicherheitsdienst; Red.]. Nach Lage der Dinge haben meine Töchter nichts gegen die SED unternommen, was eine Inhaftierung rechtfertigen oder was zu einer Anklageerhebung führen könnte, ganz abgesehen davon, dass durch kein Recht der Welt sich eine derartige Behandlung von Menschen begründen ließe. Eine Nachricht über den Verbleib meiner Töchter haben wir bis heute auch noch nicht erhalten. Wir konnten somit auch meiner Tochter (x) bisher nichts über ihr kleines Söhnchen, das knapp vier Monate alt ist, mitteilen, von dessen Verbleib und Ergehen sie wahrscheinlich gar nichts weiß. Diese Handlungsweise Ihrer Behörden können wir nicht fassen, zumal auch beide Töchter krank sind. (x) ist lungenkrank und hat eine schwere Geburt hinter sich. (y) leidet an einer langwierigen Schilddrüsenerkrankung.
Herr Staatspräsident, veranlassen Sie die unverzügliche Freilassung meiner beiden Töchter."
[Die Petition an den Staatspräsidenten der DDR, Wilhelm Pieck, vom 20.10.1950, blieb unbeantwortet.]

Aus: Jens Gieseke: Die DDR-Staatssicherheit. Schild und Schwert der Partei, Bonn 2000, S. 17

MATERIAL

4 Aus der Verfassung der Deutschen Demokratischen Republik

Grundrechte und Grundpflichten der Bürger

Artikel 19 (1) Die Deutsche Demokratische Republik garantiert allen Bürgern die Ausübung ihrer Rechte und ihre Mitwirkung an der Leitung der gesellschaftlichen Entwicklung. Sie gewährleistet die sozialistische Gesetzlichkeit und Rechtssicherheit.

(2) Achtung und Schutz der Würde und Freiheit der Persönlichkeit sind Gebot für alle staatlichen Organe, alle gesellschaftlichen Kräfte und jeden einzelnen Bürger. [...]

Artikel 20 (1) Jeder Bürger der Deutschen Demokratischen Republik hat unabhängig von seiner Nationalität, seiner Rasse, seinem weltanschaulichen oder religiösen Bekenntnis, seiner sozialen Herkunft und Stellung die gleichen Rechte und Pflichten. Gewissens- und Glaubensfreiheit sind gewährleistet. Alle Bürger sind vor dem Gesetz gleich.

(2) Mann und Frau sind gleichberechtigt und haben gleiche Rechtsstellung in allen Bereichen des gesellschaftlichen, staatlichen und persönlichen Lebens. Die Förderung der Frau, besonders in der beruflichen Qualifizierung, ist eine gesellschaftliche und staatliche Aufgabe.

(3) Die Jugend wird in ihrer gesellschaftlichen und beruflichen Entwicklung besonders gefördert. Sie hat alle Möglichkeiten, an der Entwicklung der sozialistischen Gesellschaftsordnung verantwortungsbewusst teilzunehmen.

Artikel 21 (1) Jeder Bürger der Deutschen Demokratischen Republik hat das Recht, das politische, wirtschaftliche, soziale und kulturelle Leben der sozialistischen Gemeinschaft und des sozialistischen Staates umfassend mitzugestalten. Es gilt der Grundsatz „Arbeite mit, plane mit, regiere mit!". [...]

Wahlplakat der SED 1948/49

Artikel 24 (1) Jeder Bürger der Deutschen Demokratischen Republik hat das Recht auf Arbeit. Er hat das Recht auf einen Arbeitsplatz und dessen freie Wahl entsprechend den gesellschaftlichen Erfordernissen und der persönlichen Qualifikation. Er hat das Recht auf Lohn nach Qualität und Quantität der Arbeit. Mann und Frau, Erwachsene und Jugendliche haben das Recht auf gleichen Lohn bei gleicher Arbeitsleistung. [...]

Artikel 27 (1) Jeder Bürger [...] hat das Recht, den Grundsätzen dieser Verfassung gemäß seine Meinung frei und öffentlich zu äußern. [...]

➡ Querverweis: S. 148, M 5

1. Arbeiten Sie aus M 4 heraus, welche Erwartungshaltung die DDR gegenüber dem Bürger einnahm. Setzen Sie Ihr Ergebnis in Bezug zu dem Ausspruch „Demokratie ist die Regierung des Volkes durch das Volk für das Volk" und bewerten Sie es.
2. Vergleichen Sie den Verfassungstext (M 4) mit der Verfassungswirklichkeit in der DDR (M 3).
3. Ermitteln Sie aus M 5 und M 6, welche Menschenrechte in China missachtet werden.
4. Erwägen Sie Möglichkeiten der internationalen Staatengemeinschaft, diesen Praktiken Chinas (M 5 und M 6) entgegenzutreten.

MATERIAL 5: Chinas neue Arbeitslager

„Wenn du dich nicht schuldig bekennst oder dein Fehlverhalten zugibst, dann wirst du körperlich gezüchtigt, missbraucht oder geschlagen. Dir widerfährt unerträgliches Leid." Dieses Zitat hat Amnesty International über seinen jüngsten Bericht zur Lage der Häftlinge in China gesetzt. Es stammt von Liu Hua, einer ehemaligen Insassin des Umerziehungslagers für Frauen, Shenyang. Menschenrechte spielten dort keine Rolle. Dem Bericht zufolge wird es solche Aussagen wie die von Liu auch künftig von chinesischen Häftlingen geben – trotz aller vielversprechenden Ankündigungen der chinesischen Regierung.

Mitte November [2013] hatte die Kommunistische Partei überraschend angekündigt, das international scharf kritisierte System der „Umerziehung durch Arbeit" abzuschaffen. Die Entscheidung, hieß es damals, gehöre zu einer Reihe von Schritten, mit denen die „Menschenrechtssituation und die juristischen Methoden verbessert werden" sollten. [...] Mit dem System „Umerziehung durch Arbeit" konnten die Behörden seit den Fünfzigerjahren Angeklagte ohne Prozess zu jahrelanger Haft in Arbeitslagern verurteilen. [...]

Amnesty fürchtet nun, dass die Praktiken auch in Zukunft beibehalten werden – verpackt in ein neues Gewand. Willkürliche Festnahmen kommen weiterhin vor [...] Jetzt würden die Menschen in sogenannten schwarzen Gefängnissen, in Reha-Zentren für Drogenabhängige und ähnlichen Einrichtungen weggesperrt. So seien in Xinjiang, Jiangsu, Sichuan, Jilin und anderen Provinzen Arbeitslager in Zentren zur Rehabilitierung Drogenkranker umbenannt worden. Doch diese funktionierten fast genauso wie vorher die Umerziehungslager. Die Insassen könnten dort jahrelang festgehalten werden, müssten Schwerstarbeit leisten und würden misshandelt. [...]

Als Beispiel nennt der Bericht das jüngste Vorgehen gegen Mitglieder der Sekte Falun Gong. Anhänger dieses Glaubens würden nach wie vor wie Kriminelle behandelt, rügt Amnesty. Sie würden in Zentren zur „Gehirnwäsche" eingewiesen.

Die Bedingungen in den Arbeitslagern sind laut Menschenrechtsaktivisten sehr unterschiedlich. Die Rede ist aber zumeist von ausgesprochen langen, harten Arbeitstagen in Industrieanlagen oder in der Landwirtschaft.

Quelle: Lisa Erdmann: Amnesty prangert Chinas neue Arbeitslager an, in: Spiegel online, www.spiegel.de/politik/ausland/china-amnesty-sieht-abschaffung-der-umerziehungslager-skeptisch-a-939501.html vom 17.12.2013; Zugriff am 13.1.2014

MATERIAL 6: Drohende Haft für Aktivisten

Dem langjährigen Aktivisten Zhang Lin droht eine fünfjährige Haftstrafe, weil er sich für seine Tochter friedlich für das Recht auf Bildung eingesetzt hat. Offenbar wird er in erster Linie aufgrund seiner Beteiligung an der basisdemokratischen Bewegung „Neue Bürgerbewegung" belangt. [...]

Im Februar nahmen Angehörige der Polizei von Hefei, der Hauptstadt der ostchinesischen Provinz Anhui, die zehnjährige Tochter von Zhang Lin aus dem Schulunterricht und hielten sie mehrere Stunden lang fest. In den folgenden Wochen verwehrten die Behörden ihr die Teilnahme am Unterricht. Aus Protest gegen die Maßnahme der Behörden versammelten sich im April in Hefei mehr als 30 AktivistInnen. Zhang Lin brachte seine Tochter daraufhin in ihre Heimatstadt Bengbu, wo man beide unter Hausarrest stellte. [...] Mitte Juni brach Zhang Lin seinen Hausarrest und protestierte in Peking gegen den Umgang der Behörden mit seiner Tochter. [...] Zhang Lin [wurde] am 19. Juli festgenommen und am 22. August offiziell inhaftiert. Ihm wird vorgeworfen eine „Menschenmenge versammelt zu haben, mit dem Ziel, die öffentliche Ordnung zu stören". [...] Mit der Anklage, eine „Menschenmenge versammelt zu haben, mit dem Ziel, die öffentliche Ordnung zu stören", können Personen belangt werden, die sich an öffentlichen Orten wie z. B. Bahnhöfen oder Busbahnhöfen, Werften, zivilen Flughäfen, Marktplätzen, Parks, Theatern, Kinos, Ausstellungssälen und Sportplätzen versammeln, um die Ordnung zu stören.

Quelle: Amnesty International: Urgent Action. Drohende Haft für Aktivisten; China; UA-336/2013; Index: ASA 17/038/2013; Herr Zhang Lin, 50 Jahre alt, www.amnesty.de vom 16.12.2013; Zugriff am 13.1.2014

1.2 Menschenrechte in der Demokratie

„Folgende Wahrheiten erachten wir als selbstverständlich: dass alle Menschen gleich geschaffen sind; dass sie von ihrem Schöpfer mit gewissen unveräußerlichen Rechten ausgestattet sind; dass dazu Leben, Freiheit und das Streben nach Glück gehören; dass zur Sicherung dieser Rechte Regierungen unter den Menschen eingesetzt werden, die ihre rechtmäßige Macht aus der Zustimmung der Regierten herleiten; dass, wenn immer irgendeine Regierungsform sich als diesen Zielen abträglich erweist, es Recht des Volkes ist, sie zu ändern oder abzuschaffen und eine neue Regierung einzusetzen und diese auf solchen Grundsätzen aufzubauen und ihre Gewalten in der Form zu organisieren, wie es ihm zur Gewährleistung seiner Sicherheit und seines Glückes geboten zu sein scheint."
Amerikanische Unabhängigkeitserklärung vom 4. Juli 1776 (dt. Übersetzung)

Menschenrechte als Freiheitsansprüche
Menschenrechte in der Demokratie sind Freiheitsansprüche, die der Einzelne aufgrund seines Menschseins erheben kann. Ein staatliches Gemeinwesen wird erst dann demokratisch, wenn es die „natürlichen", „vorstaatlichen" und „angeborenen" Rechte des Einzelnen nicht antastet. Garantie und Schutz von Menschenrechten sind die elementaren Aufgaben eines demokratischen Staates. Erst daraus leitet sich seine Existenzberechtigung ab.

Menschenrechte im Grundgesetz
Das 1949 verabschiedete Grundgesetz der Bundesrepublik Deutschland schützt als wichtigstes Gut gleich zu Beginn die Menschenwürde. „Sie zu achten und zu schützen ist Verpflichtung aller staatlichen Gewalt" (Art. 1 Abs. 1 GG). Ferner bekennt sich das deutsche Volk zu „unverletzlichen und unveräußerlichen Menschenrechten als Grundlage jeder menschlichen Gemeinschaft, des Friedens und der Gerechtigkeit in der Welt" (Art. 1 Abs. 2 GG). Der Grundgesetzentwurf von Herrenchiemsee bringt das demokratische Verständnis der Menschenrechtsidee auf den Punkt: „Der Staat ist um des Menschen willen da, nicht aber der Mensch um des Staates willen."

John Locke und der Gesellschaftsvertrag
Demokratische Ideen waren eigentlich schon weit ausgereift, als im 20. Jahrhundert Einzelgruppen ihren totalitären Gestaltungsanspruch durchsetzen konnten und damit eine ganze Epoche prägten. Der Engländer John Locke (1632 – 1704) etwa hatte bereits Jahrhunderte zuvor seine Theorie vom Naturzustand des Menschen formuliert, in dem Freiheit und Gleichheit herrschen. Der Staat entsteht in der Naturrechtslehre erst durch einen Gesellschaftsvertrag, d. h. durch den freien Willen freier Menschen, sich zu einem politischen Gemeinwesen zu vereinigen.

amerikanische Unabhängigkeitserklärung
Das Unabhängigkeitsstreben der amerikanischen Kolonien vom englischen Mutterland brachte ein richtiges Manifest der Demokratie hervor. Die Grundrechteerklärung des Staates Virginia vom 12. Juni 1776 hatte z. B. großen Einfluss auf die Ausformulierung der amerikanischen Unabhängigkeitserklärung vom 4. Juli 1776 und die amerikanische Bill of Rights vom 25. September 1789. Den endgültigen Durchbruch erlebten die Locke'schen Ideen mit der Kodifizierung seines Liberalismus in der Verfassung der Vereinigten Staaten von Amerika (1787/88). Inspiriert von den Umwälzungen in der Neuen Welt legte auch die Französische Revolution mit der Erklärung der Menschen- und Bürgerrechte vom 26. August 1789 ein beeindruckendes Bekenntnis zur Demokratie ab.

Französische Revolution

Selbst nach dem Ersten Weltkrieg, der Urkatastrophe des 20. Jahrhunderts, war die Staatengemeinschaft noch nicht bereit, das Thema Menschenrechte in einen internationalen Rahmen zu stellen. Erst seit 1945, als unmittelbare Folge des Zweiten Weltkrieges, hat sich ein universaler Menschenrechtsschutz herausgebildet. Eine Vielzahl von Staaten schloss sich zu den Vereinten Nationen (United Nations; UN) zusammen, einer Organisation, die vor allem die Einhaltung des Weltfriedens sichern und den Krieg als Mittel der Politik ächten soll. Die UN-Generalversammlung verabschiedete am 10. Dezember 1948 die Allgemeine Erklärung der Menschenrechte. Damit fand der Menschenrechtsgedanke erstmals Eingang in die internationale Staatenwelt.

Vereinte Nationen

Geschichte und Gegenwart der Menschenrechte lehren, dass nur die Demokratie in der Lage ist, Menschenrechte wirksam zu schützen. In der deutschen Verfassungstradition wurde nach dem Zweiten Weltkrieg mit dem Grundgesetz neben der Erfordernis zur Partizipation der Bürger die Unterscheidung zwischen einem unstreitigen und einem streitigen Sektor vorgenommen. Der unstreitige Sektor betrifft den Bereich der anerkannten Grund- bzw. Menschenrechte (Wertekonsens) und der fundamentalen, rechtsstaatlich gesicherten Verfahrensregeln (Verfahrenskonsens). Dieser Sektor wird durch die Freiheitliche Demokratische Grundordnung beschrieben und vom Grundgesetz geschützt (Art. 79 Abs. 3 GG). Im streitigen Sektor hingegen geht es um die Anwendung und Umsetzung der Verfassung. Hier ist der politische Konflikt zugelassen, er ist sogar erwünscht – der Pluralismus der Meinungen nämlich ist gerade durch den Werte- und Verfahrenskonsens legitimiert. Auch die aufgeklärte Gesellschaft selbst muss Toleranz zeigen, beispielsweise Minderheiten akzeptieren. Pluralismus ist dafür eine wichtige Voraussetzung und darf erst dann staatliche Einschränkung erfahren, wenn der demokratische Grundkonsens verlassen wird. Wie das Ende der Weimarer Republik zeigt, muss der demokratische Staat als „wehrhafte Demokratie" stets wachsam gegenüber seinen Feinden sein, die heute Extremisten und Terroristen heißen.

Schutz der Menschenrechte durch Pluralismus

Im Gefolge des 11. September 2001 hat sich in den westlichen Demokratien die Diskussion um staatlich gewährte Sicherheit und bürgerliche Freiheiten verstärkt. Die digitale Revolution verstärkt einerseits die Gefahr des transnationalen Terrorismus, schafft anderseits aber auch neue Bekämpfungsmöglichkeiten, z. B. das gezielte Ausspähen von Daten. Die Vorratsdatenspeicherung personenbezogener Daten durch staatliche Stellen soll dazu beitragen, Straftaten zu verhindern. Das Bundesverfassungsgericht erklärte im März 2010 die deutschen Vorschriften zur Vorratsdatenspeicherung jedoch für verfassungswidrig. Die unmittelbare Nutzung der Daten durch Behörden müsse auf Fälle schwerster Kriminalität und schwere Gefahren beschränkt bleiben. 2013 wurde bekannt, wie die USA und Großbritannien spätestens seit 2007 unabhängig von Verdachtsmomenten weltweit Telefonate und das Internet mit dem Programm PRISM überwachen. Ausgespäht wurden dabei auch zahlreiche Staats- und Regierungschefs, darunter die deutsche Bundeskanzlerin Angela Merkel. Politiker und Geheimdienstchefs der beiden Länder legitimierten dies damit, dass die Einschränkungen der Freiheitsrechte zur Abwehr von Terroranschlägen notwendig seien.

Folgen des 11. September und der digitalen Revolution

Zeichnung: Joel Pett

MATERIAL

1 John Locke: Über die Regierung (1690)

§ 4 Um politische Gewalt richtig zu verstehen und sie von ihrem Ursprung herzuleiten, müssen wir sehen, in welchem Zustand sich die Menschen von Natur aus befinden. Es ist ein Zustand vollkommener Freiheit, innerhalb der Grenzen des Naturgesetzes seine Handlungen zu lenken und über seinen Besitz und seine Person zu verfügen, wie es einem am besten scheint – ohne jemandes Erlaubnis einzuholen und ohne von dem Willen eines anderen abhängig zu sein. Es ist überdies ein Zustand der Gleichheit, in dem alle Macht und Rechtsprechung wechselseitig sind, da niemand mehr besitzt als ein anderer […].

§ 87 Der Mensch […] hat von Natur aus nicht nur die Macht, sein Eigentum – nämlich sein Leben, seine Freiheit und seinen Besitz – gegen die Schädigungen und Angriffe anderer Menschen zu schützen, sondern darüber hinaus andere wegen der Verletzungen dieses Gesetzes zu verurteilen und sie so zu bestrafen, wie es seiner Überzeugung nach das Vergehen verdient – sogar mit dem Tode, wenn es Verbrechen sind, die ihm so abscheulich scheinen, dass sie den Tod verdienen. Da aber keine politische Gesellschaft bestehen und fortdauern kann, ohne dass es in ihr eine Gewalt gibt, das Eigentum zu schützen und zu diesem Zweck die Überschreitungen aller, die dieser Gesellschaft angehören, zu bestrafen, gibt es dort und dort allein politische Gesellschaft, wo jedes einzelne Mitglied seiner natürlichen Macht entsagt und […] zugunsten der Gemeinschaft auf sie verzichtet hat. […]

§ 95 Die Menschen sind […] von Natur alle frei, gleich und unabhängig […]. Die einzige Möglichkeit, diese natürliche Freiheit aufzugeben und die Fesseln bürgerlicher Gesellschaft anzulegen, ist die, dass man mit anderen Menschen übereinkommt, sich zusammenzuschließen und in eine Gemeinschaft zu vereinigen, mit dem Ziel, behaglich, sicher und friedlich miteinander zu leben – in dem sicheren Genuss des Eigentums und in größerer Sicherheit gegenüber allen, die ihr nicht angehören. Jede beliebige Anzahl von Menschen kann dies tun, denn es verletzt nicht die Freiheit der übrigen; diese verbleiben wie zuvor in der Freiheit des Naturzustandes. Sobald eine Anzahl von Menschen auf diese Weise übereingekommen ist, eine Gemeinschaft oder Regierung zu bilden, haben sie sich ihr sogleich einverleibt, und sie bilden einen einzigen politischen Körper, in dem die Mehrheit das Recht hat, zu handeln und die übrigen Glieder mitzuverpflichten.

§ 149 Obwohl es in einem verfassten Staatswesen […] nur eine höchste Gewalt geben kann, die Legislative, der alle übrigen Gewalten untergeordnet sind und sein müssen, ist doch die Legislative nur eine Gewalt, die treuhänderisch zu bestimmten Zwecken handelt, und es verbleibt dem Volk dennoch die höchste Gewalt, die Legislative abzuberufen oder zu ändern, wenn es der Meinung ist, dass sie dem in sie gesetzten Vertrauen zuwiderhandelt. […]

Quelle: John Locke: Über die Regierung (The Second Treatise of Government, 1690); in der Übersetzung von Dorothee Tidow, mit einem Nachwort von Peter Cornelius Mayer-Tasch, Stuttgart 1974, S. 4 f., 65, 73, 114 f.

1. Beschreiben Sie in eigenen Worten, wie John Locke den Menschen im Naturzustand sieht und welche Rollen der Gesellschaft und dem Staat zukommen (M1).
2. Vergleichen Sie die Begründung der Menschen- und Bürgerrechte in M1 bis M3. Inwieweit lässt sich von einer Fortentwicklung dieser Rechte sprechen?
3. Entwerfen Sie eine Rede (S. 136 f.), in der Sie begründen, warum es einen wirklich demokratischen Staat ohne die Garantie von „natürlichen", „vorstaatlichen" und „angeborenen" Rechten nicht geben kann.

MATERIAL 2: Die Virginia Bill of Rights (12. Juni 1776)

Artikel 1: Alle Menschen sind von Natur aus in gleicher Weise frei und unabhängig und besitzen bestimmte angeborene Rechte, welche sie ihrer Nachkommenschaft durch keinen Vertrag rauben oder entziehen können, wenn sie eine staatliche Verbindung eingehen, und zwar den Genuss des Lebens und der Freiheit, die Mittel zum Erwerb und Besitz von Eigentum und das Erstreben und Erlangen von Glück und Sicherheit.

Artikel 2: Alle Macht ruht im Volke und leitet sich folglich von ihm her […].

Artikel 3: Eine Regierung ist oder sollte zum allgemeinen Wohle, zum Schutze und zur Sicherheit des Volkes, der Nation oder Allgemeinheit eingesetzt sein; von all den verschiedenen Arten und Formen der Regierung ist diejenige die beste, die imstande ist, den höchsten Grad von Glück und Sicherheit hervorzubringen, und die am wirksamsten gegen die Gefahr schlechter Verwaltung gesichert ist; die Mehrheit eines Gemeinwesens hat ein unzweifelhaftes, unveräußerliches und unverletzliches Recht, eine Regierung zu verändern oder abzuschaffen, wenn sie diesen Zwecken unangemessen oder entgegengesetzt befunden wird, und zwar so, wie es dem Allgemeinwohl am dienlichsten erscheint.

Artikel 5: Die gesetzgebende und die ausführende Gewalt des Staates sollen von der richterlichen getrennt und unterschieden sein […].

Artikel 6: Die Wahlen der Abgeordneten, die als Volksvertreter in der Versammlung dienen, sollen frei sein […].

Artikel 12: Die Freiheit der Presse ist eines der starken Bollwerke der Freiheit und kann nur durch despotische Regierungen beschränkt werden.

Quelle: UNESCO Bildungsserver D@dalos; www.dadalos-d.org/deutsch/Menschenrechte/Grundkurs_MR2/Materialien/dokument2.htm; Zugriff am 18.1.2014

MATERIAL 3: Die französische Erklärung der Menschen- und Bürgerrechte (26. August 1789)

Die Vertreter des französischen Volkes […] haben beschlossen, die natürlichen, unveräußerlichen und heiligen Rechte des Menschen der Öffentlichkeit vorzustellen, damit diese Erklärung unablässig allen Mitgliedern der Gemeinschaft gegenwärtig sei und sie ohne Unterbrechung an ihre Rechte und Pflichten erinnere; […] damit die Rechtsansprüche der Bürger, die von jetzt an auf einfache und unbestreitbare Prinzipien begründet sind, sich immer der Aufrechterhaltung der Verfassung und dem Glück aller zuwenden. […]

Artikel 1: Die Menschen sind ab Geburt und ihr Leben lang frei und gleich an Rechten. Die allgemeinen Unterschiede können nur vom allgemeinen Nutzen her gerechtfertigt werden.

Artikel 2: Der Zweck einer jeden politischen Vergesellschaftung ist die Bewahrung der dem Menschen von Natur aus zustehenden und durch keinen Zeitablauf beseitigbaren Rechte. Diese Rechte sind die Freiheit, das Eigentum, die Sicherheit und der Widerstand gegen Unterdrückung.

Artikel 4: Die Freiheit besteht darin, alles machen zu können, was dem anderen nicht schadet. Folglich hat die Ausübung der von Natur aus jedem Menschen zustehenden Rechte nur jene Grenzen, welche den anderen Mitgliedern der Gesellschaft den Genuss derselben Rechte sichern. […]

Artikel 11: Der freie Austausch der Gedanken und Ansichten ist eines der kostbarsten Rechte des Menschen; jeder Bürger kann also frei sprechen, schreiben, drucken lassen; mit dem Vorbehalt, den Missbrauch dieser Freiheit in den durch das Gesetz bestimmten Fällen verantworten zu müssen.

Artikel 12: Die Garantie der Menschen- und Bürgerrechte benötigt eine öffentliche Gewalt; diese Gewalt ist also zum Vorteil aller eingesetzt, und nicht um des besonderen Nutzens jener, welchen diese Macht auszuüben anvertraut ist.

Die Erklärung, die Ludwig XVI. erst am 5. Oktober 1789 unter dem Druck der Nationalversammlung und des nach Versailles geeilten Volkes anerkannte, diente als Präambel für die 1791 angenommene erste Verfassung der Französischen Revolution.

Quelle: Norbert Brieskorn: Menschenrechte. Eine historisch-philosophische Grundlegung, Stuttgart [u.a.] 1997, S. 11, 92–94, 97

MATERIAL 4 Präambel der Allgemeinen Erklärung der Menschenrechte (10. Dezember 1948)

Da die Anerkennung der allen Mitgliedern der menschlichen Familie innewohnenden Würde und ihrer gleichen und unveräußerlichen Rechte die Grundlage der Freiheit, der Gerechtigkeit und des Friedens in der Welt bildet, da Verkennung und Missachtung der Menschenrechte zu Akten der Barbarei führten, die das Gewissen der Menschheit tief verletzt haben, und da die Schaffung einer Welt, in der den Menschen, frei von Furcht und Not, Rede- und Glaubensfreiheit zuteilwird, als das höchste Bestreben der Menschheit verkündet worden ist, da es wesentlich ist, die Menschenrechte durch die Herrschaft des Rechts zu schützen, damit der Mensch nicht zum Aufstand gegen Tyrannei und Unterdrückung als letztem Mittel gezwungen wird, da es wesentlich ist, die Entwicklung freundschaftlicher Beziehungen zwischen den Nationen zu fördern, da die Völker der Vereinten Nationen in der Satzung ihren Glauben an die grundlegenden Menschenrechte, an die Würde und den Wert der menschlichen Person und an die Gleichberechtigung von Mann und Frau erneut bekräftigt und beschlossen haben, den sozialen Fortschritt und bessere Lebensbedingungen bei größerer Freiheit zu fördern, [...] verkündet die Generalversammlung die vorliegende Allgemeine Erklärung der Menschenrechte als das von den Völkern und Nationen zu erreichende gemeinsame Ideal [...].

Quelle: Resolution 217 A (III) der UN-Generalversammlung vom 10.12.1948

MATERIAL 5 Ein Recht auf Arbeit?

Seit über zwei Dekaden hält sich in den meisten Industrienationen hartnäckig eine hohe Arbeitslosigkeit. [...] Angesichts an den Staat gerichteter Erwartungen zur Krisenbewältigung, in Deutschland zusätzlich verstärkt durch die krisenhafte Arbeitsmarktentwicklung im Osten, stellt sich die grundsätzliche Frage, ob es ein Recht auf Arbeit gibt und ob der Staat verpflichtet ist, für die Einlösung dieses Rechts zu sorgen.

Politisch lässt sich die Forderung nach einer Garantie des Rechts auf Arbeit damit begründen, dass die Existenzsicherung des überwiegenden Teils der Bevölkerung ausschließlich auf dem durch Arbeit erzielten Einkommen beruht. Dem Gebot sozialer Gerechtigkeit entspräche es, wenn als Äquivalent zum Schutz des Privateigentums auch der Schutz vor Arbeitslosigkeit verfassungsrechtlich gewährleistet würde. Im Grundgesetz der Bundesrepublik Deutschland ist das Recht auf Arbeit jedoch nicht ausdrücklich garantiert. [...] Ein Recht auf Arbeit bei einem beliebigen Lohnsatz kann es nicht geben. Die Steuerung des Arbeitsplatzangebots durch den Staat würde auch voraussetzen, dass der Staat eine Investitionslenkung und eine Berufslenkung vornimmt. [...] Selbst in der Verfassung der ehemaligen DDR, in der jedem Bürger ein individuelles Recht auf Arbeit verbrieft war, war ein solch individuell einklagbarer Rechtsanspruch nicht verankert.

Quelle: Horst Friedrich/Michael Wiedemeyer: Arbeitslosigkeit – ein Dauerproblem, Opladen 1998, S. 69f.

1. Überprüfen Sie die Präambel in M 4 auf die dahinterliegenden Grundwerte. Untersuchen Sie anschließend mithilfe eines selbst erstellten Fragebogens, welchen dieser Werte in Ihrem Umfeld eine besondere Bedeutung beigemessen wird.
2. Recherchieren Sie, z. B. auf der Homepage des Auswärtigen Amtes, welche Staaten inzwischen den Vereinten Nationen angehören. Unterziehen Sie M 4 anschließend einer Realitätsprüfung an einem Staat Ihrer Wahl.

Pro und Kontra Vorratsdatenspeicherung

MATERIAL 6

Pro von Wolfgang Bosbach (CDU):

Ein einziger Fall aus der kriminalpolizeilichen Praxis sagt über die Bedeutung der „Vorratsdatenspeicherung" mehr aus als hundert lange Reden: Am 28. Mai 2009 erhielt das Bundeskriminalamt aus dem Ausland Hinweise auf 3 743 Zugriffe aus Deutschland auf ein kinderpornografisches Board. […] Da damals die zur Aufklärung notwendigen Bestands- und Verkehrsdaten noch sechs Monate lang gespeichert werden mussten, war es den Ermittlern möglich, die IP-Adressen von 75 deutschen Providern insgesamt 1 237 Tatverdächtigen zuzuordnen. Viele waren der Polizei einschlägig bekannt und vorbestraft. […]

Die EU-Richtlinie zur Vorratsdatenspeicherung [diese dient zur Vereinheitlichung der nationalen Gesetze und sieht eine Speicherung von mind. 6 Monaten und max. 2 Jahren vor; Red.] ist nicht die Folge einer schier grenzenlosen Datensammelwut der Sicherheitsbehörden, sondern das Ergebnis bitterer Erfahrungen mit dem mörderischen Treiben des internationalen Terrorismus. […]

Der internationale Terrorismus ist nicht nur hoch kommunikativ, er agiert auch hoch konspirativ. Vor diesem Hintergrund ist die Überwachung der Telekommunikation für die Gefahrenabwehr und die Aufklärung von schweren Straftaten von überragender Bedeutung. Ohne eine neue, verfassungskonforme Regelung zur Vorratsdatenspeicherung werden unseren Sicherheitsbehörden auch weiterhin viele wichtige Ermittlungsansätze fehlen. Diese Schutzlücke müssen wir schließen! Nicht im Interesse der Sicherheitsbehörden des Staates, sondern im Interesse der Bürgerinnen und Bürger, für die unser Land eine Schutzpflicht hat.

Kontra von Christian Ströbele (Die Grünen):

Die Vorratsdatenspeicherung greift tief in die Grundrechte der Bürgerinnen und Bürger ein. […] Und nicht alles, was technisch oder rechtlich möglich ist, ist auch wünschenswert.

Die Speicherung aller Verbindungsdaten würde 82 Millionen Bürgerinnen und Bürger in fast allen Lebensbereichen „durchsichtig" machen. Soziale Kontakte würden dokumentiert, Bewegungen genau nachweisbar, persönliche Problemsituationen erkennbar, geschäftliche und private Kommunikation wären nicht länger vertraulich. Berufsgeheimnisträger wie Priester, Ärzte, Parlamentarier, Journalisten oder Anwälte würden das nötige Vertrauensverhältnis zu ihren Patienten, Mandanten oder Informanten nicht mehr wahren können.

Vorratsdatenspeicherung greift in das Grundrecht auf informationelle Selbstbestimmung ein, egal wie lange sie dauert. […]

Die Speicherung aller Telefongesprächs- und Internetverbindungen fast der ganzen Bevölkerung ohne Verdacht ist Ausdruck tiefsten Misstrauens des Staates gegenüber dem Volk. Jeder und jede könnte ja Böses im Schilde führen. Aber solche Angst darf staatliches Handeln nicht bestimmen – nicht für eine ohnehin immer unvollständig bleibende Sicherheit zulasten der Privatsphäre. Echte oder scheinbare Bedrohungen dürfen nicht als Vorwand zur Einschränkung von BürgerInnenrechten dienen.

„Diejenigen, die ihre Freiheit zugunsten der Sicherheit aufgeben, werden am Ende keines von beiden haben – und verdienen es auch nicht", soll Benjamin Franklin schon im 18. Jahrhundert formuliert haben.

Quelle: Pro und Kontra zur Vorratsdatenspeicherung, in: Wirtschaftswoche online, www.wiwo.de/politik/deutschland/terror-abwehr-pro-und-contra-zur-vorratsdatenspeicherung/5702106.html vom 1.12.2012; Zugriff am 13.1.2014

---

1. Diskutieren Sie, warum das Recht auf Arbeit (M 5) in einer Demokratie niemals in vollem Umfang durchsetzbar ist. Welche Gefahren birgt seine Kodifizierung?
2. Stellen Sie die Argumente zur Vorratsdatenspeicherung (M 6) einander gegenüber.
3. Nehmen Sie in Form eines Leserbriefs Stellung zu der Frage, ob kriminelle oder terroristische Bedrohungen die Einschränkung bürgerlicher Freiheiten rechtfertigen.

1.3 Gewaltenverschränkung in parlamentarischen Regierungssystemen: Großbritannien und Deutschland

> "I must follow them. I am their leader."
> *Andrew Bonar Law (1858–1923), britischer Premierminister 1922–1923*

Bill of Rights 1689
Menschen- und Bürgerrechte bleiben eine wertlose Hülle, wenn die Regierung nicht gezwungen werden kann, die Freiheitsrechte des Bürgers zu achten. Großbritannien wurde Vorreiter dieser Gedanken. Grundlegend für das Verständnis der parlamentarischen Demokratie ist die in der *Glorious Revolution* von 1688 erkämpfte und 1689 formulierte *Bill of Rights*, ein Freiheitskatalog, der in England die absolutistische Herrschaft der katholischen Stuart-Könige beendete und eine konstitutionelle Monarchie schuf, in der die Souveränität fortan beim Parlament liegen sollte *(parliamentary sovereignty)*.

ungeschriebene Verfassung
England wurde auf diese Weise zur „Wiege des Parlamentarismus", nicht jedoch zur „Wiege der Demokratie", denn eine Revolution, die Verfassungsrang für die Volkssouveränität erkämpft hätte, hat es nie gegeben. Überhaupt besitzt das Vereinigte Königreich von Großbritannien und Nordirland keine geschriebene Verfassung, kein kodifiziertes Verfassungsdokument vergleichbar dem deutschen Grundgesetz. Es existieren lediglich verfassungsrechtlich bedeutsame, teils jahrhundertealte Dokumente wie die Magna Charta Libertatum von 1215 sowie Parlamentsakte *(statute law)*, gewohnheitsrechtliche Regelungen *(common law)* und Konventionen *(conventions)*. Der Grundsatz der Parlamentssouveränität soll es eben gerade dem Parlament ermöglichen, jegliches Gesetz zu erlassen, ohne dabei in das Korsett einer Verfassung gepresst zu werden.

Gewaltenverschränkung im Westminster-Modell
In der parlamentarischen Demokratie wird die Regierung vom Parlament gewählt und ist in Amtsführung und Amtsdauer vom Vertrauen des Parlaments bzw. seiner Mehrheit abhängig. Das führt in der Regel zu einer engen Verbindung zwischen Regierung und Parlamentsmehrheit und damit zu einer Verschränkung zwischen exekutiver und legislativer Gewalt. Somit steht auf der einen Seite die Regierung mit der Parlamentsmehrheit, auf der anderen die parlamentarische Opposition bzw. Parlamentsminderheit, welche die eigentliche Kontrollfunktion ausübt. Im Westminster-Modell sind die Gewalten also weniger „geteilt" als vielmehr „verschränkt". Dies zeigt sich auch darin, dass sämtliche Regierungsmitglieder – anders als in Deutschland – dem Parlament zwingend angehören müssen.

Zweiteilung der Exekutivmacht
Deutschland ist im Gegensatz zu Großbritannien keine konstitutionelle Monarchie, sondern seit 1949 eine Republik. Die Exekutivmacht ist in beiden Systemen zweigeteilt: in einen „wirkungsmächtigen" Teil, den Premierminister bzw. den Bundeskanzler, und in einen „würdevollen" Teil, den Monarchen bzw. den Bundespräsidenten, die beide vornehmlich repräsentative und integrative Aufgaben wahrnehmen.

Macht des Premierministers
Die faktische Machtbefugnis des britischen Premierministers ist wesentlich größer als die des Bundeskanzlers: So ist der Premier nicht in Koalitionsverträge eingebunden; er bestimmt die Richtlinien der Politik und auf seinen Vorschlag ernennt und entlässt die Queen sämtliche Kabinettsmitglieder; sein Patronagepotenzial zeigt sich zudem darin, dass er der Krone Personalvorschläge für die Besetzung von Richterämtern, Oberhaussitzen (peers) oder Ämtern in der zentralen Staatsverwaltung (Civil Service) vorschla-

gen kann; er besitzt die Möglichkeit, durch die Krone eine Parlamentsauflösung zu erwirken – etwa wenn seine Regierung einem Misstrauensvotum oder einer verlorenen Vertrauensfrage unterliegt. Vor allem die Fähigkeit zur exekutiven Parlamentsauflösung und der starke Fraktionszwang gegenüber der ihn tragenden Regierungsfraktion haben den Begriff des *„elective (bzw. primeministerial) dictatorship"* geprägt.

Die erste Kammer des Parlaments, das Unterhaus (*House of Commons*), ist dem Bundestag vergleichbar. Dem Unterhaus gehört heute je ein Abgeordneter aus den 659 britischen Einerwahlkreisen an, in denen das Mandat nach der relativen Mehrheitswahl vergeben wird. Die Abgeordneten werden – wie schon an der Sitzordnung im Parlament zu ersehen ist – in Regierungsmehrheit und Opposition, die sich gegenübersitzen, unterschieden. Die Mitwirkungsrechte der Opposition sind im Vergleich zu Deutschland allerdings bescheiden, da die Stellung der Regierungspartei(en) außerordentlich stark ist: So kontrolliert die Regierung den größten Teil der parlamentarischen Tagesordnung und bestimmt etwa die Redezeit zu Gesetzesvorhaben. Zudem hat die Regierung das Recht, der Opposition und der Öffentlichkeit Informationen vorzuenthalten. Die Opposition begreift sich daher in erster Linie als Kritikinstanz und Regierung (Schattenkabinett) im Wartestand.

Unterhaus (House of Commons)

Blick in den Sitzungssaal des House of Commons

Die zweite Parlamentskammer, das Oberhaus (*House of Lords*), hat weit weniger Einflussmöglichkeiten als der Bundesrat. Dies begründet sich dadurch, dass dessen 754 Mitglieder (Peers) nicht gewählt werden: So gibt es 26 Geistliche Lords (*Lords Spiritual*), die ihren Sitz im Oberhaus aufgrund ihres geistlichen Amtes (Bischöfe) einnehmen, und als größte Gruppe die Weltlichen Lords (*Lords Temporal*). Bei letztgenannter Gruppe unterscheidet man in Peers, deren Mandat erblich ist, und in Life Peers, die die größte Gruppe stellen. Dies sind auf Vorschlag des Premierministers ernannte Adelige auf Lebenszeit, deren Titel aber nicht erblich ist. Die Mitwirkungsmöglichkeiten des House of Lords sind begrenzt: Es kann viele Akte der Gesetzgebung (außer die Gesetze zur Regelung der Finanzen) für ein Jahr verzögern – es kann sie jedoch nicht gänzlich scheitern lassen.

Oberhaus (House of Lords)

In Deutschland gibt es keine „klassische" zweite Kammer. Der Bundesrat als zweite Repräsentationskörperschaft setzt sich aus Beauftragten der Landesregierungen zusammen. Seine ausdrückliche Aufgabe ist es, Länderinteressen im Bund zu vertreten. Die Parlamentssouveränität in England hingegen begründet gerade den Einheitsstaat – eine vertikale Gewaltenteilung, wie sie im deutschen Föderalismus im Sinne des Subsidiaritätsprinzips umgesetzt ist, ist in Großbritannien undenkbar.

vertikale Gewaltenteilung?

Während in Deutschland das Bundesverfassungsgericht als „Hüter der Verfassung" in letzter Konsequenz über die Einhaltung des Grundgesetzes wacht, existiert in Großbritannien aufgrund seiner Verfassungslosigkeit und dem Grundsatz der Parlamentssouveränität seit 2009 lediglich ein Oberster Gerichtshof (*Supreme Court of the United Kingdom*), der als höchste Instanz in Zivil- und Strafsachen gilt und daher eher mit dem Bundesgerichtshof zu vergleichen ist.

Oberster Gerichtshof

MATERIAL

1 Die Verfassung der Bundesrepublik Deutschland

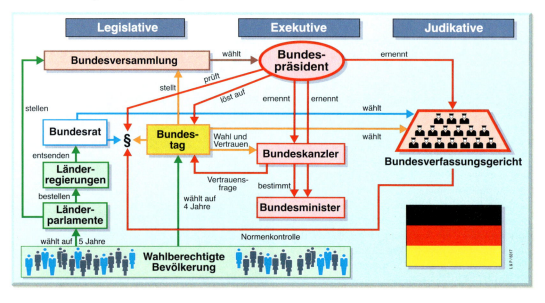

MATERIAL

2 Das Westminster-Modell: Gewaltenverschränkung statt Gewaltenteilung

Anders als der Regierungsaufbau nach dem Prinzip der Gewaltenteilung, wie wir ihn auf dem europäischen Kontinent oder in den USA finden, ist das britische Regierungssystem charakterisiert durch ein hohes Maß an Gewaltenverschränkung. Die historische Struktur der Gewaltenbalance zwischen Krone, Adel (Oberhaus) und Unterhaus hat sich mit der Durchsetzung der konstitutionellen Monarchie und der Überwindung der Adelsherrschaft als Folge der Wahlrechtsreformen des 19. Jahrhunderts zurückgebildet. Die Herrschaft des Parlaments hat sich zunächst zu einer Herrschaft des Unterhauses und mit der Herausbildung der Parteiendemokratie zu einer Herrschaft der Regierung über das Unterhaus mithilfe der Parlamentsmehrheit weiterentwickelt. Der Begriff Parlamentssouveränität ist damit zum Synonym für die Souveränität der britischen Zentralregierung geworden [...].
Die Kritik an diesem „Westminster-Modell" des parlamentarischen Regierungssystems konstatiert einen Mangel an Gegengewichten zur Exekutive und letztendlich zur Macht des Regierungschefs. Verteidiger des Westminster-Modells heben seine Effizienzorientierung, seine Fähigkeit zum schnellen Entscheiden ohne institutionelle Blockaden durch andere Gewalten, ohne Zwang zum Kompromiss, der dem Wähler klare politische Alternativen verschleiert, und auch seine durchaus vorhandenen internen Korrekturmechanismen bis hin zum vorzeitigen Rücktritt des Regierungschefs bzw. vorzeitigen Neuwahlen hervor.

Quelle: Roland Sturm: Staatsordnung und politisches System; in: Hans Kastendiek u. a. (Hrsg.): Länderbericht Großbritannien, Bundeszentrale für politische Bildungsarbeit, Bonn 1998, S. 200 f.

1. Erklären Sie anhand der Grafiken M 1 und M 3, durch welche Vorkehrungen die politische Macht der Verfassungsorgane kontrolliert wird und wo sie ihre politische Macht bei der Erfüllung der Staatsfunktionen teilen müssen.

DEMOKRATISCHER VERFASSUNGSSTAAT UND FREIHEITSGEFÄHRDENDE POLITISCHE ORDNUNGEN

MATERIAL 3

Die Verfassung des Vereinigten Königreichs von Großbritannien und Nordirland

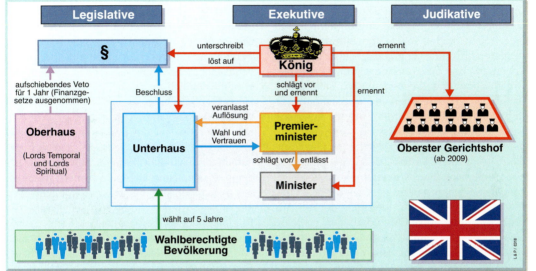

MATERIAL 4

Gewaltenverschmelzung?

„Die Legislative, ihrem Namen nach gewählt, um Gesetze zu machen, steht in Wirklichkeit vor der Hauptaufgabe, eine Exekutive zu bilden und aufrechtzuerhalten." Mit dieser visionären Auffassung nahm Walter Bagehot eine Eigenheit des Westminster-Modells vorweg, als dessen „verborgenes" Wesen und wirksames Geheimnis er die „Fusion der legislativen und exekutiven Funktionen" bezeichnete. [...] Die britische Regierung, die nach zwingendem Brauch und Herkommen ausschließlich aus Parlamentariern bestehen muss (und nicht wie im präsidentiellen System aus parlamentsfremden Quereinsteigern zusammengesetzt sein darf), verfügt über eine international vergleichsweise ungewöhnliche formale (faktisch natürlich nach inner- und zwischenparteilichen Konstellationen wechselnde) Machtfülle. Dazu tragen bei:

1. das eine Minderheit der Stimmen (meistens) in eine absolute Mehrheit der Mandate verwandelnde Wahlrecht;
2. das Fehlen einer föderalistischen Gegenmacht;
3. das Fehlen eines Verfassungsgerichts [...];
4. die [...] Kontrolle des Unterhauses durch das Kabinett;
5. die Beschränkung der Vetomöglichkeiten des Oberhauses.

Quelle: Herbert Döring: Präsidentialisierung des parlamentarischen Systems? Westminster und Whitehall in der Ära Thatcher; in: Aus Politik und Zeitgeschichte B 28/ 1991, S. 3–13

1. Skizzieren Sie auf Grundlage von M 1 bis M 4 und Ihrer Kenntnisse zum deutschen Regierungssystem die wesentlichen Unterschiede in der machtpolitischen Stellung des Bundeskanzlers und des britischen Premierministers.
2. Lesen Sie M 2 und M 4 und grenzen Sie die Begriffe Gewaltenteilung, Gewaltenverschränkung und Gewaltenverschmelzung voneinander ab. Ziehen Sie dazu auch den Einführungstext von S. 124/125 zurate.

MATERIAL 5 Der Grundsatz der Parlamentssouveränität

Die Übersicht über die Quellen britischen Verfassungsrechts zeigt, dass Großbritannien wie jeder andere moderne Staat über eine sogenannte materielle Verfassung verfügt, also über ein Regelwerk, das die Grundprinzipien staatlicher Organisation und Prozesse umschreibt. Diese Sammlung geschriebener und ungeschriebener Regeln erfüllt aber nicht die Kriterien einer sogenannten formellen Verfassung. Von einer Verfassung im formellen Sinn kann nämlich nur dann gesprochen werden, wenn die Änderung oder Aufhebung ihrer Normen im Vergleich zum sonstigen Recht erschwert ist. Genau dies ist bei der britischen Verfassung eben nicht der Fall. Sie kennt keine besonderen Anforderungen, schreibt also weder eine verfassungsändernde Mehrheit vor, noch erklärt sie gar bestimmte Grundprinzipien für unabänderbar, wie dies etwa das deutsche Grundgesetz in Art. 79 Abs. 3 vorsieht.

Der Verzicht des britischen Rechts auf privilegierte Normenbestände ist Ausdruck der sogenannten Parlamentssouveränität („parliamentary sovereignty"). [...] Dieses Prinzip [umfasst] drei verschiedene Aspekte. Zum einen kommt darin die Absage an jede Form von übergeordnetem Recht (im Sinne eines „fundamental law") zum Ausdruck, an dem etwa Richter die Gültigkeit eines Parlamentsgesetzes messen könnten. Zum Zweiten besteht die Souveränität des Parlaments fortwährend. Jedes Parlament ist befugt und in der Lage, sich über frühere Parlamentsgesetze hinwegzusetzen und damit die Parlamentssouveränität immer wieder aufs Neue zu aktualisieren. Und drittens wird durch die Doktrin auch die Rolle der britischen Gerichte umschrieben. Deren besonderes Verhältnis zum Parlament kommt darin zum Ausdruck, dass ihnen einerseits verwehrt ist, die Anwendung eines Parlamentsgesetzes zu verweigern, und sie sich andererseits zur Interpretation von Parlamentsgesetzen exakt an deren Wortlaut zu halten haben („literal rule"). Anders als die meisten kontinentaleuropäischen Gerichte sind sie also nicht befugt, sich bei der Auslegung an der (unterstellten) Zielsetzung des Gesetzgebers und dem Sinn und Zweck des Rechtssatzes auszurichten („ideologische Interpretation"). Strenggenommen kann das Prinzip der Parlamentssouveränität sogar als der einzige Grundsatz der britischen Verfassung interpretiert werden, der den Anforderungen eines formellen Verfassungsverständnisses gerecht wird. Allein er steht nämlich nicht zur Disposition des Parlaments, bindet also als einzige Norm alle britischen Staatsorgane.

Mit dieser Doktrin der Parlamentssouveränität war aber zu keiner Zeit gemeint, dass sich das Parlament quasi die Oberherrschaft über die anderen Staatsorgane aneignen könnte. Im Sinne des Verständnisses eines parlamentarischen Regierungssystems, wie es sich seit Anfang des 17. Jahrhunderts herausgebildet hatte, wurde dadurch vielmehr ein aus mehreren Organen (Monarch mit Regierung, Unterhaus, Oberhaus) zusammengesetztes Subjekt berechtigt. [...] Obwohl sich schon zu seiner Zeit der Vorrang des Parlaments vor dem Monarchen verfestigt und die Grundzüge des parlamentarischen Regierungssystems herausgebildet hatten, mussten dennoch alle Institutionen mitwirken, um ein Gesetz in Kraft treten zu lassen. [...]

Da sich die verfassungsrechtlichen Gegebenheiten aber inzwischen dadurch geändert haben, dass Oberhaus und Monarch nur noch die „dignified parts of the constitution" bilden, ist die ursprüngliche Gewaltenteilung deutlich beeinträchtigt. Aus einer auf mehrere Organe verteilten Parlamentssouveränität wurde de facto die Souveränität des Premierministers und seiner Parlamentsmehrheit. Zwar sind die gewaltenteilenden Effekte auch in anderen Verfassungsstaaten durch die parteienstaatliche Entwicklung eingeschränkt. Im sogenannten Westminster-Modell wirkt sich dies aber deshalb deutlich stärker aus, weil hier die legislative und die exekutive Macht in den Händen der einen Regierungspartei konzentriert sind. Es gehört zu den Konstanten britischer Politik, dass die jeweilige parlamentarische Opposition auf die damit verbundenen Gefährdungen, vor allem der Bürgerrechte, hinweist. Ebenfalls üblich ist es aber auch, dass sie, sobald sie selbst wieder an der Regierung ist, die früheren Bedenken für nicht mehr berechtigt hält.

Quelle: Emil Hübner/Ursula Münch: Das politische System Großbritanniens, München 1999, S. 33 ff.

MATERIAL

Primeministerial dictatorship? 6

Die Diskussion, wo genau in der Regierung das Macht- und Entscheidungszentrum liegt, kommt in Großbritannien seit langer Zeit zu keinem Ende. [...]
In dieser Auseinandersetzung zwischen den Anhängern und Gegnern der „prime ministerial government"-These wurde so gut wie jede Kompetenz des Premiers unterschiedlich bewertet. So wird die Freiheit des Premiers bei der Auswahl des Regierungspersonals von der einen Seite als Beleg für seine Stärke betrachtet, während die Gegner der „prime ministerial government"-These betonen, dass der Premier bei dieser Rekrutierung eben nicht gänzlich frei sei, sondern die verschiedenen Strömungen innerhalb seiner Partei zu berücksichtigen habe und auf die Mitarbeit verdienter und herausragender Persönlichkeiten nicht ohne Schaden für seine eigene Position verzichten könne. Außerdem werde die Patronagemöglichkeit des Premiers erheblich überschätzt, da die politischen Fähigkeiten der Abgeordneten wichtiger seien als ihre Nähe zum Premier. Hinsichtlich der Möglichkeit der Ministerentlassung stellt das „Massaker" Macmillans im Jahre 1962 den Hauptstreitpunkt dar. Das Faktum, dass ein Premierminister auf einen Schlag ein Drittel seiner Kabinettsmitglieder entlassen und auf insgesamt 24 Regierungsposten Veränderungen vornehmen kann, wird von den Anhängern des „prime ministerial government" gerne als Zeichen seiner besonderen Stärke interpretiert. Das gegnerische Lager betrachtet die Entscheidung Macmillans als Beleg seiner Schwäche und interpretiert sie als eine Vorstufe zu seinem eigenen Rücktritt im darauffolgenden Jahr, da er sich eine Menge Feinde gemacht und seinen eigenen Machtverfall eingeleitet habe. Dem Hinweis, dass der Premier über die Tagesordnung im Kabinett entscheide, wird mit dem Argument begegnet, dass es ihm nicht gelinge, ihm unangenehme Themen für längere Zeit von den Kabinettsberatungen fernzuhalten. Bei den Sachentscheiden stellt man der Betonung der Ungebundenheit des Premiers den Hinweis entgegen, dass ein „Premier der einsamen Entscheidungen", der weder seine Ministerkollegen noch seine Fraktion kontaktiert, bald erhebliche Schwierigkeiten bekommt. Das Auflösungsrecht des Premiers wird von den Anhängern des „prime ministerial government" als Disziplinierungsmittel gegenüber der Mehrheitsfraktion betrachtet, die Gegner hingegen betonen, der Premier gefährde seine eigene Position mit einer solchen Aktion weit mehr als diejenige der meisten Mitglieder seiner Fraktion, die in sicheren Wahlkreisen kaum Probleme mit ihrer Wiederwahl hätten. [...]
Auch wenn vor Übertreibungen gewarnt werden muss, so ist doch nicht zu bestreiten, dass der britische Premier einerseits im internationalen europäischen Vergleich eine mächtige Position innehat und dass er andererseits zusammen mit seiner Regierung heute gegenüber dem Parlament eine deutlich stärkere Stellung einnimmt als im letzten Jahrhundert.

Quelle: Emil Hübner/Ursula Münch: Das politische System Großbritanniens, München 1999, S. 127–130

➡ Querverweis: Kapitel II.2.4
➡ Querverweis: S. 135, M 6

---

1. Erarbeiten Sie aus M 5 die Kennzeichen der britischen Parlamentssouveränität und bewerten Sie die Aussage, dass sich diese zur Souveränität des Premierministers gewandelt habe.
2. Beurteilen Sie in Form eines Zeitungskommentars das Fehlen einer Verfassung zugunsten einer Parlamentssouveränität in einem demokratischen Staat.
3. Diskutieren Sie mithilfe von M 6, ob man in Großbritannien tatsächlich von einer Diktatur des Premierministers sprechen kann.

1.4 Gewaltenverschränkung im präsidentiellen Regierungssystem: die Vereinigten Staaten von Amerika

„Wenn Engel über die Menschen herrschten, dann bedürfte es weder innerer noch äußerer Kontrollen der Regierenden."

James Madison (1751–1836), Federalist Papers, Art. 51

Verfassungskonvent von Philadelphia 1787

Als die Abgesandten der 13 unabhängigen amerikanischen Staaten am 17. September 1787 im Verfassungskonvent von Philadelphia eine Verfassung verabschiedeten, war eine bundesstaatliche und präsidentielle, mit einer horizontalen und vertikalen Gewaltenteilung versehene, republikanische Ordnung entstanden. Sie war die erste ihrer Art weltweit und wurde daher in den Monaten nach dem historischen Konvent in der jungen amerikanischen Öffentlichkeit – aber auch auf dem „alten" europäischen Kontinent – kontrovers und leidenschaftlich diskutiert.

Federalist Papers

Im Laufe dieser Debatte veröffentlichten drei der Verfassungsväter – Alexander Hamilton, James Madison und John Jay – von Oktober 1787 bis Mai 1788 insgesamt 85 anonyme Aufsätze in zahlreichen New Yorker Zeitungen. Darin kommentierten sie den Entwurf der Bundesverfassung und forderten seine Ratifikation durch die Einzelstaaten. Kernpunkt der als „Federalist Papers" bekannt gewordenen Dokumente war die Frage, wie der Missbrauch von Macht verhindert und zugleich die bürgerlichen Freiheitsrechte wirkungsvoll gesichert werden können. Die Antwort, die die „Federalists" auf diese Frage lieferten, war eine dreifache:
- durch Beschränkung der Macht – auch der Macht des Volkes –,
- durch ein Gleichgewicht der Kräfte und
- durch die Bindung gegenstrebiger Kräfte aneinander.

Im präsidentiellen System der USA verfügt der **Präsident** (*President*) über eine Fülle persönlicher Macht. Er ist zugleich Staatsoberhaupt, Regierungschef und Oberbefehlshaber der Streitkräfte und wird über Wahlmänner, d. h. indirekt, für vier Jahre vom Volk gewählt. In Phasen der äußeren Bedrohung verstärkt sich die Machtfülle des Präsidenten noch: In direkter Reaktion auf die Terroranschläge des 11. September 2001, einem nationalen Trauma, sah sich US-Präsident George W. Bush in der Rolle eines Schutzpatrons, der auch auf Kosten bürgerlicher Freiheiten einen Kampf gegen den Terrorismus führte.

Die dominante Stellung des Präsidenten darf aber nicht über die beständige Machtfülle des **Kongresses** (*Congress*) hinwegtäuschen. Ihm obliegt als klassischem Parlament das Budgetrecht, die Freiheit über die Haushaltsführung. In Großbritannien oder Deutschland hingegen hat hier die Regierung großen Handlungsspielraum. Auch im Bereich der Außenpolitik – aus europäischer Sicht unbestritten in der Kompetenz der Regierung – soll der Kongress teils entscheiden, teils kontrollieren, etwa wenn er völkerrechtliche Verträge unterschreibt. Der Kongress besteht aus zwei Kammern, Senat (*Senate*) und Repräsentantenhaus (*House of Representatives*). Im Senat sollen die Interessen der 50 Einzelstaaten berücksichtigt werden, die ungeachtet der Einwohnerzahl jeweils zwei Vertreter entsenden. Alle zwei Jahre müssen sich ein Drittel der 100 Senatoren zur Wiederwahl stellen. Das Repräsentantenhaus hat 435 Abgeordnete, die jeweils für zwei Jahre direkt vom Volk gewählt werden. Die Kürze der Amtsdauer soll im Sinne demokratischer Volkssouveränität einen ständigen Austausch mit der Wählerschaft ermöglichen. Die Einzelstaaten entsenden etwa so viele Mitglieder in das Repräsentantenhaus, wie es ihrem Anteil an der Gesamtbevölkerung entspricht.

Senat und Repräsentantenhaus

Das von Montesquieu (1689–1755) entwickelte Modell der strikten, funktionalen Gewaltenteilung in Legislative, Exekutive und Judikative wurde in der US-Verfassung auf den ersten Blick zwar besser verwirklicht als in einem parlamentarischen System. Dennoch basiert das politische System der USA mehr auf einer Trennung der Verfassungsorgane als auf einer Teilung der Gewalten. Mit anderen Worten amtieren die Verfassungsorgane des Bundes – der Kongress, der Präsident und das Oberste Bundesgericht (*Supreme Court*) – getrennt voneinander, haben jedoch an den Grundfunktionen der Staatsgewalt (Legislative, Exekutive und Judikative) wechselseitig und gemeinsam teil. Gemäß diesem Mechanismus der *checks and balances* treten gegenseitige Hemmnisse bei gleichzeitigen Kooperationszwängen immer dort auf, wo Entscheidungen zu treffen sind. Zu echten Reibungsverlusten oder Blockaden führt dieser Mechanismus maximal dann, wenn Präsident und Kongressmehrheit nicht derselben Partei angehören (*divided government*).

checks and balances

Anhand der Gesetzgebung lässt sich das System der *checks and balances* veranschaulichen: Dem Kongress obliegt gemeinhin die Gesetzgebung. Der Präsident wirkt jedoch an der Gesetzgebung mit, indem er Gesetze unterzeichnet oder gegen sie ein suspensives Veto einlegt. Dieses wiederum kann aber mit einer Zweidrittelmehrheit in beiden Kongresskammern überwunden werden. Andererseits hat der Senat gewisse Befugnisse bei der Anwendung der Gesetze, die eigentlich im präsidentiellen Kompetenzbereich liegen, z.B. wenn er präsidentielle Personalentscheidungen bei der Bestellung der Obersten Bundesrichter bestätigt oder nicht. Die Gesetzgebung des Kongresses wiederum unterliegt der Normenkontrolle des *Supreme Court*, der Gesetzgebungsakte für nichtig erklären kann.

geteilte politische Macht

Kontrollierte politische Macht bedeutet auch, dass jedes Verfassungsorgan durch andere Organe zur Rechenschaft gezogen werden kann. Zwar ist im US-System ein parlamentarischer Regierungssturz nicht erlaubt; der Kongress kann den Präsidenten aber sehr wohl durch ein besonderes Disziplinarverfahren (*impeachment*) seines Amtes entheben, jedoch wiederum nur dann, wenn rechtliche – nicht politische – Gründe vorliegen. Einem solchen Amtsenthebungsverfahren sitzt der oberste Bundesrichter (*Chief Justice*) vor. Ebenfalls nicht vorgesehen ist eine Auflösung des Zweikammerparlaments durch den Präsidenten, denn beide Verfassungsorgane werden durch separate Wahlen bestellt. Das Regierungsamt ist anders als im parlamentarischen System also unvereinbar mit dem Parlamentsmandat.

kontrollierte politische Macht

Zeichnung: Holger Appenzeller

MATERIAL 1 Parlamentarisches und präsidentielles Regierungssystem im Vergleich

Merkmal	parlamentarisches Regierungssystem	präsidentielles Regierungssystem
Legitimationskette	Wahlvolk → Parlament → Regierung	Wahlvolk → Präsident Wahlvolk → Parlament
Exekutive	faktisch geteilt (in Deutschland: zentraler Bundeskanzler und Bundespräsident; in Großbritannien: zentraler Premierminister und Monarch)	zentriert (Präsident als Regierungschef und Staatsoberhaupt)
Kabinett	Kollegialorgan (Minister)	in erster Linie Beratungsgremium des Präsidenten (*Secretaries*)
Gegenseitige Abhängigkeit zwischen Parlament und Regierung; zeigt sich in …	stark	schwach (aber: Zwang zur Kooperation)
… Bildung und Bestellung der Regierung durch das Parlament	gegeben	nicht gegeben
… Abberufbarkeit der Regierung aus politischen Gründen	gegeben (konstruktives Misstrauensvotum)	nicht gegeben (aber: *impeachment* aus rechtlichen Gründen)
… Parlamentsauflösung durch die Regierung	möglich (Vertrauensfrage)	untersagt
Vereinbarkeit von Regierungsamt und Parlamentsmandat	unterschiedlich geregelt (in Großbritannien zwingend, in Deutschland nicht)	untersagt
Gesetzesinitiativrecht der Regierung	gegeben	nicht gegeben
Vetorecht der Regierung	nur bei Ausgabengesetzen (in Deutschland und in Großbritannien)	gegeben
Fraktionsdisziplin	ausgeprägt	gering
Rolle der Parteien in der Verfassungswirklichkeit	ganz zentral; „Parteienstaat"	gering

Nach: Bernhard Schreyer/Manfred Schwarzmeier: Grundkurs Politikwissenschaft: Studium der politischen Systeme, 2. Aufl., Wiesbaden 2005, S. 161; eigene Ergänzungen

➡ Querverweis: Kapitel II.1.3

1. Erläutern Sie anhand von M 1 und M 2 die Unterschiede der politischen Systeme der Bundesrepublik Deutschland (oder Großbritanniens) und der USA.
2. Erklären Sie mithilfe von M 2 das politische System der USA.
3. Zeigen Sie anhand von M 3, wie das parlamentarische System der Bundesrepublik trotz Gewaltenverschränkung eine Machtbalance herstellt.

MATERIAL 2

Die Verfassungsordnung der Vereinigten Staaten von Amerika

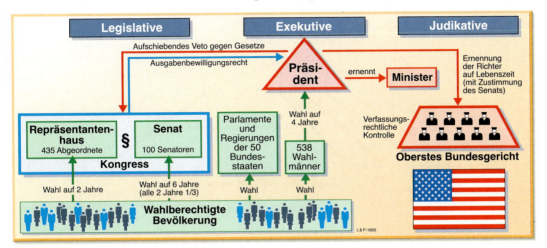

MATERIAL 3

Gewaltenverschränkung im parlamentarischen System der Bundesrepublik

Das Grundgesetz legt in Art. 20 fest, die Staatsgewalt werde durch „besondere Organe der Gesetzgebung, der vollziehenden Gewalt und der Rechtsprechung ausgeübt". Es knüpft damit an
5 die klassische Gewaltenteilung in Legislative, Exekutive und Judikative an, die von dem französischen Staatsphilosophen Montesquieu formuliert worden ist. Ihr liegt der Gedanke zugrunde, dass in einer politischen Ordnung die Freiheit
10 nur gesichert ist, wenn die staatliche Macht nicht, wie in den absoluten Monarchien, in einer Hand liegt, sondern geteilt ist. […] Nach diesem Modell, wenn auch in abgewandelter Form, ist die Präsidialdemokratie der USA konstruiert. Die drei
15 Gewalten sind streng getrennt, können aber ihre Macht nicht allein ausüben. Durch ein System von „Hemmungen und Gegengewichten" (checks and balances) sind sie bei der Ausübung ihrer Funktionen aufeinander angewiesen.
20 In parlamentarischen Demokratien wie der Bundesrepublik Deutschland hat sich eine andere Form der Gewaltenteilung herausgebildet. Die Trennlinie verläuft nicht mehr zwischen Parlament und Regierung, sondern zwischen Parlaments-
25 mehrheit und Regierung auf der einen und der Opposition auf der anderen Seite. Die Regierung geht aus den Mehrheitsfraktionen hervor und wird von ihnen getragen. Die Mitglieder der Regierung sind in der Regel auch Mitglieder des Parlaments. Gegenspielerin von Regierung und Parlaments- 30 mehrheit ist die Opposition.
In Bundesstaaten wird die Macht des Bundes auch durch die Länder begrenzt. Die staatliche Gewalt und die staatlichen Aufgaben sind zwischen Bund, Ländern und Gemeinden aufgeteilt. In der Bun- 35 desrepublik Deutschland wirken die Länder durch den Bundesrat an der Gesetzgebung des Bundes mit. […]
Statt durch eine strikte Trennung der Gewalten ist die parlamentarische Demokratie gekennzeich- 40 net durch eine Gewaltenverschränkung. Legislative und Exekutive sind miteinander verknüpft, getrennt von ihnen ist dagegen die Rechtsprechung. In der Bundesrepublik Deutschland ist die Beschränkung und Kontrolle der Macht der Regie- 45 renden gewährleistet durch:
• die Opposition im Bundestag,
• das föderalistische System mit der Aufteilung der staatlichen Gewalt und der staatlichen Aufgaben auf Bund, Länder und Gemeinden, 50
• die unabhängige Justiz, vor allem die weitreichenden Befugnisse des Bundesverfassungsgerichts,
• die öffentliche Meinung.

Quelle: Horst Pötzsch: Die Deutsche Demokratie. 5. überarb. u. akt. Aufl., Bonn 2009, S. 61–86

MATERIAL

4 USA: checks and balances

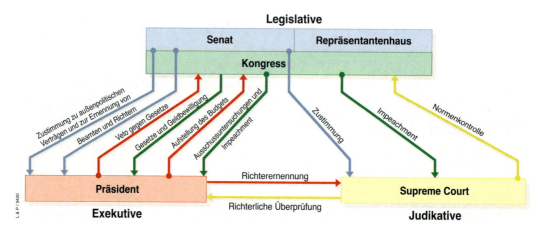

MATERIAL

5 Wahl und Aufgaben des Präsidenten der Vereinigten Staaten von Amerika

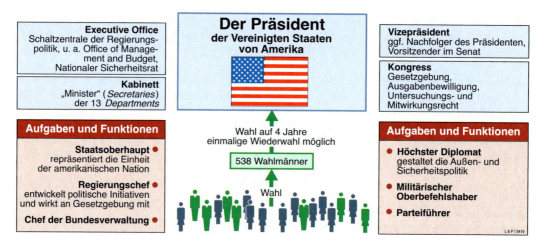

1. Erläutern Sie anhand von M 4 und des Textes auf S. 130/131 das System der „checks and balances". Interpretieren Sie hierzu auch die Karikatur auf S. 131.
2. Erklären Sie, inwiefern sich das Modell in M 4 von der Gewaltenverschränkung in Deutschland (M 3) oder in Großbritannien (S. 124/125) unterscheidet.
3. Vergleichen Sie – ausgehend von M 5 und dem Text auf S. 130/131 – die Machtposition des US-Präsidenten mit der des deutschen Bundeskanzlers.
4. Erarbeiten Sie aus M 6 den Unterschied zwischen dem Supreme Court und dem Bundesverfassungsgericht.

MATERIAL 6

Der Supreme Court

Der Supreme Court ist der oberste Gerichtshof der Vereinigten Staaten, und er ist nicht „nur" der wichtigste Interpret der Verfassung wie das Bundesverfassungsgericht [...]. Zusätzlich zur Möglichkeit einer zurückhaltenden Verfassungsinterpretation hat der Supreme Court – im Gegensatz zum Bundesverfassungsgericht – ein weiteres Mittel, um der Forderung nach einer richterlichen Selbstbeschränkung Rechnung zu tragen: Er kann Fälle, von denen er glaubt, dass sie in die Ermessensfreiheit von Legislative oder Exekutive eingreifen, als sog. politische Fragen („political questions") nicht zur Entscheidung zulassen. Der Nachteil dieser an und für sich sinnvollen „political-question"-Doktrin liegt darin, dass der Supreme Court selbst entscheidet, welche Fälle als politische Fragen einzustufen sind, wodurch er – neben wirklichen politischen Fragen – auch für ihn unliebsame Entscheidungen umgehen kann. [...]
Interessanter ist das Problem, ob der Wegfall dieser Institutionen [der Verfassungsgerichte; Red.] für beide Systeme positive Effekte haben würde. Diese Frage ist sowohl für die Bundesrepublik als auch für die USA eindeutig negativ zu beantworten, vor allem wenn man berücksichtigt, dass auch Verfassungsgerichte erheblichen, vor allem gesellschaftlichen Restriktionen unterliegen.

Quelle: Emil Hübner: Das politische System der USA, 6. Aufl., München 2007, S. 158–163

➔ Querverweis: S. 128f., M 5–M 6

MATERIAL 7

Gewaltenteilung in den Federalist Papers

Damit im Gesellschaftszustand nicht wieder der Naturzustand eintritt, bedarf es des Minderheitenschutzes. [...] „Zuerst muss man die Regierung dazu in die Lage versetzen, die Regierten zu kontrollieren; dann muss man sie dazu zwingen, sich selbst zu kontrollieren" [Art. 51]. [...]
Was bedeutet das im Einzelnen? Da die Legislative in der Republik die mächtigste der Gewalten ist, muss sie gespalten werden. Zwei Kammern, mit unterschiedlichen Delegierten unterschiedlicher Provenienz besetzt, müssen sich die Macht teilen. Zugleich wird die Exekutive gestärkt, als Gegengewicht gegen die immer noch machtvolle Legislative. Zu der horizontalen Gewaltenteilung tritt dann noch die vertikale; Bundesregierung und Regierungen der Einzelstaaten haben zum Teil konkurrierende Gesetzgebung, zum Teil alleinige Gesetzgebungskompetenz.

Schließlich aber ist es die pluralistisch aufgesplitterte Gesellschaft selber, die Machtkonzentration verhindert. Je größer die Gesellschaft, umso größer ist auch die Diversifikation der Interessen. Diese ist der eigentliche Minderheitenschutz und das, was die Selbstregierung des Volkes ermöglicht. Denn wenn sich die Partikularinteressen durchsetzen, Mehrheiten Minderheiten unterdrücken, hilft nur der Eingriff von außen, durch einen „von der Gesellschaft selbst unabhängigen Willen" [Art. 51], etwa in Gestalt eines Monarchen. Wenn sich die Interessen aber so aufsplittern, dass sie sich wechselseitig behindern und ausbalancieren, kann sich das Volk unter der Voraussetzung, dass es so kluge Gesetzgeber findet wie die Verfassungsväter, selber regieren. Die Mangelhaftigkeit des Menschen, die Regierungen erst nötig macht, macht also zugleich die Selbstregierung des Volkes möglich.

Quelle: Barbara Zehnpfennig: Hamilton, Madison, Jay: Die Federalist Papers, München 2007, S. 25

1. Nehmen Sie Stellung zu der Aussage, dass der Wegfall eines Verfassungsgerichts sowohl für die USA als auch Deutschland als negativ zu bewerten wäre (M 6).
2. Erläutern Sie das Pluralismusverständnis der Federalists (M 7).

Analyse einer politischen Rede

Eine Rede hat die Zustimmung der Hörer zum Ziel und muss daher neben dem Verstand auch deren Emotionen ansprechen. Folgende Punkte helfen Ihnen, politische Reden zu analysieren:

US-Präsident Barack Obama bei seiner Rede vor dem Brandenburger Tor in Berlin am 19. Juni 2013

- *Anlass und Adressat der Rede:* Aus dem historischen, gesellschaftlichen oder politischen Kontext und der konkreten Redesituation lassen sich später wertvolle Schlüsse zu Aussageabsicht und Zielgruppe ziehen. Ordnen Sie die Rede vor ihrem zeitgeschichtlich-politischen Hintergrund ein: Wo und wann bzw. zu welchem Anlass wurde die Rede gehalten? In welcher Tradition steht sie? An wen richtet sich die Rede? Sind Medien einbezogen, und falls ja, welche?
- *Art der Rede:* Hier sind verschiedenste Möglichkeiten denkbar. Handelt es sich um eine Programmrede, Gedenkrede, Parteitagsrede etc.?
- *Sachinhalte:* Einen zentralen Stellenwert hat die Frage nach den Inhalten der Rede: Welche Sachverhalte werden angesprochen? Welche Kernaussagen werden gemacht?
- *Argumentation:* Analysieren Sie die Sinneinheiten der Rede: Wie ist der Gedankengang gegliedert? Ist ein „roter Faden" erkennbar? Welche Argumente verwendet der Redner? Welche Thesen werden aufgestellt und wie werden sie begründet? Welche Schlussfolgerungen werden gezogen?
- *Sprache und Syntax:* Filtern Sie Schlüsselwörter aus der Rede heraus und prüfen Sie die Häufigkeit einzelner Begriffe. Sie können so das Anliegen der Rede besser nachvollziehen. Wird Hoch- oder Umgangssprache gesprochen? Ist die Syntax kompliziert oder einfach? Wie ist der Ton der Rede (feierlich, sachlich, kämpferisch, ermutigend etc.)?
- *Zielsetzung (Intention):* Bei der Analyse einer Rede gilt es, stets die Absicht zu hinterfragen, die hinter der Rede steht: Wem oder wozu dient die Rede – zur Aufwertung der eigenen Position, zur Abwertung der gegnerischen oder zum Ausgleich gegensätzlicher Sichtweisen? Soll ermutigt, informiert, kritisiert, appelliert oder polarisiert werden?
- *Rhetorik:* Welche rhetorischen Mittel enthält die Rede (Metaphern, Anaphern, Ironie, Antonyme, rhetorische Fragen, Euphemismen, Hyperbeln, Polysemien etc.) und welche Wirkung erzielen diese? Welche Emotionen werden geweckt?
- *Bewertung:* Bilanzieren Sie die Rede: Welche Grundeinstellung des Redners bzw. welche Weltsicht (Ideologie) wird deutlich? Hat die Rede unter Berücksichtigung ihres Anlasses ihren Zweck erfüllt? War sie überzeugend, mitreißend, einprägsam?

1. Lesen Sie die auf S. 137 abgedruckten Auszüge aus der Berliner Rede des US-Präsidenten Barack Obama. Analysieren Sie die Rede gemäß der hier vorgestellten Methode.

US-Präsident Barack Obama: Berliner Rede, Welt ohne Atomwaffen, 19. Juni 2013

„Hallo Berlin! Vielen Dank, Bundeskanzlerin Merkel, für Ihre Führungsstärke, Ihre Freundschaft und Ihr beispielhaftes Leben – vom Kind aus dem Osten zur führenden Politikerin eines freien und geeinten Deutschlands. Wie ich schon sagte, Angela und ich sehen nicht unbedingt wie frühere deutsche und amerikanische Regierungschefs bzw. Präsidenten aus. Aber die Tatsache, dass wir heute hier entlang der Verwerfungslinie stehen können, die die Stadt einst teilte, spricht für eine immerwährende Wahrheit: Keine Mauer kann dem Drang nach Gerechtigkeit, dem Drang nach Freiheit, dem Drang nach Frieden, der in den Herzen der Menschen brennt, widerstehen. [...]
Als freie Bürger haben wir unsere Überzeugungen vor langer Zeit deutlich gemacht. Als Amerikaner glauben wir, dass „alle Menschen gleich geschaffen worden sind" mit dem Recht auf Leben und Freiheit sowie das Streben nach Glück. Als Deutsche haben Sie in Ihrem Grundgesetz erklärt, dass „die Würde des Menschen unantastbar ist". Überall auf der Welt haben sich Nationen der Allgemeinen Erklärung der Menschenrechte verpflichtet, die die inhärente Würde und die Rechte aller Mitglieder der menschlichen Gemeinschaft anerkennen. Und das ist genau das, was all die Jahre in Berlin auf dem Spiel stand. Weil mutige Massen auf diese Mauer geklettert sind, weil korrupte Diktaturen neuen Demokratien gewichen sind, weil Millionen Menschen überall auf diesem Kontinent nun den frischen Wind der Freiheit atmen, können wir hier in Berlin, in Europa, sagen: Unsere Werte haben gesiegt. Die Offenheit hat gesiegt. Die Toleranz hat gesiegt. Und die Freiheit hat hier in Berlin gesiegt. Dennoch müssen wir mehr als 20 Jahre nach diesem Triumph eingestehen, dass es unter westlichen Demokratien von Zeit zu Zeit eine gewisse Selbstgefälligkeit gibt. An Orten wie diesen kommen Menschen heute häufig zusammen, um der Geschichte zu gedenken – und nicht, um Geschichte zu schreiben. Schließlich gibt es für uns keine Betonmauern und keinen Stacheldraht mehr. Es gibt keine Panzer mehr, die an der Grenze bereitstehen. Es gibt keine Besuche in Strahlenschutzräumen. Daher kann manchmal das Gefühl entstehen, dass es irgendwie keine großen Herausforderungen mehr gibt. Dies führt zu der Versuchung, sich nach innen zu wenden und an die eigenen Ziele zu denken statt an den Bogen der Geschichte; zu glauben, dass die Verbindlichkeiten der Geschichte beglichen seien; dass wir die Früchte, für die unsere Vorfahren gekämpft haben, einfach genießen können.
Ich bin aber heute hier, Berlin, um zu sagen, dass Selbstgefälligkeit keine Eigenschaft großer Nationen ist. Die Bedrohungen von heute treten nicht so stark hervor wie die von vor 50 Jahren, aber der Kampf für Freiheit und Sicherheit sowie für menschliche Würde, dieser Kampf geht weiter. [...]
Wir leben vielleicht nicht mehr in Angst vor globaler Auslöschung, aber solange es Atomwaffen gibt, leben wir nicht wirklich in Sicherheit. Wir können Terrornetzwerken einen Schlag versetzen, aber wenn wir die Instabilität und Intoleranz ignorieren, die Extremismus fördern, wird unsere eigene Freiheit schließlich in Gefahr sein. Wir genießen vielleicht einen Lebensstandard, um den man uns weltweit beneidet, aber solange Hunderte Millionen Qualen eines leeren Magens oder die Pein der Arbeitslosigkeit erdulden müssen, leben wir nicht wirklich in Wohlstand. [...]
Deshalb kündige ich heute weitere Maßnahmen an. Nach eingehender Überprüfung habe ich entschieden, dass wir die Sicherheit der Vereinigten Staaten und unserer Verbündeten sowie eine starke und glaubwürdige strategische Abschreckung gewährleisten können, während wir gleichzeitig unsere stationierten atomaren Sprengköpfe um ein Drittel reduzieren. Ich beabsichtige mit Russland über Kürzungen zu verhandeln, damit wir die nukleare Kräfteverteilung des Kalten Kriegs hinter uns lassen können. [...] Die Mauer gehört der Geschichte an. Aber auch wir müssen Geschichte schreiben. [...] Das ist das Lebensgefühl Berlins. Das größte Tribut, das wir denjenigen zollen können, die vor uns lebten, ist, ihre Arbeit fortzuführen und nach Frieden und Gerechtigkeit zu streben, nicht nur in unseren Ländern, sondern für die gesamte Menschheit. [...]"

Quelle: Obamas Rede im Wortlaut, in: Der Tagesspiegel online; www.tagesspiegel.de vom 20.6.2013; Zugriff am 13.1.2014

1.5 Die Prinzipien des demokratischen Verfassungsstaats

Großdemonstration in der Bundesrepublik Deutschland

Verfassung — Verfassungen sind rechtliche Grundordnungen eines Gemeinwesens, mit denen staatliche Gewalt konstituiert und zugleich begrenzt wird. Durch Verfassungen schaffen sich Menschen auf einem bestimmten Territorium staatliche Institutionen zur Erfüllung bestimmter gemeinsamer Zwecke. Damit konstituiert sich ein Gemeinwesen politisch und institutionell als Volk, wobei aus Untertanen Bürger werden. Die Legitimation der politischen Herrschaft speziell in den westlichen Staaten gründet gemäß ihren Verfassungen auf Demokratie und Volkssouveränität. In den Verfassungen werden auch die Menschenrechte formuliert. Erst wenn diese „natürlich" garantiert sind, erhält der Verfassungsstaat einen demokratischen Wesenskern.

Nationalstaat — Gehören die Bürger eines Staates zum allergrößten Teil ein und derselben Nation an, stimmt also die ethnische Gemeinschaft – das Volk – mit der territorial-rechtlichen Herrschaft – dem Staat – weitestgehend überein, so spricht man von einem Nationalstaat. Diese idealistische Vorstellung existiert in etwa seit der Französischen Revolution und beschreibt, dass ein Staat von einer Nation getragen und durch ein Nationalgefühl (Patriotismus) zusammengehalten wird. Staat und Nation sind also getrennt voneinander zu betrachten. Es gibt Staaten, die keine Nation in sich tragen, z. B. Afghanistan. Und es gibt Nationen, die keine Staatlichkeit ausprägen (können), z. B. Katalonien.

Verfassungsstaat — Die Qualität eines demokratischen Verfassungsstaates muss sich dabei unmittelbar an der Erfüllung der Bedürfnisse seiner Bürger messen lassen. Staatliche Grundaufgabe ist es zunächst, dem Staatsbürger das Überleben zu sichern und seine Sicherheit zu gewährleisten. Im Zuge der modernen Menschenrechtsentwicklung hat sich der Begriff der staatsfreien, unveräußerlichen Menschenrechte fest etabliert. Diese muss der demokratische Staat respektieren und garantieren. Zudem gewährleistet er eine pluralistische, freiheitliche Gesellschaft mit dem Prinzip der Gewaltenteilung und -kontrolle. Als Rechtsstaat garantiert er außerdem Rechtssicherheit, also den Schutz seiner Bürger vor staatlicher Willkür. Der Staat muss sich aber auch selbst schützen, indem er Vorkehrungen gegen Extremisten und Terroristen trifft.

In der nächsten Stufe soll der Staatsbürger Souverän im Staat sein. Das Prinzip der Volkssouveränität lautet: „Alle Macht geht vom Volk aus!" Zum Erhalt der Demokratie wird die Partizipation also zum unabdingbaren Erfordernis. Um die Demokratie gestalten und erhalten zu können, benötigt der Staatsbürger aktive Teilhabe- und Mitwirkungsrechte. Dazu gehört bürgerliches Mitwirken, das sich in Willensbekundungen wie Demonstrationen und Streiks ausdrücklich äußern kann. Die Rechte und Traditionen dafür sind in den demokratischen Verfassungsstaaten unterschiedlich ausgeprägt, in Frankreich etwa viel stärker als in Deutschland. Aber auch hierzulande ist eine Debatte um ein neues Selbstbewusstsein aufgekommen. Der Begriff des „Wutbürgers", also des demonstrierenden und protestierenden Bürgers, wurde 2010 zum Wort des Jahres erklärt. Das Wort entstand im Zuge massiver Bürgerproteste gegen das Bahnhofsinfrastrukturprojekt „Stuttgart 21". *Partizipationsstaat*

Grundsätzlich ist in modernen Massendemokratien die völlige, unmittelbare Demokratie schon allein aus organisatorischen Gründen nicht möglich. Das Volk trifft nicht unmittelbar die wichtigen Entscheidungen. Vielmehr ist das Repräsentationsprinzip ausgeprägt. Repräsentationsorgane, insbesondere Parlamente, sorgen für die Umsetzung des Volkswillens; sie können dann durch direktdemokratische Elemente (Plebiszite) ergänzt werden. Heutzutage findet sich eine „echte" direkte Demokratie nur noch in wenigen Schweizer Kantonen.

Da die Bürgerrechte auch eine soziale Dimension haben, hat sich die Staatstätigkeit im Laufe der Geschichte zunehmend ausgeweitet, aus dem „Nachtwächterstaat" ist ein moderner „Daseinsvorsorgestaat" geworden. Einen beträchtlichen Teil seiner Energie widmet der Staat daher der Erfüllung sozialpolitischer Ziele, um materielles Elend und soziale Benachteiligung abzumildern, um den sozialen Frieden im Lande zu wahren und um seine Gesellschaft zukunftsfähig zu machen. *Sozial- bzw. Wohlfahrtsstaat*

Sozialstaaten sind ganz unterschiedlich ausgeprägt. Im Wesentlichen werden drei Modelle unterschieden: das kontinentaleuropäisch-konservative, das liberal-angelsächsische und das sozialdemokratisch-skandinavische.

Der kontinentaleuropäische Sozialstaat findet sich etwa in Deutschland und steht im engen Einklang mit dem Prinzip der sozialen Marktwirtschaft. Der Sozialstaat wird hier über Sozialabgaben finanziert, die von Arbeitnehmern und Arbeitgebern bezahlt werden. Die Marktordnung hat zu Zwecken von Gerechtigkeit und Sicherheit soziale Bestandteile, z. B. ein umfassendes Steuersystem und die Grundsicherung für jeden Bürger. Im angelsächsischen Modell werden große Bereiche der Gesellschaft wie zum Beispiel das Gesundheitssystem weitgehend privat organisiert. Der Staat sorgt lediglich für die Rahmenbedingungen und für eine Grundversorgung. Er betreibt also nur eine minimale Sozialpolitik. Besonders die USA und Großbritannien praktizieren dieses Modell.

Im Gegensatz dazu steht das skandinavische Modell, realisiert vor allem in Dänemark und Schweden. Der Sozialstaat finanziert sich hier über Steuern, der Staat wiederum garantiert umfassende Sozialleistungen.

Nach dem Zweiten Weltkrieg wurden Frieden und Sicherheit zu einem staatsübergreifenden Ziel erklärt, das vor allem durch das kollektive Sicherheitssystem der Vereinten Nationen (UNO) verwirklicht werden soll. *Friedensstaat*

Ende des 20. Jahrhunderts kam als weitere zentrale Staatsaufgabe der Umweltschutz dazu – als eine Reaktion auf das wachsende Umweltbewusstsein der Bevölkerung und den drohenden Klimawandel. *Umweltschutzstaat*

MATERIAL 1 Artikel 20 und Artikel 20a GG

20 (1) Die Bundesrepublik Deutschland ist ein demokratischer und sozialer Bundesstaat.
20 (2) Alle Staatsgewalt geht vom Volke aus. Sie wird vom Volke in Wahlen und Abstimmungen und durch besondere Organe der Gesetzgebung, der vollziehenden Gewalt und der Rechtsprechung ausgeübt.
20 (3) Die Gesetzgebung ist an die verfassungsmäßige Ordnung, die vollziehende Gewalt und die Rechtsprechung sind an Gesetz und Recht gebunden.

20 (4) Gegen jeden, der es unternimmt, diese Ordnung zu beseitigen, haben alle Deutschen das Recht zum Widerstand, wenn andere Abhilfe nicht möglich ist.
20a Der Staat schützt auch in Verantwortung für die künftigen Generationen die natürlichen Lebensgrundlagen und die Tiere im Rahmen der verfassungsmäßigen Ordnung durch die Gesetzgebung und nach Maßgabe von Gesetz und Recht durch die vollziehende Gewalt und die Rechtsprechung.

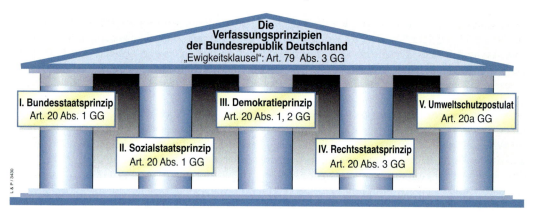

MATERIAL 2 Die Freiheitliche Demokratische Grundordnung (FDGO)

In unserer Verfassung wird zweimal der Begriff freiheitliche demokratische Grundordnung verwendet (Art. 18, Art. 21 Abs. 2 GG). Damit ist die demokratische Ordnung in Deutschland gemeint, in der demokratische Prinzipien (Art. 20 GG) und oberste Grundwerte gelten, die unantastbar sind. Allen voran gehört dazu die Würde des einzelnen Menschen (Art. 1 GG). In der deutschen Demokratie herrschen Freiheit und Gleichheit vor dem Gesetz. Eine Diktatur ist ausgeschlossen. In regelmäßigen allgemeinen Wahlen bestimmt das Volk selbst, wer es regieren soll. Dabei hat es die Auswahl zwischen konkurrierenden Parteien. Wer die Mehrheit der Wählerstimmen erhält, regiert anschließend – aber immer nur für einen bestimmten Zeitraum. Denn Demokratie ist nur Herrschaft auf Frist. Eine Partei, die einmal am Ruder ist, muss auch wieder abgewählt werden können. Als grundlegende Prinzipien der freiheitlichen demokratischen Grundordnung hat das Bundesverfassungsgericht genannt:
- Achtung vor den im Grundgesetz konkretisierten Menschenrechten, vor allem vor dem Recht der Persönlichkeit auf Leben und freie Entfaltung,
- die Volkssouveränität,
- die Gewaltenteilung,
- die Verantwortlichkeit der Regierung,
- die Gesetzmäßigkeit der Verwaltung,
- die Unabhängigkeit der Gerichte,
- das Mehrparteienprinzip und
- die Chancengleichheit für alle politischen Parteien mit dem Recht auf verfassungsmäßige Ausübung einer Opposition.

Quelle: Eckart Thurich: pocket politik. Demokratie in Deutschland, Bonn: Bundeszentrale für politische Bildung, 2006

DEMOKRATISCHER VERFASSUNGSSTAAT UND FREIHEITSGEFÄHRDENDE POLITISCHE ORDNUNGEN

MATERIAL
Recht auf Demonstration **3**

Der Rechtsstaat einer aufgeklärten Demokratie kann nicht einfach sagen: Geht aus dem Weg, Leute, das ist beschlossen, das wird jetzt durchgesetzt. Nicht bei Großflughäfen, nicht bei der Atompolitik – und nicht bei Stuttgart 21. Das Wort Demonstration kommt von demonstrare; das heißt „etwas zeigen". Die Demonstrationen in Stuttgart zeigen, dass ein moderner Rechtsstaat kein Staat sein darf, der Entscheidungen einfach exekutiert; ein moderner Rechtsstaat muss, zumal wenn es um riesige Bauprojekte geht, auch für schon getroffene Entscheidungen werben, immer wieder – und er muss sie notfalls korrigieren. Der Rechtsstaat einer aufgeklärten Demokratie kann (ob es um Großflughäfen, Atomkraftwerke oder um Stuttgart 21 geht) nicht einfach sagen: Geht aus dem Weg, Leute, das ist schon vor ewigen Zeiten so beschlossen und verkündet worden, das ist jetzt abgehakt, das wird jetzt durchgesetzt. Sicher, es muss Planungssicherheit geben. Aber die entsteht nicht dadurch, dass man den Demonstranten alte Planfeststellungsbeschlüsse um die Ohren schlägt. Planungssicherheit entsteht, wenn man den „Demos", das Volk, die Bürger also, überzeugt; wenn man auf Kritik eingeht, die Planungen prüft und gegebenenfalls verändert.

Als 1994 das Projekt Stuttgart 21 öffentlich vorgestellt wurde, ging ein Teil der Demonstranten von heute gerade in die Grundschule; die Raumordnungsverfahren und Projektbeschlüsse zu Stuttgart 21 lagen nicht in ihrer Schultüte. Und die Senioren unter den Demonstranten? Wussten sie nicht alles über Stuttgart 21 oder hätten zumindest alles wissen können? Sie haben die Politiker gewählt, die das Großprojekt beschlossen haben. Muss es nicht damit sein Bewenden haben? Wenn es so wäre, dann wäre das Grundrecht der Demonstrationsfreiheit ein Larifari-Grundrecht. Natürlich darf auch gegen ein längst beschlossenes Großprojekt demonstriert werden, natürlich dürfen auf diese Weise an die Politik Gesichtspunkte herangetragen werden, die vor einem Jahrzehnt womöglich noch gar nicht bekannt waren.

Es gibt die Rechtsfigur des Wegfalls der Geschäftsgrundlage. Wenn die Geschäftsgrundlage für einen Vertrag wegfällt, dann muss der Vertrag angepasst werden. Bei Großprojekten ist es nicht anders. Man kann die Demonstrationen in Stuttgart als die vehemente Aufforderung an die Politik verstehen, zu überprüfen, ob sich aufgrund von neuen Erkenntnissen die Geschäftsgrundlage für das Projekt grundlegend verändert hat.

Der Massenprotest ist also kein Angriff auf die repräsentative Demokratie. Womöglich ist er aber auch ein Vorgriff auf sich neu bildende Mehrheiten. Und im Übrigen ist eine repräsentative ja keine blinde Demokratie. Sie darf sich von Kritik überzeugen lassen, muss es aber nicht.

Wie soll der Staat also mit den Protesten umgehen? So, wie es Leuten gebührt, die ein Grundrecht in Anspruch nehmen. Mit drakonischen Mitteln kann ein Staat zwar innere Sicherheit herstellen; inneren Frieden erreicht er auf diese Weise nicht. Mit Polizei, Wasserwerfern, Pfeffergas und Motorsägen kann der Staat nicht überzeugen. Polizeibeamte sind nicht die Gebrechlichkeitspfleger der Politik. Polizeibeamte sind auch nicht die Mediatoren für eine gespaltene Gesellschaft; für Schlichtung ist die Politik da.

Quelle: Heribert Prantl: Demo, Demos, Demokratie, in: Süddeutsche Zeitung online, www.sueddeutsche.de/politik/proteste-gegen-stuttgart-demo-demos-demokratie-1.1007427 vom 2.10.2010; Zugriff am 13.1.2014

➡ Querverweis: S. 76, M 2
➡ Querverweis: S. 185

---

1. Erläutern Sie anhand von M 1 die Prinzipien des demokratischen Verfassungsstaats. Überlegen Sie, weshalb notwendigerweise auch Spannungsverhältnisse existieren.
2. Erläutern Sie anhand von M 2 die wesentlichen Elemente der FDGO.
3. Erarbeiten Sie aus M 3 die Begründung des Autors für das Recht auf Demonstration.
4. Nehmen Sie in Form eines Leserbriefs Stellung zum Thema „Recht auf Demonstration".

MATERIAL 4 Die Unabhängigkeit der Richter

Artikel 97 GG

(1) Die Richter sind unabhängig und nur dem Gesetze unterworfen.
(2) Die hauptamtlich und planmäßig endgültig angestellten Richter können wider ihren Willen nur kraft richterlicher Entscheidung und nur aus Gründen und unter den Formen, welche die Gesetze bestimmen, vor Ablauf ihrer Amtszeit entlassen oder dauernd oder zeitweise ihres Amtes enthoben oder an eine andere Stelle oder in den Ruhestand versetzt werden. [...]

Kommentar

(1) [...] Mit Unabhängigkeit meint Absatz 1 [...] die **sachliche** Unabhängigkeit des Richters [...]. Sie dient [...] dem Schutz der richterlichen Tätigkeit. [...] Sachliche Unabhängigkeit bedeutet in erster Linie **Weisungsfreiheit**. [...] Ausgeschlossen ist [...] prinzipiell [...] jede [...] – vermeidbare – Form der Einflussnahme auf die Rechtsstellung des Richters [...], sind Bitten, Anregungen oder Empfehlungen und vor allem jede Art von Druck auf die richterliche Tätigkeit, z.B. durch fallbezogene Vorhaltungen oder Maßregelungen. [...] Eine Verantwortlichkeit des Richters gegenüber anderen Staatsorganen kommt grundsätzlich nicht in Betracht. [...]
(2) Absatz 2 garantiert in Satz 1 den hauptamtlich und planmäßig endgültig angestellten Richtern zur institutionellen Sicherung ihrer sachlichen Unabhängigkeit [...] auch die **persönliche** Unabhängigkeit. [...] Satz 1 schützt nicht nur gegen die unfreiwillige Entlassung, Amtsenthebung, Versetzung, Abordnung und Zurruhesetzung im förmlich-dienstrechtlichen Sinne [...]; mit Versetzung an eine andere Stelle ist dabei die Versetzung in ein anderes Amt, nicht ein bloßer Ortswechsel gemeint.

Quelle: Dieter Hömig: Grundgesetz für die Bundesrepublik Deutschland. Handkommentar, 10. Aufl., Baden-Baden 2013, S. 674–680

MATERIAL 5 Justizielle Grundrechte

Artikel 101 GG

(1) Ausnahmegerichte sind unzulässig. Niemand darf seinem gesetzlichen Richter entzogen werden. [...]

Artikel 103 GG

(1) Vor Gericht hat jedermann Anspruch auf rechtliches Gehör.
(2) Eine Tat kann nur bestraft werden, wenn die Strafbarkeit gesetzlich bestimmt war, bevor die Tat begangen wurde.
(3) Niemand darf wegen derselben Tat auf Grund der allgemeinen Strafgesetze mehrmals bestraft werden.

Artikel 104 GG

(1) [...] Festgehaltene Personen dürfen weder seelisch noch körperlich misshandelt werden.
(2) Über die Zulässigkeit und Fortdauer einer Freiheitsentziehung hat nur der Richter zu entscheiden. [...] Die Polizei darf aus eigener Machtvollkommenheit niemanden länger als bis zum Ende des Tages nach dem Ergreifen in eigenem Gewahrsam halten. [...]
(3) Jeder wegen des Verdachtes einer strafbaren Handlung vorläufig Festgenommene ist spätestens am Tage nach der Festnahme dem Richter vorzuführen, der ihm die Gründe der Festnahme mitzuteilen, ihn zu vernehmen und ihm Gelegenheit zu Einwendungen zu geben hat. Der Richter hat unverzüglich entweder einen mit Gründen versehenen schriftlichen Haftbefehl zu erlassen oder die Freilassung anzuordnen.
(4) Von jeder richterlichen Entscheidung über die Anordnung oder Fortdauer einer Freiheitsentziehung ist unverzüglich ein Angehöriger des Festgehaltenen oder eine Person seines Vertrauens zu benachrichtigen.

---

1. Erarbeiten Sie die beiden Aspekte der richterlichen Unabhängigkeit (M 4). Beurteilen Sie im Anschluss, ob Art. 97 GG verhindern kann, dass es „strenge" und „milde" Urteile gibt.

Die drei Wohlfahrtsstaatsmodelle MATERIAL 6

Der Wohlfahrtsstaat muss als zentrales Charakteristikum moderner Gesellschaften aufgefasst werden [...]. Zur Erklärung von Länderunterschieden hat sich die Typologie wohlfahrtsstaatlicher Regimes von [dem dänischen Soziologen Gøsta] Esping-Andersen als populärer und fruchtbarer Ansatzpunkt herauskristallisiert. [...]
Der liberale Regimetyp findet sich vorwiegend im angelsächsischen Raum und ist am besten in den USA entwickelt. Der Markt regelt weitgehend die Versorgung und die Wohlfahrt der Bevölkerung. Sozialpolitische Interventionen kommen deutlich seltener vor. Dem Staat kommt lediglich eine ordnungspolitische Aufgabe zu, den Markt und seine Ordnung zu stabilisieren und die Eigenverantwortung zu stärken. Es findet nur in wenigen Fällen und relativ häufig eine vom Markt geleitete Umschichtung statt. [...]
Das konservative wohlfahrtsstaatliche Arrangement findet sich vornehmlich in den kontinentaleuropäischen Ländern. Idealtypisch ist es in Deutschland verwirklicht. Das Handeln des Staates konzentriert sich darauf, die bestehende marktgenerierte Statushierarchie zu stützen und zu sichern. [...] Nur wer arbeitet und in die Versicherungen einzahlt (oder bei einer erwerbstätigen Person mitversichert ist), hat Ansprüche auf Gegenleistung. Nur Erwerbstätige können sich von Marktprozessen unabhängig machen. Der Staat greift in diesem Wohlfahrtsstaatstypus nur dann ein, wenn eine Person nicht mehr für sich eigenverantwortlich sorgen kann und Unterstützung braucht. Wenig Umverteilung ist die Folge. [...] Der Staat verteilt also so um, dass er den Mechanismus der Belohnung von Leistung durch den Markt nicht aufhebt. [...]
Das sozialdemokratische Wohlfahrtsmodell ist hauptsächlich in den skandinavischen Ländern verwirklicht. Paradebeispiel ist Schweden. Der Staat übernimmt die umfassende Versorgung der Bürgerinnen und Bürger und garantiert einen bestimmten Lebensstandard für alle. Jede Person hat unabhängig davon, ob sie im Erwerbsleben steht und etwas leistet, einen Anspruch auf Sozialleistungen. Der Staat sorgt mittels Umverteilung für eine breite Versorgung der Bevölkerung mit sozialen Leistungen und Diensten. Durch eine erwerbsunabhängige Grundversorgung sollen die Bürgerinnen und Bürger weitgehend von den Märkten unabhängig gemacht werden.

Zeichnung: Steve Breen

Quelle: Bodo Lippl: Klare Mehrheiten für den Wohlfahrtsstaat, in: Wiso Diskurs, Bonn 2008, S. 6–8   ➡ Querverweis: Kap. I.3.1

---

1. Erklären Sie, inwiefern die justiziellen Grundrechte (M 5) Rechtssicherheit garantieren, und charakterisieren Sie im Anschluss die – fiktive – Situation eines Beschuldigten, der nicht den Schutz dieser Rechte genießt.
2. Erläutern Sie auf Grundlage von M 6 die unterschiedlichen Wohlfahrtsstaatsmodelle.
3. Interpretieren Sie die Karikatur und führen Sie auf Basis von M 6 eine Debatte über die konkreten Vor- und Nachteile der Wohlfahrtsstaaten in Deutschland, Schweden und den USA.
4. Schreiben Sie einen Zeitungskommentar zum Thema „Ist Demokratie ohne sozialstaatliches Element möglich?".

1.6 Diktaturen: Gegenpole zum demokratischen Verfassungsstaat

Gemeinwohl — Grundlegend ist die Unterscheidung von Demokratie und Diktatur. Moderne Demokratien gehen von einem gesellschaftlichen Pluralismus aus. So steht das Gemeinwohl in Demokratien nach der Lehre von Ernst Fraenkel (1898–1975) nicht von vornherein fest, sondern wird von den unterschiedlichen gesellschaftlichen Kräften immer wieder neu bestimmt. In Diktaturen maßt sich hingegen eine Person, eine Gruppe, Partei oder Regierung an, „von oben" bestimmen zu können, was dem allgemeinen Wohl der Bürgerinnen und Bürger dient.

Merkmale totalitärer Diktaturen — Im schärfsten Gegensatz zum demokratischen Verfassungsstaat stehen totalitäre Diktaturen. Ihr absoluter Herrschaftsanspruch soll den Einzelnen durchdringen. Sieben Merkmale kennzeichnen totalitäre Diktaturen:

Personenkult um den italienischen „Duce" Benito Mussolini (1883–1945)

Ideologie — Die Ideologie ist geschlossen; sie erhebt mit einem strikten Freund-Feind-Denken den Anspruch absoluter Erkenntnis.

keine Rechtssicherheit — In Diktaturen sind die Menschen Willkürmaßnahmen ausgesetzt. Die fehlende Rechtssicherheit äußert sich u. a. in rückwirkenden Gesetzen, im Fehlen einer transparenten Rechtsprechung und im Terror gegen Andersdenkende.

Terror — Terror im eigenen Staat mit Geheimpolizei und rücksichtsloser Verfolgung Andersdenkender verhilft der Ideologie zur Durchsetzung.

Massenpartei — Die Macht im Staat obliegt einer einzigen, hierarchisch strukturierten Massenpartei. Sie durchdringt alle Bereiche des Staatsapparates, womit ein Gewaltmonopol entsteht.

Personenkult — Da sich der Personenkult propagandistisch instrumentalisieren lässt, ist er häufig ein Merkmal von Diktaturen. Ausgeprägten Personenkult gab es zum Beispiel um Josef Stalin oder um Mao Tse-tung im Kommunismus, um Benito Mussolini im Faschismus sowie um Adolf Hitler im Nationalsozialismus („Führerkult").

Medienlenkung — Die Massenmedien werden zu Propagandazwecken monopolisiert und staatlich kontrolliert. Jede Kritik am System wird mit Zensurmaßnahmen im Keim erstickt.

Wirtschaftslenkung — Da es im totalitären System keine politikfreie Sphäre gibt, werden wirtschaftliches Leben und unternehmerisches Handeln von Partei und Staat zentral gesteuert.

DEMOKRATISCHER VERFASSUNGSSTAAT UND FREIHEITSGEFÄHRDENDE POLITISCHE ORDNUNGEN

Der sowjetische Stalinismus (1924–1953) war eine totalitäre Diktatur. Unter Wladimir Iljitsch Uljanow, genannt Lenin (1870–1924), entstand im Oktober 1917 die erste kommunistische Diktatur nach einer Revolution. Noch im gleichen Jahr begann die Verfolgung tatsächlicher und vermeintlicher Systemgegner.

Lenin und die Oktoberrevolution

Nach dem Tod Lenins verschärfte sich der diktatorische Gehalt des Regimes. Der neue Herrscher Josef Stalin (1878–1953) ließ Konzentrationslager für „Zwangsarbeit" errichten (Gulags). Infolge der von ihm vorangetriebenen Kollektivierung der Landwirtschaft kam es zu Misswirtschaft und Hungersnöten. Die Jahre der „Stalinistischen Säuberungen" 1936 bis 1938 waren geprägt von der systematischen Verfolgung politischer Gegner, insbesondere aus dem Bürgertum. Ganze ethnische Minderheiten wurden ausgelöscht.

stalinistischer Totalitarismus

Der Nationalsozialismus war ebenfalls totalitär und nach der nur formal demokratischen „Machtergreifung" am 30. Januar 1933 auf totale „Gleichschaltung" und Ausschaltung aller kritischen Stimmen angelegt. Der „neue Staat" war ganz auf den „Führer" Adolf Hitler ausgelegt, der eine Einparteienherrschaft der NSDAP installierte und sämtliche Grundrechte außer Kraft setzte. Begleitet waren diese administrativen Maßnahmen vom Vorgehen paramilitärischer und militärischer Einheiten – der „Sturmabteilung" (SA) und der „Schutzstaffel" (SS) – sowie der Geheimen Staatspolizei (Gestapo). Man errichtete Konzentrationslager (KZ) zur Internierung politischer Gegner und anderer unliebsamer Personen. Die staatlich gelenkte Wirtschaft wurde mit massiver Aufrüstung der Kriegsvorbereitung und -durchführung untergeordnet.

totalitärer Nationalsozialismus

Auch der fundamentalistische Staat weist totalitäre Züge auf. Im letzten Drittel des 20. Jahrhunderts entstanden islamistisch-theokratische Systeme, bei denen die Staatsgewalt allein religiös im Sinne einer Statthalterschaft für Gott legitimiert wird. Im Iran beispielsweise entwickelte sich mit der Revolution von 1979 ein Regime, das mit einer Geheimpolizei und „Revolutionswächtern" brutal gegen Andersdenkende vorging. Der Revolutionsführer Ayatollah Khomeini (1902–1989) stand dabei unkontrolliert über der exekutiven, legislativen und judikativen Gewalt. Trotz Lockerungen wurde der absolute Herrschaftsanspruch der Geistlichkeit seither nicht aufgegeben.

islamistischer Fundamentalismus

Die DDR, ein Kunstprodukt des Kalten Kriegs unter sowjetischem Deckmantel, wies insbesondere in der Anfangszeit totalitäre Elemente auf, wohingegen insbesondere in den 1980er-Jahren die autoritären Elemente überwogen. Autoritäre Regime haben sich in der zweiten Hälfte des 20. Jahrhunderts insbesondere in Lateinamerika entwickelt, konkret in Form von Militärregimen. Viele kommunistische Herrschaftsformen sind bis heute als autoritär zu bezeichnen, beispielsweise die politischen Systeme Kubas oder Chinas. Als totalitär gilt heute allein Nordkorea.

Diktaturen in Geschichte und Gegenwart

In autoritären Regimen sind die Intensität des Staatsterrors sowie der Gestaltungsanspruch der politischen Führung vergleichsweise schwächer ausgeprägt. Drei Merkmale sind charakteristisch:
- *Keine geschlossene Ideologie:* Die Ideologie steht nicht im Mittelpunkt des Staates; sie ist eher allgemein gehalten und hat keinen (über-)weltlichen Erkenntnisanspruch.
- *Eingeschränkter Pluralismus:* Anders als bei der Gleichschaltung in totalitären Regimen wird eine öffentliche Meinung und Meinungsbildung begrenzt gestattet.
- *Keine ständige Mobilisierung der Massen:* Zur Absicherung der Diktatur genügt eine passive oder duldende Einstellung der Bevölkerung.

Merkmale autoritärer Diktaturen

MATERIAL

1 Der Totalitarismus

Totalitarismus (ist) wahrhaft ein Phänomen des 20. Jahrhunderts, grundlegend verschieden von früheren Möglichkeiten totalitärer Regime. Seine primäre Bedingung und Ermöglichung ist eben ganz wesentlich der moderne Industrialismus und die Technologie im „Zeitalter der Massen", deren Expansion und Mobilisierung die eigentliche Basis und Legitimation bildet. Moderne Perfektion der Organisation, der Kommunikation, der Propaganda eröffnen die Möglichkeiten und halten die Instrumente bereit für jene umfassenden Kontrollen, jene totale Mobilisierung, jene terroristisch zwingende oder verführerisch überredende Gleichschaltung des Lebens und Denkens aller Bürger, wie es sie nie zuvor in der Geschichte gegeben hat. […] Grundlegend ist in allen totalitären Regimen der ausschließliche Führungsanspruch einer Partei und Ideologie. Das Wirken rivalisierender politischer Parteien und Gruppen wird ebenso unterbunden wie der fundamentale Anspruch auf individuelle Freiheit und Schutz der Menschenrechte. Insofern ist der Totalitarismus, ungeachtet seiner pseudodemokratischen Legitimierung, ein Gegenschlag gegen die demokratische Bewegung der Menschen- und Bürgerrechte. […]

Das totale Monopol der Partei, der Führungsanspruch in der Herrschaft wie in der Kontrolle über Staat und Gesellschaft wird nicht nur pseudodemokratisch, sondern mehr noch pseudoreligiös sanktioniert und überhöht. Mit dem Attribut der Unfehlbarkeit ausgestattet, fordern jene höchsten Instanzen des totalitären Staates eine glorifizierende Verehrung durch die „Massen", die dafür organisiert, indoktriniert, mobilisiert und […] zur betäubenden Orgie der Massenhuldigung geführt werden.

Reichsparteitag der NSDAP in Nürnberg, 1936

Quelle: Karl-Dietrich Bracher: Zeitgeschichtliche Kontroversen um Faschismus, Totalitarismus, Demokratie, München 1984, S. 35–40

MATERIAL

2 Elemente totalitärer Herrschaft

Element	Nationalsozialismus	Kommunismus
Herrschaftsanspruch	total	total
Ideologie	Hitlers „Mein Kampf" (1925)	Marxismus-Leninismus/ Stalinismus
keine Rechtssicherheit	Bestraft werden kann, wer nach „gesundem Volksempfinden" Strafe verdient hat.	„Die Partei hat immer recht."
Terror	Staatspolizei Gestapo; KZ-System	Geheimpolizei Tscheka; Gulag-System
Massenpartei	Nationalsozialistische Deutsche Arbeiterpartei (NSDAP)	Kommunistische Partei der Sowjetunion (KPdSU)
Personenkult	Adolf Hitler	Josef Stalin
Medienlenkung	Aufhebung der Pressefreiheit; Propagandaministerium	Aufhebung der Pressefreiheit
Wirtschaftslenkung	Kriegswirtschaft	Kollektivierung und Planwirtschaft

Eigene Darstellung nach: Wolfgang Merkel, Systemtransformation, 2. Aufl., Wiesbaden 2010, S. 54

Personenkult in Nordkorea

MATERIAL 3

Für 40 Millionen US-Dollar könnte man die gesamte Bevölkerung Nordkoreas dreizehn Tage lang mit Mais ernähren. Doch das Regime in Pjöngjang zieht es offenbar vor, das Geld für den
5 Personenkult rund um den verstorbenen „geliebten Führer" Kim Jong-il auszugeben.
Seit der im vergangenen Dezember an Herzversagen verschied, wurden Unmengen von Statuen errichtet, Anstecknadeln produziert und Denkmä-
10 ler aktualisiert. […] Die Zeitung beruft sich auf eine anonyme Quelle aus dem abgeschotteten Land. Demnach hat die nordkoreanische Regierung nach Kim Jong-ils Tod damit begonnen, die über 3000 „Türme des Ewigen Lebens" zu reparieren, die sich an sämtlichen großen Straßen-
15 kreuzungen überall in dem verarmten Land finden. Steinmetze änderten die Inschriften offenbar von „Unser großartiger Führer Kim Il-sung ist für immer bei uns" in „Unser großartiger Führer Kim Il-sung und der geliebte Führer Kim Jong-il sind
20 für immer bei uns".
[…] Das Beste ist [dem jetzigen „Führer"] Kim Jong-un gerade gut genug für seine verblichenen Vorväter. Er selbst profitiert schließlich von dem Personenkult in dieser einzigen kommunisti-
25 schen Dynastie der Welt. Schon jetzt hat er auch einen überschwänglichen Beinamen: Er gilt in Nordkorea als „Genie der Genies".

Quelle: Sophie Mühlmann: Der aberwitzig teure Personenkult in Nordkorea, in: Die Welt online, www.welt.de/politik/ausland/article110459557/Der-aberwitzig-teure-Personenkult-in-Nordkorea.html vom 31.10.2012; Zugriff am 14.1.2014

Ein todeswürdiges Verbrechen?

MATERIAL 4

Im Namen des deutschen Volkes!

In der Strafsache gegen den Regierungsrat Dr. jur. Theodor Korselt aus Rostock, geb. am 24. November 1891 in Buchholz, Erzgebirge, zurzeit in
5 dieser Sache in gerichtlicher Untersuchungshaft […] hat der Volksgerichtshof, 1. Senat, aufgrund der Hauptverhandlung vom 23. August 1943, an welcher teilgenommen haben als Richter: Präsident des Volksgerichtshofs Dr. Freisler […]
10 für Recht erkannt:
Theodor Korselt hat in Rostock in der Straßenbahn kurz nach der Regierungsumbildung in Italien* gesagt, so müsse es auch hier kommen, der Führer müsse zurücktreten, denn siegen könnten
15 wir ja nicht mehr und alle wollten wir doch nicht bei lebendigem Leibe verbrennen.
Als Mann in führender Stellung mit besonderer Verantwortung hat er
20 dadurch seinen Treueeid gebrochen, unsere nationalsozialistische Bereitschaft zu mannhafter Wehr beeinträch-
25 tigt und damit unserem Kriegsfeind geholfen. Er hat seine Ehre für immer eingebüßt und wird mit dem Tode bestraft. […]
30

Roland Freisler (1893–1945)

* Sturz Mussolinis, Juli 1943

Quelle: Walter Hofer: Der Nationalsozialismus, Frankfurt/ M. 1957, S. 322

➡ Querverweis: Kapitel II.1.1

---

1. Arbeiten Sie mit M1 die wesentlichen Merkmale des Totalitarismus heraus.
2. Beschreiben Sie mithilfe von M1 und M2, weshalb Nationalsozialismus und Stalinismus Prototypen des Totalitarismus waren.
3. Erklären Sie anhand von M3, inwiefern der Personenkult totalitäre Staaten stabilisiert.
4. Erläutern Sie anhand von M4 den totalen Herrschaftsanspruch des nationalsozialistischen Regimes sowie seine Herrschaftsstruktur (M5).

MATERIAL 5 Totalitäre, autoritäre und demokratische Systeme

	Totalitäres System	Autoritäres System	Demokratisches System
Herrschaftslegitimation	geschlossene Ideologie	keine geschlossene Ideologie, herrschaftspraktische Orientierung („Notstand")	Volkssouveränität („alle Gewalt geht vom Volke aus")
Herrschaftszugang	geschlossen (kein Wahlrecht)	limitiert (eingeschränktes Wahlrecht)	offen (unabhängig von Geschlecht oder Status)
Herrschaftsmonopol	beim Führer	bei Führern oder eingegrenztem Herrschaftskreis (z. B. Militär)	bei demokratisch legitimierten Institutionen
Herrschaftsstruktur	ohne Gewaltenteilung und -kontrolle	eingeschränkte Gewaltenteilung und -kontrolle	Prinzip der Machtbalance mit gegenseitiger Kontrolle der Gewalten
Herrschaftsanspruch	unbegrenzt	umfangreich (Freiheitsräume im Bereich der Wirtschaft)	begrenzt (Freiheitsräume beim Individuum, aber auch bei Wirtschaft und Verbänden)
Herrschaftsweise	nicht rechtsstaatlich, terroristisch, repressiv	repressiv, nur teilweise rechtsstaatlich	rechtsstaatlich

Eigene Darstellung

 Querverweis: S. 207, M 3

MATERIAL 6 War die DDR totalitär?

Das politische System der DDR zeichnete sich durch das Fehlen pluralistischer Elemente auf allen Ebenen aus. Der Monopolanspruch der kommunistischen Partei, die die „Avantgarde der Arbeiterklasse" sei, stand nicht zur Disposition. [...] Gewaltenvereinigung wurde als notwendig proklamiert. [...]

Der symbolträchtige Mauerbau erhob achtundzwanzig Jahre lang die „Absurdität zum Alltag". Die Abriegelungsmaßnahmen [...] zogen die größte Verhaftungswelle seit dem 17. Juni [1953] nach sich. Die Mauer firmierte in der Tat als die „existenzielle Grundlage der DDR", aber zugleich stellte dieses Monstrum deren existenzielle Grundlage immer wieder infrage. Beide Ereignisse samt ihren Folgen zeigen anschaulich den totalitären Charakter der DDR, spiegelbildlich zugleich auch die permanente Gefährdung eines Systems. [...] Bisher ist eine Institution – das Ministerium für Staatssicherheit (MfS) – so gut wie gar nicht berührt worden, deren Tätigkeit gemeinhin als das schlagendste Argument für die These gilt, die DDR sei [...] das Modell eines totalitären Staates gewesen – und zwar aufgrund der Rolle des zunehmend flächendeckend agierenden Staatssicherheitsdienstes [...]. In der „Richtlinie Nr. 1/76" der Staatssicherheit hieß es folgendermaßen: „Bewährte anzuwendende Formen der Zersetzung sind: systematische Diskreditierung des öffentlichen Rufs, des Ansehens und des Prestiges [...]." Jugendliche wurden nicht nur „zersetzt", sondern auch für die Zwecke der Staatssicherheit eingespannt. Eine Kommentierung aus einer Lektion des Ministeriums für Staatssicherheit [...] lautet: „Die optimale Gestaltung der Zusammenarbeit mit Jugendlichen, ihre Erziehung und Befähigung, dass sie der Forderung des Genossen Minister entsprechend in der Lage sind, operativ bedeutsamen Personen ,unter die Haut zu kriechen und ins Herz zu blicken, damit wir zuverlässig wissen, wer sie sind, wo sie stehen', verlangt vom Ministerium spezifische Fähigkeiten zur Führung junger Menschen." Diese Kommentierung macht einen Kommentar überflüssig. Querverweis: S. 116, M 4

Quelle: Eckhard Jesse: War die DDR totalitär?, in: Ders: Diktaturen in Deutschland, Baden-Baden 2008, S. 385–394

Islamismus als totalitäre Ideologie?

MATERIAL 7

Was als „Islamismus" bezeichnet wird, tritt in den Staaten der islamischen Welt in sehr unterschiedlicher Ausprägung auf. […] Die Annahme eines göttlich offenbarten, umfassenden, perfekten und endgültigen Wissens entspricht dem von totalitären Ideologien bekannten Anspruch eines exklusiven Zugangs zur (historisch-politischen) Wahrheit. […] Da islamische Kräfte in der Vergangenheit die unumschränkte politische Macht erobern konnten (Iran, Sudan, Afghanistan), wäre zu prüfen, ob in diesen totalitäre Merkmale erfüllt sind. Der Soziologe und Politikwissenschaftler Wahid Wahdatagh hat diese Frage für die Islamische Republik Iran bejaht. […] Der Staat Khomeinis habe im Innern keine Andersdenkenden geduldet und Oppositionelle auch im Ausland gnadenlos verfolgt. Schließlich hebt der Autor die Rolle des charismatischen Revolutionsführers hervor, der an der Spitze des Gottesstaates gleichsam als der Stellvertreter Gottes auf Erden erscheine. […] Der Aspekt der Massenmobilisierung spielt im Übrigen auch bei islamistischen Bewegungen jenseits der Macht eine wichtige Rolle. Die Aufforderung zum „Djihad" an alle gläubigen Muslime […] bedeutet ja den Aufruf zu einer großen gemeinsamen Anstrengung […]. So ist es naheliegend, die Ideologie des Islamismus – zumindest in ihrer Reinform […] – als totalitär zu bezeichnen. […] Doch erweisen sich gewisse islamische Gruppierungen als lernfähig. So diskutieren mittlerweile intellektuelle Islamisten darüber, wie sich ein islamischer Staat mit demokratischen Prinzipien wie Partizipation, Schutz der Menschenrechte, Verantwortlichkeit der Regierung und Rechtsstaatlichkeit verbinden lässt.

Zeichnung: Horst Haitzinger

[…] Der Islamismus verbindet mit anderen extremistischen Ideologien ein exklusives politisches Konzept, das neben sich nichts gleichberechtigt zulässt. Eine Heilslehre mit Absolutheitsanspruch entzieht jedem politischen Pluralismus die Existenzgrundlage. […] Die Vielzahl der Interessen, Meinungen, Überzeugungen und Lebensstile wird nicht als kultureller Reichtum gesehen, sondern einzig als Abirrung vom rechten Weg, wie ihn die Islamisten verstehen. Der Islamismus kann mit anderen Formen eines religiösen „Fundamentalismus" der Weltbeherrschung als eine eigenständige Variante des Politischen aufgefasst werden. Sie ist durch die propagierte Einheit von Politik und Religion, von westlicher und geistlicher Herrschaft gekennzeichnet. […] Die politisch-religiöse Heilslehre ist mit geteilter Machtausübung unvereinbar. Nimmt man das im Konzept des „Djihad" enthaltene Mobilisationsmoment hinzu, erfüllt der zur Macht gekommene Islamismus alle Bedingungen totalitärer Herrschaft.

Quelle: Uwe Backes/Eckhard Jesse: Vergleichende Extremismusforschung, Baden-Baden 2005, S. 202–214 ➡ Querverweis: S. 209

1. Erläutern Sie die Typologie in M 5 mit eigenen Worten. Finden Sie aktuelle Beispiele für die dargestellten Systemtypen, z. B. auf der Hompage des Auswärtigen Amtes.
2. Arbeiten Sie aus M 6 die wesentlichen Argumente heraus, die der Autor für seine These von der totalitären Diktatur der DDR anführt. Stimmen Sie zu?
3. Interpretieren Sie die Karikatur und erarbeiten Sie aus M 7 die totalitären Merkmale des Islamismus.
4. Führen Sie eine Debatte über eine mögliche Bedrohung der künftigen Weltordnung durch totalitäre Bewegungen.

1.7 Die Russische Föderation: Mischform zwischen Demokratie und Diktatur

Zeichnung: Gary Varvel

Kommunismus und Diktatur — Nach dem Tode Stalins 1953 leiteten seine Nachfolger allmähliche Erleichterungen ein, ohne jedoch die diktatorische Einparteienherrschaft, die zentrale Planwirtschaft oder die Ideologie des Marxismus-Leninismus anzutasten.

Perestrojka und Glasnost — Erst im Januar 1987 schlug der neue Generalsekretär der KPdSU, Michail Gorbatschow (*1931), angesichts massiver innen- wie außenpolitischer Probleme einen neuen Kurs der Demokratisierung ein: die Politik der Perestrojka („Umgestaltung der Gesellschaft") und der Glasnost („Öffnung gegenüber der eigenen Bevölkerung"). Die neue Freiheit, auch der sowjetischen „Satellitenstaaten", etwa Polen, Ungarn oder der Tschechoslowakei, löste eine Kettenreaktion von Revolutionen aus, die so von Gorbatschow nicht beabsichtigt gewesen waren. Die Auflösung der UdSSR und der Fall des „Eisernen Vorhangs" zwischen Ost und West waren zu diesem Zeitpunkt aber längst schon besiegelt. Gorbatschow wurde von den Entwicklungen ebenfalls überrollt und musste am 25. Dezember 1991 als Präsident der Sowjetunion zurücktreten.

Transformation und Privatisierung — Damit konnte in Russland, dem größten Staat des einstigen Sowjetimperiums, die Transformation hin zur Demokratie beginnen. Gerade die Privatisierung und die Schaffung eines liberalen Marktes taten nun ihre Wirkung. Unter dem neuen Präsidenten Boris Jelzin (1931 – 2007), einem Putschisten gegen Gorbatschow, wurde am 4. Oktober 1993 eine formal-demokratische Verfassung, ein semipräsidentielles System (mit doppelköpfiger Exekutive und wirkungsmächtigem Staatsoberhaupt) installiert. Diese Verfassung garantiert beispielsweise ausdrücklich die Menschenrechte.

Präsident, Duma und Föderationsrat — Der russische Staatspräsident hat im politischen System der neuen Russischen Föderation die zentrale Machtposition inne: Er vertritt Russland nach innen und außen und ist Oberbefehlshaber der Streitkräfte. Das Parlament, die Duma, und der Föderationsrat haben hingegen nur beschränkte Möglichkeiten zur politischen Machtausübung und keine direkten Einflussmöglichkeiten auf die Exekutive.

Jelzin und Putin

Boris Jelzin baute das präsidiale Machtzentrum, den Kreml, schrittweise aus. Für die Bevölkerungsmehrheit war der Übergang zur Marktwirtschaft eine rein passive Erfahrung. Eine Zivilgesellschaft bildete sich kaum heraus. Hingegen gelangten unter Jelzin oftmals korrupte „Nutznießer" der Privatisierung, sogenannte Oligarchen, zu immensem Reichtum und damit zu Macht und Einfluss. Jelzin erklärte am 31. Dezember 1999 seinen Rücktritt. Die lange geplante Nachfolge fiel auf den bis dato unbekannten ehemaligen KGB-Offizier Wladimir Putin (*1952), der seinem Mentor Jelzin als eine der ersten Maßnahmen Freiheit vor Strafverfolgung zusicherte. Unter der Präsidentschaft Putins stützte sich das Regime auf feste Machtstrukturen, einen loyalen Beamtenapparat und immer stärker auch auf das Militär.

Boris Jelzin (1931–2007)

Putin und Medwedew

Nach der russischen Verfassung durfte der Präsident nur zwei Amtszeiten hintereinander von jeweils vier Jahren bekleiden. Putin löste diese Problematik, indem er kraft seiner eigenen Machtfülle mit Dimitri Medwedew bei den Präsidentschaftswahlen einen Mann seines Vertrauens zu seinem Nachfolger wählen ließ. Putin selbst übernahm den Vorsitz der Kremlpartei „Einiges Russland" und wurde auf Vorschlag Medwedews von der Duma zum Regierungschef (Ministerpräsidenten bzw. Premierminister) gewählt. Am 24. September 2011 kündigte Putin bei einem Parteitag von „Einiges Russland" an, 2012 wieder als Staatspräsident zu kandidieren. Abermals hatte der bisherige Präsident Medwedew ihn für die Wahl vorgeschlagen. Zuvor wurde die Amtszeit des Präsidenten von vier auf sechs Jahre verlängert. Die erneute Amtsübernahme, ein Ämtertausch „von oben" im Tandem, wurde von zahlreichen, monatelangen Protesten begleitet.

Demokratie und Diktatur

Russland ist eine Mischform aus Demokratie und Diktatur, angesiedelt im Graubereich. Die Verfassung trägt trotz der starken Stellung des Präsidenten demokratische Züge. In der Wirklichkeit aber gibt es zahlreiche Belege für demokratische Defekte bzw. für autoritäre Herrschaftsmechanismen: Passivität und Entpolitisierung der Bevölkerung, wenig Partizipation am politischen Prozess, eine schwache Stellung des Parlaments sowie die Beschränkung der Medien- und Wahlfreiheit, die Verflechtung zwischen Staat und Wirtschaft und eine Politik „der starken Hand" nach innen und nach außen sind Kennzeichen des politischen Systems.

Wahlen und Parteien

Die gesellschaftlich kaum verankerten Parteien werden von einer Partei des Kreml dominiert. Die Wahlen zur Duma unterliegen von der Parteienregistrierung bis zum Wahlgang selbst einer zentralen Steuerung. Für die Zukunft bleibt mit der Doppelspitze Dimitri Medwedew und Wladimir Putin die Fortentwicklung des Systems eine offene Frage. Die Kremlpartei erreichte bei der Wahl von 2011 nicht die notwendige Zweidrittelmehrheit, was auf Verdruss der Bevölkerung über das Demokratieverständnis der Machthaber hindeutet. Dieser Verdruss verstärkte sich durch offenkundige Wahlfälschungen. Es mehren sich kritische Stimmen in der russischen Öffentlichkeit, die von der Führung teils durch Repression, teils durch Symbolpolitik wie etwa Straffreiheit für Regimekritiker beantwortet wird. Neue Maßnahmen, zum Beispiel ein Gesetz gegen „Homosexuellen-Propaganda", zeigen, dass Russland vom westlichen Gesellschaftsmodell und Modernisierung weit entfernt ist.

MATERIAL 1 Die Verfassung der Russischen Föderation

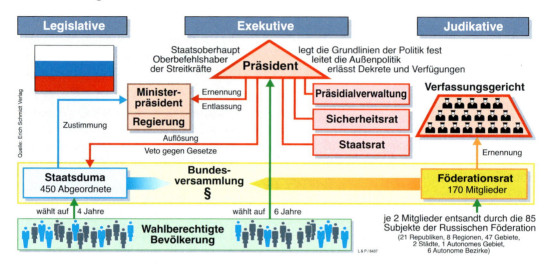

Quelle: Erich Schmidt Verlag

MATERIAL 2 Putins Demokratur

Russische Staatschefs, die nur pro forma ihr Land regieren, hat es schon häufiger gegeben. […] Neu ist allerdings, dass ein offenbar kerngesunder russischer Präsident als eine Art Strohmann für seinen Vorgänger fungiert, der gleichzeitig auch sein Nachfolger werden soll.
Am 24. September [2011], knapp ein halbes Jahr vor den Präsidentschaftswahlen, hat der russische Präsident Dmitrij Medwedew angekündigt, die erneute Kandidatur für dieses Amt seinem Vorgänger zu überlassen: dem derzeitigen Premierminister Wladimir Putin. Anders ausgedrückt: Putin hat damit für acht Jahre sein Land als Präsident regiert – von 2000 bis 2008 –, um für vier Jahre vom zweitwichtigsten Posten des Landes aus weiterzumachen und […] an die Spitze zurückzukehren. […] Und niemand zweifelte je daran, dass Putin auch als Premier der erste Mann im Staat war. An diesem Tandem-Medwedew interessierte bis zuletzt hauptsächlich, inwiefern er sich denn von Putin unterschied. Wenn Medwedew redete, so horchten wir auf, ob das irgendwie nach Emanzipation von Putin klang. Das war, wie wir jetzt definitiv wissen, eine müßige Beschäftigung.

Über Medwedew hat sich Putin obendrein seine künftige Amtszeit verlängern lassen: Statt bisher vier Jahren darf der russische Präsident künftig sechs Jahre lang regieren. Die Verfassung erlaubt Putin zwei weitere Präsidentschaften. Damit könnte er bis 2018 oder bis 2024 über sein Land herrschen – also insgesamt 18, wenn nicht gar 24 Jahre lang. Wer weiß, ob sich die Ära Putin auch danach nicht irgendwie verlängern ließe, wenn es der Partei Putins weiterhin gelingt, die verfassungsgebende Mehrheit in der Duma zu stellen? Ein Schelm, wer Böses dabei denkt! Jedes Land hat eben seine Besonderheiten, so auch die russische Demokratie, der man bereits unter dem Präsidenten Putin einen besonderen Namen gegeben hat: „Souveräne Demokratie". Souverän bedeutet hier offenbar: Das russische Volk kann frühestens nach 18 Jahren einen neuen Staatschef verkraften. Wenn sich andernorts Staatsoberhäupter auf eine Regierungsdauer von mindestens 18 Jahren freuen können, handelt es sich meistens um Diktaturen. In diesem Falle dürfen wir darunter eine Demokratie russischer Prägung verstehen. Sollen wir Demokratur sagen?

Quelle: Vanessa de l'Or: Putins Demokratur, in: Cicero online, www.cicero.de/weltbuehne/putins-demokratur/43303 vom 6.10.2011; Zugriff am 14.1.2014

MATERIAL 3

Russlands gelähmte Medien

Nach seiner Rückkehr in den Kreml 2012 hat Präsident Putin versucht, Russlands anwachsende Oppositionsbewegung einzudämmen, indem er mit noch härteren Maßnahmen gegen das vorging, was in Russland an unabhängigen Medien noch übrig war. [...]
Medienbesitz durch regimefreundliche Wirtschaftskonzerne, darunter große Öl- und Gasfirmen, ist ein Schlüsselmerkmal der gegenwärtigen Machtarchitektur in Russland. Die staatlich kontrollierten Medien liefern heute keine seriöse oder ausgewogene Berichterstattung zu Ereignissen an der Spitze des politischen Systems in Russland. Sie bieten auch kein Forum für eine freie und offene Debatte von Ideen. Stattdessen sind die staatlichen Medien damit beschäftigt, die Zuschauer mit einer offiziell gebilligten Version dessen zu versorgen, was in Russland und der Welt geschieht. Gleichzeitig werden potenzielle oppositionelle Stimmen oder Kräfte, die den amtierenden Machthabern gegenüberstehen, diskreditiert. Ein Schlüsselelement dieser Strategie besteht darin, zur Ablenkung einen steten Strom professionell gemachter Fernsehunterhaltung zu erzeugen, damit der Bürger nicht politisch aktiv werden kann. [...]
Bei den offiziellen Indizes zu Offenheit und Pluralismus schneidet Russland ausgesprochen schlecht ab. „Reporter ohne Grenzen" listete Russland 2013 bei der Pressefreiheit auf Platz 148 von 179 Ländern. Die Organisation hat Russland wegen der Unterdrückung der politischen Opposition kritisiert und dafür, dass die Behörden nicht jene Kriminellen entschieden verfolgen und vor Gericht stellen, die Journalisten ermordet haben.

[...] Russland ist für Journalisten ein äußerst gefährlicher Arbeitsplatz. Nach Angaben des Russischen Journalistenverbandes sind in dem Land über die vergangenen 20 Jahre 341 Journalisten getötet worden. [...]
Für die Regierung ist die Verhinderung einer offenen Diskussion über das, worauf es tatsächlich ankommt – Nachrichten und Informationen über Politik, Haushaltsentscheidungen und wirtschaftliche Interessen der Regierung –, von größter Bedeutung. Die Medien in Putins Russland liegen weiterhin an der kurzen Leine. Der Staat übt über das wichtigste Medium, das Fernsehen, eine monopolartige Kontrolle aus und verhindert die Ausstrahlung von politischen und Nachrichtensendungen, die andere politische Stimmen und politische Optionen präsentieren könnten. Da das Internet alternative Informationen und Meinungen bietet, gerät es zunehmend unter die Kontrolle des Kreml, da die Behörden versuchen, die Potenziale des Internets für ein gemeinsames, organisiertes Handeln der Opposition zu begrenzen. Da die Fragen nach der Legitimität der Regierung größer werden, gewinnt das Medienmanagement der Regierung für den Machterhalt der Führung Russlands noch mehr an Bedeutung. Die über ein Jahrzehnt verfolgte Strategie einer Untergrabung unabhängiger Medien hat bei den Bürgern tiefe Spuren hinterlassen. Die fortwährende Verweigerung tatsächlich unabhängiger Nachrichtenmedien hat weitreichende negative Folgen für die Fähigkeit der russischen Gesellschaft, sich in einer transparenteren und in höherem Maße demokratisch verantwortlichen Richtung zu entwickeln.

Quelle: Robert W. Orttung/Christopher Walker: Putin und Russlands gelähmte Medien, in: Russland-Analysen, Nr. 253, 8.3.2013; S. 2–6

1. Vergleichen Sie die Machtstellung des Präsidenten im politischen System der Russischen Föderation (M 1 bis M 2) und der Vereinigten Staaten von Amerika (S. 130 ff.).
2. Interpretieren Sie die Karikatur auf S. 150 vor dem Hintergrund von M 2.
3. Erarbeiten Sie aus M 3 die Einschränkung der Pressefreiheit und ihre Folgen für die politische Freiheit und die demokratische Meinungsbildung.
4. Vergleichen Sie Verfassungsnorm und Verfassungswirklichkeit in Russland (M 1 bis M 3).

MATERIAL

4 Amnestien in Russland

Der Unternehmer Michail Borissowitsch Chodorkowski unterstützte finanziell Oppositionsparteien gegen Putin und warf der Regierung öffentlich Korruption vor. 2003 wurde er wegen Betrug und Steuerhinterziehung verurteilt und inhaftiert. Kritiker Putins vermuten allerdings politische Motive für das Urteil. Ebenfalls als politisch motiviert gilt der Prozess gegen Nadeschada Tolonnikowa und Maria Aljochina, Mitglieder der Punkrockband „Pussy Riot". Sie wurden nach einer Protestaktion in einer Kathedrale, in der sie u. a. die Gottesmutter angerufen hatten, Präsident Putin zu verjagen, wegen Aufwiegelung zu religiösem Hass verhaftet und zu zweijähriger Lagerhaft verurteilt. Alle drei wurden im Dezember 2013 begnadigt.

Die Kremlgegner Chodorkowskij, Aljochina und Tolokonnikowa werden froh sein, dass sie ihr Leben nun außerhalb von Lagermauern verbringen. Aber dadurch wird dieses Leben nicht freier. Wer aus fragwürdigen Gründen im Gefängnis sitzt, für den ist die Begnadigung nur eine weitere Demütigung.

Wenn heute einer sagt, er wolle jetzt doch mal Gnade vor Recht ergehen lassen, dann verbirgt sich dahinter eine großzügige Geste, die beim Übeltäter Erleichterung auslösen soll: gerade noch mal davongekommen, eigentlich wäre eine Strafe verdient gewesen. In Russland behält die Spruchweisheit ihre althergebrachte, mittelalterliche Bedeutung. Der Herrscher lässt seine Gnade spüren – und damit auch seine Macht. Wer in Russland unschuldig oder aus anderen, fragwürdigen Motiven im Gefängnis sitzt, für den ist die Begnadigung nur der letzte Akt in einer Kette von Demütigungen.

Michail Chodorkowskij, Nadeschda Tolokonnikowa, Maria Aljochina – für die drei russischen Regierungskritiker ist die Amnestie kein Gunstbeweis, sondern ein neuerlicher Beleg für die Willkür in ihrem Staat. Selbstverständlich werden alle drei dankbar sein, dass sie nun ihr Leben außerhalb von Lagermauern verbringen können. Aber dadurch wird dieses Leben nicht freier. Chodorkowskij zieht es nach Berlin, wo er seine Angelegenheiten in Ruhe ordnen kann und wo er dem willkürlichen Zugriff der Staatsmacht entzogen ist. Die Pussy-Riot-Aktivistinnen wüten mutig dort weiter, wo sie vor ihrer Verhaftung aufgehört haben. Angst liegt dennoch in der Luft.

Deswegen kassiert der russische Präsident Wladimir Putin auch keinen Barmherzigkeitsbonus, wenn er pünktlich zum westlichen Weihnachtsfest (nicht zum orthodoxen) die Gefängnistore öffnet. Putin vollzieht den Gnadenakt wie ein absoluter Herrscher: willkürlich, intransparent, unberechenbar. Der Herrscher gibt, der Herrscher nimmt. Die vorweihnachtliche Gnade ist ein Beleg feudaler Denkstrukturen. Und weil diese Entscheidungen so unberechenbar, so willkürlich bleiben, bedeuten sie auch nicht persönliche Milde oder politische Mäßigung, sondern genau das Gegenteil: eine eindeutige Machtdemonstration. Putin kann es sich erlauben, seine Feinde zu begnadigen, es ist allein seine Entscheidung. Er sendet der Duma ein Begnadigungsdekret zu, das dort den parlamentarischen Segen bekommt. Die Geste ist in ihrem absolutistischen Dünkel nicht zu überbieten.

➡ Querverweis: S. 147, M 3

Wladimir Putin inszeniert sich in seinem Sommerurlaub.

Quelle: Stefan Kornelius: Putin gewährt Gnade vor Gerechtigkeit, in: Süddeutsche Zeitung online, www.sueddeutsche.de/politik/amnestien-in-russland-putin-gewaehrt-gnade-vor-gerechtigkeit-1.1850563 vom 24.12.2013; Zugriff am 14.1.2014

DEMOKRATISCHER VERFASSUNGSSTAAT UND FREIHEITSGEFÄHRDENDE POLITISCHE ORDNUNGEN

MATERIAL
Ein Schritt zurück ins Mittelalter 5

Die Staatsduma verabschiedete im Juni 2013 ein Gesetz, das es verbietet, sich in Gegenwart von Minderjährigen und über Medien wie das Internet positiv über Homosexualität zu äußern. Daraufhin kam es zu Protesten von Gegnern dieses Gesetzes und zu Angriffen auf sie durch Befürworter.

Was am Dienstag im Zentrum Moskaus geschah, war nichts anderes als Menschenjagd. Schwule, Lesben und ihre Unterstützer wollten mit einer harmlosen Kussaktion vor dem Parlamentsgebäude protestieren. Gegen ein Gesetz, das völlig zu Recht als homophob kritisiert wird; gegen ein Gesetz, das die freie Meinungsäußerung einschränkt; gegen ein Gesetz, das viele homosexuelle Jugendliche in Russland in eine Krise stürzen wird, weil sie mit niemandem über ihre Identität werden reden können.

Die Aktivisten wurden von radikalen Orthodoxen geschlagen, bespuckt und getreten. Ein johlender Mob teils vermummter Jugendlicher machte mit. Auf der Suche nach einem Opfer durchkämmten sie mehrere Etagen eines Kaufhauses. Das Ausmaß an Hass war schwer zu ertragen.

Und was noch viel schlimmer ist: Die Polizei schaute über weite Strecken zu. Sie nahm vor allem Homosexuellen-Aktivisten und besorgte Bürger mit, nicht die aggressiven Schläger.

In Russland regt sich kaum jemand über die Szenen am Dienstag auf. Das war auch nicht zu erwarten. 88 Prozent der Russen begrüßen das Homophobie-Gesetz. Allenfalls Einzelne setzen sich für Schwule und Lesben ein. Dem einen oder anderen mag das Zitat des deutschen Theologen Martin Niemöller einfallen. „Als sie die ersten Kommunisten holten, habe ich geschwiegen; denn ich war kein Kommunist. Als sie die ersten Juden holten, habe ich geschwiegen; denn ich war kein Jude. Als sie die ersten Katholiken holten, habe ich geschwiegen; denn ich war kein Katholik. Als sie mich holten, war niemand mehr da, der seine Stimme hätte erheben können."

So weit ist es in Russland zum Glück nicht. Aber die Exzesse am Dienstag lassen ahnen, was Menschen in Russland blühen könnte, die anders sind und dies nicht verschweigen. In Russland werde jeder, der anders denkt oder lebt, ins Abseits gedrängt, für fremdbestimmt oder aber für krank erklärt. Das hat Maria Aljochina, eine der inhaftierten Aktivistinnen von Pussy Riot, vor einem knappen Jahr im Gerichtssaal gesagt. Sie hatte recht. Das Homophobie-Gesetz ist ein trauriger Beleg dafür. Die politische Führung Russlands spielt mit dem Feuer. Das Homophobie-Gesetz verhindert Aufklärung, es schürt Vorurteile, Ausgrenzung und Hass. Selbst ernannte gewaltbereite Moralwächter fühlen sich durch das Gesetz bestätigt. Und die Botschaft an die Minderheiten ist klar: Verhaltet euch still. Passt euch an. Redet nicht über das Anderssein.

Quelle: Gesine Dornblüth: Ein Schritt zurück ins Mittelalter, in Deutschlandradio Kultur, www.deutschlandradiokultur.de/ein-schritt-zurueck-ins-mittelalter.996.de.html?dram:article_id=249944 vom 15.6.2013; Zugriff am 14.1.2014

1. Erklären Sie, warum die 2013 durch Wladimir Putin gewährten Amnestien (M 4) ein weiterer Beweis für seine übermächtige Stellung sind.
2. Überprüfen Sie, ob es sich bei Putins „Inszenierung" (Foto in M 4) schon um Personenkult (S. 144) handelt.
3. Erläutern Sie, warum die Amnestien (M 4) und das Gesetz gegen Äußerungen über Homosexualität (M 5) nicht mit freiheitlich-demokratischen Grundsätzen zu vereinbaren sind.
4. Begründen Sie auf Basis von M 1 bis M 5, warum Russland eine Mischform aus Demokratie und Diktatur ist.

2. Die Sicherung der Zukunftsfähigkeit der Demokratie

2.1 Herausforderungen und Problemlösungen im Politikfeld „Familie"

Skulptur von Gustav Vigeland
(1869–1943), Vigelandspark, Oslo

Schutz von Ehe und Familie

Familie ist allgegenwärtig in jeglicher Kultur. Dennoch existieren unterschiedliche Leitbilder und Ausprägungen. Lange herrschte eine geschlechtsspezifische Arbeitsteilung, d. h., die männliche Erwerbstätigkeit und die weibliche Haus- und Familienarbeit. Erst 1977 wurde in der Bundesrepublik das familienpolitische Leitbild der „Hausfrauenehe" aus dem Bürgerlichen Gesetzbuch (BGB) getilgt. Seither gilt das Gleichberechtigungsprinzip auch innerhalb der Familie. Der Schutz von Ehe und Familie ist durch das Grundgesetz verfassungsrechtlich sichergestellt. Aus Artikel 6 GG haben Familien Hilfs-, aber auch Abwehransprüche gegenüber dem Staat. So schreibt der Staat seinem Bürger keineswegs die Gründung einer Familie vor.

Shell-Jugendstudie 2010

Die Familie, in welcher Definition auch immer, ist die Einrichtung, in der Kinder geboren und aufgezogen werden. Der Feststellung, die Bundesrepublik brauche mehr Kinder, wird kaum noch widersprochen. Sie ist zugleich Appell an die junge Generation, und vor allem an die jungen Frauen. Die junge Generation steht dem Thema Familiengründung inzwischen mehrheitlich positiv gegenüber. So sind 76 % der in der Shell-Jugendstudie 2010 Befragten der Meinung, dass eine Familie wichtig ist, um glücklich zu sein. 69 % der Jugendlichen wünschen sich Nachwuchs. Junge Frauen (73 %) äußern diesen Wunsch häufiger als junge Männer (65 %). Fast drei Viertel aller Jugendlichen würden ihre eigenen Kinder so erziehen, wie sie selbst erzogen wurden.

Familienpolitik als Querschnittsaufgabe

Was auch immer diverse Befragungen zutage fördern: Tatsache ist, dass trotz aller Bekundungen zugunsten der Familie die Zahl der Singlehaushalte und Paarbeziehungen ohne Kinder zunimmt und die Fruchtbarkeitsrate bei ungefähr 1,4 liegt – deutlich unter der Rate, die für die Stabilisierung der Bevölkerungszahl erforderlich wäre. Im europäischen Vergleich bleiben die deutschen Frauen sogar am häufigsten kinderlos. Familienpolitik muss daher als eine der wichtigsten Querschnittsaufgaben verstanden werden, die jedes Ressort und jedes Politikfeld angeht. Gezielte familienpolitische Maßnahmen sollen und müssen daher Eltern, die sich für ein Kind oder mehrere Kinder entschieden haben, unterstützen. Dabei dürfen freilich Kinderlose nicht benachteiligt werden. Zugleich hat der Staat die Aufgabe, die Vereinbarkeit von Beruf und Familie sicherzustellen.

In der Tat wird auf unterschiedlichen Ebenen und von unterschiedlichen Akteuren Familienpolitik betrieben. Bund, Länder und Gemeinden fördern Familien mit Transferleistungen und Vergünstigungen. In lokalen Bündnissen für Familien arbeiten Kirchen, Gewerkschaften, Wohlfahrtsverbände und Partner aus der Wirtschaft zusammen. Es gibt einen Unternehmenswettbewerb „Erfolgsfaktor Familie" und die „Allianz für die Familie", eine breit angelegte Initiative von Entscheidungsträgern aus Politik, Wirtschaft und Kultur. *Bund, Länder, Gemeinden*

Der Bund sorgt vor allem für finanzielle Anreize, damit aus dem elterlichen „Kinderwunsch" Wirklichkeit werden kann. Dazu zählen Kindergeld und Kinderfreibetrag, Erziehungs- und Elterngeld, steuerliche Hilfen für Ehegatten und Familien („Splitting"), BAföG als staatliche Ausbildungsförderung, Kündigungsschutz für werdende Mütter sowie Elternzeit oder Vätermonate. Der Bund unterstützte die Kommunen in den letzten Jahren verstärkt finanziell beim Ausbau von Kindertageseinrichtungen und bei den laufenden Betriebskosten. Seit dem 1. August 2013 müssen Deutschlands Kommunen Kita-Plätze für unter Dreijährige garantieren. Eltern können alternativ aber auch Betreuungsgeld beantragen. *finanzielle und ideelle Anreize* *Kindertagesstätten*

Familienpolitik steht als Zukunftspolitik immer wieder vor der Aufgabe, sich neuen gesellschaftlichen Entwicklungen anpassen zu müssen. So reagierte der Staat auf die Emanzipation und – damit einhergehend – auf die zunehmende Berufstätigkeit der Frau. Auch der in der Pluralisierung der Lebensformen wirksam werdende gesellschaftliche Wandel ist keineswegs nur eine Angelegenheit der privaten Lebensgestaltung. Ungewöhnlich oft griff das Bundesverfassungsgericht regelnd, sogar als „Ersatzgesetzgeber", in die Familienpolitik ein. So etwa führte es 1966 aus: „Ehe ist auch für das Grundgesetz die Vereinigung eines Mannes und einer Frau zu einer grundsätzlich unauflöslichen Lebensgemeinschaft, und Familie ist die umfassende Gemeinschaft von Eltern und Kindern, in der den Eltern vor allem Recht und Pflicht zur Pflege und Erziehung erwachsen. Dieser Ordnungskern der Institute ist für das allgemeine Rechtsgefühl und Rechtsbewusstsein unantastbar" (BVerfGE 10, 59/66). *Familienpolitik als Zukunftspolitik*

Der Geburtenrückgang in Deutschland, wachsende Scheidungsraten sowie die Vielzahl nichtehelicher Lebensgemeinschaften zeigen, dass die gesellschaftliche Realität zunehmend in Spannung zu den Normen des Grundgesetzes geraten kann. Daraus können sich politische Konsequenzen ergeben, da der Staat nach Art. 6 GG zu Familienpolitik verpflichtet ist. Ein Beispiel liefert die konkrete politische Forderung nach der rechtlichen Aufwertung gleichgeschlechtlicher Lebensgemeinschaften bis hin zur vollen Gleichstellung mit der Familie im Sinne des Grundgesetzes: Nach dem traditionellen Verständnis zielen Ehe und Familie auf die Verwirklichung des „Kinderwunsches". Der Familienbegriff wurde hier aber geöffnet, beispielsweise durch Regelungen für die Gleichstellung nichtehelicher Kinder sowie das Gesetz zur Anerkennung gleichgeschlechtlicher Lebenspartnerschaften von 2001. Einige Gerichtsurteile haben seither zu einer stärkeren Anerkennung gleichgeschlechtlicher Ehepartnerschaften geführt. *gleichgeschlechtliche Lebensgemeinschaften*

MATERIAL
1 Wichtigkeit familienpolitischer Ziele im Jahr 2013

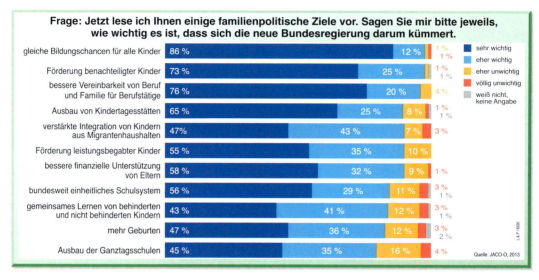

MATERIAL
2 Familienpolitik – eine Frage der Prioritäten

Nur selten stoßen Wertvorstellungen so fundamental aufeinander wie in der Familienpolitik, doch in kaum einem anderen Politikfeld weiß man auch noch so wenig über die Wirksamkeit der ergriffenen Maßnahmen. Je weniger man aber den volkswirtschaftlichen und gesellschaftlichen Wert von Familienpolitik einordnen kann, umso mehr müssen dann Werte als Kompassnadel für die Familienpolitik dienen.
Klassiker in der familienpolitischen Debatte sind die Auseinandersetzung um das Betreuungsgeld, der hinter den selbst gesteckten Zielen zurückbleibende Ausbau der Kinderbetreuung sowie das wegen seines großen Mitteleinsatzes stets besonders kritisch begutachtete Elterngeld. Zur Erinnerung: Schon 2007 wurde das Elterngeld als eine zusätzliche Lohnersatzleistung für vormals erwerbstätige Mütter und Väter eingeführt. Beim „Krippengipfel" hatten sich Bund, Länder und Kommunen damals zudem darauf geeinigt, dass von August 2013 an für Kinder ab dem vollendeten ersten Lebensjahr ein Rechtsanspruch auf einen staatlich geförderten Betreuungsplatz bestehen soll. Gleichzeitig wurde beschlossen, dass Eltern, die Kinder im zweiten und dritten Lebensjahr zu Hause betreuen, als Anerkennung ihrer Erziehungsleistung ein Betreuungsgeld erhalten sollen. [...]
Alle drei Politikmaßnahmen stellen kostenträchtige Innovationen in der Familienpolitik dar. Schon 2009 wurden nach Angaben des Bundesfamilienministeriums für ehe- und familienbezogene Leistungen alles in allem etwa 195 Milliarden Euro aufgewendet. Mit diesem Volumen nimmt Deutschland auch im internationalen Vergleich einen vorderen Platz ein, denn es wendet etwa 2,7 Prozent seiner Wirtschaftsleistung (gemessen am Bruttoinlandsprodukt) für familienpolitische Leistungen auf. Das sind rund 5 100 Euro pro Kind unter 18 Jahren jährlich oder kumuliert bis zum 18. Lebensjahr, einschließlich der Ausbildung, etwa 246 000 Euro. Angesichts dieser beträchtlichen familienpolitischen Ausgaben verwundert es deshalb zunächst nicht, wenn sich bei jeder Veröffentlichung des Statistischen Bundesamtes zu aktuellen Geburtenzahlen in Deutschland oder OECD-Studien über den familienpolitischen Mitteleinsatz Deutschlands im internationalen Vergleich eine Debatte über die Wirksamkeit der Familienpolitik entzündet.
Diese Debatte ist aber verkürzt, weil sie lediglich einen Zusammenhang zwischen dem finanziellen

Aufwand und der Zahl der Geburten herstellt. Familienpolitik verfolgt aber neben der Aufgabe, einen Rahmen dafür zu schaffen, dass sich der Wunsch nach Kindern auch erfüllen lässt, noch ganz andere Ziele – etwa jene, die Bedingungen für das wirtschaftliche Wohlergehen von Eltern und Kindern zu sichern und eine echte Wahlfreiheit bei der Entscheidung zwischen Familie und Beruf zu ermöglichen, um nur die wichtigsten zu nennen. [...]

Der Erfolg der Familienpolitik ist zweifelsohne nicht allein an der Geburtenzahl festzumachen – nicht nur, weil es auch andere familienpolitische Ziele als die Steigerung der Geburtenzahl gibt, sondern auch, weil wir naturgemäß nichts über die Entwicklung der Geburtenzahlen ohne die bisherigen familienpolitischen Leistungen wissen. Umso mehr sollte die Familienpolitik aber zum einen ihre Ziele noch sehr viel deutlicher machen als bisher. Querverweis: Kapitel I.2.1

Quelle: Hans-Peter Klös: Eine Frage der Prioritäten, in: Frankfurter Allgemeine Zeitung online, www.faz.net/aktuell/wirtschaft/familienpolitik-eine-frage-der-prioritaeten-12000541.html vom 25.12.2012; Zugriff am 14.1.2014

MATERIAL 3
Ganzheitliche Familienpolitik

Wir brauchen einen neuen Aufbruch für Familien, Gleichstellung und Generationen. Diese zentralen gesellschaftspolitischen Themen müssen wieder ein Schwerpunkt der Politik werden. [...] Es darf in Zukunft nicht mehr allein darum gehen, Teile der Gesellschaft als Zielgruppen zu definieren und dann abgegrenzte, nur auf die einzelne Zielgruppe zugeschnittene Angebote zu machen. Stattdessen müssen die Zukunft der Familien, der demografische Wandel, das Miteinander der Generationen sowie die Gleichstellung gemeinsam betrachtet werden. [...]
Kita-Ausbau und Elterngeld wirken nachhaltig positiv. [...] Der Hauptkritikpunkt ist jedoch das bestehende Nebeneinander zu vieler, nicht aufeinander abgestimmter Angebote – so gut diese auch gemeint sein mögen. Die eigentliche Aufgabe ist es, die Arbeitswelt familienfreundlicher zu gestalten. Nicht nur neue Arbeitszeitmodelle sind gefragt. Wir brauchen darüber hinaus mehr Zeit füreinander, für Beziehungen zwischen den Generationen, für gemeinsame Freizeit, für Lernen von- und miteinander. Gerade der Faktor Zeit wird immer wichtiger. Alle Bemühungen um den Ausbau der Infrastruktur für die Kinder und Familien müssen ergänzt werden um mehr Aufmerksamkeit und Achtung für die weitergehenden Anliegen von Familien. [...]
Klar ist: Eine gute Betreuungsstruktur ist einer der entscheidenden Faktoren für den Erfolg von Familienpolitik. Deshalb müssen nicht nur Kitas, sondern auch der Ausbau von Ganztagsschulen ein Kernanliegen der nächsten Jahre sein. [...] Denn nur mit einer Bildungs- und Betreuungsinfrastruktur von hoher Qualität wird eine gerechte Teilung von Erwerbsarbeit und ein gleicher Zugang von Frauen und Männern zur bezahlten Arbeit möglich. Das Elterngeld ist ein gutes Beispiel dafür, dass gezielte familienpolitische Unterstützung auf hohe Akzeptanz bei den Eltern trifft.

Quelle: Kerstin Griese: Nach der verlorenen Zeit – ein neuer Aufbruch, in: Berliner Republik, 2013/5, S. 74 f.

---

1. Analysieren Sie die Grafik M 1 und erörtern Sie, welche familienpolitischen Ziele Ihrer Meinung nach am ehesten soziale Gerechtigkeit befördern.
2. Erarbeiten Sie aus M 2, mit welchen Maßnahmen die Bundesrepublik Deutschland die Familien fördert und nehmen Sie Stellung zur Verhältnismäßigkeit der Mittel.
3. Erläutern Sie die These, dass sich Familienpolitik nicht allein an der Geburtenzahl festmachen lässt (M 2).
4. Ermitteln Sie aus M 3 die geforderten Kernpunkte künftiger Familienpolitik.
5. Vergleichen Sie die Forderungen aus M 3 mit den Zielen aus Elternsicht in M 1.

MATERIAL
4 Das Elterngeld

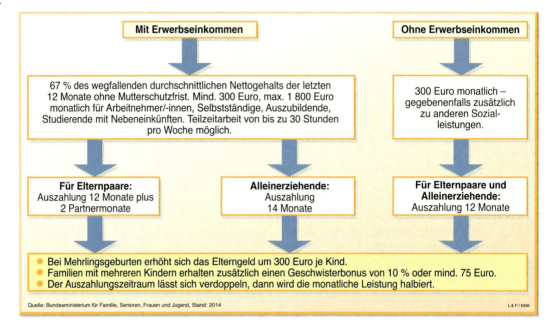

Quelle: Bundesministerium für Familie, Senioren, Frauen und Jugend, Stand: 2014

MATERIAL
5 Pro und Kontra zur Abschaffung des Elterngeldes

Pro: Das Elterngeld sollte abgeschafft werden. Denn das milliardenschwere Gesetz bringt Familien zu Unrecht als Kostgänger der Nation in Verruf.

Es ist die Tragik der Familienpolitik, dass ausgerechnet sie das letzte Feld ist, in dem die Politik sich noch vormodern gebärdet. Während sich herumgesprochen hat, dass der Staat keine Arbeitsplätze schaffen und keine Patente entwickeln kann, regiert die Politik stärker in die Familien hinein als je zuvor und trägt heftige ideologische Schlachten aus, wie dies am besten geschieht. […] Betrachtet man das Elterngeld unter diesem Blickwinkel, war es übrigens durchaus ein Erfolg: Es hat dazu geführt, dass Eltern schneller wieder arbeiten gehen und öfter zwei Einkommen erzielen. Dies ist auch statistisch nachweisbar – und wird etwa in der für das Familienministerium erstellten Studie „Elterngeld Monitor" gefeiert. Wer sich als Wirtschaftsvertreter um den Fachkräftemangel sorgt oder als Feministin etwas gegen Frauen hat, die zu Hause bleiben, kann also durchaus zufrieden sein mit dem Elterngeld – nur mit Kindern hat das alles nichts zu tun.

In Wirklichkeit wird mit dem Elterngeld Wirtschaftspolitik und Gleichstellungspolitik gemacht. Und hier kommen wir an einen wunden Punkt. Diese teure Politik hat zu der weit verbreiteten Fehlannahme geführt, die Familien seien eine Art Kostgänger der Nation. Tatsächlich ist das Gegenteil der Fall.

Familien werden in unseren umlagefinanzierten Sozialsystemen vielmehr krass benachteiligt. Wer heute beruflich kürzertritt, um Kinder zu erziehen, wird doppelt bestraft: Investiert er doch in die Beitragszahler von morgen – ohne die gleichen Ansprüche zu erwerben wie jemand, der zur gleichen Zeit arbeitet. Das Bundesverfassungsgericht hat die Politik mehrfach aufgefordert, diesen grundgesetzwidrigen Zustand zu verändern, den Wissenschaftler „Transferausbeute" nennen.

Quelle: Robin Alexander: Sollte das Elterngeld abgeschafft werden? Ja, in: Die Welt vom 11.7.2012, S. 2

Kontra: Das Elterngeld muss erhalten bleiben. Denn wie keine andere familienpolitische Maßnahme hat das Elterngeld binnen kürzester Zeit eine kleine Revolution ausgelöst.

Es ist schon absurd. Da hat die Bundesregierung einmal ein Gesetz verabschiedet, das schon wenige Jahre nach seinem Inkrafttreten alle seine beabsichtigten Ziele erreicht hat. Ein Gesetz, dass den Nerv Hunderttausender junger Paare getroffen hat, die sich mit dem Gedanken an eine Familiengründung tragen – und dabei, anders als ihre Eltern, einen partnerschaftlichen Weg gehen wollen. Ein Gesetz, das Mut macht zum Kind und einen finanziellen Schonraum schafft für die Familie. Kurz: ein Gesetz, das ein voller Erfolg ist. [...] Und wenn das Elterngeld dazu beiträgt, Mut auf ein zweites oder drittes Kind zu machen, weil auch das geht, ohne seinen Lebensstandard mit all den Kosten, die Kinder nun einmal auch verursachen, aufgeben zu müssen, wäre das doch wunderbar. So gesehen hat das Elterngeld in den fünf Jahren seines Bestehens schon enorm viel erreicht. Es hat das Einkommen der Familien nach der Geburt erhöht, die Erwerbsbeteiligung von Müttern mit Kindern im zweiten Lebensjahr gesteigert und die Väterbeteiligung an der Kinderbetreuung gestärkt, heißt es im „Elterngeld Monitor" des DIW: „Es entfaltet damit die ihm vom Gesetzgeber zugedachten Wirkungen." Und mit ein bisschen Geduld werden sich vermutlich auch mehr Kinder einstellen. Dann nämlich, wenn sich herumgesprochen hat, dass Kinder zu haben nicht Verzicht auf Lebensfreude bedeutet, sondern Gewinn.

Quelle: Sabine Menkens: Sollte das Elterngeld abgeschafft werden? Nein, in: Die Welt vom 11.7.2012, S. 2

MATERIAL
Familienförderung **6**

Zeichnung: Burkhard Mohr

1. Erläutern Sie mithilfe von M 4 die Funktionsweise des Elterngeldes.
2. Erarbeiten Sie aus M 5 die Argumente für und wider das Elterngeld.
3. Interpretieren Sie die Karikatur M 6 und nehmen Sie zu deren Aussage Stellung.
4. Halten Sie auf Grundlage von M 5 und M 6 eine Rede für oder gegen die Beibehaltung des Elterngeldes.

2.2 Herausforderungen und Problemlösungen im Politikfeld „Umwelt"

Die Gesetzgebung zur staatlichen Sozialversicherung wurde in Deutschland noch in den 1880er-Jahren, im Kaiserreich, eingeführt. Die Umweltpolitik wurde hingegen erst in den 1960er-Jahren zum Gegenstand deutscher Politik. Allerdings wusste zu diesem Zeitpunkt kaum ein westdeutscher Bundesbürger etwas mit dem Begriff „Umwelt" anzufangen. Erst mit der Berichterstattung der Medien über Probleme, die infolge des Fischsterbens oder infolge von

Umweltbewusstsein in Deutschland

Chemieunfällen etwa am Rhein oder im italienischen Seveso 1976 auftraten, änderte sich das Bewusstsein der Bevölkerung – umweltpolitische Sachverhalte erregten nun die Gemüter, wurden politisiert. Es entstanden nationale und internationale Vereinigungen wie der World Wide Fund For Nature (WWF), Greenpeace oder der Bund für Umwelt und Naturschutz (BUND). Hervorgegangen aus Bürgerinitiativen und den „Neuen sozialen Bewegungen" gründete sich 1980 in Karlsruhe die Bundespartei „Die Grünen".

In den 1980er-Jahren waren vor allem das Robbensterben an der Nordsee, das Waldsterben in den deutschen Mittelgebirgen oder die durch havarierte Öltanker ausgelösten Meeresverschmutzungen („Ölpest") Spitzenthemen. Der „größte anzunehmende Unfall" (GAU) – die Reaktorkatastrophe von Tschernobyl im Jahr 1986 – sorgte schließlich für einen echten Wandel in der Umweltpolitik: Der von den Vereinten Nationen (UN) daraufhin geprägte Begriff der „nachhaltigen Entwicklung" steht seither für die Absicht, derartige Umweltschäden nie wieder zulassen zu wollen. In der Bundesrepublik entstand das Bundesministerium für Umwelt, Naturschutz und Reaktorsicherheit, nachdem in Bayern bereits im Jahr 1970 als erstem Bundesland ein Umweltministerium gegründet worden war.

Umweltschutz als Staatsziel

Eine besondere Rolle spielte die Umweltpolitik im Zuge der deutschen Einheit. Die DDR hinterließ eine katastrophale Umweltverschmutzung, weshalb das westdeutsche Umweltrecht in besonderer Weise auf die „neuen" Bundesländer übertragen werden musste. Um dessen Bedeutung zu unterstreichen, wurde der Umweltschutz 1994 als Staatsziel mit dem neuen Artikel 20a in das Grundgesetz aufgenommen. Beim Weg in Richtung „Umweltstaat" hat Deutschland damit eine Vorreiterrolle in der internationalen Entwicklung eingeschlagen und setzt auch bei der Klimaschutzpolitik deutliche Akzente und immer wieder Maßstäbe.

Im internationalen Vergleich einzigartig war der unter der rot-grünen Bundesregierung im Dezember 2001 beschlossene „Ausstieg" Deutschlands aus der Kernenergie. Nach damaligen Berechnungen war davon auszugehen, dass das letzte Atomkraftwerk in Deutschland im Jahr 2021 abgeschaltet werden würde. Im Oktober 2010 hatte dann aber die schwarz-gelbe Bundesregierung eine Laufzeitverlängerung für die deutschen Atomkraftwerke entschieden. Das letzte deutsche AKW sollte frühestens 2036 abgeschaltet werden. Die Katastrophe von Fukushima sorgte aber für eine erneute Energiewende: Am 11. März 2011 hatte ein gewaltiges Erdbeben den Nordosten Japans erschüttert. Ein Tsunami zerstörte Teile des Atomkraftwerks in Fukushima, die Folge war der schwerste Atomunfall seit der Katastrophe von Tschernobyl 1986. Die deutsche Öffentlichkeit war alarmiert. Im Monat des Atomunfalls demonstrierten Hunderttausende. Auch die Politik reagierte umgehend: Zwei Tage nach dem Reaktorunfall setzte die Bundesregierung die Laufzeitverlängerung aus, die sieben ältesten Atomreaktoren wurden sofort vom Netz genommen. Am 30. Juni 2011 beschloss der Bundestag mit großer Mehrheit einen Atomausstieg bis 2022.

Energie durch die Kraft von Ebbe und Flut – Gezeitenkraftwerke (Simulation)

deutscher „Atomausstieg"

Statt der Kernenergie setzt die Bundesrepublik heute auf die Förderung erneuerbarer Energien. Im Jahr 2000 wurden die Energieversorgungsunternehmen im Erneuerbare-Energien-Gesetz (EEG) dazu verpflichtet, Strom aus erneuerbaren Energien wie Windkraft und Solarzellen von anderen Produzenten abzunehmen und mit staatlich festgesetzten Mindestpreisen zu vergüten. Deutschland hat mittlerweile einen im weltweiten Vergleich enormen Markt für Windenergie, Solarthermie und Biodiesel sowie für Photovoltaikanlagen. Dies hat allerdings auch seinen Preis, den die Verbraucher mit im Vergleich zum Ausland höheren Strompreisen bezahlen müssen.

erneuerbare Energien

Deutliche Anzeichen eines weltweiten Klimawandels machen die Umweltpolitik für Gegenwart und Zukunft zu einer globalen Herausforderung. Der Klimawandel war 1992 erstmals Gegenstand einer UNO-Konferenz. In der damals von der „Weltkonferenz für Umwelt und Entwicklung" in Rio de Janeiro beschlossenen „Agenda 21" oder „Tagesordnung für das 21. Jahrhundert" sind die Ziele einer gemeinsamen Politik formuliert, mit deren Hilfe globale umwelt- wie auch gesellschaftspolitische Probleme gelöst werden sollen. Zielsetzung der internationalen Staatengemeinschaft ist es z. B., die Abholzung des Regenwaldes langfristig zu unterbinden oder durch Kontrollen beim Walfang oder bei der Jagd auf Elefanten den Verlust der Artenvielfalt deutlich zu verringern.

Agenda 21

Globale Umweltpolitik hängt aber maßgeblich von der Kompetenz und dem politischen Willen nationaler Regierungen und dem Problembewusstsein ihrer Staatsbürger ab. Im Jahre 1997 entstand mit dem Kyoto-Protokoll das erste völkerrechtlich verbindliche Abkommen mit konkretem Gestaltungsanspruch. Die UN-Klimakonferenzen in Kopenhagen von 2009 oder Warschau 2013 zeigten jedoch die weiterhin großen Schwierigkeiten, einen verbindlichen Klimaschutz festzulegen. Einig sind sich die Staaten lediglich, die Erderwärmung begrenzen zu wollen.

MATERIAL

1 Tschernobyl – Auslöser der Umweltpolitik

Infolge der Reaktorkatastrophe, die sich am 26. April 1986 um 1.23 Ortszeit als Folge eines planmäßigen Tests während des Herunterfahrens zu Renovierungsarbeiten im Atomkraftwerk (AKW) Tschernobyl ereignete, wurden weite Teile von Belarus (Weißrussland), der Ukraine und Russland radioaktiv verstrahlt. […] Über das Ausmaß der Katastrophe und die gesundheitlichen Risiken erfuhren die Menschen in den betroffenen Regionen erst mehrere Jahre nach der Reaktorexplosion. Denn ungeachtet der von dem 1985 ernannten Generalsekretär der KPdSU, Michail Gorbatschow, proklamierten neuen Transparenz versuchten die sowjetischen Behörden, die Folgen des Unfalls zunächst zu verschweigen. Dabei forderten belarussische und ukrainische Naturwissenschaftler, bereits kurz nachdem sie von der Reaktorexplosion erfahren hatten, von der politischen Führung ihrer Republiken umfassende Schutzmaßnahmen für die Bevölkerung. So schlug der damalige Leiter des Instituts für Atomenergie der belarussischen Akademie der Wissenschaften, Wasilij Nesterenko, der belarussischen Parteispitze schon am 29. April 1986 […] die Evakuierung weiter Bevölkerungsteile in einem Umkreis von 100 km […] vor. Zu diesem Zeitpunkt stimmte die Moskauer Zentrale jedoch lediglich der Evakuierung der Stadt Pripjat, in der die Belegschaft des AKW Tschernobyl lebte, zu. Die Evakuierung der Bevölkerung in einem Umkreis von 30 km um den Reaktor erfolgte erst in den ersten Maitagen, nachdem in den verstrahlten Regionen noch die Paraden zum Tag der Arbeit abgehalten worden waren. Ende Mai 1986 wurden zudem mehrere Hunderttausend Kinder aus den betroffenen Gebieten für die Sommermonate zu Ferienaufenthalten in andere Regionen verschickt. Gleichzeitig versicherten die sowjetischen Behörden den Menschen, dass keinerlei Gefahr für ihre Gesundheit bestehe und sie bald wieder in ihre Heimatorte zurückkehren könnten. Die radioaktive Bestrahlung wurde als ebenso besiegbar dargestellt wie die deutsche Besatzung im Zweiten Weltkrieg. Im Bewusstsein vor allem älterer Menschen erschienen die von der Behörde getroffenen Maßnahmen daher tatsächlich wie eine Wiederholung der Ereignisse von 1941. Allerdings gab es dieses Mal keinen Sieg: Die Katastrophe von Tschernobyl wurde zum Totalausfall von „Glasnost" […].

Quelle: Astrid Sahm: Dimensionen einer Katastrophe, in: APuZ, B 13/2006, S. 12 ➡ Querverweis: Kapitel II.1.7

1. Beschreiben Sie mithilfe von M 1 die Katastrophe und die Folgen von Tschernobyl. Begründen Sie, warum in einer Demokratie eine derartige Geheimhaltungspolitik nicht möglich gewesen wäre.
2. Analysieren Sie die Grafik in M 1 und vergleichen Sie mithilfe des Internets die Anzahl der deutschen Atomkraftwerke mit der einer anderen großen Industrienation Ihrer Wahl.
3. Erarbeiten Sie aus M 2 die Ursachen für die frühere kritische Haltung der IEA zum deutschen Atomausstieg und ermitteln Sie die Gründe für die Meinungsänderung 2013.
4. Nehmen Sie in Form einer Rede Stellung zur deutschen Energiewende.

MATERIAL
Lob für Energiewende 2

Die Internationale Energieagentur (IEA) hat ihre Position zur deutschen Energiepolitik entscheidend verändert: Statt wie bislang den Atomausstieg zu kritisieren, lobt die Organisation nun die deutsche Energiewende. Das geht aus dem finalen Entwurf des IEA-Länderberichts „Deutschland 2013" hervor [...].
Explizit lobt die IEA darin die sogenannte Ökostromumlage, durch die so gut wie alle deutschen Stromverbraucher den Ausbau der erneuerbaren Energien fördern. Die entsprechenden Gesetze hätten sich seit ihrer Einführung im Jahr 2000 als „sehr effektiv" erwiesen, heißt es in dem Bericht. Die deutsche Förderpolitik habe die Kosten der Energieerzeugung durch Ökostrom erfolgreich gedrückt. Den Atomausstieg hält die IEA für machbar.
Zuvor hatte sich die IEA stets als scharfe Kritikerin des Atomausstiegs positioniert. In ihrem vorigen Länderbericht aus dem Jahr 2007 hatte sie noch eindringlich davor gewarnt, die Meiler abzuschalten. Seinerzeit galt der Beschluss der rot-grünen Bundesregierung aus dem Jahr 2000, dem zufolge alle deutschen AKW bis spätestens Mitte der Zwanzigerjahre abgeschaltet werden sollten. Der Ausstieg habe „negative Folgen für den Klimaschutz, die Versorgungssicherheit und eine preisgünstige Stromerzeugung", bemängelte die IEA seinerzeit. Die Bundesregierung sollte die Abkehr von der Kernenergie noch einmal überdenken.
Genau das tat die schwarz-gelbe Bundesregierung wenig später auch. 2010 verlängerte sie die Laufzeiten für Atomkraftwerke. Doch dann kam es in mehreren Blöcken des japanischen Atomkraftwerks Fukushima Daiichi zur Kernschmelze, massenhaft radioaktive Strahlung trat aus, Japan erlitt eine nukleare Katastrophe. In Deutschland gingen Hunderttausende Bürger auf die Straße und demonstrierten gegen die Kernenergie. Schwarz-Gelb nahm die Laufzeitverlängerung zurück. Im August 2011 entzog sie acht deutschen AKW die Betriebserlaubnis. Dann legte sie ein Konzept vor, laut dem die letzten drei Kernkraftwerke im Jahr 2022 vom Netz genommen werden sollen.

Auch diesen Beschluss sah die IEA kritisch. „Ich halte den deutschen Weg für riskant", sagte IEA-Chefin Maria van der Hoeven im September 2011 [....]. Es sei schwierig, die Spannung in den Netzen stabil zu halten. „Zudem macht der deutsche Atomausstieg Strom in ganz Europa teurer."
Auch im Herbst 2012 gab sich die IEA noch skeptisch. Er halte den Atomausstieg zwar für eine „legitime politische Entscheidung", sagte ihr Chefökonom Fatih Birol seinerzeit der „Frankfurter Rundschau". Doch Deutschlands Kohlendioxidemissionen würden nun erst einmal steigen.
Im aktuellen IEA-Länderbericht klingt das alles plötzlich ganz anders. Die deutsche Stromversorgung hält die IEA nun für gesichert. Der deutsche Kraftwerkspark verfüge „bis mindestens 2015" über „zufriedenstellende Reservekapazitäten", heißt es nun. Die Bundesrepublik sei zudem auf einem „guten Weg", ihre CO_2-Emissionen wie angekündigt von 1990 bis 2020 um 40 Prozent zu reduzieren. Zu den steigenden Strompreisen äußert sich die IEA weiterhin kritisch – aber nicht mehr im expliziten Zusammenhang mit dem Atomausstieg. Die Bundesregierung müsse darauf achten, dass „die Kosten, aber auch die Vorteile der deutschen Energiewende" fair auf alle Beteiligten verteilt werden, heißt es in dem Bericht.

Kernschmelze in den Reaktorblöcken des AKW Fukushima nach Erdbeben und Tsunami im März 2011

Quelle: Stefan Schultz: Länderbericht zu Deutschland: Internationale Energieagentur gibt Kritik an Atomausstieg auf, in: Spiegel online, www.spiegel.de/wirtschaft/soziales/iea-gibt-kritik-an-deutschem-atomausstieg-in-laenderbericht-2013-auf-a-901270.html vom 22.5.2013; Zugriff am 14.1.2014

MATERIAL

3 Fracking-Boom in den USA

Während Deutschland mitten in der Energiewende steckt, erleben fossile Energieträger andernorts eine Renaissance: In den USA etwa boomt das Geschäft mit dem „Fracking" – einer Technologie, mit der aus Schiefergestein tief unter der Erde Gas und Öl gelöst werden können. Aber auch diesseits des Atlantiks interessieren sich Staaten für das ungenutzte Energiepotenzial unter der Erde, wie etwa Polen. Deutschland hat ebenfalls ein Auge auf die Lagerstätten geworfen. Jedoch sorgen Umweltbedenken dafür, dass es faktisch bislang keine Förderprojekte gibt. [...]

Kritiker bemängeln am Fracking unter anderem den Einsatz von Chemikalien. Durch undichte Stellen könnten diese ins Erdreich eindringen. Das Umweltbundesamt sieht darin Gefahren für das Trinkwasser. Daneben stellen Bohranlagen für Kritiker einen Eingriff in die Natur dar; die Förderung kann erheblichen Lärm verursachen.
In den USA, wo der Energiehunger besonders groß und das Land weit ist, wird schon längst ein erheblicher Teil des heimischen Bedarfs mit Schiefergas und Schieferöl gedeckt.

Quelle: Fracking würde Deutschland für 10 Jahre befreien (AFP/cl), in: Die Welt online, www.welt.de/wissenschaft/article112400345/Fracking-wuerde-Deutschland-fuer-10-Jahre-befreien.html vom 4.1.2013; Zugriff am 14.1.2014

MATERIAL

4 Fracking-Verbot in Deutschland?

Ein 700 Unternehmen umfassendes Bündnis fordert aus Sorge um die Reinheit der Wasservorkommen in Deutschland strikte gesetzliche Regeln für das Gas-Fracking. Das von Union und SPD [...] geplante Moratorium für die Gasförderung aus tiefem Gestein wird zwar begrüßt. Aber eine gesetzliche Klarstellung sei dringend geboten. [...]
Solange keine ausreichenden wissenschaftlichen Erkenntnisse vorlägen und nicht alle Risiken für Gesundheit und Umwelt bewertet seien und ausgeschlossen werden könnten, wäre der Einsatz der Fracking-Technologie unverantwortlich, warnt das Bündnis. Bisher gebe es kaum eine Handhabe, Gasbohrungen unter Einsatz umweltgefährdender Chemikalien zu verbieten, weil klare gesetzliche Festlegungen fehlten. [...]
In den vergangenen Monaten hatten Berichte aus den USA über Verunreinigungen von Wasser im Zusammenhang mit Fracking für Aufsehen gesorgt. So ergab etwa eine Studie von Forschern der Duke University im US-Staat North Carolina Hinweise darauf, dass manche Brunnen in der Nähe von Fracking-Anlagen mit den Gasen Methan, Ethan und Propan belastet seien.

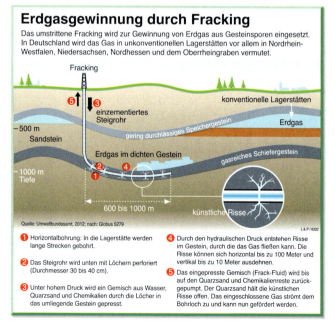

Quelle: 700 Unternehmen: Wasserwirtschaft und Getränkeindustrie fordern Fracking-Verbot (fdi/dpa), in: Spiegel online, www.spiegel.de/wirtschaft/soziales/fracking-buendnis-von-700-wasser-unternehmen-fordert-strenges-gesetz-a-935035.html vom 22.11.2013; Zugriff am 14.1.2014

MATERIAL
Fortschrittsbericht 2012 **5**

Das Statistische Bundesamt veröffentlicht jeweils im Abstand von zwei Jahren einen Indikatorenbericht zur Nationalen Nachhaltigkeitsstrategie [mit den Leitlinien Generationengerechtigkeit, Lebensqualität, sozialer Zusammenhalt, internationale Verantwortung] der Bundesregierung [...]. Der Bericht zeichnet ein durchwachsenes Bild bei der Erreichung der Zielwerte der Indikatoren. Während die Klimaziele des Kyoto-Protokolls schon früher als geplant erreicht wurden und auch Fortschritte in der Energieproduktivität zu verzeichnen sind, hinkt die Entwicklung im Umweltbereich z. B. beim Artenschutz und den natürlichen Resourcen den Zielen hinterher.

In der folgenden Tabelle finden Sie die Zielwerte und Kernaussagen ausgewählter Indikatoren:

Ziel	Indikator	Zielwert	Kernaussage
Ressourcenschonung	Energieproduktivität, Primärenergieverbrauch	Energieproduktivität (preisbereinigtes Bruttoinlandsprodukt je Einheit Primärenergieverbrauch) bis zum Jahr 2020 gegenüber 1990 verdoppeln; Primärenergieverbrauch von 2008 bis 2020 um 20 % (entspr. Wert von 76,3 %) und von 2008 bis 2050 um 50 % (47,7 %) abzusenken	Die positiven Entwicklungen in der Energieproduktivität werden durch das Wirtschaftswachstum weitgehend aufgezehrt. Das bisherige Entwicklungstempo reicht nicht aus, um die gesetzten Ziele bis 2020 zu erreichen.
Klimaschutz	Rohstoffproduktivität	Verdopplung der Rohstoffproduktivität bis zum Jahr 2020 bezogen auf das Jahr 1994	Insgesamt entwickelte sich der Indikator zwar in die angestrebte Richtung, das Tempo der Erhöhung der letzten fünf Jahre würde jedoch nicht ausreichen, um das gesetzte Ziel zu erreichen. Der Indikator würde damit im Zieljahr 2020 rund 82 % des erforderlichen Wegs zum Zielwert zurückgelegt haben.
erneuerbare Energien	Anteil erneuerbarer Energien am Endenergieverbrauch, Anteil des Stroms aus erneuerbaren Energiequellen am Stromverbrauch	Senkung der Emissionen zum Jahr 2020 um 40 % unter das Niveau von 1990; langfristiges Ziel: Senkung der Treibhausgase um 80 bis 95 % im Vergleich zu 1990 (Energiekonzept 2050)	Im Zeitraum 1990 bis 2010 stieg der Anteil der erneuerbaren Energien am Endenergieverbrauch von 1,9 % auf 10,9 %. Bei einer Weiterentwicklung wie in den letzten fünf Jahren würde das Ziel für 2020 mehr als erreicht. Der Anteil am Stromverbrauch erhöhte sich von 1990 bis 2010 von 3,1 % auf 17,0 % und hat damit das Ziel für 2010 deutlich überschritten.

Quelle: Bundesregierung (Hrsg.): Für ein nachhaltiges Deutschland, Fortschrittsbericht 2012

1. Erklären Sie die Fracking-Methode (M 3) mit eigenen Worten.
2. Stellen Sie die Vor- und Nachteile der Fracking-Methode einander gegenüber (M 3 und M 4) und diskutieren Sie im Anschluss, ob die Forderungen nach einem Verbot dieser Methode (M 4) gerechtfertigt erscheinen.
3. Verfassen Sie einen Zeitungskommentar zum Thema „Fracking und Nachhaltigkeit".
4. Fassen Sie die Aussagen des Fortschrittsberichts 2012 zusammen (M 5) und bewerten Sie die Kernaussagen.

2.3 Herausforderungen und Problemlösungen im Politikfeld „Recht"

Strafrecht im Wandel der Zeit

Die Grundlage für die strafrechtliche Verfolgung von Verbrechen bildet auch heute noch das im Jahr 1871 veröffentlichte Reichsstrafgesetzbuch. Lange Zeit galten die Prinzipien des „alten" StGB als öffentlich anerkannt, weswegen es erst in den 1970er-Jahren – also rund 100 Jahre nach der Veröffentlichung – zu tief greifenden Änderungen im Strafrecht und der Straftheorie kam. Nötig wurden die Veränderungen durch die gesellschaftlichen Umwälzungen in der Bundesrepublik infolge der Achtundsechzigerbewegung und dem dadurch bedingten Wahlsieg der sozialliberalen Koalition 1969. Analog zu den Bereichen der Außen- oder Sozialpolitik sollte die Bevölkerung auch in der Rechtspolitik wieder für den Staat gewonnen werden. Der Regierungswechsel 1969 bewies so die Wandlungsfähigkeit des demokratischen Systems in Deutschland, denn der Wandel des Werte- und Normensystems wurde nun auf das kodifizierte Recht übertragen.

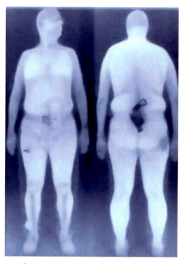

„Body Scanner" am Sky Harbor International Airport in Phoenix, Arizona

Straftheorien

Grundsätzlich werden zwei Formen von Straftheorien unterschieden:
- *die absolute Straftheorie:* Vergeltung und Sühne bilden die zentralen Strafzwecke. Die Strafe soll die Schuld, die ein Täter mit einer Tat auf sich geladen hat, durch ein ihm zugefügtes Übel ausgleichen. Ziel der Strafe ist es weiterhin, die durch eine Straftat verletzte Rechtsordnung wiederherzustellen. Die absolute Straftheorie bildete über Jahrhunderte hinweg die Grundlage für die Bestrafung von Missetätern. Sie wurde in den 1970er-Jahren durch die Strafrechtsreform abgelöst von der
- *relativen Straftheorie:* Der zentrale Strafzweck ist die Vorbeugung. Dem Täter soll durch eine Strafe das von ihm begangene Unrecht bewusst gemacht werden. Dadurch soll er wieder in die Gesellschaft eingegliedert werden (Resozialisierung) und sich künftig rechtskonform verhalten können. Seit der Strafrechtsreform von 1975 bildet die relative Straftheorie die Grundlage für die Bestrafung von Kriminellen in der Bundesrepublik.

Reformen im Strafrecht

Das Strafrecht sollte ab den 1970er-Jahren weniger dazu dienen, moralisch „richtiges" Verhalten durchzusetzen, sondern vielmehr sozialschädliches Verhalten zu ahnden bzw. diesem vorzubeugen. Deswegen wurde von 1969 an eine Reihe von Reformen auf den Weg gebracht:

Änderung des Sanktionssystems

Grundlegend war die Änderung des Sanktionssystems. Zugunsten einer einheitlichen „Freiheitsstrafe" wurde auf die Unterscheidung zwischen „Gefängnis", „Zuchthaus" und „Haft" verzichtet. Bei der Ahndung einer Straftat sollte die Wirkung der Strafe auf das künftige Leben des Täters berücksichtigt werden. In diesem Sinne werden kurze

Haftstrafen (von unter einem halben Jahr) zugunsten von Geldstrafen nur noch in Ausnahmefällen verhängt. Die Möglichkeiten zur Aussetzung der Strafe auf Bewährung wurden ebenso erweitert wie die zu einer bedingten Entlassung. Geldstrafen wurden auf das Tagesbußensystem umgestellt, das es ermöglicht, die Strafe durch Tagessätze an die wirtschaftlichen Verhältnisse des Angeklagten anzupassen.

Neben Reformen im Demonstrations- und Sexualstrafrecht wurde vor allem das Familienrecht dem Geist der Zeit angepasst. Bis 1977 war das Scheidungsrecht noch stark von der katholischen Eheethik beeinflusst. Entsprechend galt das *Schuldprinzip:* Wer für das Scheitern einer Ehe verantwortlich war und damit moralisch gefehlt hatte, wurde bestraft. Für die meist mit dem Haushalt und der Kindererziehung beschäftigte Frau konnte dies im Falle eines Nachweises ihrer schuldhaften Verfehlung in der Ehe den sozialen Absturz bedeuten, da sie dann nicht mehr unterhaltsberechtigt war. Im heutigen Scheidungsrecht gilt das *Zerrüttungsprinzip;* es wird nicht mehr nach einem „Schuldigen" gesucht. Damit wird dem Selbstbestimmungsrecht des Individuums Rechnung getragen. Der Staat hat bei einer Scheidung heute nur noch die Aufgabe, die Verantwortung des wirtschaftlich stärkeren Ehepartners für seinen geschiedenen Partner und die aus einer Ehe hervorgegangenen Kinder durch die Festsetzung der zu leistenden Unterstützung festzustellen, um so sozialschädlichem Verhalten vorzubeugen.

Familienrecht

Im Sexualstrafrecht wurde der Straftatbestand „Homosexualität" unter Erwachsenen 1969 abgeschafft. Besonders in diesem Bereich kann eine schrittweise Anpassung des Wertewandels an positives Recht nachvollzogen werden. 1973 wurde die Volljährigkeitsgrenze von 21 auf 18 Jahre herabgesetzt und damit auch die Strafbarkeit gleichgeschlechtlicher Partnerschaft. 1994 sank das sogenannte Schutzalter auf 16 Jahre. 2001 schließlich wurde das „Gesetz über die eingetragene Lebenspartnerschaft" beschlossen, das homosexuellen Partnern in vielen Bereichen einen eheähnlichen Rechtsstatus garantiert. Eine vollständige steuerrechtliche und rechtliche Gleichsetzung mit der Ehe erfolgte aber nicht: So blieben eingetragenen Lebenspartnerschaften sowohl das Ehegattensplitting als auch das vollständige Adoptionsrecht verwehrt.

Sexualstrafrecht

Die Novelle des Scheidungsrechts oder die rechtliche Gleichstellung homosexueller Paare haben den Rechtsstatus der Bürger zweifellos verbessert. Mitunter aber muss die wehrhafte Demokratie auch Probleme lösen, die den bürgerlichen Rechtsstatus einschränken. Ein solches Beispiel liefert der Rechtsstreit um die Sicherungsverwahrung. Bis 1998 durften Straftäter, die nach Verbüßung ihrer Haftstrafe weiterhin als gefährlich eingestuft wurden, bis zu zehn Jahre weiter eingesperrt werden. 1998 wurde dieses Höchstmaß gesetzlich gestrichen und die Möglichkeit eingeräumt, Sicherungsverwahrung auch nachträglich anzuordnen. Diese Praxis wertete der Europäische Gerichtshof für Menschenrechte 2009 als Verstoß gegen das Rechtsprinzip „Keine Strafe ohne Gesetz": Eine nachträglich beantragte Sicherungsverwahrung ist menschenrechtswidrig, weil sie ohne eine neu begangene Straftat des Inhaftierten verhängt wird. 2013 schaffte daraufhin der Gesetzgeber die nachträgliche Sicherungsverwahrung weitestgehend ab und reduzierte den Katalog der Anlasstaten.

Sicherungsverwahrung

MATERIAL 1 Gustav Heinemann – Resozialisierung als Strafzweck

Der Sinn des Strafrechts sollte nicht darin erblickt werden, dem Rechtsbrecher ein Übel anzutun zur Vergeltung für ein von ihm getanes Übel, worin die klassische Strafrechtsphilosophie den metaphysischen Grund der Strafe sah. Der Zielgedanke sollte vielmehr sein, den besserungsfähigen Täter wieder für die Gesellschaft zurückzugewinnen und diese vor unverbesserlichen Tätern durch Sicherungsmaßnahmen zu schützen.

Allzu lange hat die Gesellschaft sich um diejenigen, die gegen ihre Gesetze gefehlt hatten, nicht gekümmert. Eine Freund-Feind-Haltung, die auf pharisäerhafter Selbstgerechtigkeit beruhte, behandelte die straffällig Gewordenen als Ausgestoßene und trieb sie dadurch noch tiefer in die Welt des Verbrechens hinein. Die rationale Begründung für die Verstoßung bot der Abschreckungsgedanke. In Wirklichkeit wirken jedoch harte Strafen weit weniger präventiv, als oft geglaubt wird. Der kriminell Anfällige denkt kaum an die Strafe, eher noch fürchtet er das Risiko der Entdeckung.

In der Strafanstalt überkommenen Zuschnitts erlebt der straffällig gewordene Bürger die Strafe nicht als Aufruf zum Guten, sondern leider häufig nur als Aggression einer Gesellschaft, gegen deren Gesetze er verstoßen hat. Wie vor allem die erschreckend hohe Rückfallquote unter den Gefangenen zeigt, ist der Straffällige oft nicht besser, sondern eher schlechter geworden, wenn er die Strafanstalt verlässt. Es liegt daher im Interesse der Gesellschaft selbst, die strafrechtliche Sanktion so zu gestalten, dass sie dem Delinquenten Chancen zur Wiedereingliederung in normale Verhältnisse bietet. Das soziale Strafrecht, das wir anstreben, ist nicht nur ein Gebot der Solidarität, die auch im Straffälligen den Mitmenschen erkennt, der brüderlicher Hilfe bedarf, sondern nicht zuletzt das beste Mittel, die Gesellschaft wirksam vor Verbrechern zu schützen.

Quelle: Gustav Heinemann: Vorwort, in: Strafe muss sein! Strafe muss sein?, Bundeszentrale für politische Bildung, Bonn 1970, S. 6; der Autor war von 1969 bis 1974 Bundespräsident.

MATERIAL 2 Resozialisierungsmaßnahmen

Das Bundesverfassungsgericht vertritt seit nunmehr fast 30 Jahren […] in ständiger Rechtsprechung die Auffassung, dass die Verfassung es gebietet, den Strafvollzug auf das Ziel der Resozialisierung des Gefangenen hin auszurichten. […] Damit korrespondiert die auf dem Sozialstaatsprinzip beruhende Verpflichtung, dem Gefangenen Hilfestellung zu seiner Resozialisierung zu leisten. Die Resozialisierung dient auch dem Schutz der Gemeinschaft. Diese hat ein unmittelbares eigenes Interesse daran, dass der Täter nicht wieder rückfällig wird und erneut seine Mitbürger und die Gemeinschaft schädigt. […]

Die frühere Konkurrenz zwischen dem Behandlungsziel der Resozialisierung und den Zielen der Sühne und der Sicherheit der Allgemeinheit besteht nicht mehr. […] Persönlichkeitsschädigenden Auswirkungen des Freiheitsentzuges ist entgegenzuwirken. In der Art des Vollzuges darf keine über den Freiheitsentzug hinausgehende Übelszufügung liegen. […] Ungeachtet finanzieller und organisatorischer Schwierigkeiten hat der Staat den Vollzug so auszustatten, wie es zur Realisierung des Vollzugszieles erforderlich ist.

Das verfassungsrechtlich vorrangige Resozialisierungsziel wird durch das Strafvollzugsgesetz unter anderem wie folgt konkretisiert:

Ein Justizvollzugsbeamter zeigt die Schwimmhalle in der JVA Darmstadt-Weiterstadt.

a) Der offene Vollzug ist die gesetzlich vorgeschriebene Regelvollzugsform, nicht dagegen der geschlossene Vollzug. [...]
b) § 18 I Satz 1 StVollzG beinhaltet den allgemeinen Grundsatz der Einzelunterbringung der Gefangenen während der Ruhezeit. Speziell für die Doppelunterbringung von Gefangenen in ca. 8 qm großen Einzelzellen mit offenen Toiletten ohne gesonderte Entlüftung [...] hat das Bundesverfassungsgericht in zwei Entscheidungen ausgesprochen, dass eine derartige Unterbringung gegen die Menschenwürde verstößt.
c) Vollzugslockerungen gemäß § 11 StvollzG sind im Rahmen des Resozialisierungsgebotes unverzichtbare Behandlungs- und Erprobungsmaßnahmen. [...] Eine generelle Erschwerung des Zuganges zu Lockerungen durch die Vollzugsverwaltung ist rechtswidrig. Gleiches gilt für das gesetzlich in § 24 StVollzG geregelte Recht des Gefangenen auf Besuch.
d) Gefangene unterliegen der Arbeitspflicht. Damit korrespondiert die in § 148 I StVollzG begründete Verpflichtung der Vollzugsbehörden, dafür zu sorgen, dass jeder arbeitsfähige Gefangene wirtschaftlich ergiebige Arbeit ausüben kann.
e) Die Regelung des § 58 StVollzG begründet den Anspruch der Gefangenen auf Krankenbehandlung in dem Umfang, wie ihn § 27 SGB V dem versicherten Arbeitnehmer einräumt. Drogensucht ist eine behandlungsbedürftige Krankheit. [...]

Quelle: Achim Katz: Resozialisierung; in: www.der-jugendrichter.de/html/resozialisierung.html vom vom 21.6.2008; Zugriff am 15.1.2014

MATERIAL 3
Väter haben künftig mehr Rechte

Ein Vater bleibt Vater – auch nach einer Trennung oder Scheidung. Allerdings konnten es Mütter bislang vor allem unverheirateten Vätern erschweren, sich weiter um das Kind zu kümmern. Änderungen beim Sorgerecht sollen es Vätern künftig erleichtern, Kontakt zum Kind zu halten. [...] Wenn Sie verheiratet sind, haben Sie automatisch zusammen mit Ihrer Frau das gemeinsame Sorgerecht. [...] Jetzt hat der Bundestag ein Gesetz verabschiedet, dass ledigen Vätern mehr Rechte einräumt. [Es] sieht jedoch auch das „Gesetz zur Reform der elterlichen Sorge nicht miteinander verheirateter Eltern" zunächst einmal vor, dass das alleinige Sorgerecht bei der Mutter liegt, wenn die Eltern kein gemeinsames beantragt haben.

Neu ist aber, dass der Vater im „gerichtlichen Schnelldurchlauf" ein gemeinsames Sorgerecht beantragen kann. Dazu muss er künftig beim Amts- beziehungsweise Familiengericht den Antrag auf gemeinsame Sorge stellen. Die Mutter hat anschließend zwei Wochen Zeit für einen begründeten Widerspruch – lässt sie diese Frist verstreichen und sehen die Richter keine Argumente dagegen, erhalten beide Elternteile anschließend das gemeinsame Sorgerecht. Grundlage für die Entscheidung des Gerichtes soll das Kindeswohl sein. [...] Grundsätzlich gilt darüber hinaus: Egal, ob verheiratet oder nicht – schon kleine Kinder ab 5 Jahren werden in jedem Fall bei einer Trennung befragt, bei welchem Elternteil sie leben möchten. Ab 14 Jahren können sie dies mitentscheiden.

Quelle: Väter haben künftig mehr Rechte, in: Eltern online, www.eltern.de/beruf-und-geld/recht/vaeter-rechte.html vom 12.7.2013; Zugriff am 15.1.2014

1. Fassen Sie M 1 thesenartig zusammen. Diskutieren Sie die Aussagen in Gruppenarbeit.
2. Beurteilen Sie die genannten Resozialisierungsmaßnahmen während des Vollzugs (M 2).
3. Erarbeiten Sie aus M 3 die Kernbestandteile des 2013 neu konzipierten Sorgerechts.
4. Nehmen Sie in Form eines Zeitungsartikels Stellung zu der Bestimmung, dass schon Kinder ab fünf Jahren befragt werden, bei welchem Elternteil sie leben möchten (M 3).

MATERIAL 4 „Ich tue mich schwer"

In der ARD-Sendung „Wahlarena" mit 150 Wählern, die die Kanzlerin direkt befragen konnten, hatte ein Homosexueller Merkel am Montagabend mit dem Nein ihrer CDU zur vollen Gleichstellung von Homopaaren bei Adoptionen konfrontiert. Merkel antwortete: „Ich sage Ihnen ganz ehrlich, dass ich mich schwertue mit der kompletten Gleichstellung. [...] Ich bin unsicher, was das Kindeswohl anbelangt." Sie wolle das sagen dürfen, ohne damit Menschen diskriminieren zu wollen. Der Mann entgegnete, auch ihm und seinem Partner gehe es um das Kindeswohl. [...] Schwule und Lesben sprachen von einem Verstoß gegen das Grundgesetz. Der Bundesvorsitzende der Arbeitsgemeinschaft Lesben und Schwule in der SPD, Ansgar Dittmar, sagte: „Frau Merkel [...] stellt sich bewusst gegen den Gleichheitsgrundsatz des Grundgesetzes." Der Sprecher des Lesben- und Schwulenverbandes (LSVD), Axel Hochrein, erklärte: „Die Kanzlerin konnte in der ARD-Wahlarena für ihre Ablehnung des Adoptionsrechtes für gleichgeschlechtliche Paare kein einziges Argument nennen, außer dass sie sich bei dem Thema persönlich schwertue." Er verwies auf ein Urteil des Bundesverfassungsgerichts, wonach Unterschiede zwischen Ehe und eingetragener Lebenspartnerschaft, die die ungleiche Ausgestaltung der Adoptionsmöglichkeiten rechtfertigen könnten, nicht bestünden. Maßstab sei die Verfassung und nicht ein persönliches Bauchgefühl.

➡ Querverweis: S. 155, M 5

Quelle: Merkel löst Welle der Empörung aus (ler/dpa), in: Spiegel online, www.spiegel.de vom 10.9.2013; Zugriff am 15.1.2014

MATERIAL 5 Gleichstellungsindex

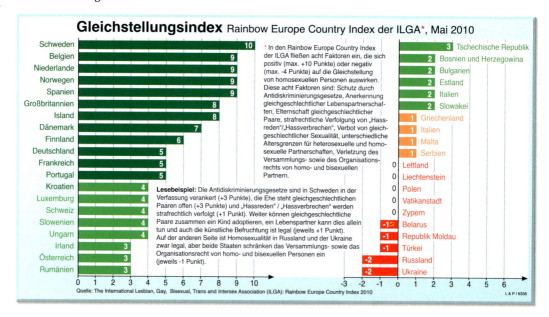

1. Diskutieren Sie ausgehend von M4, ob homosexuelle Paare Kinder adoptieren können sollten.
2. Analysieren Sie die Grafik M 5 und recherchieren Sie im Internet zur aktuellen rechtlichen Situation Homosexueller in einem Staat ihrer Wahl.

Neuordnung der Sicherungsverwahrung

MATERIAL 6

Die Reform der Sicherungsverwahrung war notwendig geworden, nachdem in den Jahren zuvor in oft hektischer Reaktion auf einzelne spektakuläre Straftaten das Recht der Sicherungsverwahrung einer Vielzahl von Änderungen unterzogen worden war, die das harmonische Gesamtgefüge des Maßregelrechts auf rechtsstaatlich bedenkliche Weise zu beeinträchtigen drohte. Was blieb, war ein unübersichtliches und praxisuntaugliches Stückwerk – ein untragbarer Zustand vor dem Hintergrund, dass die Sicherungsverwahrung das schärfste Mittel ist, das der Staat gegen seine Bürger einsetzen kann. [...]

Mit dem neuen Gesetz werden die richtigen Lehren aus der Rechtsprechung des Europäischen Gerichtshofs für Menschenrechte und der des Bundesverfassungsgerichts gezogen und der Weg für eine bestandsfeste und dauerhafte Regelung der Sicherungsverwahrung frei gemacht: weitestgehende Abschaffung der rechtsstaatlich besonders umstrittenen nachträglichen Sicherungsverwahrung und Reduzierung des Katalogs der Anlasstaten. Wegen eines Diebstahls oder Betruges soll niemand mehr in Sicherungsverwahrung kommen. Ein weiteres, besonders wichtiges Element des neuen Rechts ist die intensive Betreuung des Untergebrachten mit dem Ziel, dessen Gefährlichkeit für die Allgemeinheit so weit wie möglich zu mindern. Die Gerichte werden künftig überprüfen, ob die Betreuung auch in dem Maß angeboten wird, wie das Verfassungsgericht es fordert. Niemand soll freigelassen werden müssen, nur weil er nicht therapiert werden will oder therapiert werden kann.

Quelle: Bundesministerium der Justiz und für Verbraucherschutz: Neuordnung der Sicherungsverwahrung, www.bmj.de/DE/Buerger/gesellschaft/Sicherungsverwahrung/Sicherungsverwahrung_node.html; Zugriff am 15.1.2014

Entschädigung

MATERIAL 7

Der Bundesgerichtshof (BGH) hat Straftätern, die wegen nachträglicher Sicherungsverwahrung rechtswidrig über Jahre eingesperrt waren, endgültig Anspruch auf Schadenersatz zugesprochen. Das Land Baden-Württemberg muss den vier Klägern der Ausgangsverfahren zwischen 49 000 und 73 000 Euro für den unzulässigen Freiheitsentzug bezahlen, entschied der (BGH) in einem am Donnerstag in Karlsruhe verkündeten Urteil.

Das Urteil betrifft 80 bis 100 ähnlich gelagerte Fälle. Auch diese Täter haben demnach Anspruch auf Schadenersatz in Höhe von etwa 500 Euro für jeden Monat in unzulässiger Sicherungsverwahrung. Die 1998 per Gesetz eingeführte Möglichkeit, Sicherungsverwahrung nachträglich anordnen zu können, war vom Europäischen Gerichtshofs für Menschenrechte (EGMR) 2009 als menschenrechtswidrig verboten worden. Bis 1998 war die Sicherungsverwahrung auf maximal zehn Jahre begrenzt. Danach wurde diese Grenze per Gesetz aufgehoben und die Sicherungsverwahrung rückwirkend auch für all jene Täter verlängert, die nach Ablauf der Zehnjahresfrist als weiterhin gefährlich galten.

Quelle: Länder müssen Ex-Sicherheitsverwahrte entschädigen (afp), in: Handelsblatt online, www.handelsblatt.com vom 19.9.2013; Zugriff am 15.1.2014

1. Erarbeiten Sie aus dem Text M6 die neuen rechtlichen Bestimmungen zur Sicherheitsverwahrung und beurteilen Sie diese.
2. Erörtern Sie, aus welchen Gründen die nachträglich angeordnete Sicherungsverwahrung rechtswidrig war, und diskutieren Sie, ob die Entschädigung an nachträglich Sicherheitsverwahrte (M7) das Vertrauen in den Rechtsstaat erschüttert oder stärkt.
3. Debattieren Sie unter Einbezug der Abbildungen auf S. 168/169 die Frage, wie weit der Staat zum Schutz seiner Bürger in deren Grundrechte eingreifen sollte.

2.4 Reformen im institutionellen Bereich

Plakataktion der Initiative
Neue Soziale Marktwirtschaft
(INSM), 2004

Was ist eine Reform? Das Wort „Reform" ist seit einigen Jahren in aller Munde. Nahezu alle Entscheidungsträger aus Politik und Wirtschaft preisen Veränderungen als unabdingbar, als entscheidend für die Zukunftsfähigkeit des Landes an. Auch in der Bevölkerung regt sich mehrheitlich der Ruf nach einer nach vorne gerichteten Veränderung. Doch ist bisweilen unklar, was der Begriff der Reform überhaupt bedeutet.

Reformation Ursprünglich stand das lateinische „reformatio" („Erneuerung") für eine „Rückkehr und Rückführung zu vergangenen besseren Zeiten". Martin Luther (1483–1546) machte die „Reformation" zu einer kirchenhistorischen Bezeichnung, als er am 31. Oktober des Jahres 1517 im thüringischen Wittenberg 95 Thesen gegen den Missbrauch des Ablasses an die Pforte der örtlichen Schlosskirche schlug und damit die konfessionelle Spaltung der abendländischen Kirche auslöste.

Revolution, Reform, Restauration Mit den Ereignissen der Französischen Revolution wurde „Reform" mehr und mehr als ein positiver Gegenbegriff zur „Revolution" gesehen. Die angestrebten Veränderungen sollten gerade nicht durch Revolution aus dem Volk heraus und damit gewaltsam, sondern durch Wandlungen im bestehenden politischen System erfolgen, herbeigeführt durch die Regierenden selbst. Nicht zu verwechseln ist der Begriff der Reform mit der „Restauration". Diese bezeichnet die Wiederherstellung eines früheren, oft durch eine Revolution beseitigten politischen oder gesellschaftlichen Zustands, besonders die Wiedereinsetzung eines gestürzten königlichen oder adeligen Herrscherhauses.

Reformstau Bis heute meint Reform eine allmähliche Systemveränderung oder -anpassung, die Hoffnung auf Verbesserung bietet. Oftmals ist in der Bundesrepublik von „Reformstau" die Rede. Der Begriff wurde 1997 von der Gesellschaft für deutsche Sprache (GfdS) zum „Wort des Jahres" gewählt. Bis heute lautet der Vorwurf, wichtige Entscheidungsprozesse würden durch die Vetomacht des Bundesrats oder die Macht der Parteien oftmals verzögert oder gar unterbunden. Andererseits können Reformen auch negative Wirkungen erzielen; sie müssen daher in einer Demokratie mit Blick auf ihre Notwendigkeit, ihren Umfang und ihre reale Umsetzbarkeit regelmäßig kritisch hinterfragt, fortentwickelt und im Zweifel auch zurückgenommen werden.

Ziele von Reformen sind:
- Modernisierung, bedingt durch gesellschaftlichen, politischen oder wirtschaftlichen Wandel;
- Systemveränderung, notwendig durch bestehende Ungerechtigkeiten oder Defizite;
- Machtumverteilung, notwendig durch die Benachteiligung bestimmter Gruppen oder die unverhältnismäßig dominante Stellung einzelner Gruppen in Gesellschaft, Wirtschaft oder Politik.

Reformziele

Dem deutschen Regierungssystem wird immer wieder der Vorwurf gemacht, eine „blockierte Demokratie" zu sein. Kritiker argumentieren mit langen Entscheidungsprozessen im Gesetzgebungsbereich wie im institutionellen Gefüge. Die Bundesrepublik als parlamentarisches System legt es aber gerade auf die Beteiligung von mehreren Organen an, die eine kritische Prüfung von Gesetzesänderungen zur Aufgabe hat. Hintergrund ist: Politische Entscheidungen in der Bundesrepublik sollen auf Konsens beruhen und integrierend und stabilisierend auf Staat und Gesellschaft wirken. Nicht jeder Reformvorschlag ist daher sinnvoll: Grundvoraussetzung für Reformen ist nämlich ihre Systemverträglichkeit, also auch die Berücksichtigung der eigenen politischen Kultur und Tradition. So würde es keinen Sinn ergeben, in einer Republik die Einführung einer konstitutionellen Monarchie zu fordern, wie sie z. B. in Großbritannien existiert.

„blockierte Demokratie"

Insbesondere der Bundesrat kann den Gesetzgebungsprozess verzögern, mitunter auch blockieren. Seiner Aufgabe als Wahrer der Länderinteressen wird das Organ in der Tat nicht gerecht, wenn es von Oppositionsparteien destruktiv als „Vetospieler" eingesetzt wird. Zur Reformstaudiskussion trug die Blockade der Steuerreform der damaligen Regierung unter Bundeskanzler Helmut Kohl durch den SPD-dominierten Bundesrat bei. Gerade wenn sich ein in etwa gleich starker Regierungs- und Oppositionsblock gegenüberstehen, kann es zu einer solchen Situation kommen. Wird eine Regierung unpopulär und gewinnt die Opposition dadurch zahlreiche Landtagswahlen in der Legislaturperiode, kann der Bundesrat bewusst als Vetospieler eingesetzt werden.

Bundesrat als Vetospieler

Der föderale Staatsaufbau der Bundesrepublik ist auch immer wieder Anlass zur Forderung nach Reformen. Nach der Föderalismusreform 2009 scheint nun die Neugestaltung des Länderfinanzausgleichs dringlich zu sein.

Länderfinanzausgleich

Bei den Koalitionsverhandlungen 2013 forderte der bayerische Ministerpräsident Horst Seehofer die Einführung bundesweiter Volksentscheide. Befürworter sehen darin eine Möglichkeit zum Abbau von Politikverdrossenheit. Gegner argumentieren mit der Stabilität und Kontinuität des Grundgesetzes.

direkte Demokratie

Trotz der 2013 umgesetzten Wahlrechtsreform gibt das komplizierte Wahlsystem in der Bundesrepublik – die personalisierte Verhältniswahl – weiterhin Anlass für Reformüberlegungen. Mit der erschwerten Regierungsbildung auf Landes- wie auf Bundesebene, verursacht durch die Etablierung der Partei „Die Linke" auch im Westen Deutschlands, werden Rufe nach der Einführung einer Mehrheitswahl laut. Ihre Befürworter versprechen sich davon handlungsfähigere Regierungen und einen größeren Einfluss des Wählers auf die Regierungsbildung.

Reform des Wahlsystems?

MATERIAL

1 Wie viele Vetospieler braucht das Land?

Die Umsetzbarkeit von Reformen hängt maßgeblich von den verfassungspolitischen Rahmenbedingungen eines Landes ab. Diese wirken in Deutschland überwiegend reformhemmend: [...Der US-amerikanische Politikwissenschaftler] George Tsebelis hat mit seiner Vetospielertheorie einen umfassenden Ansatz formuliert, der politische Systeme hinsichtlich ihrer Steuerungsfähigkeit klassifizierbar und vergleichbar macht. Im Mittelpunkt steht dabei die Steuerungsfähigkeit des politischen Systems in Abhängigkeit von dessen konkreter Ausgestaltung. Die bahnbrechende Idee von Tsebelis besteht darin, sämtliche Akteure, welche die politische Steuerungsfähigkeit direkt einschränken, in Vetospieler „zu übersetzen" und politische Systeme auf dieser Grundlage vergleichbar zu machen. [...]

In Deutschland existieren gegenwärtig zwei parteipolitische Vetospieler – die Parteien, welche die Regierungskoalition bilden sowie drei institutionelle Vetospieler – der Bundesrat (bei zustimmungsbedürftigen Gesetzen), das Bundesverfassungsgericht (sofern es nach einer Anrufung eine direkte oder indirekte Normenkontrolle vornimmt) und der Bundespräsident (im Rahmen seines abgeschwächten Prüfungsrechts). [...]

Je nachdem, aus welcher Perspektive man Vetospieler betrachtet, fällt deren Bewertung höchst unterschiedlich aus: Aus der Perspektive der Gewaltenteilung erscheinen sie als Garanten der Demokratie und des Konsenses, aus der Perspektive der politischen Steuerungsfähigkeit als Ursachen des politischen Stillstands und der Reformunfähigkeit. [...]

Zum einen sind Vetospieler ein direkter Ausdruck des Prinzips der Gewaltenteilung. Infolgedessen haben sie die gleichen Ziele wie die Gewaltenteilung: die Sicherung der Freiheit des Einzelnen sowie eines Minimalkonsenses in der Gesellschaft und die generelle Abwehr des Missbrauchs staatlicher Gewalt. [...]

Zum anderen schränken Vetospieler die Steuerungsfähigkeit eines politischen Systems ein. Grundsätzlich gilt: Je weniger Vetospieler existieren, desto größer ist die Steuerungsfähigkeit eines politischen Systems. Infolgedessen hängt sowohl die Steuerungsfähigkeit als auch die Konsensfähigkeit eines politischen Systems von der Anzahl der Vetospieler ab – allerdings diametral entgegengesetzt: Je mehr Vetospieler existieren, desto größer ist die Konsensfähigkeit und desto geringer ist die Steuerungsfähigkeit, und umgekehrt. [...]

Während der Bundesrat Länderinteressen vertreten und sich seine Vetomacht auf Fragen, die den Kernbereich der Länderinteressen berühren, beschränken soll, vertritt er zumindest in wichtigen Sachfragen regelmäßig Parteiinteressen und hat sich der Anteil zustimmungsbedürftiger Gesetze zunehmend auf Bereiche ausgedehnt, die kaum mehr zum Kernbereich der Länderinteressen gerechnet werden können. Vor diesem Hintergrund ist der Bundesrat „demokratisch kaum zu rechtfertigen und inzwischen das eigentliche Scharnier eines sich selbst blockierenden Parteienstaats". Während das Bundesverfassungsgericht Gesetze hinsichtlich ihrer Verfassungsmäßigkeit kontrollieren und sich seine Kontrollkompetenz nur auf die enumerativ [aufzählend] im Grundgesetz bzw. im Bundesverfassungsgerichtsgesetz festgelegten Fälle beschränken soll, hat es in vielen Bereichen eine politisch-gestalterische Kontrolldichte entwickelt, in Einzelfällen Entscheidungen (partei-)politischen Charakters getroffen, in einer Vielzahl von Urteilen eine über den konkreten Fall hinausgreifende Rechtsprechung entwickelt und sogar seine eigenen Kompetenzen sukzessive ausgeweitet. [...]

Da die meisten Vetospieler in Deutschland ihre Vetomacht nicht unmaßgeblich missbraucht sowie ausgedehnt haben, [...] erscheint eine Reduzierung der Vetospieler bzw. ihrer Vetomacht – soweit dies möglich ist – durchaus sinnvoll. Zu denken wäre beispielsweise an die Einführung eines moderaten Mehrheitswahlsystems, das als Repräsentationsziel eindeutig die Mehrheitsbildung (einer Partei) verfolgt, jedoch kleinen Parteien eine gewisse – wenn auch nicht gerechte – Repräsentation im Parlament garantiert. [...] Zu denken wäre auch an eine Einschränkung der Vetomacht des Bundesrats [...]

Quelle: Gerd Strohmeier: Zwischen Gewaltenteilung und Reformstau: Wie viele Vetospieler braucht das Land?, in: Aus Politik und Zeitgeschichte, B 51/2003, S. 17ff.

MATERIAL 2
Reform des Staatsbürgerschaftrechts

Kenan Kolat zeigte sich „sehr enttäuscht". „Die SPD hat ihr Wort nicht gehalten", sagte der Vorsitzende der Türkischen Gemeinde in Deutschland zu dem Kompromiss, auf den sich die Spitzen von SPD und Union bei der doppelten Staatsbürgerschaft in letzter Minute geeinigt haben. Zwar sei es ein Fortschritt, dass Kinder ausländischer Eltern künftig ihr Leben lang zwei Pässe behalten dürfen. Aber für die Generation ihrer Eltern und Großeltern, die sich einbürgern lassen wollten, ändere sich nichts. […] Die SPD hatte ursprünglich gefordert, die doppelte Staatsbürgerschaft generell zuzulassen, Parteichef Sigmar Gabriel hatte das gar zur Bedingung für eine Große Koalition gemacht. Die Union hatte sich bis zuletzt dagegengestemmt, vor allem Innenminister Hans-Peter Friedrich (CSU) zeigte sich hartnäckig.

„Für in Deutschland geborene und aufgewachsene Kinder ausländischer Eltern entfällt in Zukunft der Optionszwang und die Mehrstaatigkeit wird akzeptiert", heißt es jetzt im Koalitionsvertrag. „Im Übrigen bleibt es beim geltenden Staatsangehörigkeitsrecht", steht dort aber auch. Union und SPD verbuchen das beide als halben Erfolg für sich. „Das heißt schon für viele Menschen in Deutschland eine Verbesserung", befand der schleswig-holsteinische SPD-Landeschef Ralf Stegner […]. CSU-Generalsekretär Alexander Dobrindt dagegen betont, die doppelte Staatsbürgerschaft bleibe grundsätzlich verboten. Durch den Wegfall der sogenannten „Optionspflicht" aber wird dieses Verbot jetzt weiter durchlöchert. Nach dieser Regel, die im Jahr 2000 nach zähem Ringen eingeführt wurde, muss, wer in Deutschland geboren ist und ausländische Eltern hat, spätestens bis zum 23. Geburtstag zwischen dem deutschen Pass und dem seiner Eltern wählen. […]

Doch die Rechtslage bleibt damit weiter unübersichtlich. Denn Zuwanderer aus EU-Ländern oder etwa der Schweiz, die zusammengenommen die Mehrheit der Ausländer in Deutschland ausmachen, können bei der Einbürgerung ohne Probleme einen deutschen Pass erhalten und ihre ursprünglichen Papiere behalten. Auch für Iraner und Marokkaner, deren Länder ihre Bürger prinzipiell nicht aus ihrer Staatsangehörigkeit entlassen, wird eine Ausnahme gemacht.

Das angeblich grundsätzliche Verbot der Mehrstaatlichkeit trifft darum vor allem die größte Einzelgruppe der Zuwanderer – nämlich die, die aus der Türkei stammen. Wer von ihnen sein halbes oder sogar ganzes Leben hier verbracht hat und sich jetzt einbürgern lassen will, muss weiterhin seinen türkischen Pass abgeben. Deutschtürken haben deshalb guten Grund, sich durch dieses Vorhaben diskriminiert zu fühlen.

Zeichnung: Jürgen Janson

Quelle: Daniel Bax: Durchlöchertes Doppelpass-Verbot, in: Die Tageszeitung vom 28.11.2013, S. 6

---

1. Erarbeiten Sie aus M 1, wieso die verfassungspolitischen Rahmenbedingungen in Deutschland als „reformhemmend" bezeichnet werden, und diskutieren Sie anschließend im Kursverband die Lösungsvorschläge des Autors.
2. Ermitteln Sie aus M 2 den derzeitigen Stand beim Staatsbürgerschaftsrecht und erklären Sie, warum dieser als nicht befriedigend dargestellt wird.
3. Interpretieren Sie die Karikatur in M 2 mithilfe des Textes M 2.
4. Nehmen Sie in Form eines Zeitungskommentars Stellung zum Kompromiss beim Staatsbürgerschaftsrecht.

2.5 Weiterentwicklung des demokratischen Systems in Deutschland I: der Föderalismus

Zeichnung: Gerhard Mester

„Staatsqualität" der Länder

Die Bundesrepublik hat eine feste bundesstaatliche Ordnung. Ein Zentralstaat wie im Nationalsozialismus sollte ausgeschlossen werden. Verfassungsrechtlich wird das Struktur- und Organisationsprinzip in Art. 20 Abs. 1 GG festgelegt und mit Art. 79 Abs. 3 GG für unantastbar erklärt. Die Länder besitzen „Staatsqualität" und sind keine reinen Verwaltungseinheiten oder Vollzugsorgane des Bundes. Sie sichern ihre Lebensfähigkeit durch einen festen Anteil am Gesamtsteueraufkommen des Bundes (Finanzautonomie). Seit den 1980er-Jahren ist die Reform der föderalen Ordnung ein politisches Dauerthema und wird es aller Voraussicht nach auch bleiben.

Verflechtung zwischen Bund und Ländern

Die Verflechtung zwischen Bund und Ländern ist auf den ersten Blick schwer durchschaubar. Eine Föderalismusreform sollte daher das „verflochtene Mehrebenensystem" vereinfachen, Fehlentwicklungen korrigieren und die Länder gesetzgeberisch aufwerten. Einen ersten Versuch einer Föderalismusreform ließen die Länder jedoch im Dezember 2004 scheitern; der Bund hätte ihrer Ansicht nach noch mehr Kompetenzen im Bildungswesen aufgeben sollen. Die 2. Große Koalition (2005–2009) unternahm dann einen neuen, erfolgreichen Reformversuch: In der sogenannten Föderalismusreform I wurden insgesamt 25 der 183 Artikel im Grundgesetz geändert – die wohl umfassendste Änderung des Grundgesetzes seit 1949.

Föderalismusreform I

Diese erste Stufe der Reform des deutschen Föderalismus ist am 1. September 2006 in Kraft getreten. Im Kern zielte sie darauf, die Balance zwischen Wettbewerb und Kooperation wiederherzustellen, indem man die Gesetzgebungskompetenzen zwischen Bund und Ländern neu festlegen und den Anteil der zustimmungspflichtigen Gesetze reduzieren wollte. Während die Länder also Gesetzgebungskompetenzen dazugewannen, etwa im Strafvollzug und in Teilen des öffentlichen Dienstrechts, kann der Bund künftig wieder deutlich mehr als die Hälfte seiner Gesetze ohne Zustimmung der Länder erlassen. Damit wurde die Handlungs- und Problemlösungsfähigkeit des politischen Systems erhöht und ebenso die Fähigkeit, sich neuen Entwicklungen anpassen zu können: Einem neuerlichen „Reformstau", wie er noch 2003 festgestellt wurde, wird vorzubeugen versucht.

Unberücksichtigt blieb bei dem ersten Reformschritt jedoch der Bereich der Finanzen. Wegen der ständig wachsenden Schulden wurde mit der Föderalismusreform II 2009 daher bestimmt, dass die Haushalte von Bund und Ländern grundsätzlich ohne Einnahmen aus Krediten auszugleichen sind. Die Schuldenbremse wurde im Grundgesetz verankert: Die Haushalte von Bund und Ländern müssen demnach grundsätzlich ohne die Neuaufnahme von Krediten auskommen, wobei der Bund weiterhin Kredite aufnehmen darf, solange 0,35 Prozent des nominalen Bruttoinlandsprodukts nicht überschritten werden. Den Ländern ist allerdings eine strukturelle Verschuldung gar nicht erlaubt. Ausnahmen gelten für Bund und Länder im Falle einer von der Normallage abweichenden konjunkturellen Entwicklung sowie bei Naturkatastrophen oder außergewöhnlichen Notsituationen. Ab 2016 muss der Bund einen ausgeglichenen Haushalt vorlegen. Die Länder dürfen noch bis 2019 von den Vorgaben abweichen.

Föderalismusreform II

Durch die Föderalismusreform II hat die finanzielle Abhängigkeit der Länder vom Bund allerdings zugenommen. Die Länder können selbst kaum Steuern erheben und ihre Ausgabenhoheit wird durch Schuldenbremse und Spargebote eingeschränkt. Dies führt zu Konflikten zwischen den Ländern, die die Schuldenbremse einhalten und sparen wollen, aber im Rahmen des Länderfinanzausgleichs finanzschwächere Länder unterstützen müssen, und den Nehmerländern. Für Unmut sorgt bei den Geberländern Bayern, Baden-Württemberg und Hessen (Stand: 2013), wenn manche Nehmerländer in den Augen der Geberländer nur ungenügende Sparanstrengungen unternehmen. Der Länderfinanzausgleich soll laut Grundgesetz die unterschiedliche Finanzkraft der Länder ausgleichen, um so für gleichwertige Lebensverhältnisse in ganz Deutschland zu sorgen.

Länderfinanzausgleich

Angesichts der immer stärker zutage tretenden Uneinigkeit zwischen den Ländern beim Länderfinanzausgleich, die 2013 sogar zu einer Klage Bayerns und Hessens beim Bundesverfassungsgericht geführt hat, scheint eine Föderalismusreform III unausweichlich. Fraglich ist dabei, ob weitere Aspekte, die einer mehr oder weniger dringenden Reform bedürfen, ebenfalls berücksichtigt werden könnten: Die Neugliederung der Länder, die aufgrund leerer Kassen sinnvoll erscheint, ist dabei ebenso auf der Agenda wie eine Neuregelung des Verhältnisses zwischen Bund und Ländern.

Föderalismusreform III

Die Bayerische Landesvertretung in der Behrenstraße 21/22 in Berlin

Als Folge der wirtschaftlich desaströsen Hinterlassenschaft der DDR mussten die neuen Bundesländer infrastrukturell „aufgebaut" werden. Die deutsche Einheit wirkte sich auf das föderale Gefüge insofern aus, als sich die neuen Bundesländer in ihren Lebensverhältnissen den alten Ländern angleichen sollten. Der 1993 beschlossene Solidarpakt I (Föderales Konsolidierungsprogramm) hatte vor, dieses Ziel umzusetzen. Er lief allerdings 2004 aus, ohne dass es zur erhofften Angleichung der Lebensverhältnisse gekommen war. Bereits 2001 einigten sich die Regierungschefs von Bund und Ländern auf den Solidarpakt II. Darin gibt der Bund bis 2019 weitere Sonderergänzungszuweisungen für den Aufbau der neuen Länder.

Solidarpakt I und II

MATERIAL

1 Gesetzgebungskompetenzen von Bund und Ländern

Gesetzgebungskompetenzen Bund/Länder

Bund (ausschließlich)	Bund/Länder Abweichung Länder möglich; bisherige Rahmengesetzgebung entfällt	Bund/Länder (konkurrierend) Bund hat Vorrang	Länder (ausschließlich)
GG Art. 71, 73	GG Art. 72 (3)	GG Art. (1, 2, 4) 74	GG Art. 70
Beispiele: • auswärtige Angelegenheiten • Verteidigung • Währungs-, Geld-/Münzwesen, Maße, Gewichte, Zeit • Zollwesen, inter. Waren- und Zahlungsverkehr, Grenzschutz • Staatsangehörigkeit • Luftverkehr • Post und Telekommunikation • länderübergreifender Terrorismus und Verfassungsschutz • Waffen-/Sprengstoffrecht, • Kernenergierecht • Schutz von Kulturgut gegen Abwanderung ins Ausland	**Beispiele:** Umweltgesetzgebung • Jagdwesen • Naturschutz/Landschaftspflege • Bodenverteilung, • Raumordnung, • Wasserhaushalt • Hochschulzulassung/ Hochschulabschluss	**Beispiele:** • Bürgerliches Recht, Strafrecht • Hochsee-/Küstenschifffahrt • Straßenverkehr • Abfallwirtschaft • Luftreinhaltung, Lärmschutz • Vereinsrecht • Arbeitsrecht • Ausbildungs-/Forschungs- förderung • Zulassungen im medizinischen Bereich • Lebensmittel, Futter, Pflanzen- schutz, Tierschutz	**Beispiele:** • Bildung • Kultur • Gemeinde-/Kreisrecht • Polizeiwesen • Ordnungsrecht • Denkmalschutz • Rundfunk- und Medienwesen • außerschulische Jugendbildung • Hochschulwesen • Hochschulbau • Versammlungsrecht • sozialer Wohnungsbau • Ladenschluss • Gaststättenrecht • Strafvollzug • Messewesen/Ausstellungen • Flurbereinigung • Presserecht

Quelle: bpb, 2010

MATERIAL

2 Die Aufteilung der Steuereinnahmen 2013

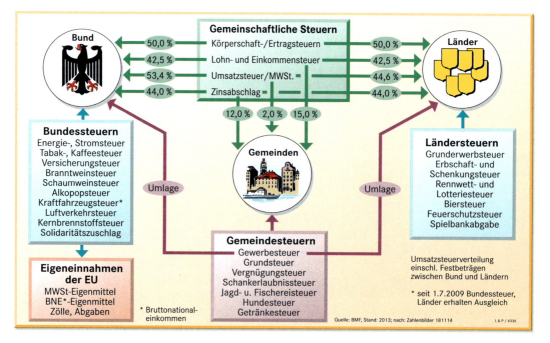

Quelle: BMF, Stand: 2013; nach: Zahlenbilder 181114

MATERIAL 3: Föderalismus – Pro und Kontra

Neben der Gewaltenteilungsfunktion werden dem Föderalismus im Vergleich zum zentralisierten Einheitsstaat eine ganze Reihe von Vorteilen zugeschrieben. Dazu gehört vor allem, dass Regionen mit ihren Problemen selbst umgehen können – die Vielzahl von Regierungen und Parlamenten in einem Bundesstaat gibt die Möglichkeit, demokratisch legitimierte Entscheidungen näher am Ort des Geschehens zu treffen. [...]
Damit einher geht die Entlastung der gesamtstaatlichen Ebene, auf der sich nicht alle Probleme ballen und die damit mehr Freiheit hat, sich um die Fragen zu kümmern, die wirklich alle Bürger eines Bundesstaats angehen. [...]
Föderalismus erleichtert auch das politische Experimentieren, wenn einzelne Länder als „Reformlaboratorium" dienen und Erkenntnisse gewinnen, die dann allen anderen nutzen. [...]
In einem Bundesstaat haben die Bürger eine Möglichkeit mehr zur demokratischen Teilnahme. Und die im internationalen Vergleich noch immer recht hohe Beteiligung der deutschen Bevölkerung an Landtagswahlen zeigt, dass diese Chance auch wahrgenommen wird. [...]
Gerade in einem stark von Parteien dominierten Staat wie der Bundesrepublik sehen viele Politikwissenschaftler im Föderalismus ein ausgleichendes Element gegen zu viel Machtballung an der Spitze dieser Parteien. Er stärke die innerparteiliche Demokratie, heißt es, indem er mehr Konkurrenz in den Parteien möglich mache. Landesverbände können Politikern, die sich gegen die Linie der Bundespartei wenden, eine Basis bieten. Auch dient die Landespolitik als Reservoir für Talente [...].
Nachteile sollen nicht verschwiegen werden. Alexis de Tocqueville hat schon 1835 in seiner Darstellung der Demokratie in Amerika einen wesentlichen genannt: „Der augenfälligste unter all den Nachteilen, die einer Bundesordnung eigen sind, ist die Umständlichkeit ihrer Verfahren." [Das kann] dazu führen, dass Entscheidungen sehr lange dauern, dass viel Abstimmungsbedarf entsteht, dass Politik schwerfällig wird. Immerhin dauert ein Gesetzgebungsverfahren auf der Bundesebene in Deutschland im Schnitt fast doppelt so lange wie etwa in Großbritannien – allerdings auch doppelt so lange wie ein Verfahren auf der Landesebene, etwa in Bayern oder Niedersachsen. Würde man also wieder mehr Gesetzgebung auf die Länder zurückverlagern, wie manche Reformer es fordern, ginge es auch bei uns etwas zügiger. [...]
Ein weiteres Manko: Die Verhandlungsintensität föderaler Verfahren führt oft zu Kompromissen, die nicht allen akzeptabel erscheinen und bisweilen auch nicht die geeignete Antwort auf ein Problem sind. Im Extremfall kann es zu Politikblockaden kommen, wenn sich die Verantwortlichen nicht einigen – in der Bundesrepublik also Bundestag und Bundesrat.
Manche Kritiker monieren auch, Föderalismus hemme die Mobilität der Bevölkerung – etwa durch unterschiedliche Schulsysteme, was allerdings umstritten ist. Denn die Wahrscheinlichkeit, dass in einem Schülerleben ein Umzug in ein anderes Bundesland ansteht, ist gar nicht so hoch [...].
Gravierender ist da vielleicht doch, dass Föderalismus für den Steuerzahler zu teuer werden kann. Vor allem ein intensiver kooperativer Bundesstaat wie in Deutschland treibt die Kosten durch hohen Koordinierungsbedarf, wie Politikwissenschaftler herausgefunden haben.

Quelle: Albert Funk: Föderalismus in Deutschland, Paderborn 2010, S. 32 ff.

1. Analysieren Sie die Grafik M 1 und versuchen Sie, die jeweiligen Zuordnungen der Kompetenzen zu begründen.
2. Analysieren Sie die Grafik M 2 und erklären Sie die finanzielle Abhängigkeit der Länder vom Bund.
3. Führen Sie auf Basis von M 3 eine Debatte über die Vor- und Nachteile des föderalen Systems.

MATERIAL

4 Der Länderfinanzausgleich

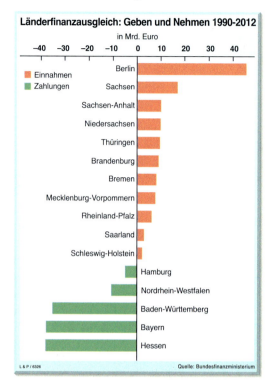

MATERIAL

5 Ja zur Solidarität, aber Nein zur Ungerechtigkeit

Der Länderfinanzausgleich muss vom Bundesverfassungsgericht in Karlsruhe überprüft werden. Bayern und Hessen reichten ihre seit Langem angedrohte Klage gegen das bestehende Ausgleichssystem am Montag ein. Der bayerische Ministerpräsident Horst Seehofer (CSU) und sein hessischer Amtskollege Volker Bouffier (CDU) sprachen von einem „Akt politischer Notwehr". Das gegenwärtige System sei ungerecht und leistungsfeindlich und müsse reformiert werden. Gespräche mit den Nehmerländern hätten keine Lösung gebracht – deshalb bleibe nur die Klage. Die beiden Geberländer hatten ihre Klage auf einer gemeinsamen Kabinettssitzung Anfang Februar [2013] in Wiesbaden beschlossen.
Konkret halten Bayern und Hessen unter anderem die geltende Stadtstaatenregelung für verfassungswidrig. Dabei werden die Einwohner von Berlin, Hamburg und Bremen stärker gewichtet als die Einwohner von „normalen" Großstädten wie München. Zudem sei es nicht Aufgabe des Länderfinanzausgleichs, die Hauptstadtfunktion Berlins zu finanzieren. Vor allem aber beklagen Bayern und Hessen fehlende Leistungsanreize. Dadurch werde die Gerechtigkeit des Ausgleichssystems erheblich infrage gestellt, argumentieren sie. […]
Seehofer bezeichnete die Klage abermals als völlig unausweichlich – er sprach von einer „absoluten Zwangslage". Es würde an Untreue gegenüber den bayerischen Steuerzahlern grenzen, wenn die Staatsregierung das geltende System weiter untätig hinnehmen würde. Er könne dies mit seinem Amtseid nicht mehr vereinbaren.

Quelle: „Ja zur Solidarität, aber Nein zur Ungerechtigkeit" (DPA-AFX), in: Frankfurter Allgemeine Zeitung vom 25.3.2013

Alternativen zum gegenwärtigen System des Länderfinanzausgleichs — MATERIAL 6

Die aktuelle Struktur des Länderfinanzausgleichs läuft 2019 aus und muss spätestens dann neu geregelt werden. Gestritten wurde um das System aber schon seit Gründung der Bundesrepublik. Im Kern dreht sich die Diskussion darum, welche Art von Föderalismus in Deutschland politisch gewollt ist.

Ein Wettbewerbsföderalismus setzt bewusst auf die Eigenständigkeit der Länder und lässt Anreize zum Wettbewerb zu. In einem solchen System wird eine scharfe Trennlinie zwischen den Zuständigkeiten von Bund und Ländern gezogen – dies gilt auch für das Steuerverteilungssystem. Wenn überhaupt, gibt es einen vertikalen Ausgleich von Bund zu Ländern, jedoch nicht zwischen den einzelnen „Bundesstaaten".

Der kooperative Föderalismus hingegen stellt gleichwertige oder gar einheitliche Lebensverhältnisse (Artikel 106 Absatz 3 GG) in den Vordergrund. Damit sind die finanziellen Ungleichheiten zwischen den einzelnen Ländern auszugleichen, auf vertikaler wie auf horizontaler Ebene. […]

Wie aktuell zu sehen, stößt die Debatte um den Länderfinanzausgleich mit diesen beiden Polen auf einen inneren Widerspruch. Elemente der beiden Föderalismustypen sind nur schwer zu vereinbaren – ein Grund dafür, warum das derzeitige System so komplex ist. […]

Die Reformvorschläge sind inzwischen fast genauso zahlreich wie die Kritikpunkte am Länderfinanzausgleich. […] [Möglich wäre] eine Neuordnung des bestehenden Systems, etwa [durch] den Verzicht auf die Einwohnerveredelung [d. h. auf die stärkere Gewichtung von Einwohnern aus größeren Gemeinden/Stadtstaaten oder] das vollständige Einbeziehen der Gemeindesteuern in die Berechnung der Finanzkraft […].

Ein weiterer Vorschlag stammt aus dem Eckpunktepapier für die aktuelle Klageschrift der drei Geberländer: Sie fordern, dass Berlin gesondert durch den Bund finanziert wird – analog zur US-Hauptstadt Washington, die kein Bundesstaat, sondern ein Distrikt ist. Der Etat wird vollständig von der US-amerikanischen Regierung bestritten – allerdings auch inhaltlich bestimmt.

Eine andere Anregung geht in die Richtung, die Steuerverteilung neu zu ordnen – bis hin zu mehr Steuerautonomie für die einzelnen Länder, beispielsweise durch unterschiedliche Zu- oder Abschläge bei der Einkommen- und Körperschaftsteuer. Der Preis für den größeren Wettbewerb zwischen den Ländern wäre allerdings, dass sich die (bestehenden) Unterschiede in den Lebensverhältnissen vergrößern würden. Wenn jedoch alle Länder daran interessiert sind, dass keines zurückbleibt, dürfte künftig nur eine Alternative bleiben: mehr vertikaler denn horizontaler Ausgleich. Dafür könnten die Bundesergänzungszuweisungen gestärkt werden, Berlin könnte mit einer Art „Bundeshauptstadthilfe" Finanzhilfen vom Bund erhalten. Denkbar ist auch, dass schwächere Länder (erneut) darüber nachdenken, sich zusammenzuschließen und die Aufgaben gemeinsam zu bewältigen.

Wichtig dürfte aber vor allem sein, dass die nächste Reform des Länderfinanzausgleichs ein größerer Wurf wird als die vorangegangenen, die bislang nur kleinteilige Ansätze lieferten.

Quelle: Constanze Hacke: Finanzausgleich mit Verfallsdatum, in: Aus Politik und Zeitgeschichte, B 10–11/2013, S. 34–36

---

1. Analysieren Sie die Grafiken M 4, beschreiben Sie eventuelle Unterschiede und fassen Sie die Geber- und Nehmerländer unter selbst gewählten Oberbegriffen zusammen.
2. Erarbeiten Sie aus M 5 die Argumentation der Geberländer und nehmen Sie in Form eines Zeitungskommentars dazu Stellung.
3. Charakterisieren Sie den Unterschied zwischen den beiden in M 6 vorgestellten Föderalismusarten und begründen Sie, welche aus Ihrer Sicht wünschenswerter ist.
4. Ermitteln Sie aus M 6 die Alternativen zum derzeitigen System des Länderfinanzausgleichs und bewerten Sie diese.

2.6 Weiterentwicklung des demokratischen Systems in Deutschland II: repräsentative oder plebiszitäre Demokratie?

„direkte Demokratie"
Die Einführung von Volksabstimmungen auf Bundesebene wird lebhaft diskutiert. Es stellt sich die Frage, ob die Einführung von Volksbegehren und Volksentscheid ein geeignetes Mittel wäre, um der „Politikverdrossenheit" in der Bevölkerung entgegenzuwirken. Auf Landesebene hingegen ist es bereits zu einem regelrechten Siegeszug der Plebiszite gekommen: Bei der Verfassungsdiskussion im Zuge der Deutschen Einheit nahmen alle fünf ostdeutschen Bundesländer direktdemokratische Elemente in ihre Verfassungen auf, ebenso taten dies einige der westdeutschen Länder durch die Reform ihrer Landesverfassungen.

Zeichnung: Peter Leger

historische Befindlichkeiten
Das grundsätzliche Misstrauen gegenüber plebiszitären Elementen wird immer wieder, auch von politischen Entscheidungsträgern, mit der deutschen Geschichte begründet. Allerdings gab es in der Weimarer Republik lediglich zwei – jedoch erfolglose – Volksabstimmungen. Auch im Nationalsozialismus wurden nur drei Plebiszite durchgeführt, u. a. 1938 über den Anschluss Österreichs.

Herrschaft des Volkes?
Die Begriffe „direktdemokratisch" und „plebiszitär" meinen gleichermaßen Maßnahmen, die dem Volk unmittelbar zur Verfügung stehen. Innerhalb der Parteien kann es beispielsweise zu Vorwahlen oder Mitgliederentscheiden kommen, wie es das US-amerikanische Vorwahlsystem für die Präsidentschaft vorsieht. Direkte Demokratie im engeren Sinne meint das Vorhandensein plebiszitärer Entscheidungsrechte beim Wähler, sowohl in Sach- als auch in Personalfragen. Die Einführung direktdemokratischer Elemente wäre eine Ergänzung, keine Ersetzung der repräsentativen, parlamentarischen Demokratie. Eine wortwörtliche „Herrschaft des Volkes" ist in modernen Demokratien nicht praktikabel.

direkte Demokratie auf Bundesebene?
Für eine direkte Demokratie mit Sachplebisziten werden folgende Argumente angeführt:
- eine transparentere Politik mit einem stärkeren Willen zur Bürgerbeteiligung (über den Stimmzettel bei Bundestagswahlen hinaus),
- ein Recht auf Gehör für Minderheiten,
- das Einbringen von sonst überhörten Argumenten in den politischen Prozess („Tabuthemen"),
- eine offenere Demokratie („Durchbrechung des Parteienstaates", zumal in Zeiten der Parteienverdrossenheit).

Die Umsetzung direkter Demokratie im Bund wirft jedoch anders als in den Ländern oder Kommunen Probleme und Fragen auf.
- Ist die Kritik an der repräsentativen Demokratie berechtigt?
- Weisen Parlamente, Regierung und die mit ihnen eng verzahnten Parteien den Bürgern wirklich nur eine Zuschauerrolle zu?
- Wären die Bürger bei zahlreichen Entscheidungen nicht überfordert?
- Wie steht es mit der Verantwortung für getroffene Entscheidungen?
- Entspricht die Vorstellung vom Bürger als einem aktiven, an der Politik interessierten und urteilsfähigen Staatsbürger überhaupt der Wirklichkeit?
- Welche Themen sollten dem Volk zur Entscheidung vorgelegt werden? Entscheidungsgegenstände im Bund würden z. B. die Europa- und Außenpolitik umfassen. Auf die Bundesebene lassen sich daher die Erfahrungen in den Ländern nicht einfach übertragen.

Ob die Aufnahme der direkten Gesetzgebung durch Volksbegehren und Volksentscheid in das Grundgesetz zu einem Abbau der viel beschworenen „Politik-" oder „Parteienverdrossenheit" beiträgt, bleibt Spekulation. Auch die Parteien selbst könnten ihren Einfluss geltend machen und neben mächtigen Interessengruppen Plebiszite nutzen. Plebiszitären Elementen kommt eher eine symbolische Bedeutung zu. So steht beispielsweise als Personalplebiszit auch die Direktwahl des Bundespräsidenten immer wieder zur Debatte, um das Interesse für Politik zu wecken bzw. zu erhöhen.

Direktwahl des Bundespräsidenten?

Anfang 2010 begannen die Bauarbeiten zu „Stuttgart 21", einem Großprojekt der Deutschen Bahn AG, in dem der Stuttgarter Hauptbahnhof von einem Kopf- in einen Durchgangsbahnhof umgebaut wird, wozu die Gleise in einen unterirdischen Tunnel verlegt werden. Daraufhin kam es zu massiven Bürgerprotesten, bis schließlich der baden-württembergische Landtag beschloss, eine Volksabstimmung zu „Stuttgart 21" durchzuführen. Bei dieser Abstimmung sprach sich dann allerdings eine Mehrheit von 58 Prozent für das Bauvorhaben aus. Nichtsdestotrotz ist der Name „Stuttgart 21" seither mit dem Bestreben, mehr Bürgerbeteiligung durchzusetzen, verbunden.

„Stuttgart 21"

Vorstellungen von direkter Demokratie verficht auch die in einigen Landtagen vertretene Piratenpartei. Sie befürwortet das Konzept der „Liquid (flüssigen) Democracy", einer internetbasierten Mischform von repräsentativer und direkter Demokratie. Dabei entscheidet der Bürger bei jeder Abstimmung erneut, ob er seine Stimme delegieren oder ob er selbst abstimmen will. Der Deutsche Bundestag hat nach der Bundestagswahl 2013 erstmals einen ständigen Internetausschuss eingerichtet. Zuvor hatte sich die Enquete-Kommission des Bundestages „Internet und digitale Gesellschaft" ausführlich mit der Frage auseinandergesetzt, welche Formen der Bürgerbeteiligung über das Internet möglich sind und was dafür gewährleistet sein muss. Sie ermöglichte interessierten Bürgern, sich über die Internetplattform „Adhocracy" in die Arbeit der Kommission einzubringen.

Liquid Democracy

Bundeskanzlerin Angela Merkel im Videochat

MATERIAL 1 Direkte oder repräsentative Demokratie?

Frage: Hier unterhalten sich zwei über verschiedene Formen der Demokratie. Wer von beiden sagt eher das, was Sie auch denken?

Feststellung	Bevölkerung insgesamt
„Ich bin für eine repräsentative Demokratie, also dass das Volk das Parlament wählt und dann das Parlament die politischen Entscheidungen trifft und dafür auch die Verantwortung übernimmt. Die Abgeordneten sind doch meist besser informiert."	33
„Ich bin für eine direkte Demokratie, also dass möglichst viele politische Entscheidungen in Volksabstimmungen getroffen werden. Dann geschieht wirklich das, was das Volk will."	55
unentschieden	12

Quelle: Elisabeth Noelle-Neumann und Renate Köcher (Hrsg.): Allensbacher Jahrbuch der Demoskopie 1998–2002. Band 11. München 2002, S. 600; Befragung im Oktober 2000; Angaben in Prozent

MATERIAL 2 Darf das Volk sich über Entscheidungen seiner Repräsentanten hinwegsetzen?

Frage: „Ich möchte Ihnen jetzt einen Fall erzählen: In einem kleinen Ort soll eine Fabrik gebaut werden. Der Gemeinderat hat den Bau der Fabrik genehmigt, die Bevölkerung ist aber dagegen. Ein Prozess vor Gericht hat ergeben, dass die Bevölkerung nichts dagegen unternehmen kann und die Fabrik gebaut werden muss. In einer öffentlichen Versammlung treten nun zwei Redner auf, die Folgendes sagen:
Redner 1: ‚Der Gemeinderat und das Gericht haben beschlossen, dass die Fabrik gebaut wird. Wir haben den Gemeinderat gewählt, also müssen wir jetzt diese demokratische Entscheidung mittragen und dürfen uns nicht länger gegen den Bau wehren.'
Redner 2: ‚Das sehe ich anders. Wir, die Bürger, sind gegen die Fabrik. Wenn der Gemeinderat das nicht sieht, die Bevölkerung kann das besser beurteilen. Wir müssen auf jeden Fall den Bau der Fabrik verhindern, auch wenn wir vielleicht Gewalt anwenden müssen.'
Wem würden Sie eher zustimmen?"

Feststellung	Bevölkerung insgesamt
demokratische Entscheidung mittragen	51
auf jeden Fall den Bau verhindern	24
unentschieden	25

Quelle: Allensbacher Jahrbuch der Demoskopie 1993–1997, München 1997, S. 662 f.; Befragung im April 1997; Angaben in Prozent

1. Hinter jeder der beiden Feststellungen in M 1 steht eine Aussage über die Abgeordneten sowie über das Volk. Arbeiten Sie diese Annahmen heraus und beurteilen Sie ihre Berechtigung.
2. Diskutieren Sie, ob die zweite Feststellung in M 2 die Demokratie zerstört oder – im Gegenteil – erst erfüllt.
3. Überprüfen Sie die Befragungsergebnisse von M 1 und M 2 unter dem Gesichtspunkt, ob sie widersprüchlich sind.

Rousseau – kompromissloser Anwalt der direkten Demokratie

MATERIAL 3

Es genügt nicht, dass das versammelte Volk die Verfassung des Staates einmal dadurch festgelegt hat, dass es ein Gesetzeswerk in Kraft setzte; es genügt nicht, dass es eine [...] Regierung eingesetzt oder ein für alle Mal Vorsorge für die Wahl der Beamten getroffen hat. Neben außerordentlichen Volksversammlungen, die durch unvorsehbare Fälle nötig werden können, bedarf es fester und regelmäßig wiederkehrender Versammlungen, die durch nichts aufgehoben oder verschoben werden können, dergestalt, dass das Volk am festgesetzten Tag durch das Gesetz rechtmäßig einberufen wird, ohne dass es hierfür einer anderen formellen Einberufung bedürfte. [...] Die Souveränität kann aus dem gleichen Grund, aus dem sie nicht veräußert werden kann, auch nicht vertreten werden; sie besteht wesentlich im Gemeinwillen, und der Wille kann nicht vertreten werden: Er ist derselbe oder ein anderer; ein Mittelding gibt es nicht. Die Abgeordneten des Volkes sind also nicht seine Vertreter, noch können sie es sein, sie sind nur seine Beauftragten; sie können nicht endgültig beschließen. Jedes Gesetz, das das Volk nicht selbst beschlossen hat, ist nichtig; es ist überhaupt kein Gesetz.
Das englische Volk glaubt, frei zu sein, es täuscht sich gewaltig, es ist nur frei während der Wahl der Parlamentsmitglieder; sobald diese gewählt sind, ist es Sklave, ist es nichts. Bei dem Gebrauch, den es in den kurzen Augenblicken seiner Freiheit von ihr macht, geschieht es ihm recht, dass es sie verliert.

Quelle: Jean-Jacques Rousseau: Vom Gesellschaftsvertrag, Stuttgart 1977 (1762), Drittes Buch, 13. Kap., 14. Kap. (S. 99, 103)

Instrumentarien der modernen direkten Demokratie

MATERIAL

(1) Die **Volksbefragung** [...] hat konsultativen Charakter: Mit ihr wird die öffentliche Meinung zu einer bestimmten Angelegenheit erkundet, ohne dass aus dem Befragungsergebnis rechtliche Verbindlichkeiten erwachsen.
(2) Die **Volksinitiative** bezeichnet ein Verfahren, das den Bürgern die Möglichkeit eröffnet, das Parlament mit einer bestimmten Sachfrage zu befassen. Wenn die Volksinitiative ein bestimmtes Quorum erreicht, muss das Parlament in dieser Sache beraten, ist aber zu keiner Entscheidung verpflichtet.
(3) Das **Volksbegehren** bezeichnet [...] die Forderung der Bürgerinnen und Bürger [...], dass über eine von den Initiatoren vorgelegte Frage/ein vorgelegtes Gesetz ein Volksentscheid abzuhalten sei [...]. Ein Volksbegehren muss von einem festgesetzten Teil der stimmberechtigten Bürger unterstützt werden (Unterschriftenquorum), um erfolgreich zu sein. [...] Ein erfolgreiches Volksbegehren zieht einen Volksentscheid nach sich, wenn nicht das Parlament schon vorher im Sinne des Volksbegehrens das vorgelegte Gesetz beschließt.
(4) **Volksentscheid**: Abstimmung aller wahlberechtigten Bürgerinnen und Bürger über ein Gesetz [...]. In der Regel folgt die Volksentscheidung einem erfolgreichen Volksbegehren. [...]
(5) **Referendum**: Eine Volksabstimmung, die vom Parlament oder von der Regierung angestoßen wird, um Änderungen der Verfassung (Verfassungsreferendum) oder den Beschluss eines Gesetzes der Entscheidung aller stimmberechtigten Bürgerinnen und Bürger zu unterwerfen.

Quellen: Manfred G. Schmidt: Wörterbuch zur Politik, Stuttgart 1995, S. 721 (1); Andreas Kost (Hrsg.): Direkte Demokratie in den deutschen Ländern. Eine Einführung, Wiesbaden 2005, S. 376 ff. (2–5)

---

1. Arbeiten Sie aus M 3 heraus, wie Rousseau die Unverzichtbarkeit der Volksversammlung begründet.
2. Beurteilen Sie die Instrumentarien direkter Demokratie in M 4 hinsichtlich ihrer Wirkungskraft und ihrer Nähe oder Distanz zur repräsentativen Demokratie.

MATERIAL 5 Direktwahl des Bundespräsidenten – Pro und Kontra

Pro: So demokratisch ausgewogen die Bundesversammlung auch sein mag, sie ist ein sonderbares Konstrukt. Das deutsche Staatsoberhaupt wird [...] von einem Kollegium gewählt, das – von wenigen Spitzenpolitikern mal abgesehen – weitgehend unbekannt ist und zum überwiegenden Teil nur indirekt gewählt ist. Identifizieren kann man sich mit so einem Gremium nicht.
Eine Direktwahl des Bundespräsidenten könnte diesen Mangel beseitigen. Was gibt es mehr, als sich auf ein direktes Votum der Bürger im Lande berufen zu können? Auf fast allen politischen Ebenen im Lande kennen wir das: Bürgermeister, Landräte sowie die Hälfte der Landtags- und Bundestagsabgeordneten werden direkt gewählt. Die oft so abstrakte Politik ist leichter greifbar, wenn sie personalisiert ist, wenn konkrete Gesichter dahinterstehen. [...]
Natürlich würde eine Direktwahl zu einer Politisierung des Amtes führen. Und ja: Es gäbe dann auch einen Wahlkampf. [...] Ein Wahlkampf sei der Würde des Amtes nicht angemessen, heißt es. Was, bitte, ist unwürdig daran, wenn die 82 Millionen Deutschen im Vorfeld erfahren, welche Akzente ein Bundespräsident in spe gerne setzen möchte und wenn er Missstände beim Namen nennt? [...]
Das Grundgesetz – obschon als Provisorium gedacht – hat Deutschland ein stabiles politisches System beschert. Die Zersplitterung der Parteienlandschaft [der Weimarer Republik] ist Geschichte, der Kanzler ist dem Parlament verantwortlich und nicht vom Wohlwollen des Bundespräsidenten abhängig. [...] Ein direkt gewählter Bundespräsident hätte natürlich ein ungleich größeres Maß an Legitimation als ein vom Bundestag gewählter Kanzler. Das würde auch bedeuten, dass das Wort des Präsidenten deutlich mehr Gewicht bekommen würde. Vor einem stärkeren Bundespräsidenten brauchen wir in unserer gefestigten Demokratie aber keine Angst mehr zu haben. Der zahnlose Tiger, der der Bundespräsident momentan ist, ist zum Anachronismus geworden. Wenn wir uns schon so ein Spitzenamt leisten, dann soll es auch eine Spitzenfunktion haben.

Quelle: Bernd Oswald: Spitzenfunktion fürs Spitzenamt, in: Süddeutsche Zeitung online vom 17.5.2010; Zugriff 16.1.2014

Kontra: Die Direktwahl des Bundespräsidenten wird immer dann diskutiert, wenn mal wieder eine Wahl zum Bundespräsidenten ansteht. Sicher, das Wahlverfahren ist nicht sonderlich transparent. Da werden mehr als 1 200 Wahlmänner und -frauen von den Parteien entsprechend ihrer Stärke in Bund und Landesparlamenten in eine sogenannte Bundesversammlung berufen. Und die stimmen dann geheim, aber wohl nicht immer frei, über die Kandidaten ab.
Überraschungen gibt es nicht. Es gewann bisher immer der Kandidat, dessen Lager schon rechnerisch die Mehrheit in der Bundesversammlung hat. Dieses Verfahren mag nicht besonders mitreißend sein, ist aber angemessen. Der Bundespräsident ist auf dem Papier das Staatsoberhaupt, hat aber nur viel zu sagen, doch faktisch nichts zu bestimmen. Er hat keinerlei gestalterische Macht. Und das ist gut so.
Die Väter und Mütter des Grundgesetzes haben in großer Weisheit entschieden, dass niemals mehr so viel Macht in den Händen einer Person liegen soll wie in der eines Weimarer Reichspräsidenten. [...] Ein Bundespräsident, der sich auf eine erkleckliche Mehrheit im Volk berufen kann, der könnte, der müsste mehr zu tun haben, als nur die Abteilung „warme Worte" zu verwalten. Es wäre kaum möglich, ihn als politischen Eunuchen weitermachen zu lassen, wenn die Mehrheit eines 80-Millionen-Volkes hinter ihm steht.
Bis jetzt etwa prüft der Bundespräsident Gesetze nur dahingehend, ob sie verfassungskonform sind. Es könnte ihm dann aber einfallen, auch inhaltlich Kritik zu üben, er könnte sich entschließen, aktiv in Gesetzgebungsprozesse einzugreifen. Wer würde das einem Amtsinhaber verwehren wollen, der eine größere demokratische Legitimation besäße als jeder andere staatliche Repräsentant inklusive des Kanzlers oder der Kanzlerin? Die Direktwahl würde somit das politische System der Bundesrepublik auf den Kopf stellen. Sie würde die Weichen hin zu einer Präsidialdemokratie nach französischem Vorbild stellen. Das aber wollen auch die meisten Befürworter einer Direktwahl nicht.

Quelle: Thorsten Denkler: Keine Krone für den zahnlosen Tiger, in: Süddeutsche Zeitung online vom 17.5.2010; Zugriff 16.1.2014

MATERIAL 6: Liquid Democracy

Interview mit Andreas Nitsche, Entwickler der Software LiquidFeedback und Mitglieder der Piratenpartei

Zeit online: Was will Liquid Democracy?

Nitsche: Für uns ist das ein Organisationsprinzip, das die Nachteile der beiden Demokratieformen kompensieren will: Direkte Demokratie führt zu einer Überforderung der Menschen; parlamentarische Demokratie hat zwar den Vorteil der Arbeitsteilung, ist dafür aber statisch – wer mitmachen will, muss sich wählen lassen. Liquid Democracy will die Arbeitsteilung dynamisieren: Jeder beteiligt sich genau da selbst, wo er etwas beitragen will und kann. In anderen Gebieten kann er seine Stimme einem Menschen oder einer Gruppe übertragen, er kann sie an jemanden delegieren, dem er vertraut.

Zeit: Wird nicht mit der Delegation genau der Punkt übernommen, der bei der parlamentarischen Demokratie kritisiert wird? Dass man seine Stimme einmal abgibt, dann aber nicht mehr entscheiden kann, was die Gewählten damit tun?

Nitsche: Eben nicht. Man kann sich jederzeit selbst an einer Diskussion beteiligen oder abstimmen. Wenn man das tut, werden gleichzeitig die eventuellen Delegationen für das Thema ausgesetzt.

Zeit: Könnte eine Liquid Democracy in der Zukunft Wahlen ersetzen?

Nitsche: Es handelt sich um eine Vision, ein Gedankenexperiment. Eine Liquid-Democracy-Gesellschaft lässt sich zwar nicht für alle Zeiten ausschließen. Ich kann allerdings aus heutiger Sicht keinen realistischen Weg dahin sehen. Es ist beispielsweise unklar, ob die vollständige Aufhebung der Arbeitsteilung zwischen Politik und Bürger, also jeden Bürger zum Politiker zu machen, überhaupt ein sinnvolles Ziel ist. [...]

Zeit: In der derzeitigen Gesellschaftsstruktur ist es also kein Ersatz für Wahlen, sondern höchstens eine Ergänzung?

Nitsche: Uns erschien, als wir die Software LiquidFeedback programmierten, der direkte Parlamentarismus als wenig praxisnah. Das Problem der direkten Demokratie ist aus meiner Sicht die Überforderung des Einzelnen. Es sind viele Entscheidungen über komplexe Probleme zu treffen. Wir wollten es daher vor allem Parteien und Organisationen anbieten. Dort sammeln sich Menschen, die sich an Politik beteiligen wollen. [...] Die repräsentative Demokratie wollten wir gar nicht infrage stellen. Wir wollten erreichen, dass Parteien volksnäher werden. [...].

Zeit: Demokratie ist mühsam und anstrengend, wer sich beteiligen will, muss sich einarbeiten, muss sich informieren. Kann ein System wie Liquid Democracy so etwas vereinfachen oder eher nicht?

Nitsche: In der Demokratie herrscht Arbeitsteilung – professionelle und gewählte Politiker arbeiten sich in die Themen ein und entscheiden. [...] Bei Liquid Democracy muss es nicht unbedingt ein professioneller Politiker sein, der entscheidet, es kann jeder sein. Der Vorteil: Wenn mir als Bürger etwas nicht gefällt, kann ich bei Liquid Democracy viel schneller intervenieren und meine Stimme an jemand anderes übertragen. Es ist aus meiner Sicht daher demokratischer, weil die Beteiligten einem Menschen aufgrund seiner Taten Gewicht geben und nicht beispielsweise aufgrund der Aufmerksamkeit, die er in den Medien genießt. Es bietet die Möglichkeit, dass jemand, der eine brillante Idee hat, auch die entsprechende Aufmerksamkeit in diesem Bereich bekommt und damit auch die Macht verliehen bekommt, das Thema zu verhandeln.

Quelle: Kai Biermann: Liquid Democracy: „Repräsentative Demokratie wollten wir gar nicht infrage stellen", in: Die Zeit online, www.zeit.de/digital/internet/2013-02/liquid-democracy-nitsche vom 15.2.2013; Zugriff 16.1.2014

---

1. Erarbeiten Sie aus M 5 die Argumente für und wider eine Direktwahl des Bundespräsidenten.
2. Führen Sie eine Pro- und Kontra-Debatte zur Direktwahl des Bundespräsidenten (M 5).
3. Erläutern Sie die Vor- und Nachteile direkter Demokratie nach Andreas Nitsche (M 6).
4. Nehmen Sie in Form eines Zeitungskommentars Stellung zur „Liquid Democracy" (M 6).

2.7 Weiterentwicklung des demokratischen Systems in Deutschland III: Reform des Wahlrechts

Verhältniswahl und Mehrheitswahl

Bei einer reinen Verhältniswahl werden die Stimmen der Wähler möglichst genau in Parlamentsmandate der Parteien umgerechnet. Im Parlament soll damit eine gerechte Repräsentation sowohl der Parteien als auch des Volkes erreicht werden. Die Bevölkerung wählt daher nur Parteilisten. Im Extremfall werden dadurch die Koalitionsbildung und das Regieren selbst unmöglich. Beim System der relativen Mehrheitswahl wird das Land in Einerwahlkreise aufgeteilt. Pro Wahlkreis zieht jeweils nur der Wahlsieger in das Parlament ein. Die Vorteile dieses Systems liegen darin, dass im Parlament klare Mehrheiten entstehen, denn meist setzen sich nur die Kandidaten der großen Parteien durch. Dies führt im Regelfall zu stabilen Einparteienregierungen.

Kaiserreich und Weimarer Republik

Als sich die Verfassungsväter der Weimarer Republik 1919 auf das reine Verhältniswahlrecht festlegten, wollten sie bewusst mit dem Mehrheitswahlrecht des Kaiserreiches brechen. Denn dort hatte sich die seit 1864 trotz stattfindender Bevölkerungsverschiebungen unveränderte Einteilung der Wahlkreise mehr und mehr zuungunsten einiger Parteien, vor allem der SPD, ausgewirkt. Was man 1919 allerdings nicht bedachte, waren die Probleme eines durch eine reine Verhältniswahl zersplitterten Parlaments. Denn im Gegensatz zum Reichstag von 1871 bis 1918 wurde die Regierung nicht vom Kaiser eingesetzt, sondern die parlamentarischen Mehrheiten bildeten die Regierung und mussten daher während der gesamten Legislatur stabil bleiben. Je stärker (kleine) Parteien allerdings an einer Regierungskoalition beteiligt sind, umso schwieriger wird es, konsensfähige Politik zu betreiben. Die Zersplitterung des deutschen Parteienwesens und der Einzug vieler Kleinstparteien in den Reichstag machten dies gegen Ende der Weimarer Republik nahezu unmöglich.

die personalisierte Verhältniswahl in der Bundesrepublik

Aufgrund der historischen Erfahrungen entschied man sich in der Bundesrepublik für die deutsche Tradition des Verhältniswahlrechts, kombinierte es aber mit den Vorteilen der Mehrheitswahl. So wurde das personalisierte Verhältniswahlsystem konzipiert, in dem der Wähler über eine Erst- und eine Zweitstimme verfügt. Die Hälfte der Bundestagsmandate wird dabei in Einerwahlkreisen ermittelt (Direktmandate), die andere Hälfte gemäß der Verhältniswahl über die Landeslisten der Parteien. Zwar wurde in der Bundesrepublik auch immer wieder über die Einführung eines Mehrheitswahlrechts diskutiert, bislang konnten sich solche Vorschläge aber nicht durchsetzen.

5-%-Hürde

Um die in Weimar erlebten Schwierigkeiten der Zersplitterung des Parteienwesens zu verhindern, schränkt die sogenannte 5-%-Hürde das Verhältniswahlprinzip ein. Sie sollte stets die Bildung funktionsfähiger Regierungen garantieren. Allerdings hat sie auch zur Folge, dass Wählerstimmen „verloren gehen" – bei der Bundestagswahl 2013 waren es mit 15,8 Prozent der Stimmen so viele wie noch nie zuvor. Daher waren im Anschluss einige skeptische Stimmen zur Beibehaltung dieser Hürde zu vernehmen.

Abschaffung der Überhangmandate

Ein langjähriges Problem war die Frage der Überhangmandate. Diese entstehen, wenn eine Partei in einem Bundesland über die Erststimmen mehr Direktmandate errungen hat, als ihr gemäß dem Zweitstimmenanteil zustehen. Hierin wurde eine Verletzung des

Gleichheitsgrundsatzes der Wahl gesehen, da auf diese Weise die Zahl der Abgeordneten erhöht und der Proporz im Parlament verändert wurde. Ein zweiter Kritikpunkt richtete sich gegen das „negative Stimmgewicht" der Überhangmandate. Es konnte dazu führen, dass eine Partei Mandatsgewinne trotz Stimmenverlusten verzeichnete. Das Problem wurde mehrfach vom Bundesverfassungsgericht beanstandet. Allerdings wollten die Parteien, inbesondere die Union, die traditionell viele Überhangmandate erhält, nicht auf die Überhangmandate verzichten. Im neuen Bundeswahlgesetz vom Februar 2013 einigten sich Regierung und Opposition daher darauf, die Überhangmandate künftig durch Ausgleichsmandate zu neutralisieren. Seit der Bundestagswahl 2013 werden Überhangmandate einer Partei nun so lange durch Mandate für die anderen Parteien ausgeglichen, bis das Verhältnis zwischen den Parteien gemäß ihrem Zweitstimmenanteil wiederhergestellt ist. Die Anzahl der Bundestagssitze erhöht sich entsprechend – weshalb nunmehr eine „Aufblähung" des Bundestages befürchtet wird.

Die Bereitschaft zur politischen Partizipation ist in Deutschland in den letzten 30 Jahren kontinuierlich gesunken. Um den Tendenzen von Politik- und Parteienverdrossenheit zu beggnen und den Einfluss der Wähler auf die Kandidatenauswahl zu erhöhen, wurde bereits gefordert, die Kandidaten in Anlehnung an das US-amerikanische Modell im Rahmen von Vorwahlen zu bestimmen. Bisher werden die Spitzenkandidaten hierzulande gewöhnlich in den oberen Parteigremien, d. h. unter Ausschluss von Bürgerschaft und Parteibasis, bestimmt. In den USA hingegen stellen sich die Aspiranten für das Amt des Präsidenten grundsätzlich zwei Arten von Vorwahlen: Bei der *closed primary* können diejenigen, die sich zuvor als Anhänger einer Partei haben registrieren lassen, ihre Stimme für einen Kandidaten abgeben. Bei der *open primary* können alle Wahlberechtigten für oder gegen den Kandidaten dieser Partei stimmen. In Frankreich ließen die Sozialisten im Vorfeld der Präsidentschaftswahlen im Sommer 2011 ihren Spitzenkandidaten François Hollande erstmals über offene Vorwahlen (*primaires citoyennes*) küren, bei denen nicht nur Parteimitglieder, sondern alle Wahlberechtigten mitentscheiden konnten, die mit sozialistischen Werten sympathisierten. Ähnliche Vorstellungen äußerte in Deutschland SPD-Parteichef Sigmar Gabriel, der bereits 2010 vorschlug, den nächsten SPD-Kanzlerkandidaten über Vorwahlen zu bestimmen. Der Vorschlag ist allerdings in der Partei umstritten und wurde bei der Bundestagswahl 2013 noch nicht umgesetzt.

Vorwahlen nach amerikanischem Vorbild?

Ein weiterer Reformpunkt betrifft das Wahlalter. Insbesondere Parteien, die vielfach von jungen Menschen gewählt werden, fordern immer wieder, das Wahlalter wie in Österreich auf 16 Jahre zu senken. Das Wahlrecht für Sechzehnjährige brächte zahlreiche Vorteile mit sich: Politisches Interesse würde früher geweckt, den jüngeren Bundesbürgern früher politische Verantwortung übertragen und die Politiklandschaft in Deutschland insgesamt verjüngt. Ein gravierender Nachteil jedoch besteht darin, dass derart junge Menschen – wenn sie politisch ungeschult sind – eine „leichte Beute" auch für extreme Parteien darstellen, die grundsätzlich versuchen, Unkundige mit Populismus und Stammtischparolen für ihre Ziele zu gewinnen.

Wahlrecht ab 16?

Zeichnung: Barbara Henniger

MATERIAL

1 Die stummen Stimmen bei der Bundestagswahl 2013

Sieben Millionen Zweitstimmen verpuffen einfach, weil AfD [Alternative für Deutschland] und FDP nicht im Bundestag vertreten sind. Die Bitte der FDP an die Wähler um ihre Zweitstimme glich schon fast Betteln. Doch gereicht hat auch das massive Werben nicht. Oder nicht genug. Rund zwei Millionen Wähler machten ihr Zweitstimmenkreuzchen bei den Liberalen. Doch weil die Partei an der Fünfprozenthürde scheiterte und aus dem Bundestag geflogen ist, haben diese Wählerstimmen kaum noch Einfluss auf das Parlament. Mit den Stimmen der AfD ist es das gleiche Spiel. Auch die Partei bekam etwas mehr als zwei Millionen Stimmen. Doch auch die gehen ins Leere. Diese Wähler haben kaum Einfluss auf das Parlament. Wie demokratisch ist eigentlich unser Wahlsystem? […]

Mit den Ergebnissen der kleinen Parteien bei der Bundestagswahl haben die Wähler einen neuen Rekord aufgestellt. So viele Stimmen wie noch nie seit Einführung der Fünfprozenthürde vor 50 Jahren gingen an Parteien, die nicht in den Bundestag einziehen werden und damit die parlamentarische Politik nicht beeinflussen können. Nach dem […] Endergebnis sind es fast sieben Millionen – mehr als 15 Prozent. Aus diesem Grund ist die Sperrklausel juristisch hoch umstritten. […]

Die Sperrklausel oder Fünfprozenthürde gibt es, um die Zersplitterung im Parlament und die damit verbundenen Streitereien zu verhindern. Den Sprung in den Bundestag schafft nur die Partei, die über diese Hürde springt. Auch wer das nicht schafft, hat eine Chance, im Parlament vertreten zu sein. Und zwar dann, wenn sie mindestens drei Direktmandate gewinnen. Ist das der Fall, wird zusätzlich auch der Zweitstimmenanteil berücksichtigt. Vor der FDP sind bislang zehn Parteien aus dem Bundestag wieder ausgeschieden. 2002 etwa scheiterte die PDS [Partei des demokratischen Sozialismus] an der Fünfprozenthürde. Zwei Abgeordnete mit PDS-Parteibuch kamen jedoch über Direktmandate in den Bundestag. Die Fünfprozenthürde wirft immer wieder die Frage auf, wie demokratisch das deutsche Wahlsystem mit dieser Sperrklausel überhaupt ist. […]

Für die Europawahl hatte das Bundesverfassungsgericht die gleiche Sperrklausel gekippt. Karlsruhe begründete das mit den strukturellen Unterschieden zwischen Bundestag und Europaparlament. Brüssel sei nicht derart auf stabile Mehrheiten angewiesen. Der Bundestag beschloss darauf, die Hürde für Europa auf drei Prozent zu senken […]. Trotzdem sind die Chancen auf eine Veränderung auf Bundesebene nicht sehr hoch.

Zeichnung: Walter Hanel

Quelle: Daniel Klager: Die stummen Stimmen, in: Handelsblatt online, www.handelsblatt.com/politik/deutschland/bundestagswahl-2013/fuenf-prozent-huerde-die-stummen-stimmen/8833280.html vom 24.9.2013; Zugriff am 16.1.2014

Das reformierte Wahlrecht – Ausgleichslösung mit Makel

MATERIAL 2

Mit dem [...] neuen [...] Gesetz wird der Streit um das Wahlrecht in Deutschland fürs Erste befriedet sein. Dass Union, SPD, FDP und Grüne die Regelung im Konsens getroffen haben, ist eine gute Nachricht. Dazu bedurfte es freilich der zweimaligen Nachhilfe durch das Bundesverfassungsgericht. 2008 hatte Karlsruhe das Wahlgesetz wegen des Auftretens negativer Stimmgewichte für verfassungswidrig erklärt. Obwohl das einstimmig ergangene Urteil die Möglichkeit geboten hätte, das Problem konsequent und einvernehmlich zu lösen, indem man die Quelle der negativen Stimmgewichte – die vermehrt anfallenden Überhangmandate – austrocknet, wollte die Regierungsseite den Vorteil behalten, der ihr in der aktuellen Konstellation des Parteiensystems durch die Überhangmandate entsteht. Deshalb setzte sie gegen die Opposition ein Gesetz durch, das diese Mandate nicht antastete. Das Vorhaben geriet zum Reinfall. Nicht nur, dass die vom Gericht gesetzte Dreijahresfrist für die Neuregelung missachtet wurde. Der Entwurf geriet auch handwerklich so schlecht, dass er nach der absehbaren Klage der Opposition in Karlsruhe zum Scheitern verurteilt war. [...] Zu lösen war die Frage, wie mit den Überhangmandaten umgegangen werden soll. In der Kontinuität zu seiner früheren Rechtssprechung hat Karlsruhe diese auch im neuen Urteil [von 2012] nicht per se für verfassungswidrig erklärt, sondern erst, wenn sie in größerem Umfang anfallen. Dieser Umfang wurde jetzt mit 15 Mandaten genau festgelegt. Dass diese Grenzziehung nicht nur willkürlich, sondern auch logisch unstimmig ist, liegt auf der Hand: 30 Überhangmandate, die sich gleichmäßig auf die beiden großen Parteien verteilen, verletzen den Gleichheitsgrundsatz weniger als 15 Mandate, die nur einer Seite zugute kommen. Hätten diese wahlentscheidende Bedeutung, wäre mit Sicherheit bald ein neues Verfahren in Karlsruhe zu erwarten. [...] Bei der nun gefundenen Lösung hat sich vor allem die Union bewegt. Der Versuchung, die Grenze von 15 zulässigen Überhangmandaten auszuschöpfen, hat sie klugerweise widerstanden. Beide Seiten kamen deshalb rasch überein, dass die Überhangmandate vollständig neutralisiert werden sollten. [...] Die [...] gefundene Ausgleichslösung trägt vor allem die Handschrift der Sozialdemokraten. [...]

Die Parteien werden für die Ausgleichslösung keinen öffentlichen Beifall erwarten können. Die Kritik entzündet sich vor allem an der erwarteten Aufblähung des Bundestages durch Überhang- und Ausgleichsmandate. Der Bund der Steuerzahler beziffert die Mehrkosten für die Amtsausstattung, Entschädigung und Versorgungsansprüche der hinzukommenden Abgeordneten auf bis zu 60 Millionen Euro jährlich. [...] Problematisch an der Ausgleichslösung ist weniger die Vergrößerung des Parlaments an sich als die Tatsache, dass sie die Zahl der Abgeordneten zu einer disponiblen Größe macht. [...] An einer breiter angelegten Reform der personalisierten Verhältniswahl dürften die Parteien kein Interesse haben. [...] Die Bundesrepublik bestätigt damit den aus anderen Ländern bekannten Befund, dass Wahlsysteme, sind sie erst etabliert, ein hohes Beharrungsvermögen aufweisen.

Quelle: Frank Decker: Ausgleichslösung mit Makel, in: Das Parlament, Nr. 51–52, 17.12.2012, S. 3

---

1. Ermitteln Sie aus M 1 (Text und Karikatur) die Ursachen für die Kritik an der 5-%-Hürde.
2. Nehmen Sie in Form eines Leserbriefs Stellung zu der Frage, ob eine Abschaffung der 5-%-Hürde der Demokratie förderlich wäre (M 1).
3. Arbeiten Sie anhand von M 2 die Grundzüge des neuen Wahlrechts heraus.
4. Erörtern Sie, ob die Wahlrechtsreform (M 2) als befriedigend bezeichnet werden kann.

MATERIAL

3 Vorwahlen als Frischzellenkur für die Demokratie?

In den USA sind sie Tradition, in Frankreich haben jüngst die Sozialisten damit experimentiert: Vorwahlen, in denen die Bürger das politische Spitzenpersonal bestimmen können. Wäre das Verfahren auch für Deutschland denkbar? Es könnte jedenfalls das Interesse an Politik wiederbeleben.

[...] Auch in Deutschland wurde über die Einführung solcher Vorwahlen diskutiert – unmittelbar vor der Gründung der Bundesrepublik. Seither sind solche Forderungen immer mal wieder aufgetaucht, doch umgesetzt wurden sie bekanntlich nicht. Die Kritiker des Prinzips setzten sich stets durch.
Dabei spräche auch in Deutschland viel für die Durchführung von Vorwahlen. Und zwar gerade zum jetzigen Zeitpunkt. Denn Ereignisse wie die Auseinandersetzungen um Stuttgart 21 oder die Demonstrationen der Occupy-Bewegung zeigen, dass ein Bedürfnis nach mehr demokratischer Teilhabe besteht. [...]
Die Mobilisierung der Bürgerinnen und Bürger, für die die Vorwahlen sorgen, kann die Partei anschließend für sich nutzen. Viele von ihnen sind nämlich bereit, nicht bloß über die Kandidaten abzustimmen, sondern sich auch während des anschließenden Hauptwahlkampfes zu engagieren. Mit anderen Worten: Die Mobilisierung der Parteimitglieder, die sich im Allgemeinen auf einen kleinen, besonders aktiven Kreis begrenzt, kann auf bloße Kampagnenaktivisten ausgedehnt werden.
Dass dies gelingen kann, hat Barack Obama im Jahr 2008 gezeigt: Heerscharen freiwilliger Helfer gingen von Tür zu Tür und gewannen zahlreiche unschlüssige Wähler für den demokratischen Kandidaten, der als Außenseiter gestartet war. Vorwahlen sind demnach nicht einfach ein innovativer Auswahlprozess, sondern sie strukturieren einen neuen demokratischen Raum. [...]

Wahlbeteiligung bei den Vorwahlen der Republikaner (USA)

Bundesstaat	Vorwahlen Stimmen	in % der Wahlberechtigten
Colorado-2012	65 535	1,8 %
Colorado-2008	65 400	1,9 %
Minnesota-2012	48 795	1,3 %
Minnesota-2008	62 828	1,7 %
Nevada-2012	32 894	1,9 %
Nevada-2008	44 315	2,7 %
Iowa-2012	147 255	6,5 %
Iowa-2008	118 696	5,4 %

Quelle: AP, elections.gmu.edu, 2012

Die Gegner von Vorwahlen haben viele Argumente, die gegen ihre Einführung auch in Deutschland sprechen. Amerika besitze ein präsidentielles Regierungssystem, Deutschland hingegen eine parlamentarische Demokratie, ein Import der Vorwahlen über den „Großen Teich" sei daher unmöglich. Angeführt wird auch, dass Vorwahlen in den Vereinigten Staaten ein uraltes Instrumentarium zur Kandidatennominierung seien, also eine lange Tradition besäßen, die in Deutschland nicht bestehe. Diese und ähnliche Argumente lassen sich leicht widerlegen. So haben etwa die Vorwahlen der Sozialistischen Partei in Frankreich gezeigt, dass die fehlende Verankerung dieses urdemokratischen Abstimmungsprinzips den Erfolg nicht beeinträchtigt hat. Möglicherweise trug sogar gerade der Hauch des Neuartigen, der die Vorwahlen umgab, zu den hohen Wählerzahlen bei.
Auch der Bundesrepublik täte eine solche Veränderung mehr als sechzig Jahre nach ihrer Gründung sicherlich gut. Und das nicht nur auf Bundesebene. Weitet man nämlich Vorwahlen von der nationalen auf die mittleren und unteren politischen Ebenen aus, etwa auf die Kandidaten für den Landtag oder für das Landratsamt, dann kommt ein weiteres demokratisches Element hinzu: Die Kandidatenaufstellung wird aus den Hinterzimmern der Parteivorsitzenden herausgeholt.

➡ Querverweis: Kapitel II.1.4

Quelle: Teresa Nentwig: Debatte über Vorwahlen: Frischzellenkur für die Demokratie, in: Spiegel online, www.spiegel.de/politik/deutschland/debatte-ueber-vorwahlen-frischzellenkur-fuer-die-demokratie-a-820212.html vom 31.3.2012; Zugriff am 16.1.2014

MATERIAL
Wahlrecht ab 16? 4

Am 22. Mai [2011] darf in Bremen erstmals in Deutschland bei einer Landtagswahl ab 16 Jahren gewählt werden. Die jungen Wähler entscheiden […] also nicht nur über Bürgerschaft und Senat […], sondern auch, ob sich das Wahlalter mit 16 bewährt. […]
Bei Kommunalwahlen erlauben mehrere Bundesländer bereits die Abgabe der Stimme mit 16 Jahren – Berlin, Nordrhein-Westfalen, Niedersachsen, Schleswig-Holstein, Sachsen-Anhalt, Mecklenburg-Vorpommern. Bei den Landtagswahlen geht Bremen als einziges Land voran. Auf nationaler Ebene dürfen Sechzehnjährige innerhalb der EU bisher nur in Österreich bei Nationalratswahlen abstimmen. Anträge der Grünen, das Herabsetzen des Wahlalters auch für Bundestagswahlen und für Wahlen des Europäischen Parlaments zu ermöglichen, scheiterten vor zwei Jahren in Berlin. Die Linkspartei bezeichnete das damals als „begrüßenswert", indes nicht als „Allheilmittel gegen Politikverdrossenheit".
Zu den Befürwortern des „Nachdenkens" über eine Wahlberechtigung mit 16 zählt der Präsident des Bundesverfassungsgerichts, Andreas Voßkuhle. Immer wieder stellen mal die Anhänger, mal die Gegner Bezüge zwischen Wahlalter, zivilrechtlicher Volljährigkeit und Strafmündigkeit her – die Wehrpflicht als Vergleichsgröße ist nun entfallen. Ist es sinnvoll, fragen Kritiker, an einen Kaufvertrag über ein gebrauchtes Fahrrad strengere Maßstäbe zu legen als an eine Wahlentscheidung? Dieser Verknüpfung war schon der Bundestag nicht gefolgt – er senkte in den

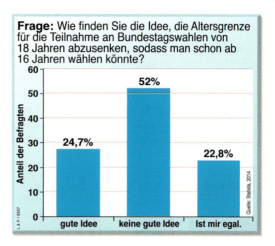

Siebzigerjahren die Volljährigkeit von 21 auf 18 Jahre, erst fünf Jahre nachdem er das Wahlalter gesenkt hatte.
Studien kommen zu widersprüchlichen Ergebnissen: Die Universität Hohenheim befand vor drei Jahren, Jugendliche seien mit 16 Jahren zwar genauso politikinteressiert wie mit 18 Jahren. Beim Politikverständnis aber zeigten sie Defizite. Die Shell-Jugendstudie beobachtet bei 15 und 16 Jahre alten Jugendlichen wieder ein stärkeres Interesse an Politik – stärker als bei den wenige Jahre Älteren. Deshalb werben die Autoren der Studie angesichts veränderter Reifeprozesse für eine Absenkung des Wahlalters. […] Nachhaltigen Einfluss auf Wahlergebnisse hätte eine Senkung demnach nicht – der Stimmenanteil der beiden Jahrgänge liegt bei etwa zwei Prozent.

Quelle: Robert von Lucius: Jugend wählt, Grün gewinnt, in: FAZ online, www.faz.net/aktuell/politik/wahl-in-bremen/waehlen-ab-16-jugend-waehlt-gruen-gewinnt-1641873-p2.html?printPagedArticle=true vom 1.5.2011; Zugriff am 16.1.2014

1. Erklären Sie mithilfe des Textes M 3, was unter Vorwahlen zu verstehen ist.
2. Diskutieren Sie ausgehend von M 3 (Text und Grafik), ob Vorwahlen ein geeignetes Mittel zur Bekämpfung der Politikverdrossenheit sind.
3. Erörtern Sie die negativen Aspekte von Vorwahlen.
4. Stellen Sie die Pro- und Kontra-Argumente zum Thema „Herabsetzung des Wahlalters auf 16 Jahre" einander gegenüber (M 4), erwägen Sie weitere Argumente und führen Sie eine Fishbowl-Diskussion zum Thema durch.
5. Führen Sie analog zur Grafik M 4 eine Befragung in Ihrem Kurs durch.

2.8 Chancen für Demokratisierungsprozesse in der Welt: Polen und Kroatien

geteilter europäischer Kontinent

Der europäische Kontinent, der auf eine jahrhundertlange, gemeinsame abendländische Geistes- und Kulturgeschichte zurückblicken kann, war infolge der Katastrophe des Zweiten Weltkriegs unter die ideologische Trennlinie zwischen Demokratie und Kommunismus geraten und in zwei Blöcke geteilt worden. Mutige Menschen lehnten sich zwar immer wieder gegen die kommunistische Fremdherrschaft auf, standen ihr letztlich aber ohnmächtig gegenüber. So endeten sowohl der „Polnische Oktober" und der Ungarische Volksaufstand im Jahr 1956 wie auch der „Prager Frühling" von 1968 in der Tschechoslowakei blutig und tragisch.

Umbruchsjahr 1989/90

Erst Ende der 1980er-Jahre stürzten die kommunistischen Herrschaftssysteme in Osteuropa, vom Westen insgesamt als „Ostblock" bezeichnet. Zu diesem Fiasko hatten die politische Dauerkrise des Staatssozialismus sowie die offensive Außenpolitik des Westens – insbesondere unter US-Präsident Ronald Reagan (1911-2004) – beigetragen. Die in der Sowjetunion eingeleiteten Reformbestrebungen verliehen den Andersdenkenden in den sozialistischen „Bruderstaaten" politische und moralische Motivation.

Demokratisierung Polens

Der aus Polen stammende Papst Johannes Paul II. beeinflusste den Wandel zur Demokratie im gesamten „Ostblock", indem er beharrlich für Menschenrechte, christliche Solidarität und Freiheit warb. Entscheidend am Systemwechsel wirkte auch die polnische Gewerkschaft Solidarnosc mit. Die unabhängige Gewerkschaftsbewegung war 1980 im Zuge von Arbeiterstreiks entstanden. Ihr schlossen sich sodann auch viele Mitglieder der kommunistischen Partei an, zeitweise hatte Solidarnosc ca. 10 Millionen Mitglieder. 1988 und 1989 wurden ihre Vertreter zu Gesprächen am Runden Tisch eingeladen. In den teilweise freien Wahlen vom Juni 1989 ging die Gewerkschaft als Sieger hervor.

„Rückkehr nach Europa"

Die „Rückkehr nach Europa", d. h. die Herauslösung aus der sowjetischen bzw. postsowjetischen Einflusssphäre und die Eingliederung in den Westen, kennzeichnete die außenpolitische Neuorientierung Polens nach dem Systemwechsel. Die Gründungsakte der deutsch-polnischen Partnerschaft im Juni 1991 schuf die Voraussetzungen für eine freundschaftliche politische Zusammenarbeit zwischen dem vereinigten demokratischen Deutschland und dem freien demokratischen Polen. Besonders bedeutsam für Polen war der im September 1993 abgeschlossene Abzug russischer Truppen – deren Anwesenheit stand für eine begrenzte Souveränität des Landes. 1999 wurde Polen Mitglied der NATO, eine Garantie dafür, nicht in russische Einflusszonen hineingezogen zu werden. Der Beitritt Polens zur EU im Jahr 2004 markierte schließlich die Vollendung seiner außenpolitischen „Rückkehr" in die freie Welt. Ende 2007 wurde Polen Mitglied in der Schengenzone, womit u. a. Personenkontrollen beim Grenzübertritt entfielen. Mittlerweile hat das Land eine starke Position innerhalb der EU erlangt.

Lech Walesa spricht bei einem Streik am 30.8.1980, kurz darauf wird er zum Vorsitzenden der Solidarnosc gewählt.

Kroatien im Jugoslawien unter Tito

In Jugoslawien kamen die Kommunisten nach dem Zweiten Weltkrieg weitgehend ohne Unterstützung von außen an die Regierung. Sie kämpften erfolgreich gegen die deutschen und italienischen Besatzer. Ihr Anführer war der Kroate Josip Broz Tito, der nach dem Krieg Ministerpräsident (1945–1953) und später Staatspräsident (1953–1980) wurde. Er vertrat eine der Sowjetunion zwar nahestehende, aber doch unabhängige politische Linie. Jugoslawien gehörte daher zu den sogenannten blockfreien sozialistischen Staaten. Der Staat setzte sich aus sechs gleichberechtigten Teilrepubliken zusammen: Kroatien, Slowenien, Bosnien und Herzegowina, Montenegro, Serbien, Mazedonien und das Kosovo. Die Entfaltung des Tourismus am Ende der 1960er-Jahre leitete eine Liberalisierung ein. Gemäß der Verfassung von 1974 hing der Gesamtstaat stark vom Konsens der Teilrepubliken ab. Mit dem Tod Titos, der das Land zusammengehalten hatte, im Jahr 1980 geriet das Land zunehmend in eine Krise, es kam vermehrt zu Unruhen in den Teilrepubliken. Der serbische Parteichef Slobodan Milošević nutzte die nationalistische Stimmung und ließ 1989 die Autonomie des Kosovos aufheben. Damit war der Verfassungskonsens für den Gesamtstaat aufgekündigt.

Josip Broz Tito

Zerfall Jugoslawiens, Bürgerkriege und schwieriger Friedensprozess

Zusammen mit Slowenien war Kroatien 1989 eine der ersten Teilrepubliken Jugoslawiens, in denen neue Parteien entstanden. Aus den freien Wahlen von 1990 ging mit Franjo Tudjman, einem einstigen General der Jugoslawischen Volksarmee, ein Präsident hervor, der die Stimmung im Land radikalisierte. Nach fehlgeschlagenen Einigungsgesprächen zwischen den Teilrepubliken erklärte Kroatien gleichzeitig mit Slowenien am 25. Juni 1991 seine Unabhängigkeit, die, auch auf Betreiben Deutschlands, international anerkannt wurde. Daraufhin kam es – zuerst in Slowenien – zum kriegerischen Konflikt mit Serbien, das an der staatlichen Einheit unter serbischer Führung festhalten wollte. Dieser Konflikt konnte zwar relativ bald entschärft werden, verlagerte sich jedoch nun in verstärkter Form auf Kroatien. Die Jugoslawische Volksarmee stellte sich nun zunehmend auf die Seite der serbischen Milizen. In und zwischen den ehemaligen Teilrepubliken brach ein Bürgerkrieg aus. Gegenüber dem Krieg in Bosnien und Herzegowina ab Mai 1992 vertrat Kroatien zunächst keine klare Position, 1993 begannen schließlich auch Kämpfe zwischen Kroaten und Bosniaken. Erst 1995 wurden die Kämpfe mit den Verhandlungen von Dayton beendet, bei denen sich auch Kroatien und Serbien einigten. Eine juristische Aufarbeitung der Kriegsverbrechen, die den Streitkräften vorgeworfen wurden, fand jedoch kaum statt, und die kroatische Politik blieb geprägt von Klientelismus und Korruption.

EU-Integration Kroatiens

Erst ein Politikwechsel im Jahr 2000, kurz nach dem Tod von Tudjman Ende 1999, eröffnete dem Land eine klare europäische Perspektive. Nach zunehmender Stabilisierung, die von den EU-Institutionen massiv unterstützt wurde, stellte Kroatien im Februar 2003 ein offizielles Beitrittsgesuch. Die politischen Akteure bekamen nun Zugang zu zahlreichen internationalen Projekten, welche die Reformmaßnahmen unterstützten. Die Beitrittsverhandlungen wurden 2005 eröffnet, nachdem das Land volle und glaubwürdige Kooperationsbereitschaft in der Aufarbeitung der Kriegsverbrechen zusagte. 2011 gab die EU-Kommission eine positive Stellungnahme für eine EU-Mitgliedschaft des Landes ab. In einer Volksbefragung im Januar 2012 sprachen sich zwei Drittel der Teilnehmer für den Beitritt Kroatiens zur EU aus, allerdings bei einer Wahlbeteiligung von nur 43,6 Prozent. Als erster Staat aus dem Balkan wurde Kroatien am 1. Juli 2013 zum 28. Mitglied der EU. Damit ist ein wichtiger Schritt für die Integration der ganzen Balkanregion eingeleitet, ebenso für das Ende der jahrzehntelangen Teilung des europäischen Kontinents.

MATERIAL 1 Von der Diktatur zur dauerhaften Demokratie

In den letzten Jahren sind verschiedene Diktaturen – sowohl inneren wie äußeren Ursprungs – zusammengebrochen, als sie sich Widerstand leistenden, mobilisierenden Menschen gegenübersahen. Einige dieser Diktaturen, die oftmals als fest verankert und unerschütterlich galten, waren nicht in der Lage, dem politischen, wirtschaftlichen und gesellschaftlichen Widerstand des Volkes standzuhalten. [...]
Der Sturz einer Diktatur ist natürlich ein Anlass zum Feiern. Menschen, die so lange gelitten und mit so hohem Einsatz gekämpft haben, haben sich eine Zeit der Freude, der Entspannung und Anerkennung verdient. [...]
Leider darf man in dieser Zeit die Wachsamkeit nicht verringern. Selbst wenn es gelungen ist, die Diktatur durch politischen Widerstand zu stürzen, muss man Vorkehrungen treffen, um zu verhindern, dass inmitten der Wirren nach dem Zusammenbruch des alten Unterdrückerregimes ein neues an die Macht gelangt. [...] Die diktatorischen Strukturen müssen zerschlagen werden. Es gilt, die konstitutionellen und rechtlichen Grundlagen und Verhaltensstandards einer dauerhaften Demokratie zu etablieren. Niemand sollte glauben, dass mit dem Sturz einer Diktatur eine Idealgesellschaft entsteht. [...]
Es wird noch jahrelang ernste politische, wirtschaftliche und soziale Probleme geben, zu deren Lösung es des Zusammenwirkens vieler Menschen und Gruppen bedarf. [...]
Das neue demokratische System braucht eine Verfassung, die den ersehnten Rahmen für die demokratische Regierung bildet. Die Verfassung sollte Folgendes festlegen: die Zwecke der Regierung, die Grenzen staatlicher Macht, Art und Zeitpunkt der Wahlen, mit denen Regierung und Parlamentarier gewählt werden, die Grundrechte der Menschen sowie das Verhältnis zwischen Zentralregierung und anderen Regierungsebenen.

Quelle: Gene Sharp: Von der Diktatur zur Demokratie. Ein Leitfaden für die Befreiung, München 2008, S. 13, 94–96.

➡ Querverweis: Kapitel II.1.5

MATERIAL 2 Polens Integration

Polen gehört zu den außenpolitischen Schlüsselakteuren in Europa. Und seit der Mitgliedschaft in NATO und EU hat es nachdrücklich einen außenpolitischen Mitführungs- und Gestaltungsanspruch für den Kontinent und im transatlantischen Verbund angemeldet. [...]
Polens demokratische Regierungen agierten [...] umsichtig. Sie artikulierten ihre außen- und westpolitischen Zielsetzungen klar, aber besonnen; sie hüteten sich davor, Moskau zu erbosen und gegenüber dem Westen als Faktor der Destabilisierung zu erscheinen. In der Sache konzentrierte sich Warschau zu Beginn der 1990er-Jahre einerseits darauf, die bilateralen Beziehungen zu den Nachbarn (Polen hatte vor 1989 drei Nachbarländer, innerhalb kürzester Zeit wurden daraus sieben Staaten) auf neue vertragliche Grundlagen zu stellen. Neben dem deutsch-polnischen Verhältnis hatten dabei die Beziehungen zur Sowjetunion bzw. Russland Vorrang. Besonders wichtig war für Polen der im September 1993 abgeschlossene Abzug sowjetisch-russischer Truppen [...].
Neben den Beziehungen zu den Nachbarn ging es Polen um die Einbindung in das wirtschaftliche und sicherheitspolitische Gefüge des Westens. Das Auseinanderbrechen der Sowjetunion und der Putschversuch gegen Russlands Präsident Jelzin im August 1991 beschleunigten in Polen die Hinwendung zur NATO. Dem polnischen Drängen standen große Vorbehalte aus den Reihen der NATO-Mitglieder gegenüber, da diese eine Verschlechterung der Beziehungen zu Russland fürchteten. [...] Ein Stimmungswandel in den USA unter der Clinton-Administration und das entschlossene Plädoyer Deutschlands stießen für Polen das Tor zur NATO auf. [...] Wie im Fall der NATO bestanden auch in der EG/EU lange Aversionen gegenüber der Aufnahme neuer Mitglieder. Furcht vor Machtverlust, Angst vor Entscheidungsstillstand und Abneigung gegenüber

den Kosten waren wichtige Ursachen für diese Zurückhaltung. Doch auch hier betrat Polen einen Pfad, der zum Beitritt führen sollte. [...]
Polen durchlief ein umfassendes Anpassungsprogramm, bei dem es darum ging, das polnische Rechtssystem mit dem rechtlichen Besitzstand der EU zu harmonisieren und die Ökonomie Polens marktwirtschaftlich zu erneuern. [...]
Auf einem im Dezember 2002 abgehaltenen Treffen des Europäischen Rates in Kopenhagen wurden die letzten strittigen Fragen beigelegt. Polen konnte der EU am 1. Mai 2004 beitreten. Die letzte Hürde auf dem Weg war die Ratifizierung des Beitrittsvertrags, die in Polen per Referendum ermöglicht werden musste. Bei einer Wahlbeteiligung von 58,8 Prozent sprachen sich 77,4 Prozent für Polens Beitritt aus. [...] Der Beitritt zur Europäischen Union markierte für Polen die Vollendung seiner außenpolitischen „Rückkehr" in den Westen.

Quelle: Kai-Olaf Lang: Polens Rolle in der internationalen Politik, in: Informationen zur politischen Bildung, Nr. 311/2011, S. 58-59

MATERIAL

Die Wurzeln des Wunders 3

20 Prozent Arbeitslosigkeit, mäßiges Wachstum: Als Polen der EU beitrat, erwartete man von dem neuen Partner nicht viel. Doch das Land hat alle überrascht: Kaum ein EU-Staat steht nach der Krise so gut da wie Polen. Wenn man die polnische Erfolgsgeschichte erzählt, beginnt man am besten bei ihm: Leszek Balcerowicz. Der Ökonom gilt vielen als Vater des Wirtschaftswunders. Sein Balcerowicz-Plan führte Polen aus der Planwirtschaft Schritt für Schritt in die moderne Marktwirtschaft. Vor allem die Kontinuität der Regierungen spielte bei seiner Umsetzung eine große Rolle: Die Grundlagen wurden nie infrage gestellt, sondern stetig angepasst und weiterentwickelt. [...]
Seit der Wende sind viele Polen aus dem Exil zurückgekehrt und haben im eigenen Land investiert. Bekanntestes Beispiel: Jan Kulczyk, Multimillionär und einer der reichsten Männer Polens.
Aber auch ausländische Firmen wurden bald aufmerksam: Allen voran Deutschland investiert seit

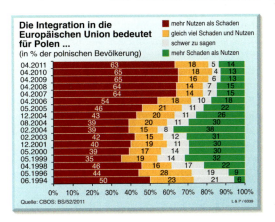

Jahren in das Land und kauft vor allem Möbel, Automobil- und Elektroindustrie von dem Nachbarn. Mit dem Eintritt in die OECD öffnete sich Polen schließlich für den Weltmarkt und erarbeitete sich Schritt für Schritt den Ruf als zuverlässiger Wirtschaftspartner.

Quelle: Franziska Langhammer: Die Wurzeln des Wunders, in: Arte TV online, www.arte.tv/de/die-wurzeln-des-wunders/4009300,CmC=4007176.html vom 3.6.2011; Zugriff am 22.1.2014

1. Erklären Sie mithilfe von M 1, warum nach dem Sturz einer Diktatur erst in der Demokratiegestaltung und -bewahrung die große Herausforderung liegt.
2. Erarbeiten Sie aus M 2 die wichtigsten Schritte Polens bei seiner „Rückkehr" in den Westen und zeigen Sie dabei auf, von welchen Faktoren diese begünstigt wurde.
3. Erläutern Sie die Rolle der EU bei der Demokratisierung Polens (M 2).
4. Ermitteln Sie aus M 3 die Ursachen für die erfolgreiche europäische Integration Polens nach seinem EU-Beitritt.

MATERIAL 4 — Kroatien in der EU

Kroatien ist der erste Neuzugang der EU seit Aufnahme von Bulgarien und Rumänien im Jahr 2007. Da die beiden Länder die Beitrittsbedingungen bis heute nicht erfüllen und unter Beobachtung stehen, ist das ganze Konzept der Erweiterungspolitik unter Legitimationsdruck geraten. Der kroatische Beitritt ist deshalb auch Schauplatz einer zähen Auseinandersetzung zwischen den Gegnern und Befürwortern der EU-Erweiterung. Die Befürworter sehen in der Aufnahme des zweiten Staates aus der jugoslawischen Erbmasse einen Beleg für die ungebrochene Attraktivität des europäischen Staatenverbunds und insbesondere dafür, dass die Erweiterungsperspektive nach wie vor ein wirksames Instrument darstellt, um auf Länder in der Nachbarschaft einzuwirken und dort Reformen in Gang zu setzen. Durch die kroatische „Erfolgsgeschichte" (José Manuel Barroso) ist zudem die Aufnahme der anderen Staaten der Region wieder ein Stück weit realistischer geworden. [...] Was Demokratie und Rechtsstaat angeht, sind schwerwiegende Einwände gegen die Aufnahme Kroatiens ohnehin nicht begründbar. Das demokratische Regierungssystem funktioniert nach Ansicht der EU und internationaler Demokratiewächterorganisationen zufriedenstellend, Wahlen sind frei und fair, die Bürgerrechte institutionell abgesichert. Kroatien hat die Rückkehr von Kriegsflüchtlingen der serbischen Volksgruppe ermöglicht und Minderheitenrechte gesetzlich geschützt. Bei der Korruptionsbekämpfung ist das Land seit Gründung der Antikorruptionsstaatsanwaltschaft USKOK im Jahr 2001 weit vorangekommen und hat die Elitenkorruption erheblich zurückdrängen können; die alltägliche Schalterkorruption war in Kroatien ohnehin von untergeordneter Bedeutung. [...] Zweifellos gibt es auch nach dem Beitritt noch einige „Baustellen", an denen die Reformen weitergehen sollten, wie etwa in der Justiz, wo der noch bestehende Verfahrensrückstau vollends abgebaut und das Vollzugsdefizit von Gerichtsentscheidungen weiter reduziert werden muss. Der Versuch konservativer Netzwerke, wie des Adriatic Institute [kroatischer Thinktank], in der europäischen Öffentlichkeit den Eindruck zu erwecken, Kroatien sei ein von Korruption zerfressener Mafiastaat, in dem nichts funktioniert und dubiose Cliquen die EU-Gelder abgreifen werden, fand auch deshalb kaum Resonanz, weil es für solcherart Einschätzungen einfach keine ernst zu nehmenden Indizien gibt.

Quelle: Dietmar Dirmoser: Der Lange Weg nach Europa: Kroatiens EU-Beitritt, Juli 2013, Friedrich-Ebert-Stiftung Perspektive, S. 2f.

MATERIAL 5 — Kroatien akzeptiert künftig europäisches Recht

Sie ist lange hart geblieben, sie wollte weiter pokern – aber jetzt hat die Regierung des EU-Neumitglieds Kroatien doch nachgegeben. Vorausgegangen war ein erbitterter Streit zwischen der EU-Kommission in Brüssel und der Regierung in Zagreb über die Auslieferung eines mutmaßlichen Mörders im Rahmen des sogenannten Europäischen Haftbefehls. Kroatiens Justizminister Orsat Miljenic versprach am Mittwoch in Brüssel, den Europäischen Haftbefehl so bald wie möglich voll umzusetzen [...]. Freiwillig war Kroatiens Premierminister Zoran Milanovic jedoch nicht bereit, europäisches Recht in seinem Land umzusetzen. [EU-Justizkommissarin Vivane] Reding hatte in den vergangenen Tagen ein Verfahren gegen Kroatien nach Artikel 39 des Beitrittsvertrags in Gang gesetzt und gedroht, 80 Millionen Euro Hilfsgeld einzufrieren und das kroatische Justizsystem strenger zu überwachen als bisher geplant. Hintergrund dieses Schritts war, dass Kroatien drei Tage vor dem EU-Beitritt am 1. Juli [2013] ein Gesetz verabschiedet hatte, das die Umsetzung des Europäischen Haftbefehls auf jene Straftaten begrenzt, die nach August 2002 begangen worden sind.

Diese Begrenzung aber war aus Sicht der EU unzulässig, der Beitritt erfolgte allerdings trotzdem. Reding war empört über die zeitliche Befristung des Europäischen Haftbefehls, weil sie so kurz vor dem Beitritt erfolgte, weil sie 20 Schwerverbrecher vor der Auslieferung in andere EU-Länder schützte und zugleich ein Kernelement der europäischen Innenpolitik verletzte. [...]

Was genau Kroatien zum Einlenken bewegt hat, ist unklar. Die Drohung, 80 Millionen Euro Hilfsgelder zur Modernisierung der Grenzanlagen einzubehalten, dürfte jedenfalls weniger gewirkt haben als der Hinweis – auch aus diversen EU-Hauptstädten –, dass Zagreb durch sein Verhalten den Beitritt zum sogenannten Schengen-Raum gefährdet. [...]

Bei Kroatien waren die EU-Spitzen hoffnungsfroh gewesen. Das Land hatte maßgebliche Kriegsverbrecher ausgeliefert. Zudem erarbeitete die Regierung vor dem Beitritt einen Zehn-Punkte-Plan zur Reform der Innen- und Justizpolitik. Alles sah besser aus als beim Beitritt von Rumänien und Bulgarien. Die Kontrolleure aus Brüssel waren zufrieden. Umso größer fiel die Überraschung aus, als Zagreb drei Tage vor dem Beitritt mit einem Sondergesetz zum Europäischen Haftbefehl massiv EU-Recht verletzte. [...]

Unter EU-Diplomaten werden mittlerweile Zweifel daran laut, ob Kroatien „innerlich wirklich beitrittsreif gewesen ist". Auch wenn Zagreb jetzt einlenkt – Kroatien bleibt unter strenger Beobachtung.

Quelle: Christoph B. Schiltz: Kroatien lenkt im Streit mit der EU ein, in: Die Welt vom 26.9.2013, S. 6

MATERIAL 6

Kroatien kurz vor dem EU-Beitritt

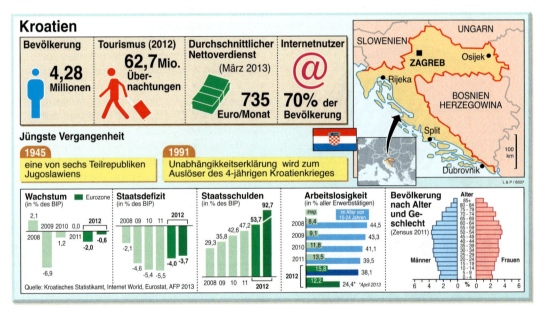

1. Stellen Sie die Argumente für und wider den Beitritt Kroatiens in die EU einander gegenüber (M 4 und M 5).
2. Ermitteln Sie aus M 4 und M 5 die Rolle der EU beim Demokratisierungsprozess Kroatiens.
3. Analysieren Sie die Grafik M 6 und nehmen Sie auch auf Basis von M 4 und M 5 Stellung zu der Frage, ob Kroatien „wirklich beitrittsreif" (M 5) gewesen ist.
4. Entwickeln Sie ein Szenario (S. 202 f.) zur möglichen Entwicklung Kroatiens ohne die Aussicht auf einen EU-Beitritt.
5. Recherchieren Sie im Internet zum derzeitigen Stand Kroatiens hinsichtlich des Demokratisierungsprozesses.

Szenario „Die Zukunft der Demokratie gestalten"

> „Man kann nicht in die Zukunft schauen, aber man kann den Grund
> für etwas Zukünftiges legen – denn Zukunft kann man bauen."
>
> *Antoine de Saint-Exupéry (1900 – 1944)*

Die Entwicklung eines Zukunftsszenarios stellt hohe Ansprüche an Sie. Zum Ersten sind Fantasie und Vorstellungskraft gefragt. Zum Zweiten wird ein fundiertes Faktenwissen benötigt. Szenarien können hoffnungsvoll, aber auch pessimistisch ausfallen. Sie sind dabei keineswegs welt- oder lebensfremd, sondern treten in einigen Fällen tatsächlich ein.

Bei einem Szenario werden verschiedene Entwicklungsmöglichkeiten in die Überlegungen einbezogen; man versucht dabei, eine wahrscheinliche Entwicklung zwischen alternativen bzw. zwischen extremen Wegen auszumachen. In diesem Zusammenhang spricht man von Best-Case- und Worst-Case-Szenarien. Mithilfe der Szenario-Methode können Sie sich selbst systematisch und konstruktiv mit zukunftsorientierten Themen auseinandersetzen und Pfade darstellen, die aus der Gegenwart in die Zukunft führen.

Zeichnung: Holger Appenzeller

Ziel soll sein, ein Szenario zu entwickeln, mit dem die Chancen und Probleme der Demokratie der Zukunft umrissen werden, um heute bereits Einfluss auf sie nehmen zu können. Das vorbeugende Nachdenken über die Zukunft der Demokratie hilft uns, die Demokratie der Gegenwart und den beständigen gesellschaftlichen und politischen Wandel zu gestalten. Es ist dabei wichtig, sich klarzumachen, dass Politik immer beim Menschen ansetzt. Legt man einen aktiven, teilnahmefähigen Staatsbürger zugrunde, dann kann man von einer lebendigen Demokratie auch in Zukunft ausgehen. Mit passiven, desinteressierten Staatsbürgern hingegen steigt die Gefahr, dass die Demokratie weder heute noch morgen ihre volle Funktions- und Leistungsfähigkeit entfalten kann.

Für die Zukunft einer Demokratie können neben dem Staatsbürger und der Staatsbürgerin folgende Akteure des politischen Prozesses berücksichtigt werden:
- Regierung und Opposition;
- Medien und öffentliche Meinung;
- Wahlen und Wahlkämpfe;
- die Wirtschaft in der Globalisierung;
- Verbände und Interessengruppen;
- Parteien;
- internationale Organisationen (UNO, EU) und Bündnisse (NATO).

Ein Szenario sollte folgende Phasen enthalten:

1. Vorbereitungsphase: Entscheiden Sie sich für eine Demokratie der Gegenwart und sammeln Sie vielfältige Informationen über deren Geschichte, Politik oder Wirtschaft. Damit versetzen Sie sich in die Lage, den Ist-Zustand des politischen Systems Ihrer Wahl möglichst genau beschreiben zu können.
(Tipp: Bei der Bundeszentrale für politische Bildung ist eine DVD-Edition erhältlich, bestehend aus fünf DVDs unter dem Titel „Demokratie für alle?". Die Edition enthält 10 Dokumentarfilme und 13 Kurzfilme von unabhängigen Filmemachern und -macherinnen, die an Beispielen aus 19 Ländern den Umgang mit Demokratie beleuchten.)

Bundeszentrale für politische Bildung, Bonn 2010 (2008)

2. Kritikphase: Systematisieren Sie die gesammelten Informationen und halten Sie sie schriftlich, tabellarisch oder bildlich fest. Folgende Fragen sollten Sie sich nun stellen:
- Welche aktuellen Diskussionen, Sachverhalte und Ereignisse machen eine zukunftsorientierte Auseinandersetzung mit dem politischen System sinnvoll?
- Welche Auswirkungen hat das Szenario für die eigene staatsbürgerliche Lebenswelt?

3. Fantasiephase: In dieser Phase ist Ihre Imagination gefragt. Entwickeln Sie verschiedene Utopien und entscheiden Sie sich letztlich für eine.
- Welches Szenario ähnelt einem realistischen Bild?
- Welches Szenario wirkt am eindringlichsten, authentischsten, bedrückendsten?

4. Verwirklichungsphase: Spielen Sie das Zukunftsszenario im Klassenverband durch. Dabei können Sie sich auf eine Zeitreise begeben und auch Zeitsprünge machen.

Anregungen zur Themenfindung:
- *Stichwort „Demografischer Wandel":* Werden die Reformversuche der westlichen Demokratien ausreichen, um die negativen Effekte des demografischen Wandels abzumildern?
- *Stichwort „Zukunftsfähigkeit der Demokratie":* Wird sich – zumal nach dem Zusammenbruch des Kommunismus – die westliche Demokratie als dauerhaft überlebensfähig erweisen?
- *Stichwort „Extremismus":* Werden die freiheitlichen Demokratien die Herausforderungen des Rechts- und Linksextremismus bzw. des religiösen Fundamentalismus bewältigen?
- *Stichwort „Internet":* Welche Folgen hat die weltweite Vernetzung durch das Internet für die zukünftige Staatsform und das Leben der zukünftigen Staatsbürger?
- *Stichwort „Europäische Integration":* Entwickelt sich die EU hin zu mehr Bürgernähe, Demokratie und Föderalismus? Welchen Einfluss haben die Erweiterungsrunden auf das politische System der EU und das Leben ihrer Bürger?
- *Stichwort „Wirtschaftskrise":* Wie wirken sich globale Wirtschaftskrisen auf die Leistungsfähigkeit der sozialen Sicherungssysteme in Demokratien aus?
- *Stichwort „Friedenssicherung":* Gelingt es den Demokratien, den transnationalen Terrorismus einzudämmen und Frieden und Stabilität in instabile Regionen zu bringen?

1. Entwickeln Sie ein Szenario zur Zukunft der Demokratie gemäß der hier gezeigten Methode.

2.9 Hemmnisse für Demokratisierungsprozesse in der Welt: der Iran

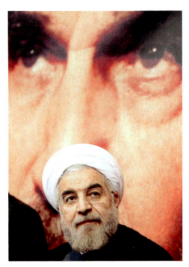

Die Islamische Republik Iran zählt zu den 20 bevölkerungsreichsten und größten Staaten der Welt. Ihre Ursprünge liegen im antiken Persischen Großreich, dem Schauplatz einer wechselvollen Geschichte, geprägt von Namen wie König Xerxes (519 – 465 v. Chr.) oder Alexander dem Großen (356 – 323 v. Chr.). Schon im Mittelalter entstand ein islamisches Kalifat mit einem Schah (persisch „König"; „Kaiser") als Oberhaupt der Monarchie. Bis heute ist nahezu die gesamte Bevölkerung des Iran muslimisch.

Mit der Islamischen Revolution 1979 entstanden eine „Islamische Republik" und damit ein theokratischer Staat. Eine Theokratie (gr. „Gottesherrschaft") ist eine diktatorische Herrschaftsform, bei der die staatlichen Machthaber ihre Herrschaft und alle Gesetze allein religiös begründen, sich einzig auf das Wort oder die Autorität eines Gottes stützen und nur ihre Interpretation des Gotteswillens gelten lassen. In Theokratien unterwerfen sich die weltlichen Herrscher den religiösen Führern (Ayatollahs) oder sind in Personalunion religiöser Führer und weltlicher Herrscher zugleich.

Der iranische Präsident Hassan Rohani 2013; im Hintergrund ein Bildnis des verstorbenen Ayatollah Khomeini

Im Iran etablierte sich 1979 der schiitische Geistliche und Anführer der Revolution, Ruhollah Khomeini (1902 – 1989), als oberste Autorität des Staates. Zurückgekehrt aus dem französischen Exil zwang Khomeini den vom Volk ungeliebten Schah Mohammad Reza Pahlevi, den „Pfauenthron" in der Hauptstadt Teheran aufzugeben und das Land für immer zu verlassen. Die autoritäre Diktatur des Schahs war damit beendet. Fortan traten jedoch neue Hemmnisse für Demokratisierungsprozesse hervor:

Khomeini und der Schah von Persien

- das theokratische System und die Verfassung an sich,
- totalitäre Elemente (Aufhebung der Pressefreiheit),
- fehlende Aufklärung,
- ein vom Westen differierendes, kulturell bedingtes Staatsverständnis sowie Werte- und Normensystem.

Unmittelbar nach der Revolution wurde eine intellektuelle Säuberungsaktion eingeleitet, bei der u. a. zahlreiche Zeitungen und Zeitschriften verboten wurden. Als der englisch-indische Schriftsteller Sir Ahmed Salman Rushdie im Jahr 1988 sein Buch „Die satanischen Verse" veröffentlichte, verurteilte ihn Khomeini wegen Blasphemie zum Tode und rief Muslime weltweit zur Vollstreckung auf. Nach dem Tod Khomeinis 1989 übernahm dessen Schüler Seyyed Ali Chamenei das Amt des Staatsoberhaupts und damit die uneingeschränkte Macht im Staat. In allen Fragen hat der Revolutionsführer das letzte Wort. Von dem aus 86 Geistlichen bestehenden Ex-

Mohammed Reza Pahlevi (rechts) mit seiner Ehefrau Farah Diba beim Schahbesuch in Berlin, 2. Juni 1967

pertenrat auf Lebenszeit gewählt, ist er es, der die obersten Richter ernennt. Er kann Regierungsentscheidungen und Parlamentsbeschlüsse verwerfen und ist überdies Oberbefehlshaber der Streitkräfte.

Revolutionsführer und Expertenrat

Eine zentrale Bedeutung kommt dem Wächterrat zu, dem insgesamt 12 Personen angehören. Die eine Hälfte, bestehend aus Religionsgelehrten (Mullahs), wird vom Revolutionsführer ernannt. Für die andere Hälfte – aus weltlichen Juristen bestehend – hat das Parlament ein Vorschlagsrecht. Der Wächterrat handelt als Verfassungsgericht und bestimmt letztlich die Politik des Landes: Er muss den vom Parlament verabschiedeten Gesetzen zustimmen, prüft jedes Gesetz auf seine Vereinbarkeit mit den islamischen Prinzipien und entscheidet über die Zulassung von Kandidaten zum Parlament wie auch zur Präsidentenwahl. Der Wächterrat selbst ist dabei der religiösen Führung unterstellt. Lediglich auf die Kandidaten, die sich zu Kommunalwahlen aufstellen lassen, hat der Wächterrat keinen Einfluss. Daneben existieren der Schlichtungsrat, der bei Konflikten zwischen Parlament und Wächterrat vermitteln soll, sowie der Nationale Sicherheitsrat, der sich für alle Fragen, die die „elementaren Interessen Irans" betreffen, für zuständig erklären kann.

Der ehemalige iranische Präsident Mahmud Ahmadinedschad mit seiner Ehefrau, 2008

In die Diskussion kam der Iran besonders unter der Präsidentschaft Mahmud Ahmadinedschads von 2005 bis 2013, der sich ganz der Tradition des immer noch allgegenwärtigen Revolutionsführers Ayatollah Khomeini verpflichtet fühlte. In westlichen Interviews stellte Ahmadinedschad wiederholt das Existenzrecht Israels infrage, ebenso die Gewissheit des Holocausts. 2013 fanden Präsidentschaftswahlen statt, bei denen Mahmud Ahmadinedschad nach zwei Amtszeiten nicht mehr antreten durfte. Der Wahlsieger mit 50,71 % der Stimmen wurde Hassan Rohani, der enge Verbindungen zu Irans führenden Geistlichen pflegt, aber im Vergleich als eher moderat gilt. Rohani versucht, sich von der Ära „Ahmadinedschad" zu distanzieren.

Präsident Ahmadinedschad

Präsident Rohani

Homosexualität gilt im Iran als kriminelles Delikt. Viele Homosexuelle werden daher zu Geschlechtsumwandlungen getrieben, weil das Leben als Transsexueller akzeptiert ist – anders als die lebensgefährliche Homosexualität. Die islamische Revolution brachte auch eine massive rechtliche Ungleichbehandlung von Frauen mit sich, obwohl diese einst für den Sturz des Schahs demonstriert hatten. Flughäfen haben einen Eingang nur für Frauen; in Bussen sitzen sie hinten, von den Männern durch eine Barriere getrennt. Gemischte Schulen sind ebenso undenkbar wie männliche und weibliche Kommilitonen gemeinsam auf der Hörsaalbank. Dennoch ist der Iran heute ein Land, in dem zwei Drittel aller Studierenden Frauen sind.

Menschen- und Bürgerrechte im Iran

Das Verhältnis zwischen den westlichen Demokratien und der Islamischen Republik ist seit Längerem angespannt. Insbesondere sieht sich der Westen durch das iranische Atomprogramm herausgefordert, das von 2003 an betrieben wurde. Die wirtschaftlichen Sanktionen sollen nach den Gesprächen im November 2013 gelockert werden, wenn der Iran die Urananreicherung drosselt. Das Land geriet unter Druck, da die Sanktionen fatale Folgen für die Wirtschaftskraft und die eigene Bevölkerung hatten.

das iranische Atomprogramm

MATERIAL 1 Richtungswahl im Iran

Zeichnung: Christiane Pfohlmann

MATERIAL 2 Wählen und Beten

Die USA, die der Region vor allem seit den Anschlägen vom 11. September 2001 das Hohelied der Demokratie singen, machen es den Demokraten im Nahen Osten und den angrenzenden Gebieten nicht leicht. „Allein schon das Wort Demokratie besitzt seit dem Absturz des Irak einen radioaktiven Beigeschmack", so formuliert es der saudiarabische Menschenrechtler Ibrahim Mukaitib. Warum, so würden gebildete Zeitgenossen ihn fragen, solle eigentlich die parlamentarische Demokratie besser als andere Systeme sein, wo sie doch in den USA und in Großbritannien, legitimiert durch alle Instanzen, zur kolossalen Fehlentscheidung gekommen sei, in den Irak einzumarschieren. […]
Schwebt den Muslimen also keine westliche, sondern eine „islamische Demokratie" vor? Mit der Frage nach der richtigen Herrschaftsform und dem legitimen Herrscher beschäftigen sich die Muslime seit mehr als 1300 Jahren. Die Probleme begannen schon mit dem Tod des Propheten Mohammed im Jahr 632. Der Gesandte Gottes hatte seinen Anhängern ein umfassendes Glaubenssystem verkündet, er hatte Ländereien erobert, Stämme vereint, Allianzen geschlossen. Nur einen Nachfolger hatte Mohammed nicht aufgebaut. So fand sich die muslimische Gemeinde plötzlich ohne Führer wieder. […] Eine Gruppe, die Mehrheit, die Sunniten, setzte sich dann durch. Ihr Vorschlag bestand darin, den Leiter der Gemeinde, den „Kalifen", zwar aus dem Stamm des Propheten zu bestimmen, aber von einem Rat angesehener Männer wählen zu lassen, der „Schura". So entstand eine Autokratie, die dem Anschein nach demokratisch legitimiert war. Dem göttlichen Gesetz, der „Scharia", sollte der Kalif genauso unterworfen sein wie die anderen Gläubigen. […]
„Der Mohammedanismus", schrieb Alexis de Tocqueville im 19. Jahrhundert, ist „diejenige Religion, welche die beiden Machtbereiche am vollständigsten miteinander vermengt und verwischt hat, sodass alles Handeln im bürgerlichen und politischen Leben mehr oder minder vom religiösen Gesetz geregelt wird." […] Es wäre naiv anzunehmen, dass der leidlich herrschaftsfreie Diskurs der Stämme und Familien in der arabischen Welt leisten könnte, was Parteien, Parlamente und Gewerkschaften im Westen bewegen. […]
Demokratie funktioniere in der islamischen Welt nicht, schon gar nicht, wenn sie von außen kommt – so lautet die Lektion von Bagdad. Tatsächlich mag sich diese Schlussfolgerung als genauso irrig erweisen wie die Illusion, der Nahe Osten lasse sich heute so demokratisch umgestalten wie Deutschland und Japan nach 1945. […] Natürlich könne es das Leben der Muslime leichter, die Region berechenbarer und den Westen sicherer machen, wenn die Völker der islamischen Welt an der Gestaltung ihres Schicksals beteiligt würden. Ob dafür Parteien und Überhangmandate, Thronreden oder Super-Delegates nötig sind, ob überhaupt die äußeren Formen des Westminster-Parlamentarismus nötig sind, ließe sich ja von Fall zu Fall, von Land zu Land entscheiden.

Quelle: Daniel Steinvorth/Bernhard Zand: Wählen und Beten, in: Der Spiegel, Nr. 24/2008, S. 52–58 ➡ Querverweis: S. 149, M 7

Der Staatsaufbau der Islamischen Republik Iran

MATERIAL 3

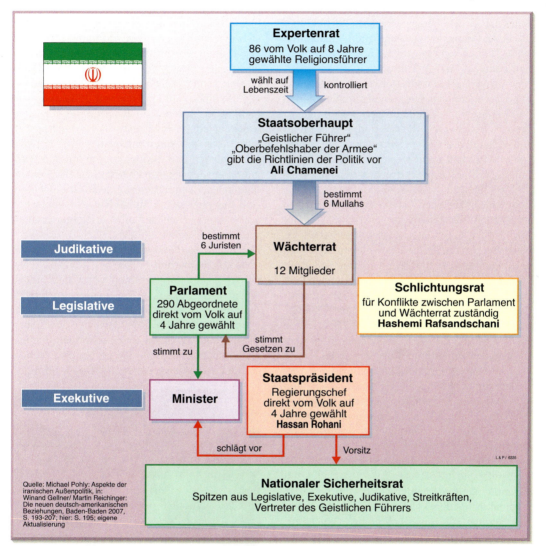

Quelle: Michael Pohly: Aspekte der iranischen Außenpolitik, in: Winand Gellner/ Martin Reichinger: Die neuen deutsch-amerikanischen Beziehungen, Baden-Baden 2007, S. 193-207; hier: S. 195; eigene Aktualisierung

➡ Querverweis: S. 148, M 5

1. Erläutern Sie anhand von M 1 und M 2 das Staatsverständnis im Iran.
2. Recherchieren Sie im Internet, welche Staaten zum Nahen und Mittleren Osten gehören und wie deren politische Führungen ihre Herrschaft verstehen.
3. Erklären Sie anhand von M 3 und des Einführungstextes auf S. 204/205, warum die Theokratie eine diktatorische, keine demokratische Staatsform ist.
4. Ermitteln Sie anhand vom M 3 die Schwierigkeiten, die sich bei dem Versuch ergeben, eine Demokratie nach westlichem Verständnis im Nahen und Mittleren Osten aufbauen zu wollen (M 2).

MATERIAL

4 Das Volk hat genug vom Säbelrasseln

Eines ist sicher – Irans Oberster Revolutionsführer Ali Chamenei hat dem neuen Präsidenten seine Stimme nicht gegeben. Anders 18,6 Millionen Iraner. Mit einem Triumphzug an den Wahlurnen trugen sie Hassan Rohani am Freitag ins Präsidentenamt, den einzig moderaten unter den handverlesenen Kandidaten. Und addiert man zu dessen absoluter Mehrheit noch die Prozente für Teherans Bürgermeister Qalibaf, den viele wegen seiner Wirtschaftskompetenz schätzen, bekamen Irans Hardliner einen vernichtenden Volksentscheid vorgelegt.

Chamenei mit seiner Allianz aus Politklerikern und Revolutionsgarden hat zwei Drittel seiner Bevölkerung gegen sich. Zwei Drittel haben die Nase voll von der Politik des Widerstandes, dem großmäuligen Säbelrasseln und der selbstzerstörerischen Dauerkonfrontation gegen den Rest der Welt. Mehr noch: Das magere Elf-Prozent-Ergebnis für Irans aktuellen Atomunterhändler, ausgestattet mit dem ausdrücklichen Segen Chameneis, ist ein pikantes Zusatzreferendum über die gegenwärtige Atompolitik des Landes.

Und so sieht sich Irans Oberster Geistlicher, der am Freitag während seiner Stimmabgabe erneut seine üblichen Höllenflüche gegen die USA ausstieß, mit einem neuen Präsidenten konfrontiert, der als Atomunterhändler für Kompromisse stand, der die historisch beispiellose Isolation seiner Heimat von Europa beklagt und Amerika direkte Gespräche anbietet. [...]

Eigentlich wollten Chamenei und seine Getreuen diesmal nichts dem Zufall überlassen. Alles, was das Regime an Einschüchterung, Gängelung, Internetkontrolle und Pressezensur aufzufahren hatte, kam in den Wochen und Tagen vor der Abstimmung zum Einsatz. [...] Der Wahlausgang zeigt, wie weit von der Realität entrückt die iranischen Hardliner inzwischen agieren. Sie haben sich mit ihrer aggressiven Atompolitik genauso verkalkuliert wie mit ihrem kriegerischen Syrieneinsatz und ihrer repressiven Innenpolitik. Irans Bankensystem steht vor dem Kollaps, die Ölexporte sind so niedrig wie seit 25 Jahren nicht mehr. Die Jugendarbeitslosigkeit liegt mittlerweile bei nahezu 40 Prozent. Hinter den Kulissen diskutieren die Wirtschaftsplaner über Lebensmittelmarken und Zwangssteuern auf alle Sparguthaben. Syriens Bürgerkrieg eskaliert zu einem regionalen Religionsfeldzug gegen die Schiiten. Und nur eine kleine Minderheit des iranischen Volkes billigt noch den alles erstickenden Polizeistaat des Regimes. [...]

Noch kann niemand sagen, wie weit die Revisionen der iranischen Politik bei Atomstreit, Syrienkrieg und Bürgerrechten unter dem neuen Präsidenten wirklich gehen werden, zu fraktioniert und antagonistisch ist das Machtgefüge der Islamischen Republik. Die Menschen aber haben ihren Willen entgegen aller Drohungen unmissverständlich kundgetan. Sie wollen eine Wende, die ihr Land endlich aus der Sackgasse führt.

Iranerinnen und Iraner feiern nach der Wahl Rohanis.

Quelle: Martin Gehlen: Das Volk hat genug vom Säbelrasseln, in: Die Zeit online, www.zeit.de/politik/ausland/2013-06/iran-wahl-kommentar vom 16.6.2013; Zugriff am 16.1.2014

1. Erläutern Sie die Gründe, die laut M 4 zum Wahlsieg Hassan Rohanis führten.
2. Zeigen Sie ausgehend von M 5 und M 6 auf, inwiefern der Iran Züge eines totalitären Staates aufweist (siehe dazu auch S. 145, 148).

MATERIAL 5

Neue Hinrichtungswelle gegen Homosexuelle

Seit der Machtergreifung der Mullahs im Iran wurden dort nach Schätzungen von Menschenrechtsorganisationen bis zu 8 000 schwule Männer und Jugendliche hingerichtet – oftmals öffentlich. Da in der Islamischen Republik Iran die Scharia gilt, steht dort auf männliche Homosexualität die Todesstrafe. Nun scheint eine neue Welle an staatlichen Morden in dem vom Regime geschundenen Land bevorzustehen. […]
Nicht immer müssen vier andere „rechtschaffene Männer" bezeugen, dass sie den homosexuellen Verkehr mit eigenen Augen gesehen haben – oftmals werden Menschen als homosexuell diffamiert, um einen Hinrichtungsgrund zu haben.

2005 erschütterte die Weltöffentlichkeit die brutale Hinrichtung zweier Teenager wegen Homosexualität. Die beiden Jugendlichen mussten vor ihrer Hinrichtung vor einer johlenden Menge 228 Peitschenhiebe über sich ergehen lassen. […]
Der Hauptgrund für die Verfolgung und Hinrichtung von Homosexuellen ist gemäß Menschenrechtlerin Mina Ahadi der Versuch des politischen Islam, in der Bevölkerung Angst auszulösen. Menschen, die gesellschaftlich in einer schwachen Position sind, wie Homosexuelle, wie ehebrechende Frauen, werden öffentlich hingerichtet, um alle anderen über die Angst zu beherrschen.

Quelle: Roger Baettig: Iran: Neue Hinrichtungswelle gegen Schwule, in: International Business Times online, http://de.ibtimes.com/articles/25667/20120515/neue-hinrichtungswelle-gegen-schwule-im-iran.htm vom 15.5.2012; Zugriff am 16.1.2014

MATERIAL 6

Fehlende Pressefreiheit

Mit der Wahl des neuen Präsidenten, sagt [der ehemalige iranische Parlamentskorrespondent] Ehsan Mehrabi, hätten iranische Journalisten wie er eine Hoffnung verbunden: Die Hoffnung, endlich wieder öffentlich Kritik am Regime üben zu dürfen und nicht mehr in ständiger Angst leben zu müssen, für einen Artikel oder ein Interview mit Oppositionellen im Gefängnis zu landen. Die iranische Presse ist eine der am stärksten zensierten der Welt, so das Committee to Protect Journalists, das sich für den Schutz von Journalisten weltweit einsetzt. Auf der Rangliste der Organisation „Reporter ohne Grenzen" nimmt der Iran einen der hintersten Plätze ein […]. Auch in Zukunft werde sich an der Platzierung wohl wenig ändern, sagt Christoph Dreyer von „Reporter ohne Grenzen" und zählt gravierende Probleme auf: Journalisten, die seit Jahren im Gefängnis sitzen, misshandelt und gefoltert werden, andere, die der Geheimdienst bedroht. Auch Mehrabi, der 2011 aus dem Iran fliehen musste und heute in Berlin lebt, ist skeptisch: Die Justiz habe zwar tatsächlich angefangen, nach der Wahl des als moderat geltenden Präsidenten Hassan Rohani die Zensur ein wenig zu lockern. […] „Doch die anfängliche Hoffnung hat sich nicht erfüllt", so Mehrabi. So seien erst vor wenigen Tagen etliche Blogger verhaftet worden, viele Journalisten sind trotz gegenteiliger Versprechen noch immer im Gefängnis. Nach Angaben von „Reporter ohne Grenzen" sind seit der Wahl von Rohani mindestens 34 Blogger und Journalisten verhaftet und weitere 10 zu Gefängnisstrafen verurteilt worden. Zwar twittert Rohanis Team aus Genf und New York von den Atomverhandlungen, soziale Netzwerke wie Twitter und Facebook bleiben im Land aber gesperrt. Familien iranischer Journalisten, die im Ausland leben, werden weiterhin drangsaliert.

Quelle: Naomi Conrad: Hoffnung auf mehr Pressefreiheit im Iran unerfüllt, in: Deutsche Welle, http://dw.de/p/1AWTg vom 10.12.2013; Zugriff am 16.1.2014

➡ Querverweis: S. 153, M 3

1. Diskutieren Sie ausgehend von M 4 bis M 6 die Hemmnisse, aber auch mögliche Chancen für eine Demokratisierung des Iran.

Anregungen zur Auswertung von Fotografien

Fotos sind Mittel gesellschaftlicher und politischer Kommunikation wie Texte oder Grafiken und entstehen in einem bestimmten politischen, gesellschaftlichen und ökonomischen Kontext. Sie enthalten alles, was das Objektiv der Kamera in Bruchteilen von Sekunden erfasst. Daher gelten Fotos zunächst als objektiv. Fotos sind in ihrer Wirkung aber zugleich auch höchst subjektiv, d. h. vom Fotografen und dem Betrachter abhängig:
- Sie werden vom Standort des Fotografen aus aufgenommen und vermitteln seine Perspektive.
- Die Technik der Kameras und der Bildentwicklung bieten darüber hinaus Möglichkeiten, Bilder der Wirkungsabsicht entsprechend zu gestalten, bis hin zu „neuen Wirklichkeiten".
- Betrachter stellen die Bilder im Kopf gleichsam noch einmal her, indem sie z. B. nur Teile der abgebildeten Objekte wahrnehmen und sie mit ihren Vorstellungen verbinden.

Bedenkt man den historischen Kontext und die Wirkungsbedingungen von Bildern, so lässt sich folgendes Modell für die Analyse entwerfen:

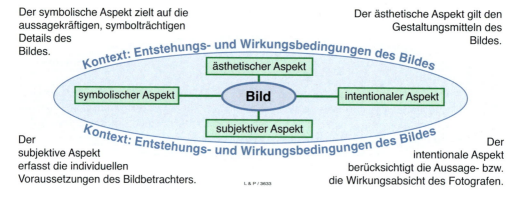

Der symbolische Aspekt zielt auf die aussagekräftigen, symbolträchtigen Details des Bildes.

Der ästhetische Aspekt gilt den Gestaltungsmitteln des Bildes.

Der subjektive Aspekt erfasst die individuellen Voraussetzungen des Bildbetrachters.

Der intentionale Aspekt berücksichtigt die Aussage- bzw. die Wirkungsabsicht des Fotografen.

Bei der Bildauswertung können folgende Schritte gegangen werden:
- offene Formulierung erster Reaktionen auf ein Bild;
- Formulierung von Fragen an das Bild, die sich aus dem Themenzusammenhang ergeben;
- Zusammenstellung der Aussagen, die das Bild für die Fragestellung liefert;
- Suche nach der Botschaft des Bildes über die Betrachtung der gestalterischen Elemente.

Am Ende einer Bildauswertung kann die Entscheidung stehen, mit der eigenen Kamera eine Entgegnung auf das untersuchte Bild zu liefern.

Eine besondere Gattung der Fotografie (und der Malerei) sind Porträts. Bei ihnen stellen sich Fotograf (Maler) und Modell auf das Bild ein. Die Auswertung von Porträts erfordert daher spezielle Fragestellungen, z. B. folgende:
- In welcher Umgebung, mit welchen Requisiten / in welcher Kleidung wird die Person abgebildet?
- Aus welcher Perspektive und in welchem Ausschnitt wird die Person gezeigt?
- Welche Botschaft vermitteln Körperhaltung und Gesichtsausdruck?
- Wie reagieren Betrachter auf das Bild (Empfindungen und Assoziationen)?

1. Werten Sie die drei Abbildungen auf S. 211 gemäß der hier gezeigten Methode aus.

Einer von sieben Menschen weltweit geht hungrig zu Bett. – Foto zum Welternährungsgipfel in Rom, Juni 2008

Bundeskanzler Helmut Kohl (links) und der sowjetische Staats- und Parteichef Michail Gorbatschow reichen sich am 10. Februar 1990 in Moskau die Hände.

Foto einer Großfamilie, 2014

Weiterführende Informationen

1. Literaturhinweise

Einen sehr guten Überblick zur politischen Systemlehre bieten folgende Standardwerke:
- Gallus, A./Jesse, E. (Hrsg.), Staatsformen von der Antike bis zur Gegenwart, Bonn 2007²
- Gallus, A., Deutsche Zäsuren. Systemwechsel seit 1806, Köln/Weimar 2006
- Marschall, S., Das politische System Deutschlands, Stuttgart 2011²
- Mörschel, T., Demokratie in Deutschland, Wiesbaden 2012
- Rudzio, W., Das politische System der Bundesrepublik Deutschland, Wiesbaden 2011⁸

Folgende Werke befassen sich eingehend mit den Inhalten einzelner Kapitel:
- Ahrends, R., Nachhaltigkeit in der deutschen Familienpolitik, Wiesbaden 2012
- Böcher, M./Töller, A., Umweltpolitik in Deutschland. Eine politikfeldanalytische Einführung, Wiesbaden 2012
- Heilmann, Sebastian, Das politische System der Volksrepublik China, Wiesbaden 2006²
- Heinelt, H. u. a., Politik in Großbritannien, Wiesbaden 2008
- Hübner, E./Münch, U., Das politische System der USA. Eine Einführung, München 2013⁷
- Ismayr, W. (Hrsg.), Die politischen Systeme Westeuropas, Wiesbaden 2009⁴
- Ismayr, Wolfgang (Hrsg.), Die politischen Systeme Osteuropas, Wiesbaden 2009³
- Kailitz, S./Köllner, P. (Hrsg.), Autokratien im Vergleich, Baden-Baden 2013
- Kost, A.: Direkte Demokratie, Wiesbaden 2013²
- Perthes, V., Iran – eine politische Herausforderung: Die prekäre Balance von Vertrauen und Sicherheit, Frankfurt a. M. 2008
- Posch, W., Iran am Scheideweg: Zwischen Revolution und islamistischem Populismus, Berlin 2014

2. Internet

Für weitergehende Recherchen bieten sich u. a. die Homepages der folgenden Institutionen an:
- Amnesty International (Menschenrechte)
- Auswärtiges Amt
- Bayerische Staatsregierung
- Bundeszentrale für politische Bildung
- Bundesregierung
- Bayerische Landeszentrale für politische Bildungsarbeit.

Auf den Homepages folgender Rundfunk- und Fernsehsender können stets aktuelle Videos oder Audios zu den Themen des zweiten Semesters heruntergeladen werden:
- Mediathek der ARD
- Bayerischer Rundfunk
- Audio-Portal des Deutschlandfunks
- Mediathek des MDR
- Fernsehsender PHOENIX
- Mediathek des ZDF.

III. Operatorentrainer
Sozialkunde

1. Mögliche Operatoren des Anforderungsbereichs I

Im *Anforderungsbereich I* werden die Operatoren verwendet, die der Anforderungsstufe *Wissen* (Anteil in der Abiturprüfung: 30 %) zugeordnet werden. Verlangt wird hier die *Reproduktion* von grundlegendem Fachwissen unter Verwendung der Fachterminologie. Dabei bestimmen Sie die jeweilige Materialart, kennen Arbeitstechniken und Methoden und können diese auch darstellen. Sie müssen also in der Lage sein, Ihr gelerntes sozialkundliches Fachwissen wiederzugeben. Dazu gehört manchmal auch die reine Informationsentnahme aus gestellten Materialien.

1. Nennen – Auflisten – Aufführen – Aufzählen – Wiedergeben
Hier müssen Sie Ihre gelernten Kenntnisse (dazu zählen Fachbegriffe, Daten, Fakten und Modelle) in komprimierter Form, aber begrifflich präzise, niederschreiben, ohne diese zu kommentieren.

Beispiel: *Nennen* Sie die Ursachen für den Rückgang der Geburtenziffern!

Da es sich hier um eine sehr einfache Aufgabenstellung handelt, werden Sie im Abitur auf diese Operatoren nur im Zusammenhang mit weiteren Operatoren treffen (Bsp.: *Nennen* und *erläutern* Sie die Ursachen für den Rückgang der Geburtenziffern!).

2. Benennen – Bezeichnen – Angeben
Hier müssen Sie Sachverhalte, Strukturen und Prozesse begrifflich präzise aufführen. Die Aufgabenstellung ist damit ähnlich wie im obigen *Beispiel,* der zu benennende Gegenstand ist aber meist etwas komplexer. Die Ansprüche an die sprachliche Qualität Ihrer Beantwortung sind gestiegen.

3. Beschreiben – Darlegen – Darstellen – Schildern
Hier werden wesentliche Aspekte eines Sachverhalts im logischen Zusammenhang wiedergegeben. Zusammenhänge, Beziehungen und Folgen eines Sachverhalts rücken gegenüber dem bloßen Wiedergeben von Fakten in den Vordergrund.

4. Zusammenstellen – Zusammenfassen
Hier müssen Sie Fakten und Gegenstände vollständig präsentieren, ohne diese zu kommentieren.

5. Definieren
Diesen Operator kennen Sie auch aus den Naturwissenschaften. Hier müssen Sie einen Begriff oder Sachverhalt unter Verwendung von Fachbegriffen erklären.

6. Skizzieren
Dieser Operator bedeutet nicht, dass Sie eine Skizze zeichnen müssen, außer es ist ausdrücklich in der Aufgabenstellung verlangt (Bsp.: *Skizzieren* Sie unter Zuhilfenahme einer Grafik die Bevölkerungsentwicklung in Deutschland seit den 1960er-Jahren!). Im Regelfall müssen Sie hier Fakten und Informationen knapp aneinanderreihen, ohne diese im Detail zu erläutern.

7. Charakterisieren
Hier müssen Sie wesentliche Kennzeichen eines Sachverhalts herausarbeiten oder unter einem bestimmten Gesichtspunkt zusammenführen. In Zusammenhang mit einem Textmaterial kann dieser Operator auch in den *Anforderungsbereich II* fallen.

2. Mögliche Operatoren des Anforderungsbereichs II

Im *Anforderungsbereich II* werden alle Operatoren verwendet, die der Anforderungsstufe *Anwenden* (Anteil in der Abiturprüfung: 40 %) zugeordnet werden. Verlangt werden damit *Reorganisation und Transferleistungen*. Sie müssen hier also Gelerntes in einen neuen Kontext einordnen und danach bearbeiten und erklären, Zusammenhänge erklären, unterschiedliche Sachverhalte sinnvoll verknüpfen, unterschiedliche Materialien wie Grafiken/Tabellen/Karikaturen analysieren und interpretieren sowie Sach- und Werturteile unterscheiden. Ihr sozialkundliches Fachwissen bildet in diesem Bereich das notwendige Hintergrundwissen zur Bearbeitung der Aufgabenstellungen.

1. **Analysieren – Charakterisieren** (bei materialgestützter Fragestellung)
Hier müssen Sie Materialien oder Sachverhalte je nach Aufgabenschwerpunkt erschließen, in systematische Zusammenhänge einordnen und mitunter auch Hintergründe und Beziehungen herausarbeiten.

    Beispiel: *Analysieren* Sie die Grafik M 1!

2. **Auswerten**
Hier müssen Sie Fakten oder Einzelergebnisse zu einer abschließenden Gesamtaussage zusammenführen.

3. **Erklären**
Hier müssen Sie einen Sachverhalt klar darstellen und in einen Zusammenhang einordnen.

4. **Erläutern**
Der Erwartungshorizont ist nahezu identisch zum Operator „Erklären". Allerdings wird hier eventuell noch von Ihnen erwartet, zusätzliche Informationen und Beispiele zur Verdeutlichung anzuführen.

5. **Einordnen – Zuordnen**
Hier müssen Sie ein einzelnes Phänomen oder eine Position zu einem anderen, eventuell umfassenderen Phänomen oder zu einer anderen Position in Beziehung setzen.

6. **Thesenartig zusammenfassen**
Hier wird von Ihnen erwartet, die Kernaussagen des Textes in vollständigen Sätzen kurz und prägnant zusammenzufassen. Vorsicht: Vermeiden Sie eine „Nacherzählung" des Textes!

7. **Erschließen – Ermitteln – Erarbeiten – Herausarbeiten** (aus einem Text)
Hier wird von Ihnen erwartet, aus Materialien bestimmte, in der Aufgabenstellung bezeichnete Sachverhalte herauszufiltern. Bei der zusätzlichen Anweisung „ausgehend vom Text" müssen auch weitere, über das Material hinausgehende Aspekte angeführt werden.

8. **Gegenüberstellen – Vergleichen**
Hier müssen Sie verschiedene Sachverhalte einander gegenüberstellen und je nach Aufgabenstellung Gemeinsamkeiten, Ähnlichkeiten und Unterschiede herausarbeiten. Ihr Ergebnis sollten Sie gegen Ende der Beantwortung klar auf den Punkt bringen. Dieser Operator kann bei anspruchsvoller Aufgabenstellung auch dem *Anforderungsbereich III* zugeordnet werden.

9. Interpretieren
Hier wird von Ihnen erwartet, Sinnzusammenhänge aus Materialien (meist Karikaturen) zu erschließen.

10. Widerlegen
Hier müssen Sie argumentativ überzeugend und logisch begründend darstellen, dass Daten, eine Position oder eine Behauptung nicht haltbar sind.

11. An einem Beispiel Belegen – Beweisen – Zeigen – Darstellen – Nachweisen
Hier wird von Ihnen erwartet, an einem geschickt und sinnvoll gewählten Beispiel einen Sachverhalt verständlich, logisch und überzeugend darzustellen.

3. Mögliche Operatoren des Anforderungsbereichs III

Im *Anforderungsbereich III* werden alle Operatoren verwendet, die der Anforderungsstufe *Urteilen* (Anteil in der Abiturprüfung: 30%) zugeordnet werden. Verlangt werden *Reflexion und Problemlösung*. Sie müssen hier unterschiedliche Sachverhalte und Probleme erörtern bzw. diskutieren. Dabei wird besonders auf eine klar strukturierte und problembewusste Argumentation geachtet. Ferner wird von Ihnen erwartet, Hypothesen zu Fragestellungen zu entwickeln und die eigene Urteilsbildung zu reflektieren.

Wie im *Anforderungsbereich II* benötigen Sie zur Bearbeitung der Aufgabenstellungen sozialkundliches Fachwissen. Ebenso wird auf sprachliche Richtigkeit und Gewandtheit im Ausdruck sowie auf den korrekten Gebrauch von Fachbegriffen geachtet. Bevor Sie zu schreiben beginnen, sollten Sie Ihren Ausführungen eine kurze Gliederung voranstellen, um Ihre Gedankenführung für Sie selbst und den Korrektor transparent zu machen. Im *Anforderungsbereich III* kann es aufgrund des Schwierigkeitsgrades für einen relativ kurzen Text viele Bewertungseinheiten geben. Bei den meisten Operatoren des *Anforderungsbereiches III* ist es wichtig, anhand der Aufgabenstellung im Vorfeld zu prüfen, ob eine lineare oder eine dialektische Auseinandersetzung mit dem Thema verlangt wird. Bei der *dialektischen* Variante müssen Sie – wie in einem Deutschaufsatz – Pro- und Kontra-Argumente einander gegenüberstellen, um dann im Schlussteil, der Synthese, zu einem Ergebnis zu kommen. Bei einer *linear* aufgebauten Erörterung wird von Ihnen erwartet, nur eine Seite zu beleuchten.

1. Untersuchen – Überprüfen – Beurteilen – Stellung nehmen – Bewerten – Erörtern/Diskutieren – Sich kritisch auseinandersetzen mit – Erwägen
Hier wird von Ihnen erwartet, dass Sie sich argumentativ mit einem Thema auseinandersetzen.
Beispiel für eine dialektisch konzipierte Herangehensweise:
> Untersuchen/Überprüfen/Beurteilen/Bewerten/Erörtern/Diskutieren/Erwägen Sie, ob die Einführung einer Frauenquote in Deutschland geboten erscheint!

Beispiel für eine linear konzipierte Herangehensweise:
> Untersuchen/Überprüfen/Beurteilen/Erörtern/Erwägen Sie, warum die Einführung einer Frauenquote in Deutschland geboten erscheint!

2. Begründen
Hier müssen Sie zu einem Sachverhalt die Ursachen und erklärenden Argumente schlüssig ausführen, ohne zu stark zu vereinfachen. Dieser Operator bezieht sich im Regelfall auf eine linear konzipierte Erörterung.

Beispiel: *Begründen Sie, warum eine Frauenquote eingeführt werden sollte!*

3. Problematisieren

Bei dieser Aufgabenstellung müssen Sie Widersprüche herausarbeiten oder Positionen bzw. Theorien hinterfragen.

Beispiel: *Problematisieren Sie die Behauptung, die Einführung einer Frauenquote würde neue Ungerechtigkeiten schaffen!*

4. Entwerfen/Entwickeln

Hier wird von Ihnen erwartet, ausgehend von der Themenstellung, eine begründete Ausführung zu einer Fragestellung zu konzipieren, die sich aus einer bestimmten Perspektive oder einem bestimmten Lösungsansatz ergibt. Im Zusammenhang mit der Entwicklung eines Szenarios kann es sich bei diesem Operator auch um eine gestalterische Aufgabenstellung handeln.

Beispiel: *Entwerfen/Entwickeln Sie ein Konzept zur Reform des Wahlrechts!*

4. Gestalterische Aufgabenstellungen

Die gestalterischen Aufgabenstellungen können alle Anforderungsstufen umfassen, meist mit einem Schwerpunkt auf *Anforderungsbereich III*. Sie stellen eine essayartige thematische Vertiefung eines Themas dar und können die Präsentation oder Beurteilung dieses Themas oder Sachverhalts aus einer bestimmten oder aus verschiedenen Perspektiven erfordern.
Wie in den *Anforderungsbereichen II* und *III* benötigen Sie zur Bearbeitung der Aufgabenstellungen sozialkundliches Hintergrundwissen. Ebenso wird auf sprachliche Richtigkeit und Gewandtheit im Ausdruck sowie auf den korrekten Gebrauch von Fachbegriffen geachtet. Dies gilt vor allem, wenn Sie eine Rede entwerfen oder einen Kommentar verfassen müssen. Analog zu *Anforderungsbereich III* können auch für einen relativ kurzen Text aufgrund des Schwierigkeitsgrades viele Bewertungseinheiten vergeben werden.

1. Eine Rede entwerfen

Hier sind klare und möglichst vielfältige Aspekte eines Sachverhalts zu berücksichtigen. Wenn Sie Ihre Zuhörer mithilfe Ihrer Rede von etwas überzeugen, also ein Plädoyer konzipieren sollen, so müssen Sie – wie in einer Erörterung – argumentativ vorgehen. Weiterhin ist es von großer Wichtigkeit, den formalen Ansprüchen an eine Rede gerecht zu werden:

- Verwenden Sie am Beginn der Rede eine Anrede an das Publikum.
- Benennen Sie im ersten Teil Ihrer Rede klar das Thema, um das es geht, und versuchen Sie zugleich, einen Einstieg zu finden, der die Aufmerksamkeit Ihrer Zuhörer erregt.
- Die „unsichtbare" Gliederung einer Rede ist von großer Wichtigkeit. Mit ihrer Hilfe nämlich verhindern Sie, dass Sie während Ihrer Ansprache von einem Aspekt zum nächsten „springen". Aus der Sicht des Zuhörers sollte – im Unterschied zu einer schriftlichen Erörterung – zuerst das zweitwichtigste Argument vorgebracht werden, gefolgt vom schwächsten. Kurz vor dem Ende der Rede verwenden Sie Ihr stärkstes Argument.
- Der Schlusssatz der Rede muss appellativen Charakter haben, d. h. die Zuhörer zu einer Handlung oder Meinungsbildung auffordern.

Beispiel 1: Entwerfen Sie eine Rede zum Thema „Mehr plebiszitäre Elemente in der Bundesrepublik Deutschland", die Sie vor einem Jugendkonvent von Erstwählern halten.

Anmerkung: Hier müssen Sie genau auf die Satzzeichen achten. Stünde hinter dem Beispielthema ein Ausrufungszeichen, so müssten Sie dafür plädieren, mehr plebiszitäre Elemente in das Grundgesetz aufzunehmen; im Falle eines Fragezeichens könnten Sie beide Seiten der Problematik beleuchten, um dann im Schlussappell zu einer entsprechenden Aufforderung an das Publikum zu gelangen. Ohne Vorgabe eines Satzzeichens steht Ihnen die Beantwortung offen: Entweder Sie führen nur Pro- oder Kontra-Argumente an oder Sie stellen die Argumente einander gegenüber.

Erwartungshorizont:

Sehr geehrte Teilnehmer des Konvents!

Der Begriff Demokratie bedeutet aus dem Griechischen übersetzt „Volksherrschaft". Aber herrscht das Volk in der Bundesrepublik Deutschland tatsächlich?
Wir wählen alle vier Jahre den Bundestag und alle fünf Jahre den Bayerischen Landtag, und wir wählen unsere kommunalen Vertreter. Das klingt sehr demokratisch. Aber reicht dies aus?
Unsere Auswahl beschränkt sich nämlich lediglich auf Parteien und deren Vertreter, die niemals die Ansichten jedes Einzelnen zu jedem einzelnen Sachthema repräsentieren können. In Bayern hat die Bevölkerung die Möglichkeit, mittels Volks- und Bürgerentscheiden auch über Sachfragen zu entscheiden. Auf Ebene des Bundes ist dies hingegen nicht möglich. Ich fordere daher die Einführung bundesweiter plebiszitärer Elemente zur Ergänzung unserer parlamentarischen Demokratie!
So könnten zum Beispiel auch Minderheiten ihre Ansichten besser in den politischen Prozess einbringen, da Themen, die sie betreffen, bislang häufig keinen Eingang in Partei- oder Wahlprogramme und damit auch nicht in Gesetzesentwürfe gefunden haben. Ganz Deutschland könnte dann z. B. darüber entscheiden, ob die Lebensgemeinschaft Homosexueller mit der Ehe in allen Aspekten gleichgestellt werden sollte oder nicht. Ebenso könnten Argumente, die Politiker – aus Furcht, nicht an den falschen Stellen „anzuecken" – häufig unausgesprochen lassen, eingebracht werden. Dies betrifft zum Beispiel die Frage der EU-Erweiterung: Soll doch das Volk darüber entscheiden, ob Deutschland dem EU-Beitritt der Türkei zustimmt oder nicht!
Überdies wäre die Politik transparenter. Immer mehr Bürger haben heute das Gefühl, von Politikern regiert zu werden, die ihre Wahlversprechen nach der Wahl vergessen haben und tun, was sie wollen. Existierten bundesweite Plebiszite, so könnte das Volk ungerechtfertigten Entscheidungen jederzeit entgegentreten.
Schließlich könnte die Einführung von Volksentscheiden auf Bundesebene die sinkende Wahlbeteiligung in Zeiten der Politikverdrossenheit kompensieren. Die Menschen würden aktiv am demokratischen Leben teilnehmen und die politischen Strukturen und Prozesse ein Stück weit bürgernäher machen.
Den Kritikern der plebiszitären Elemente auf Bundesebene möchte ich noch entgegenhalten, dass der Missbrauch von Volksentscheiden in der Weimarer Republik oder im Dritten Reich lange zurückliegt und die Bevölkerung nicht mehr mit der demokratieunerfahrenen Bevölkerung der Nachkriegszeit vergleichbar ist!
Meine Damen und Herren! Trauen wir uns endlich, mehr Demokratie zu wagen, wie es Bundeskanzler Willy Brandt bereits 1969 forderte! Und den Politikern sei gesagt: Trauen Sie dem Volk doch endlich zu, Demokratie auch wirklich zu praktizieren!

Ich danke Ihnen für Ihre Aufmerksamkeit!

2. Einen Kommentar verfassen

Hier wird von Ihnen erwartet, meist einen Zeitungskommentar zu einem bestimmten Thema zu verfassen. Dabei ist wichtig, dass Sie die formalen Kriterien für einen Kommentar beherzigen:
- Ein Kommentar hat eine Überschrift.
- Ein Kommentar vertritt einen klaren Standpunkt zu einem konkreten Thema.
- Ein Kommentar enthält Information, Argumentation und Appell: Er stellt einen bestimmten Sachverhalt also nicht nur dar und erklärt ihn, sondern er beurteilt den Sachverhalt auch.
- Begründen Sie Ihre Meinung mit überzeugenden Argumenten!
- Verwenden Sie keine Argumente, die sich gegen die freiheitlich-demokratische Grundordnung (FDGO) der Bundesrepublik Deutschland richten.
- Polemik, zum Beispiel durch Ironie oder Übertreibung, ist erlaubt. Schmähen oder beleidigen Sie dabei aber niemanden, auch keine Institutionen.
- Fordern Sie zu Lösungen des von Ihnen beschriebenen Problems auf!

Beispiel 2:   *Verfassen* Sie einen *Zeitungskommentar* zum Thema „Deutschland – ein Einwanderungsland?"!

Erwartungshorizont:
Mehr Mut
Zuwanderung ist in Deutschland ein heikles Thema. Das hat nichts mit Fremdenfeindlichkeit zu tun. Die gibt es zwar auch, doch die Skepsis gegenüber Ausländern entspringt meist anderen Motiven. Da ist die Erfahrung mit dem teils geringen Integrationswillen einiger Nationalitäten. Auch landen viele Zuwanderer in den Sozialsystemen und kosten Steuergeld. Doch Deutschland kommt aus verschiedenen Gründen nicht mehr um eine Zuwanderung herum, wenn der Wohlstand erhalten werden soll. Fachleute fehlen jetzt schon an allen Ecken und Enden. Bis eine echte Bildungsoffensive ausreichend eigenen Nachwuchs auf den Arbeitsmarkt bringt, vergehen zu viele Jahre. Der steil anwachsende Bedarf kann also nur aus dem Ausland gedeckt werden. Das Problem lässt sich auch nicht lösen, indem man Arbeitslose mal eben zur Schulung schickt und dann in die Betriebe. Nicht jeder lässt sich für die enorm hohen Anforderungsprofile der Unternehmen weiterbilden. Außerdem globalisiert sich nicht nur die Wirtschaft, sondern auch der Arbeitsmarkt. Ohne international anerkannte Wissenschaftler gerät die deutsche Forschung ins Hintertreffen. Ohne international geprägte Manager wird sich so manches Unternehmen auf dem Weltmarkt nicht behaupten können. Es geht daher nicht um das „Ob", sondern um das „Wie" der Zuwanderung. Das geplante Gesetz [zur Steuerung der Arbeitsmigration v. 20.12.2008] ist keine Öffnung des Arbeitsmarktes für jeden. Dazu sind die Restriktionen zu groß. Mehr Mut wäre aber schon nötig, um dem Akademikermangel entgegenzuwirken. Angst vor Überfremdung und der Flucht in die Sozialsysteme sind bei den betreffenden Zuwanderergruppen nicht angebracht. Gebildete Menschen mit Arbeit integrieren sich schnell.

Aus: Mehr Mut, in: Allgemeine Zeitung Mainz vom 27.8. 2008. http://p2news.com/politik/mehr-mut; Zugriff am 22.1. 2014

3. Einen Leserbrief schreiben

Der Leserbrief sollte neben der inhaltlichen Komponente auch die formalen Kriterien hinsichtlich des Aufbaus erfüllen:
- Zu Beginn müssen Sie einen Adressatenbezug herstellen, zum Beispiel mit der Anrede „Sehr geehrte Damen und Herren".

- In der Einleitung muss auf das Thema beziehungsweise den angesprochenen Sachverhalt oder einen gegebenen Zeitungsartikel Bezug genommen werden.
- Im Hauptteil muss für oder gegen eine Sache argumentiert werden. Dazu werden wie in einer Erörterung Behauptungen aufgestellt, die dann ausführlich begründet und mit Beispielen oder Vergleichen bewiesen werden.
- Im Schluss bekräftigen Sie entweder Ihre eigene Meinung oder Sie machen Vorschläge beziehungsweise geben Empfehlungen zur Lösung eines Problems.
- Am Ende steht eine Schlussfloskel, zum Beispiel „Mit freundlichem Gruß" sowie die Unterschrift des Verfassers.

Beispiel 3: Sie haben in Ihrer Heimatzeitung einen Kommentar gelesen, der sich über die Einführung einer Frauenquote negativ äußert. *Verfassen Sie einen Leserbrief*, in dem Sie sich für die Einführung einer Frauenquote aussprechen.

Erwartungshorizont:

Sehr geehrte Damen und Herren,

wie ich in Ihrem Artikel „Quote ist Quatsch" vom 1.1.2014 lesen musste, scheint einer Ihrer Redakteure die Einführung einer Frauenquote vehement abzulehnen. Diese Haltung ist aus mehreren Gründen nicht nachvollziehbar.

Zwar hat sich die deutsche Wirtschaft im Jahre 2001 verpflichtet, Frauen mehr zu fördern, aber das Ergebnis ist 13 Jahre später immer noch höchst bescheiden: So konstatiert das Managerinnen-Barometer des Deutschen Instituts für Wirtschaftsforschung 2013 nach wie vor eine „überwältigende männliche Dominanz in Vorständen und Aufsichtsräten" der großen deutschen Unternehmen. So waren nur 4 Prozent Frauen in den Vorständen und etwa 13 Prozent in den Aufsichtsräten vertreten. Das Geschlechterverhältnis in der Arbeitswelt wird dadurch keinesfalls gespiegelt.

Da Männer in personalverantwortlichen Stellen meist Männer bei einer Postenvergabe bevorzugen – der Fachbegriff dafür lautet „homosoziale Reproduktion" –, ist kaum zu erwarten, dass sich dies ohne die Einführung einer Frauenquote ändert. Es sollten aber auch hochwertige Stellen nach Qualifikation und nicht nach der Platzierung in Netzwerken vergeben werden. Eine Quote würde also eine größere Chancengleichheit garantieren.

Da der Fach- und Führungskräftemangel in Deutschland weiterhin zunimmt, sollten – unabhängig vom Geschlecht – alle fähigen Köpfe gefördert werden. So sind mehr Hochschulabsolventen heutzutage weiblichen Geschlechts: Trotzdem sind Frauen bei Managementposten unterrepräsentiert. Dieses aufwendig und teuer ausgebildete Humankapital liegt brach. Dieses Missverhältnis könnte durch eine Frauenquote ausgeglichen werden.

Zudem „ticken" Frauen anders als Männer und bringen dadurch andere Erfahrungen und Einstellungen mit. Dies kann vor allem das Arbeiten im Team fruchtbarer machen. Dieser Effekt kann jedoch nur eintreten, wenn eine genügend große Zahl alternativ Denkender in einer Gruppe vertreten ist, da diese ansonsten in eine wenig beachtete Außenseiterrolle gedrängt werden.

Es bleibt also zu hoffen, dass sich die wenig zukunftsorientierte Meinung Ihres Redakteurs nicht durchsetzen wird.

Mit freundlichem Gruß

Sepp Huber, Hintertupfing

IV. Leitfaden zur Erstellung einer Seminararbeit im Fach Sozialkunde

1. Der Ablauf des W-Seminars im Überblick

Halbjahr	Beispiele für Tätigkeiten der Schülerinnen und Schüler sowie der Lehrkraft
10 / 2	– Wahl durch die Schülerinnen und Schüler aus dem Seminarangebot der Schule
11 / 1	– Einführung in das Rahmenthema des Seminars und in die Methoden des wissenschaftlichen Arbeitens – Vermittlung fachlicher und methodischer Grundkompetenzen – evtl. Exkursion zu wissenschaftlichen Einrichtungen (z. B. Universitätsbibliothek) – Recherchen der Schülerinnen und Schüler und Wahl des Themas ihrer Seminararbeit
11 / 2	– Weiterarbeit am Rahmenthema – selbstständiges Arbeiten der Schülerinnen und Schüler sowie Beratung durch die Lehrkraft – eigenständige Arbeit der Schülerinnen und Schüler – Zwischenpräsentationen der Schülerinnen und Schüler: z. B. Gliederungsentwurf, Arbeitsplan, Darstellung der Quellenlage, Aufzeigen zentraler Hypothesen
12 / 1	– redaktionelle Abfassung der Seminararbeiten (Beratung und Begleitung durch die Lehrkraft) – Fortführung der Arbeit am Rahmenthema und der Methodenreflexion – Anfang November: Abgabe der Seminararbeiten – November bis Januar: Vorbereitung der Abschlusspräsentationen und Abschlusspräsentationen mit Aussprache, Einordnung der Ergebnisse in das Rahmenthema

Aus: Bayerisches Staatsministerium für Unterricht und Kultus: Ablauf eines W-Seminars; Stand: 2008; online abrufbar unter http://www.gymnasiale-oberstufe.bayern.de/seminare.html; Zugriff am 23.1.2014

2. Das Rahmenthema

Die Seminararbeit im W-Seminar nimmt einen zentralen Stellenwert ein. Der künftige Seminarleiter/ die künftige Seminarleiterin überlegt sich im Vorfeld, d. h. etwa ein ganzes oder ein halbes Jahr vor Beginn des Schuljahres, ein übergeordnetes Thema, aus dem später die Themen für sämtliche Seminararbeiten abgeleitet werden. Dieses Rahmenthema muss von der Lehrkraft sorgfältig geprüft werden und so gewählt sein, dass sich genügend Themen für die Seminararbeiten daraus ergeben bzw. die Seminarteilnehmer bei der Themenbearbeitung die Möglichkeit zur Zusammenarbeit und Diskussion haben.

Die Zahl der Rahmenthemen in den unterschiedlichen Fächern und damit die Zahl der an den bayerischen Gymnasien angebotenen Seminare ist potenziell unendlich groß, da die Seminarleiter/ -innen vom Kultusministerium keine inhaltlichen Vorgaben erhalten, in der Wahl des Themas also tatsächlich völlig frei sind. Sie können sich z. B. an Lehrplaninhalten, gleich welcher Jahrgangsstufe, orientieren, müssen dies aber nicht tun.

Da die Wahl eines Rahmenthemas also nur durch den Seminarleiter/ die Seminarleiterin erfolgen kann, wird im vorliegenden Lehrwerk auf die Darstellung des Ablaufs eines W-Seminars an einem konkreten Beispiel verzichtet.

3. Die Einführung in die Methoden des wissenschaftlichen Arbeitens

Im Zentrum eines *wissenschaftspropädeutischen Seminars* müssen im 1. Oberstufensemester (11/1) unter Leitung der Lehrkraft Unterrichtsmethoden und Studiertechniken eingeübt und angewendet werden, die sich in besonderer Weise mit dem eigenständigen bzw. forschenden Lernen befassen. So werden die Voraussetzungen geschaffen, die später die Anfertigung einer Seminararbeit ermöglichen. Abhängig vom gewählten Rahmen- bzw. Seminararbeitsthema sollten die Seminarteilnehmer/-innen folgende Fähigkeiten und Fertigkeiten erlernen:

- Quellen- und Textarbeit;
- Expertenbefragung;
- Recherchearbeiten;
- Referat und Präsentation.

4. Exkursionen zu wissenschaftlichen Einrichtungen

Im Rahmen eines W-Seminars sollte, so irgend möglich, eine Exkursion in eine Universität oder eine fachwissenschaftlich gut ausgestattete Bibliothek erfolgen. Unter Anleitung des dortigen Fachpersonals sollten Bibliotheksrecherchearbeiten durchgeführt und eingeübt werden.

5. Zwischen- und Abschlusspräsentation

Neben der Analyse von Quellen oder Texten, der Erstellung eines Arbeitsplans oder dem Verfassen von Exzerpten, Protokollen und Exposés dient auch die Präsentation von Zwischenergebnissen dem Seminarleiter/der Seminarleiterin zur Notenfindung. Die Wahl der verwendeten Medien sollte dabei immer in einem vernünftigen Verhältnis zum Inhalt stehen: So ist eine PowerPoint-Präsentation für einen fünfminütigen Kurzvortrag sicher übertrieben, für eine offiziell angesetzte, auf 20 Minuten angelegte Zwischenpräsentation hingegen meist angemessen. Je Semester werden in 11/1 und 11/2 mindestens zwei dieser sogenannten kleinen Leistungsnachweise eingefordert. Im letzten Ausbildungsabschnitt 12/1 werden die Seminararbeit und deren Abschlusspräsentation, die am Ende des W-Seminars steht, in der Gewichtung 3 : 1 bewertet. Deswegen sollte nicht nur die Seminararbeit selbst, sondern auch deren Präsentation gut vorbereitet sein.

6. Die Seminararbeit

6.1 Allgemeines

Eine Seminararbeit umfasst 10 bis 15 reine Textseiten, Anschauungsmaterialien wie z. B. Bilder, Grafiken oder Tabellen sind hier nicht mit eingerechnet. Die Arbeit muss in einem klar definierten Zeitrahmen (von Februar bis November) angefertigt, schriftlich eingereicht und in einer Abschlusspräsentation vorgestellt worden sein. Ziel der Seminararbeit ist es, Sie auf das wissenschaftliche Arbeiten an einer Universität oder Fachhochschule vorzubereiten.

Obwohl Sie durch individuelle Beratungsgespräche vom Seminarleiter unterstützt werden, liegt es doch allein in Ihrer Verantwortung, die Arbeit formal und inhaltlich einwandfrei anzufertigen und fristgerecht einzureichen. Daher ist zuerst einmal eine zeitliche Planung sinnvoll: Verschaffen Sie sich in einer Art „Zeitleiste" einen Überblick über Ihre privaten und schulischen Termine in dem für die Seminararbeit angesetzten Zeitraum. Überlegen Sie anschließend, wann Ihnen Zeit für die Seminararbeit bleibt und welche konkreten Arbeitsschritte in welchem freien Zeitfenster platziert werden können. Dazu sollten Sie sich folgende Fragen stellen:

- Wie lange benötige ich für die Stoffsammlung/Literaturrecherche/Text- und Quellenarbeit?
- Ab wann kann ich Expertengespräche führen und wie lange dauert die Auswertung oder Transkription der Ergebnisse?
- Wann soll ein Rohentwurf einschließlich Gliederung vorliegen?
- Wann soll alles Material ausgewertet sein?
- Ab wann muss die Arbeit ausformuliert und fertiggestellt werden?
- Wie viel Zeit benötige ich für das Tippen und eine ansprechende Formatierung der Arbeit?
- Bleibt genügend Zeit für das Korrekturlesen und das Verbessern von Fehlern und Layout (mindestens 1 bis 2 Wochen)? Mängel im Layout und Verstöße gegen die sprachliche Richtigkeit sind in einer Seminararbeit, deren Bearbeitungszeitraum ein halbes Jahr beträgt, nicht akzeptabel!

Vergessen Sie nicht, Pufferzeiträume für unvorhergesehenen Zeitverlust einzuplanen.

Vermeiden Sie beim Schreiben der Arbeit unbedingt Floskeln oder Doppelungen wie z. B.:

- „Zusammenfassend lässt sich sagen …"
- „Abschließend lässt sich sagen …"
- „Es ergibt sich, dass …"
- „Ding der Unmöglichkeit"
- „insofern, als dass …"
- „aufoktroyieren"
- „auseinanderdividieren"
- „bereits schon"
- „irgendwie"
- „kontrovers diskutieren"
- „vorprogrammieren"
- „wegen dem" (!)
- „Zielstellung"
- „letztendlich"

6.2 Äußere Form und Gestaltung

Die äußere Form einer Seminararbeit ist gleichsam die Visitenkarte Ihrer Bemühungen und vermittelt dem Korrektor/der Korrektorin den ersten entscheidenden Eindruck über Ihre gesamte Arbeit. Daher sollten Sie mit besonderer Sorgfalt vorgehen. Fähigkeiten zur Nutzung eines PC und eines entsprechenden Textverarbeitungsprogramms werden vorausgesetzt. Sollten Sie privat keinen Zugang zu einem PC besitzen, wird Ihnen Ihre Schule die entsprechenden Möglichkeiten verschaffen. Soweit mit dem Seminarleiter/der Seminarleiterin  nicht etwas anderes vereinbart wurde, sollten Sie Ihre Arbeit in der Schrift „Times New Roman", Schriftgröße 12, verfassen. Ob an Ihrer Schule die Abgabe der Arbeit in einem Schnellhefter genügt oder ob eine Bindung (spiralisiert, laminiert etc.) verlangt wird, sollte rechtzeitig geklärt und entsprechend bei der Zeitplanung berücksichtigt werden.

Für den Aufbau der Arbeit soll hier folgender Vorschlag gemacht werden:

Seite 1: Die Arbeit beginnt mit einem *Deckblatt*, dessen Layout von Ihrer Schule vorgegeben wird.

Seite 2: Als sogenannter „Aufhänger" der Arbeit erweist sich ein (farbiges) *Titelbild* als vorteilhaft. Die Abbildung sollte in Bezug zum Thema stehen und individuell gewählt werden. Dazu bieten sich Karikaturen, Bilder, Fotografien, Plakate etc. an, die jederzeit auch selbst gezeichnet und entworfen werden können.

Seite 3 (– 4): *Inhaltsverzeichnis/Gliederung:* Der Aufbau erfolgt numerisch (1/1.1/1.1.1) oder alphanumerisch (A I 1 a). Eine Untergliederung in 1.1.1 ist nur erlaubt, wenn dem betreffenden Abschnitt auch ein Abschnitt 1.1.2 folgt. Im Inhaltsverzeichnis wird jeder ausgewiesene Gliederungspunkt mit einer Seitenzahl versehen, an der man das Kapitel im Innenteil findet.

Das Inhaltsverzeichnis gibt einen Überblick über die Seminararbeit und macht nicht nur dem Verfasser, sondern auch dem geneigten Leser und dem Korrektor/der Korrektorin einen „roten Faden" sichtbar. Eine gute Gliederung ist deshalb eine wichtige Grundlage für die Besprechungen und/oder Beratungsgespräche mit Ihrem Seminarleiter/Ihrer Seminarleiterin.

Seite 4: *Einleitung/Vorwort:* Erst ab hier werden die 10 bis 15 erlaubten Textseiten gezählt. In Absprache mit Ihrem Seminarleiter/Ihrer Seminarleiterin muss geklärt werden, welche Thematik im Vorwort verlangt wird. Folgendes ist denkbar:

- Worum geht es in der Arbeit?
- Unter welcher Leitfrage/Problemstellung wurde das Thema bearbeitet?
- Welche Aspekte wurden schwerpunktmäßig behandelt? Warum?
- Wie hat sich die Literaturlage dargestellt? Welche Sekundärliteratur wurde benutzt?
- Haben sich Ansprech- oder Interviewpartner zum Thema gefunden?

Auf jeden Fall muss das Vorwort eine stoffliche Hinführung zum Thema und zum Hauptteil Ihrer Arbeit enthalten, analog zur Einleitung einer Erörterung im Fach Deutsch. Es kann durchaus sinnvoll sein, das Vorwort erst nach Fertigstellung der gesamten Arbeit zu verfassen, da man dann einen besseren Überblick über die Seminararbeit hat. Für die Einleitung und die gesamte Arbeit gilt, dass sie unpersönlich verfasst wird. Verwenden Sie also nicht das Personalpronomen „ich". Die „Ich"-Form gilt als unwissenschaftlich.

Seite 5 ff.: *Hauptteil:* Hier muss das Thema unter Berücksichtigung des gesammelten Materials bearbeitet werden. Verlieren Sie bei der Bearbeitung nie Ihre Leitfrage/Problemstellung aus dem Auge, um eine Themaverfehlung zu vermeiden.

Die im Inhaltsverzeichnis aufgeführten Überschriften erscheinen hier nun erneut. Achten Sie bei den Überschriften auf ein einheitliches Layout und entsprechende Leerzeilen vor und nach einer Überschrift.

Seite 18: *Schluss/Nachwort:* Das Nachwort rundet die gesamte Arbeit inhaltlich ab. Hier ist eine Entfernung vom Thema möglich, jedoch nicht zwingend. Das Nachwort sollte zielgerichtet verfasst und knapp gehalten werden. Meist bietet sich eine Zusammenfassung der Kernergebnisse und/oder ein Ausblick auf zukünftige Entwicklungen oder noch offene bzw. weiterführende Fragen an.

Seite 19 (ff.): *Anhang:* Der Inhalt des Anhangs ist stark abhängig von den Vorstellungen Ihres Seminarleiters/Ihrer Seminarleiterin. Während einige Lehrkräfte etwaiges Anschauungsmaterial (Grafiken, Tabellen etc.) im Fließtext des Hauptteils platziert sehen möchten, bevorzugen andere eher einen durchgängigen Fließtext mit Fußnoten, in denen sich Hinweise auf das im Anhang befindliche Anschauungsmaterial befinden. Wichtig ist, dass Sie konsequent bleiben und eine einmal gewählte Verfahrensweise beibehalten. Die Herkunft des Materials im Anhang muss in Fußnoten angegeben werden.

Seite 20 (ff.): *Abkürzungsverzeichnis:* In jeder wissenschaftlichen Arbeit dürfen offiziell gebräuchliche und lexikalisierte Abkürzungen verwendet werden, etwa „EU" für „Europäische Union". Nicht verwendet werden dürfen allerdings interne oder persönlich erfundene Kürzel wie beispielsweise „D" für „Deutschland". Das Kürzel „BRD" für die „Bundesrepublik Deutschland" ist laut einem kultusministeriellen Schreiben an bayerischen Schulen nicht gestattet.

Seite 21 (ff.): *Literaturverzeichnis:* Hier muss sämtliche verwendete Literatur, alphabetisch geordnet und nummeriert, aufgeführt werden. Die Literatur muss daher mindestens einmal in den Fußnoten vorkommen. Es darf also keine Literatur angeführt werden, die nur dazu dienen soll, das Literaturverzeichnis aufzufüllen oder zu „schönen". Unterteilt wird das Literaturverzeichnis in die Kategorien „Primärliteratur", „Sekundärliteratur" und „Internetadressen".

Seite 22 (ff.): *Eidesstattliche Erklärung:* Folgender Wortlaut wäre hier – in Absprache mit Ihrem Seminarleiter/Ihrer Seminarleiterin – denkbar:

„Hiermit versichere ich, N. N., geb. am … in …, dass ich die vorliegende Arbeit selbstständig und ohne fremde Hilfe verfasst und keine anderen Quellen und Hilfsmittel als die angegebenen benutzt habe. Stellen der Arbeit, die anderen Werken dem Wortlaut oder Sinn nach entnommen sind, wurden in jedem Falle kenntlich gemacht."

Ort, Datum   *Unterschrift*

Beispiel für eine Gliederung/Inhaltsverzeichnis:

1.	Vorwort	4
2.	Institutionelle Reformen in der Bundesrepublik	5
2.1	Wahlsystem	5
2.1.1	Reform der Verhältniswahl?	6
2.1.2	Einführung der Mehrheitswahl?	6
2.2	Direkte Demokratie	10
2.2.1	Direktwahl des Bundespräsidenten?	11
2.2.2	Sachplebiszite auf Bundesebene?	13
2.3	Vergleichende Bewertung	15
3.	Nachwort	18
4.	Anhang	19
5.	Abkürzungsverzeichnis	26
6.	Literaturverzeichnis	27
6.1	Primärliteratur	27
6.2	Sekundärliteratur	27
6.3	Internetadressen	29
7.	Eidesstattliche Erklärung	30

6.3 Literaturrecherche

Die Seminararbeit erfordert selbstständiges Arbeiten und Forschen. Dies kann und soll Spaß machen. Verschiedene Kompetenzen lassen sich dabei erlernen oder verbessern:
- die Abgrenzung einer Fragestellung;
- das Aufspüren von Dokumenten und Publikationen;
- die Analyse von Information;
- die Formulierung persönlicher Überlegungen zum gewählten Thema;
- die Gesprächsführung mit verschiedenen Interviewpartnern/Experten;
- die eigene Kritikfähigkeit;
- die schriftliche Ausdrucksweise.

Im Mittelpunkt dieser Ziele steht die Beschäftigung mit schriftlichen Quellen. Als *Primärquellen* kommen für Sie Zeitungsartikel, Gesprächsnotizen oder – bei einer geschichtlich orientierten Arbeit – auch Archivmaterialien in Betracht. Die Suche nach Literatur ist ein weites Feld. Lexika, Sachwörterbücher, Nachschlagewerke, Sammelbände, Fachzeitschriften und Einführungen stehen als *Sekundärquellen* grundsätzlich zur Verfügung. Der Zugang zur Literatur geschieht über den Vorgang des „Bibliografierens".

Die Zusammenstellung der Bibliografie kann anhand des Sachkatalogs einer Bibliothek, des Literaturverzeichnisses von geeigneten Fachbüchern oder durch Literaturbesprechungen in Fachzeitschriften oder überregionalen Zeitungen wie der Frankfurter Allgemeinen Zeitung (FAZ) oder der Süddeutschen Zeitung (SZ) erfolgen.

Die Sachkataloge von Bibliotheken werfen i. d. R. ein Problem auf. Bei der Eingabe von allgemeinen Stichworten wie „Demokratie" oder „Parteien" wird der Suchende von einem Berg an Literatur förmlich „erschlagen". Hier ist es wichtig, möglichst präzise zu arbeiten oder besser noch genaue Werktitel anzugeben. Aufwand und Ertrag stehen dann in einem Missverhältnis, wenn Sie zu allgemein recherchieren und „alles Mögliche" um das Thema herum sammeln. Infolgedessen steigt nur die Unübersichtlichkeit des Materials, nicht aber ihr Erfolgsgefühl. Bei der Recherche handelt es sich lediglich um ein Hilfsmittel zur Unterstützung des eigenen Denkprozesses.

Wissen aus dem Netz:
Das Internet hat sich zu einer höchst bedeutsamen, nahezu unentbehrlichen Informations- und Wissensquelle entwickelt. Suchmaschinen wie Google, Yahoo oder Altavista müssen allerdings sinnvoll angewendet werden, da sonst eine unendliche Trefferzahl und ungefilterte Informationen die Suche nach Qualitätstexten eher behindern als fördern.

Früher gab es Nachschlagewerke und Enzyklopädien wie den Brockhaus oder Meyers Großes Taschenlexikon nur in Buchform. Mit den neuen Techniken lassen sich Lexika hingegen per CD-ROM käuflich erwerben oder, noch einfacher, im Internet nachschlagen. Besonders empfehlenswert, da verlässlich, ist hier das Onlinelexikon der Bundeszentrale für politische Bildung (bpb).

Einen neuartigen Weg geht das weltweit bekannte Onlinelexikon Wikipedia. Auch hier können Sie Fachwissen zu allen erdenklichen Themen nachschlagen. Im Vergleich zu den Inhalten auf der Website der Bundeszentrale handelt es sich bei Wikipedia allerdings um ein „Open-source"- oder „Mitmachlexikon": Jeder Benutzer kann eigene Fachbeiträge einstellen oder bestehende Beiträge korrigieren und ist damit zugleich Produzent und Konsument von Wissen. Tausende ehrenamtliche Autoren allein in Deutschland erweitern und pflegen das Lexikon. Gerade darin liegt aber auch eine Gefahr: Nicht alle Wikipedia-Inhalte können in Seminararbeiten unbedenklich Verwendung finden, denn immer wieder tauchen infolge des mitunter ungeprüften Wissens fehlerhafte oder bewusst manipulierte Einträge auf. Gerade bei der Darstellung von brisanten Sachverhalten und umstrittenen Persönlichkeiten kommt es so manchmal zu Verzerrungen, bis hin zu Verschwörungstheorien. Daher ist vor einer unkritischen Nutzung von Wikipedia in Seminararbeiten zu warnen, dieses Onlinelexikon eignet sich lediglich, um sich einen ersten Überblick zu verschaffen, ist jedoch nicht zitierfähig (siehe hierzu auch den Punkt 6.5 Bibliografieren, S. 232).

Es existieren weitere seriöse Nachschlagewerke im Internet:

Spiegel Wissen
Politikwissen-Lexikon
Lexikon des Rechts
Übersetzungen (z. B. Deutsch – Englisch bei LEO)
Wörterbücher (z. B. Duden, elexiko)

Viele Aufsätze aus Fachzeitschriften sind mittlerweile bequem über das Internet abrufbar. So bietet die Bundeszentrale für politische Bildung auf der Homepage zur Zeitschrift „Das Parlament" die Beilage „Aus Politik und Zeitgeschichte" zum kostenlosen Download an. Mittels einer geeigneten Stichwortsuche finden sich zu vielen aktuellen und geschichtlichen Themen hier Aufsätze, die Ihnen bei Ihrer Literaturrecherche behilflich sein können.

6.4 Literaturauswertung und empirische Stoffsammlung

Erfassen der Literatur: Eine große Kunst ist es, den Berg an Literatur in eine feste Ordnung zu bringen. Karteikarten oder Zettel helfen, nicht die Übersicht zu verlieren. Wenig sinnvoll ist es, die Ansichten der fremden Autoren in wörtlichen Zitaten festzuhalten. Besser ist es, in eigenen Worten zumindest den Zusammenhang des Zitats zu schildern oder das Zitat zu umschreiben. Grundsätzlich sollte man darauf achten, die Materialsammlung so anzulegen, dass sie in einer späteren Arbeitsphase nicht noch einmal mühsam wiederholt werden muss. Interessante Ergebnisse sind zu erwarten, wenn Sie verschiedene Darstellungen zum gleichen Thema vergleichen und zueinander in Bezug setzen. Der Wert wissenschaftlicher Erkenntnis lebt von der Diskussion, dem schriftlichen Austausch unterschiedlicher, allerdings gut begründeter Standpunkte.

Lesetechniken: Wir kennen verschiedene Arten des Lesens. In dieser Phase der Seminararbeit wird die Beschäftigung mit einzelnen Büchern meist noch auf das Überfliegen längerer Textstellen hinauslaufen. Dieses *kursorische Lesen* verfolgt das Ziel, einen Eindruck vom Stoff zu gewinnen und eine erste gedankliche Systematisierung und Gliederung vornehmen zu können. Allerdings hilft dieses zeitsparende Lesen nur weiter, wenn eine klare Vorstellung darüber besteht, welche konkrete Fragestellung die Seminararbeit aufwerfen soll. Dann ist eine Zwischenbilanz fällig. Im nächsten Schritt der Auswertung geht es um das sorgfältige Durcharbeiten fremder Standpunkte, das *studierende Lesen*. Die Literatur wird gründlicher unter die Lupe genommen. Sie sollten sich folgende Fragen stellen: Würde ich genauso argumentieren, wie es der Autor/die Autorin tut? Kann ich den gelesenen Text in eigenen Worten erfassen, kürzen oder ausbauen? Überzeugt die Definition der Begriffe? Welche Fragen sind noch nicht beantwortet?

„Oral History": Diese Methode basiert auf der Befragung von Zeitzeugen. Bei lokalgeschichtlichen Seminararbeiten kann sich diese Zugangsweise lohnen. Voraussetzung dafür ist, dass Gesprächspartner gefunden werden, die dann frei in angenehmer Atmosphäre erzählen. Das Erzählte wird mit einem Tonaufnahmegerät festgehalten und auf eine angemessene Weise in Schrift übertragen. Erst dann haben Sie eine schriftliche Quelle „selbst erschaffen", aus der Sie zitieren können. Der Arbeitsaufwand ist dabei aber beträchtlich. Er erstreckt sich von der Suche nach Zeitzeugen über die Kontaktaufnahme und die Gesprächsführung bis hin zur Transkription.

Expertenbefragung: Ziel einer Expertenbefragung ist es, genauere Kenntnisse über ein Problem zu erhalten und dadurch die besondere Fachkompetenz des Experten für die eigene Fragestellung in der Seminararbeit zu nutzen. Folgende Leitfragen sollten sie klären:
- Wer stellt – bei Beteiligung mehrerer Schüler – die Fragen?
- Wo wird die Befragung durchgeführt (oftmals am Arbeitsplatz des Experten)?
- Wie soll die Befragung aufgezeichnet werden (Video, Tonband, Mitschrift)?

Für das Gespräch selbst sollten Sie verschiedene Fragetechniken unterscheiden:
- Eröffnungsfragen („Ich interessiere mich für …") mit dem Ziel der Hinführung zum Thema;
- Informationsfragen („Ich habe gelesen …"; „…, stimmt das so?");
- Einschätzungsfragen („Was halten Sie von?");
- Bewertungsfragen am Ende des Gesprächs („Wie beurteilen Sie den Vorschlag von …?").

Nach der Befragung findet die Auswertung statt: Welche Ansätze und Interessen hat der Experte/die Expertin vertreten? War er zu einseitig? Sollte man weitere Expertenbefragungen durchführen, um u. U. ein anderes Bild zu erhalten? Bei offen gebliebenen Fragen könnte sich eine erneute Kontaktaufnahme, etwa ein Telefongespräch, lohnen.

6.5 Bibliografieren

Eine grundlegende wissenschaftliche Fertigkeit, die Sie im W-Seminar erlernen und einüben, ist das korrekte Bibliografieren. Nur bei richtigen bibliografischen Angaben ist es den Lesern/dem Korrektor Ihrer Arbeit möglich, Informationen verlässlich aufzufinden und nachzuprüfen. Bibliografische Angaben können zwar von Lehrstuhl zu Lehrstuhl und von Buch zu Buch in der Interpunktion innerhalb der Angaben variieren, folgen im Prinzip aber festen Regeln.

Bibliografische Angabe bei Büchern mit einem Autor: Autorennachname, Komma, erster Buchstabe des Vornamens, Punkt, Komma, Titel des Werks, Punkt, Untertitel (soweit vorhanden), Komma, Erscheinungsort (bei fehlender Angabe im Impressum schreibt man „o. O." für „ohne Ortsangabe") und Erscheinungsjahr (bei fehlender Angabe im Impressum schreibt man „o. J." für „ohne Jahresangabe") mit evtl. hochgestellter Auflagenzahl, Seitenangabe (allerdings nur bei den Fußnoten, nicht im Literaturverzeichnis): Wenn man von einer Seite bis zur nächsten zitiert, so schreibt man hinter die Seitenzahl ein „f." (für „folgende"), bei mehreren aufeinanderfolgenden Seiten ein „ff." (für „fortfolgende").

Beispiel: Geißler, R., Die Sozialstruktur Deutschlands. Zur gesellschaftlichen Entwicklung mit einer Bilanz zur Wiedervereinigung, Wiesbaden 2013[7], S. 100 f.

Bibliografische Angabe bei Büchern mit mehreren Autoren: Handelt es sich um zwei Autoren, so werden beide genannt; im Übrigen ist die Verfahrensweise analog zu obiger Darstellung.

Beispiel: Raps, C./Hartleb, F., Mensch und Politik. Sozialkunde Klasse 11, Braunschweig 2014, S. 100 f.

Handelt es sich um mehrere Autoren, so wird der erste Autor genannt und dann ein „u. a." („und andere") angefügt; im Übrigen ist die Verfahrensweise analog zu obiger Darstellung.

Beispiel: Hartleb, F. u. a., Mensch und Politik. Sozialkunde Klasse 10, Braunschweig 2014, S. 100.

Bibliografische Angabe bei Büchern mit Herausgeber und mitarbeitenden Autoren: Autorennachname des Verfassers des Aufsatzes/Kapitels, erster Buchstabe des Vornamens, Punkt, Komma, Titel des Aufsatzes/Kapitels, Punkt, Untertitel (soweit vorhanden), Komma, „in:", erster Buchstabe des Vornamens des Herausgebers, Nachname des Herausgebers, in Klammern die Abkürzung „Hg." (oder „Hrsg."), Komma, Titel des Gesamtwerks, Punkt, Untertitel, Erscheinungsort (bei fehlender Angabe im Impressum schreibt man „o. O." für „ohne Ortsangabe") und Erscheinungsjahr (bei fehlender Angabe im Impressum schreibt man „o. J." für „ohne Jahresangabe") mit evtl. hochgestellter Auflagenzahl, Seitenangabe (allerdings nur bei den Fußnoten, nicht im Literaturverzeichnis).

Beispiel: Nippel, W., Politische Theorien der griechisch-römischen Antike, in: H.-J. Lieber (Hg.), Politische Theorien von der Antike bis zur Gegenwart, Bonn 1991, S. 17 ff.

Sind Herausgeber und Autor identisch, so schreibt man an der Herausgeber-Stelle ein „ders." (für „derselbe"):

Beispiel: Lieber, H.-J., Zur Theorie totalitärer Herrschaft, in: ders. (Hg.), Politische Theorien von der Antike bis zur Gegenwart, Bonn 1991, S. 881 ff.

Bibliografische Angabe bei Lexika: Autorennachname des Verfassers, Komma, erster Buchstabe des Vornamens, Punkt, Komma, „unter dem Stichwort":, „Stichwort", Komma, „in:", evtl. der Herausgeber, Titel und Bandzahl des Lexikons, Erscheinungsort (bei fehlender Angabe im Impressum schreibt man „o. O." für „ohne Ortsangabe") und Erscheinungsjahr (bei fehlender Angabe im Impressum schreibt man „o. J." für „ohne Jahresangabe") mit evtl. hochgestellter Auflagenzahl, Seitenangabe (allerdings nur bei den Fußnoten, nicht im Literaturverzeichnis).

Beispiel: Krekeler, H., unter dem Stichwort: Diplomatie, in: W. Woyke (Hg.), Handwörterbuch internationale Politik, Bonn 1986, S. 98 ff.

Fehlen ein namentlich genannter Autor oder ein Herausgeber, so bezieht man sich auf die Redaktion oder den Verlag.

Beispiel: Meyers Lexikonredaktion (Hg.), Meyers großes Taschenlexikon Band 17, unter dem Stichwort: Politik, Mannheim/Leipzig/Wien/Zürich 1992, S. 190 f.

Bibliografische Angabe bei Zeitschriften- und Zeitungsartikeln: Autorennachname des Verfassers, Komma, erster Buchstabe des Vornamens, Punkt, Komma, Titel des Aufsatzes/Beitrags, Komma, „in":, Name der Zeitschrift (bei wissenschaftlichen Zeitschriften auch die Abkürzung), Nummer der Ausgabe oder Jahrgang, Erscheinungsjahr in Klammern, Seitenangabe.

Beispiel: Reiermann, C., Herrin und Diener, in: Spiegel 52 (2013), S. 22.

Autorennachname des Verfassers, Komma, erster Buchstabe des Vornamens, Punkt, Komma, Titel des Aufsatzes/Beitrags, Komma, „in":, Name der Zeitung, „vom" Datum, keine Seitenangabe.

Beispiel: Heuser, U. J., Entschuldigung fürs Schuldenmachen, in: Die Zeit vom 9. 1. 2014.

Vorsicht: In wissenschaftlichen Arbeiten wie Ihrer Seminararbeit sind nur Beiträge aus wissenschaftlichen Zeitschriften zitierbar. Bei den auf dem „normalen" Markt veröffentlichten Zeitschriften sind nur der „Spiegel" sowie seriöse Tageszeitungen (z. B. die „Süddeutsche Zeitung" oder die „FAZ") zitierbar. Etwas anderes gilt, wenn Sie z. B. die politische Berichterstattung auf dem deutschen Zeitschriftenmarkt untersuchen; dann handelt es sich aber bei Untersuchungen der sogenannten „Regenbogenpresse" um Quellen, nicht um Sekundärliteratur.

Bibliografische Angaben aus dem Internet: Autorennachname des Verfassers, Komma, erster Buchstabe des Vornamens, Punkt, Komma, Titel des Aufsatzes/ Beitrags, Komma, „in:", Internetadresse, „Zugriff am Datum", Seitenangabe (so vorhanden).

Beispiel: Richter, N., Wenn die Maschine den Menschen steuert, in: http://www.sueddeutsche.de/politik/obama-zur-nsa-affaere-wenn-die-maschine-den-menschen-steuert-1.1865983; Zugriff am 19. 1. 2014.

Bei fehlender Verfasserangabe erschließen Sie den Herausgeber über den Betreiber der Homepage; dies ist z. B. möglich bei Informationen, die sie von den Internetseiten von Behörden oder Ministerien etc. gewinnen.

Beispiel: Bundesministerium des Innern (Hg.), De Maizière legt Schwerpunkt auf Sicherheit im Netz, in: http://www.bmi.bund.de/SharedDocs/Kurzmeldungen/DE/2014/01/it-sicherheit.html;jsessionid=D87EC9CE70842B929518C6B36E96A562.2_cid287; Zugriff am 19.1.2014.

Wenn Verfasser oder Herausgeber nicht zu ermitteln sind, lässt dies meist auf mangelhafte Zitierbarkeit schließen. In diesem Fall sollten Sie gut abwägen, ob Sie diese Quelle in einer wissenschaftlichen Arbeit tatsächlich verwenden müssen/möchten. Dies trifft vor allem auf „Wikipedia" zu. Wikipedia mag sich oft für einen ersten Informationsgewinn eignen, ist aber keinesfalls zitierbar! Sofern Sie Bilder oder Karikaturen aus dem Internet zur Illustration verwenden, ist die Kenntnis des Verfassers nicht unbedingt vonnöten, jedoch hilfreich, wenn es sich um politisch motivierte Aussagen handelt.

Beispiel: http://de.toonpool.com/user/7749/files/merkel_nsa_bnd_spaehaffaere_2040065.jpg; Zugriff vom 19.1.2014.

Da manche Webseiten nur für eine begrenzte Zeit verfügbar sind, ist es durchaus sinnvoll, diese nach dem Zugriff auf digitalen Datenträgern (z. B. auf einer CD-ROM) zu konservieren und beim Seminarleiter/bei der Seminarleiterin mit einzureichen.

6.6 Zitate und Fußnoten

Richtiges Zitieren: Die Erkenntnisse, die Sie aus der Sekundärliteratur gewinnen, müssen in der Seminararbeit belegt werden. Dazu arbeiten Sie mit Zitaten, die Sie auf verschiedene Art in Ihre Arbeit einbringen können:

- Sie integrieren ein wörtliches Zitat in Ihren eigenen Satzbau; hierbei müssen Sie das, was Sie wörtlich übernehmen, in Anführungszeichen setzen.
- Sie übernehmen ein längeres wörtliches Zitat, das satzwertig ist; auch dieses ist in Anführungszeichen zu setzen.

Wenn Sie aus Gründen der richtigen Syntax etwas an Ihrem Zitat grammatikalisch verändern müssen oder inhaltliche Kürzungen vornehmen, so ist dies folgendermaßen kenntlich zu machen:

- Auslassungen werden durch eckige Klammern und drei Punkte kenntlich gemacht.

Beispiel: „CDU und SPD […] haben seit der Wiedervereinigung an Integrationskraft eingebüßt."[1]

- Müssen Sie innerhalb des Zitats etwas hinzufügen, so setzen Sie das Hinzugefügte in eckige Klammern.

Beispiel: Der Verfasser zeigt auf, dass „1986 […] die letzten Klagen abgewiesen [wurden]".[2]

---
1 Hartleb, F. u. a., Mensch und Politik, Sozialkunde Klasse 10, Braunschweig 2008, S. 53.
2 Ebd., S. 152.

Die Orthografie und die Zeichensetzung eines Zitats müssen in jedem Fall beibehalten werden. Stoßen Sie auf einen Druck- oder Rechtschreibfehler, dürfen Sie diesen nicht korrigieren. Als Zeichen dafür, dass es sich nicht um einen Fehler Ihrerseits handelt, setzt man in diesem Fall ein „(sic!)" hinter den entdeckten und übernommenen Fehler. Dies gilt nicht für Schreibweisen, die sich bedingt durch die Rechtschreibreform verändert haben.

Da Sie vieles in Ihrer Seminararbeit nicht selbst erforscht haben werden, sollten Sie, vor allem bei wertenden Passagen, ebenfalls in den Fußnoten auf die Quellen Ihrer Erkenntnisse hinweisen. Idealerweise findet man in der Literatur widersprüchliche Aussagen zu einem Thema. Diese Widersprüche werden in den Fußnoten dargestellt. Auch weiterführende Erklärungen, die nicht in den Fließtext passen, können hier ausgeführt werden.

Fußnoten: Hier sollten Sie besonders auf Konsequenz achten und nicht von der einmal verwendeten Vorgehensweise abweichen.

- Wenn Sie zum ersten Mal aus einem Buch zitieren, so wird der vollständige Titel einschließlich Seitenzahl in der Fußnote aufgeführt.

Beispiel: [1] Raps, C./Hartleb, F., Mensch und Politik, Sozialkunde Klasse 11, Braunschweig 2014, S. 34.

- Bei einem direkt darauf folgenden Zitat aus gleicher Quelle genügt ein „Ebd." für „ebenda", bei abweichender Seitenzahl, aber gleichem Titel, ein „Ebd." mit differierender Angabe der Seite.

Beispiel: [2] Ebd., S. 152.

- Wenn Sie zum zweiten Mal aus einem bereits verwendeten Buch zitieren, genügt ein Kurztitel in der Fußnote, der den Autorennachnamen, ein Schlagwort aus dem Titel und eine Seitenzahl enthält.

Beispiel: [3] Raps, Politik, S. 12.

- Wenn Sie in den Fußnoten auf weiterführende Literatur zu einem Thema verweisen wollen, so setzen Sie ein „vgl." (für „vergleiche") vor den Buchtitel, auf den Sie sich beziehen.

Beispiel: [4] Raps, Politik, S. 135; vgl. dazu ausführlich Hübner, E., Das politische System der USA, München 2007[6], S. 158 ff.

- Wenn Sie auf einen Widerspruch in der Literatur stoßen, so übernehmen Sie im Fließtext die Position, die Sie überzeugt und/oder die mehrheitsfähig ist und verweisen dann in den Fußnoten auf andere Darstellungen.

Beispiel: [5] Müller, Soziologie, S. 10; anders Maier, Moderne Soziologie, S. 13: Er sieht die Hauptursache für den Rückgang der Geburtenziffern nicht in der Emanzipation der Frau, sondern im zunehmenden Konsumdenken.

6.7 Präsentation der Arbeit

Am Ende Ihrer Seminararbeit halten Sie einen mündlichen Vortrag, bei dem Sie Ihre schriftlich ausgearbeiteten Ergebnisse „rüberbringen" sollen. Folgende Überlegungen helfen Ihnen bei der Vorbereitung und Durchführung Ihrer Abschlusspräsentation.

Präsentieren und Visualisieren

Für eine erfolgreiche Präsentation in Schule, Studium und Beruf sind drei Punkte entscheidend:
- *Überzeugende Darstellung:* Es muss klar werden, worum es bei der Präsentation geht. Nur wer selbst von dem, was er vorträgt, überzeugt ist, kann auch andere überzeugen.
- *Präsenz:* Es zeigt sich, dass Sie mit Ihrem Thema bestens vertraut sind. Sie sollten sich daher nicht hinter einem Manuskript, dem Notebook oder dem Projektor verstecken, sondern sich selbstbewusst Ihrem Auditorium zuwenden. Sie strahlen Sicherheit aus, und auch kleinere „Pannen" werden Sie nicht aus der Bahn bringen.
- *Lebendigkeit:* Ziel ist es, die Aufmerksamkeit Ihrer Zuhörer zu erregen. Ihre Präsentation soll sich daher möglichst abwechslungsreich gestalten.

Um diese Ziele zu erreichen, benötigen Sie eine gute Vorbereitung, denn gerade die Vorbereitung hilft, das Lampenfieber zu beherrschen. Jeder Mensch ist vor einem Auftritt nervös. Wichtig ist aber, mit der Nervosität umzugehen und entspannt zu wirken. Oftmals legt sich das Lampenfieber mit dem ersten Wort des Vortrags. Für das Sprechen vor Publikum hilft nur eins: üben. Dazu gehört, dass man das Manuskript für den mündlichen Vortrag immer wieder durchliest und am eigenen Vortragsstil arbeitet. Um als Redner/Rednerin erfolgreich zu sein, sind der Einsatz der Hände, eine stehende Haltung und der Blickkontakt zum Publikum enorm wichtig. Sie können sich beispielsweise zu Hause vor einen Spiegel stellen und auf Ihre Mimik und Gestik achten. Oder Sie können das Referat im Familien- oder Freundeskreis als eine Art „Generalprobe" vortragen.

Beim Vortrag selbst helfen inhaltlich folgende Regeln weiter:

- *Umfang:* Klären Sie mit dem Seminarleiter/der Seminarleiterin die genaue Vortragsdauer ab. Der Umfang ist dann auf diese Zeit zu begrenzen. Auch hier hilft die Vorbereitung zu Hause.
- *Bedeutung des Anfangs:* Stellen Sie am Anfang das Thema des Referats vor. Das soll kurz, aber spannend erfolgen. Der Beginn ist entscheidend für den Eindruck der Zuhörer!
- *Übersicht:* Geben Sie dann eine kurze Übersicht über das Gesamtreferat. Das gilt auch für eine PowerPoint-Präsentation. Die Übersicht soll der rote Faden des Vortrags sein. Nehmen Sie im Folgenden immer wieder darauf Bezug.
- *Kurze Sätze:* Unterscheiden Sie die mündliche Sprache deutlich von der schriftlichen. Statt langen Schachtelsätzen sollen Sie kurze, verständliche Sätze formulieren.
- *Einfache Sprache:* Verwenden Sie eine einfache Sprache. Fremdwörter sollen nur dann vorkommen, wenn sie für die Arbeit große Bedeutung haben und ausführlich erklärt werden.
- *Trennung zwischen Wiedergabe und Interpretation:* Machen Sie deutlich, welche Standpunkte von Autoren und welche von Ihnen selbst sind.
- *Ankündigung des Vortragendes:* Kündigen Sie das Ende des Vortrags an. Entscheidend sind der erste und letzte Eindruck des Vortrags. Vermeiden Sie einen Verlegenheitsschluss – studieren Sie Ihren letzten Satz schon vorher ein.

Die Verwendung eines *Thesenpapiers* kann sinnvoll sein. Es gibt dem Zuhörer eine Stütze, um dem Vortrag besser folgen zu können. Es kann auch Anregungen und Anstöße zur Diskussion über das Referat enthalten. Entscheidend ist aber der mündliche Vortrag. Daher ist es sicher sinnvoll, das Thesenpapier erst nach dem Vortrag zu verteilen.

Visuelle Hilfsmittel können den Vortrag bereichern. *PowerPoint-Präsentationen* mit der Projektion zentraler Aussagen auf einer Leinwand erfreuen sich in jüngster Zeit großer Beliebtheit. Gerade Grafiken, Tabellen und zentrale Gesichtspunkte können hier anschaulich aufbereitet werden. In der PowerPoint-Folie können überdies farbliche Elemente und Symbole genutzt werden. Aber auch hier steht der/die Vortragende im Mittelpunkt. Verstecken Sie sich also nicht hinter einem Computer!

Zeichnung: Martin Guhl

Visuelle Hilfsmittel werden allerdings häufig falsch eingesetzt. Folgende Fehler sollten Sie bei Ihrer Präsentation vermeiden:
- komplizierte Tabellen,
- klein geschriebenen, schwer lesbaren Text,
- das Springen von Folie zu Folie (Überforderung des Publikums),
- die Hinwendung des Redners/der Rednerin zur Leinwand statt zum Publikum.

Für die Diskussion im Anschluss an Ihre Präsentation sollten Sie folgende Punkte beachten:
- Bleiben Sie auch bei Einwänden immer ruhig und freundlich.
- Werden Sie nie persönlich, sondern erkennen Sie die Einwände anderer an.
- Erwecken Sie den Eindruck, dass Sie für Argumente anderer aufgeschlossen sind, ohne Ihre Standpunkte aufzugeben.
- Machen Sie dennoch unterschwellig deutlich, dass Sie der Experte sind und durch Ihre Beschäftigung mit dem Thema viele Argumente bereits selbst kennen.

GLOSSAR

Achtundsechzigerbewegung (68er-Revolution): Verschiedene, meist linksgerichtete Studenten- und Bürgerrechtsbewegungen in Europa und in den USA. Diesen Bewegungen gemeinsam waren u. a. der Protest gegen den Vietnamkrieg (Friedensbewegung), der Kampf gegen Autorität (insbesondere in Bildung und Erziehung) und für die Gleichstellung von Minderheiten sowie der Einsatz für mehr sexuelle Freiheiten (Frauenbewegung, „Sexuelle Revolution"). Der Name bezieht sich auf das Jahr 1968, als sich die Bewegungen teilweise radikalisierten, etwa die Antikriegsdemonstrationen in den USA oder die dortige Bürgerrechtsbewegung infolge der Ermordung Martin Luther Kings am 4. April 1968.

Agenda 21: Aktionsplan für das 21. Jahrhundert, der auf der Weltkonferenz in Rio de Janeiro 1992 von 174 Staaten unterzeichnet wurde. Das darin vorherrschende Prinzip der → „**Nachhaltigkeit**" hat seinen Ursprung in einer Kompromissformel zwischen den Befürwortern eines Wirtschaftswachstums für eine bessere Welt und Umweltschützern. In dem Dokument werden die ökonomisch-sozialen, die ökologischen und politischen Dimensionen und Fragen der Umsetzung gerade unter Einbeziehung der kommunalen Ebene erörtert.

Arbeiterschutzgesetze: Als solche werden die 1883 eingeführte Krankenversicherung, die 1884 eingeführte Unfallversicherung und die 1889 eingeführte Alters- und Invaliditätsversicherung bezeichnet. Sie stellen die Ursprünge der staatlichen Sozialpolitik in Deutschland dar.

Arbeitsmarktpolitik: Summe aller Maßnahmen, die die Beziehungen zwischen Angebot und Nachfrage auf den Arbeitsmärkten ordnen und den Arbeitsmarktprozess beeinflussen.

Armut: Begriff, der nur relativ zur Entwicklung des gesellschaftlichen Reichtums zu bestimmen ist. Armut ist nicht nur eine Frage finanzieller Mittel (definiert durch ein Mindesteinkommen), sondern betrifft weitere Dimensionen der Unterversorgung (wie Gesundheit, Bildung, Erwerbsstatus) und auch die Verfügbarkeit von Handlungsspielräumen in Abhängigkeit von gesellschaftlichen Rahmenbedingungen.

Assimilation: Bedeutet im → **soziologischen** Sinn die Anpassung einer gesellschaftlichen Gruppe an die kulturellen, sozialen usw. Gepflogenheiten einer anderen, meist größeren Gruppe.

Asylbewerber: → **Migranten**, die einen Antrag auf Asyl nach Art. 16a GG gestellt haben, der noch in Bearbeitung ist. Voraussetzung für eine Anerkennung ist der Nachweis, persönlich von Verfolgung bedroht zu sein. Sie sind meist in Sammelunterkünften untergebracht und erhalten erst nach einem Jahr eine eingeschränkte Arbeitserlaubnis. Nach Anerkennung eines Asylantrages wird der Antragsteller zu einem Asylberechtigten.

Aufklärung, Europäische: Eine Epoche, die Ende des 17. Jahrhunderts in England ihren Anfang nahm und im 18. Jahrhundert das geistige Leben im gesamten europäisch geprägten Raum bestimmte. Wesentliches Ziel der A. war es, den Menschen „aus seiner selbst verschuldeten Unmündigkeit" (Immanuel Kant) zu befreien, also vorgegebene und feste (religiöse) Denkmuster zu hinterfragen.

Berliner Mauer: Die befestigte und schwer bewachte Grenze der DDR während des → **Kalten Krieges** in Berlin. Vom 13. August 1961 an errichteten Armee, paramilitärische Einheiten und Polizeikräfte der DDR die Grenzsperranlagen, die in den folgenden Jahren immer weiter ausgebaut wurden. Nach der Grenzöffnung am 9. November 1989 wurde die Mauer größtenteils abgerissen. Zwischen 1961 und 1989 starben bei Fluchtversuchen an der B. 123 Menschen.

Bildungsexpansion: Der steigende Anteil an Menschen mit höherwertigen Bildungsabschlüssen (Hochschulreife, abgeschlossenes Studium) seit den 1960er-Jahren.

Bill of Rights: Die B. wurde nach der → **Glorious Revolution** von König Wilhelm von Oranien (1650 – 1702) im Jahr 1689 unterzeichnet. Sie verlieh dem englischen Parlament zahlreiche Freiheitsrechte – darunter die freie Wahl und das freie Rederecht – und regelte so das Verhältnis zwischen Ober- und Unterhaus auf der einen und Krone auf der anderen Seite. Der König von England musste fortan das Parlament u. a. zur Genehmigung von Steuern regelmäßig einberufen und sich den Gesetzen des Parlaments beugen. Die Parlamentarier waren dem König keine Rechenschaft schuldig. Mit der B. wurde England zum ersten politischen System in Europa, in dem die absolute → **Macht** des Monarchen begrenzt wurde, vor allem, um die Rechte des aufstrebenden Handelsbürgertums zu schützen. Zur Entwicklung der liberalen Grundprinzipien des Parlamentarismus wesentlich beigetragen hat John Locke (1632 – 1704).

Blue Card: Die EU Blue Card bzw. Blaue Karte EU ist ein Aufenthaltstitel, d. h. ein Nachweis über den legalen Aufenthalt eines Angehörigen eines Drittstaates, also eines Nicht-EU-Staates, in einem EU-Mitgliedstaat zum Zwecke der Erwerbstätigkeit. Sie ist auf vier Jahre befristet. Ziel der Blue Card ist es, die EU-Staaten als Arbeitsländer für hochqualifizierte Nicht-EU-Bürger attraktiv zu machen, um dem Fachkräftemangel zu begegnen. Seit dem 1. 7. 2012 kann man sich auf die Blue Card bewerben. In Deutschland muss derzeit (Jan. 2014) der Antragsteller ein abgeschlossenes Hochschulstudium nachweisen und es muss eine Gehaltsmindestgrenze von 46 400 Euro (Bruttojahresgehalt für 2013) eingehalten werden.

Bruttosozialprodukt: Siehe Sozialprodukt.

Bürgerrechte: Die einem als Bürger eines Staates zustehenden Rechte, insbesondere das Wahlrecht, durch das der Bürger als Souverän u. a. über die Vergabe politischer Ämter entscheidet.

Chancengerechtigkeit: Meint die Aufstiegs- und Entwicklungschancen von Individuen gemäß ihrer Begabung.

Chancengleichheit: Bezeichnet das Recht auf eine egalitäre Verteilung von Zugangs- und Lebenschancen. Ein wesentlicher Schritt zur Verwirklichung der C. ist es, allen Menschen, unabhängig von ihren persönlichen Voraussetzungen, einen Zugang insbesondere zu Bildungsangeboten zu ermöglichen. Als einzelne Aspekte können die Gleichstellung der Geschlechter oder die Ausbildung von → **Migranten** genannt werden.

Dienstleistungen: In Abgrenzung zur Warenproduktion (materielle Güter) spricht man bei den D. von immateriellen Gütern. D. zeichnen sich dadurch aus, dass sie unmittelbar verbraucht werden (z. B. Haarschnitt). In der Volkswirtschaftlichen Gesamtrechnung werden D. als tertiärer → **Sektor** erfasst. Der Drei-Sektoren-Theorie zufolge dehnt sich der Dienstleistungsbereich in entwickelten Industriegesellschaften immer stärker aus.

Direkte Demokratie: (Ggs.: repräsentative Demokratie) Direkte Demokratie (auch: plebiszitäre Demokratie) bezeichnet eine Herrschaftsform, bei der die politischen Entscheidungen unmittelbar vom Volk z. B. durch Volksabstimmung getroffen werden. Lediglich die Art ihrer Umsetzung wird der Entscheidung einer Behörde überlassen. Rein auf direkter Demokratie basierende Gesellschaftsmodelle gibt es bisher nur in der Theorie (v. a. sozialistischer Rätesysteme). Das Modell der Schweiz ist dadurch gekennzeichnet, dass neben den direktdemokratischen (Volksinitiative, Referendum) auch repräsentative Elemente (z. B. Parlamente) existieren. Grundgedanke dieser Mischform ist es, das Mehrheitsprinzip (der repräsentativen Demokratie) zugunsten einer wesentlich höheren Beteiligung von Minderheiten am Entscheidungsprozess einzuschränken. Auch in Ländern mit repräsentativer Demokratie sind in verschiedenen Verfassungen und Gesetzen (z. B. dt. Bundesländer und Gemeindeordnungen; US-amerikanischer Bundesstaaten) direktdemokratische Elemente vorgesehen.

Ehe: Begründet eine rechtlich verbindliche Lebensgemeinschaft zwischen einem Mann und einer Frau. Sie wird durch eine formgebundene Erklärung vor dem zuständigen Standesamt geschlossen, gilt auf Dauer und schließt weitere Lebensgemeinschaften gleicher Art aus. Eine Ehe begründet genaue Rechte und Pflichten, die zum Teil über die Dauer der Ehe hinaus (auch nach einer Scheidung) Gültigkeit haben.

Einwanderungsland: Bezeichnung für ein Land, in das über längere Zeit größere Gruppen fremder Staatsangehöriger einwandern, um sich dort ständig niederzulassen.

Elite: Personenkreis, der regelmäßig Einfluss auf gesamtgesellschaftlich wichtige Entscheidungen nehmen kann.

Emanzipation: Die Befreiung aus einem bevormundenden Verhältnis, etwa das zwischen Eltern und Kindern, oder der mittlerweile historischen → **Hierarchie** zwischen Ehemann und Ehefrau. Ziel eines emanzipatorischen Prozesses ist die Erlangung von Eigenständigkeit.

Erwerbstätige: Diejenigen Erwerbspersonen, die nicht erwerbslos sind, sondern eine Tätigkeit ausüben. Erwerbstätige können abhängig Beschäftigte sein (Arbeiter, Angestellte, Auszubildende, Beamte, Soldaten) oder Selbstständige bzw. mithelfende Familienangehörige.

Ethnie: Betrifft die Volkszugehörigkeit. Menschen mit gleichen sprachlichen und kulturellen Eigenschaften oder Merkmalen gehören einer E. an.

Europäische Union (EU): 1993 von den 12 EG-Mitgliedern (Belgien, Dänemark, Deutschland, Frankreich, Griechenland, Großbritannien, Irland, Italien, Luxemburg, Niederlande, Portugal, Spanien) gegründete überstaatliche Organisation. Sie baut auf der Europäischen Gemeinschaft (EG) auf, deren Anfänge bis in das Jahr 1951 zurückreichen.
Seit 2013 zählt die EU 28 Mitgliedstaaten. Die EU bildet den Rahmen für:
– eine gemeinsame Außen- und Sicherheitspolitik (GASP)
– die Zusammenarbeit in der Justiz- und Innenpolitik
– die Europäischen Gemeinschaften (Europäische Wirtschaftsgemeinschaft, Europäische Gemeinschaft für Kohle und Stahl (bis 2002), Europäische Atomgemeinschaft).
Die sechs zentralen Organe der EU sind:
1. der Europäische Ministerrat (Rat der Europäischen Union),
2. das Europäische Parlament,
3. die Kommission der EU,
4. der Europäische Gerichtshof,
5. der Europäische Rechnungshof.
6. der Europäische Rat, d.h. das mindestens zweimal pro Halbjahr stattfindende Treffen der Regierungschefs der EU-Länder.

Exekutive: (lat. = ausführen, vollziehen): Vollziehende Gewalt (Regierung).

Existenzminimum: Mindesteinkommen, das für den jeweiligen Lebensunterhalt gerade ausreicht.

Extremismus: Bezeichnet eine politische Einstellung, die eine grundlegende Veränderung der derzeitigen Gesellschaftsordnung anstrebt bzw. die freiheitliche demokratische Grundordnung beseitigen will. Extremisten vertreten im Allgemeinen fanatische oder → **fundamentalistische** Haltungen, → **Ideologien** oder Ziele, oftmals auch mit Gewalt.

Faschismus: Als F. wurde zuerst die 1922 von Benito Mussolini in Italien zur Macht geführte rechtsgerichtete Bewegung bezeichnet. Seitdem werden ähnliche politische Strömungen und Systeme ebenso bezeichnet, darunter auch der Nationalsozialismus in Deutschland (1933–1945).

Föderalismus: (lat. = Bündnis, Vertrag): Gliederung eines Staates in mehrere gleichberechtigte, in bestimmten politischen Bereichen selbstständige Bundesländer, die an der Willensbildung des Bundes mitwirken. Art. 20 GG bestimmt: „Die Bundesrepublik Deutschland ist ein demokratischer und sozialer Bundesstaat." Dies ist eine Bestandsgarantie des Föderalismus, allerdings keine Bestandsgarantie über die Anzahl und die Größe der Länder, die sich nach Art. 29 GG neu gliedern könnten.

Frauenbewegung: Die F. setzte sich seit der Mitte des 19. Jahrhunderts für die grundsätzlichen politischen und bürgerlichen Rechte der Frauen ein, so etwa für das Wahlrecht, das Recht auf → **Erwerbstätigkeit** oder das Recht auf Bildung. Eine zweite Welle der F. entstand in den 1960er-Jahren und richtete sich gegen die fortwährende Diskriminierung von Frauen in den westlichen → **Gesellschaften**.

Freiheitliche Demokratische Grundordnung (FDGO): Politische Ordnung der Bundesrepublik Deutschland, die nach der Definition des Bundesverfassungsgerichts im SRP-Urteil von 1952 (Verbot der rechtsextremen Sozialistischen Reichspartei) „unter Ausschluss jeglicher Gewalt- und Willkürherrschaft eine rechtsstaatliche Herrschaftsordnung auf der Grundlage der Selbstbestimmung des Volkes nach dem Willen der jeweiligen Mehrheit und der Freiheit und Gleichheit darstellt". Die FDGO ist gekennzeichnet durch „die Achtung vor den im Grundgesetz konkretisierten Menschenrechten, [...] die Volkssouveränität, die Gewaltenteilung, die Verantwortlichkeit der Regierung, die Gesetzmäßigkeit der Verwaltung, die Unabhängigkeit der Gerichte, das Mehrparteiensystem und die Chancengleichheit für alle politischen Parteien mit dem Recht auf verfassungsmäßige Bildung und Ausübung einer Opposition."

Fundamentalismus: Im Allgemeinen das kompromisslose Festhalten an politischen oder religiösen Grundsätzen. Der F. bezeichnet unterschiedliche, meist religiös motivierte → **Ideologien** und Strömungen, die den Gedanken des → **Pluralismus** ablehnen und den Dialog verweigern.

Fürsorgeprinzip: An Bedürftigkeit orientierte sozialstaatliche Leistungen aus öffentlichen Haushaltsmitteln. Typische Merkmale sind das Abstellen auf die Lage des Einzelnen hinsichtlich der verfügbaren Mittel (→ **Individualisierung**) sowie die Nachrangigkeit zur Selbsthilfe wie auch anderen Hilfsmöglichkeiten, z. B. durch die Familie (→ **Subsidiarität**).

Gastarbeiter: Bezeichnung für Arbeitsmigranten, die ab Mitte der 1950er-Jahre in der Bundesrepublik Deutschland angeworben wurden. Ursprünglich sollten sie nach einer gewissen Arbeitszeit wieder in ihr Heimatland zurückkehren, ab 1964 aber war ihnen gestattet, ihre Familien nachzuholen, sodass ein dauerhafter Aufenthalt in Deutschland die Folge war. 1973 wurde aufgrund einer Wirtschaftskrise die gezielte Anwerbung ausländischer Arbeitskräfte gestoppt.

Gesellschaft: Unter Gesellschaft wird eine dauerhafte und strukturierte Vereinigung von Menschen in einem sozialen Raum zum Zweck der Befriedigung und Gewährleistung der Bedürfnisse ihrer Mitglieder verstanden. Die Gesellschaft umfasst nicht nur die Bürger eines Staates, sondern alle dort Lebenden. Dabei sind die wechselseitigen Beziehungen dieser Menschen von entscheidender Bedeutung. Im Unterschied zu zufälligen Zusammentreffen oder Gemeinschaften sind Menschen einer Gesellschaft dauerhaft aufeinander angewiesen, etwa bezogen auf die Arbeitsteilung in der Wirtschaft. Es ist umstritten, ob wir uns aufgrund der → **Globalisierung** auf dem Weg zu einer europäischen Gesellschaft oder sogar einer Weltgesellschaft befinden.

Gesellschaftsvertrag: Nach den Vorstellungen verschiedener Staatstheoretiker (u. a. Grotius, Hobbes, Locke und Rousseau) basiert sowohl das Entstehen als auch das Bestehen eines Staates auf einer freien Vereinbarung der Einzelnen. Die Vertragslehre geht von einem Naturzustand (→ **Naturrecht**) aus, in dem die Einzelnen ohne eine Rechts- und Staatsordnung nebeneinander und mutmaßlich im „Kampf aller gegen alle" lebten. Dieser Zustand wurde erst durch einen G. beendet, eine vereinbarte Herrschaftsordnung zur Gewährleistung von Sicherheit, Frieden und Recht. Historisch wurde ein G. nie abgeschlossen.

Gewaltenteilung: Grundprinzip in der Organisation (demokratischer) staatlicher Gewalt. Ziel ist es, die Konzentration und den Missbrauch politischer Macht zu verhindern, die Ausübung politischer Herrschaft zu begrenzen und zu mäßigen und damit die bürgerlichen Freiheiten zu sichern. Es wird zwischen der gesetzgebenden Gewalt (→ **Legislative**), der ausführenden Gewalt (→ **Exekutive**) und der rechtsprechenden Gewalt (→ **Judikative**) unterschieden. Diese Funktionen werden unabhängigen Staatsorganen (Bundestag, Bundesregierung, Bundeskanzler, Bundesrat, Bundesverfassungsgericht) zugewiesen. In der politischen Praxis ergeben sich Abweichungen vom strikten Prinzip der Gewaltenteilung oder sind Abweichungen sogar vorgesehen (z. B. Verordnungen der Exekutive, Gesetzesinitiativen der Regierung). Auch die Prinzipien des → **Föderalismus** werden als Teil der Gewaltenteilung angesehen.

Gini-Koeffizient: Eine statistische Maßgröße zur Kennzeichnung der relativen Konzentration. Der G. beruht auf dem Konzept der Lorenzkurve. Er ist bei völliger Gleichverteilung gleich 0 und bei vollkommener Konzentration gleich 1.

Globalisierung: Der Begriff bezeichnet eine Zunahme der Staatsgrenzen überschreitenden sozialen Beziehungen v. a. ab den 1990er-Jahren. Insbesondere werden zu den Merkmalen der G. eine starke Zunahme internationaler Wirtschafts- und Finanztransaktionen, die Ausdehnung der Kommunikationstechnologien (Internet usw.) sowie eine weltweite Ausdehnung westlicher Kultur verstanden. Ursachen sind neben der technischen Entwicklung vor allem der Abbau von wirtschaftlichen Schranken durch die wichtigsten Industriestaaten. Eine genaue historische Abgrenzung der G. von der früheren Entwicklung z. B. des Weltmarktes ist umstritten.

Glorious Revolution: Als G. wird die beinahe komplikationslose, jedenfalls aber unblutige Absetzung König Jakobs II. von England (1633 – 1701) im Jahr 1688 bezeichnet. Dem katholischen Stuart-Monarchen folgte mit Wilhelm von Oranien (1650 – 1702) ein Protestant auf den Thron. Der Begriff der G. stammt bereits von Zeitgenossen, die den Wechsel von der absoluten zur konstitutionellen Monarchie vor dem Hintergrund der politischen und religiösen Wirren im Land stark befürworteten. England war Mitte des 17. Jahrhunderts geprägt vom Bürgerkrieg (1642 – 1649), der Enthauptung König Karls I. (1600 – 1649), der Militärdiktatur Oliver Cromwells (1599 – 1658) als Lordprotektor der Republik England sowie ab 1660 von der Restauration der ungeliebten Stuart-Monarchie.

Greencard: Ursprünglich eine unbeschränkte Aufenthalts- und Arbeitsbewilligung in den USA. Im Rahmen eines Anwerbungsprogramms für IT-Experten in den Jahren 2000 bis 2004 wurde dieser Begriff von der rot-grünen Bundesregierung unter Bundeskanzler Gerhard Schröder für Deutschland eingeführt. Die Aufenthalts- und Arbeitserlaubnis war im deutschen Modell allerdings beschränkt. Für hochqualifizierte Arbeitskräfte aus Nicht-EU-Staaten gibt es in der EU mittlerweile die Möglichkeit, eine → **Blue Card** zu beantragen.

Grundrechte: Verfassungsmäßige Rechte, die den Bürger vor Übergriffen des Staates schützen (Abwehr- bzw. Freiheitsrechte) und ihm die Teilnahme an der politischen Willensbildung garantieren (Teilhaberechte).

Hartz IV: Durch das Hartz-IV-Gesetz wurde 2005 das Arbeitslosengeld II eingeführt. Es führte die bisherige Arbeitslosenhilfe und die Sozialhilfe für → **Erwerbstätige** zusammen. Damit ist dies heute die Grundsicherung für erwerbsfähige Hilfsbedürftige. Die Leistungen entsprechen dem → **Existenzminimum** in Deutschland. Das Arbeitslosengeld II kann aber auch ergänzend zum Erwerbseinkommen oder anderen staatlichen Leistungen bezogen werden.

Hierarchie: Ein System von über- bzw. untergeordneten Elementen, die unterschiedliche Funktionen ausüben.

Ideologie: Eine politische Ansicht oder Weltanschauung. Der Begriff wird aus normativer Perspektive auch als abwertende Bezeichnung für ein starres Weltbild oder für unverrückbare Ansichten verwendet.

Imperialismus: Im Allgemeinen die „Machterweiterungspolitik" eines Staates. Im Speziellen ist die Zeitspanne von 1870 bis 1914 als I. bekannt, als vor allem die europäischen Mächte, aber auch die USA und Japan versuchten, die nicht industrialisierten Länder insbesondere in Afrika und Asien als Kolonien zu beherrschen.

Individualisierung: Prozess, in dessen Mittelpunkt die wachsende Bedeutung des Individuums steht, das sich gegenüber den sozialen Gruppen und Herkunftsbindungen zunehmend emanzipiert.

Industrialisierung: Die Ausbreitung der Industrie, d. h. der Produktion und Weiterverarbeitung von materiellen Gütern und Waren in Fabriken im Verhältnis zu Handwerk, Dienstleistung und Landwirtschaft. In Europa fand dieser Prozess grundlegend während des 19. Jahrhunderts statt.

Integration: Im gesellschaftswissenschaftlichen Sinne die Herstellung einer gesellschaftlichen Einheit.

Judikative: (lat.: Recht sprechen): Richterliche Gewalt.

Kalter Krieg: Bezeichnung für die feindselige Auseinandersetzung zwischen Staaten unterhalb der Schwelle offener kriegerischer Handlungen. Kalter Krieg bezeichnete auch die besondere Form der Beziehungen zwischen den USA und der UdSSR und ihren Verbündeten zwischen 1946 und 1989. Kennzeichen waren die „psychologische Kriegführung" sowie wirtschaftlicher und militärischer Druck und eine entsprechende Bündnispolitik.

Klasse, soziale: Personen einer Gesellschaft mit vergleichbaren ökonomischen Merkmalen, hauptsächlich den Besitz oder die Verfügung über Produktionsmitteln betreffend.

Klassengesellschaft: Existiert, wenn die Gesellschaft in verschiedene soziale Schichten oder → **Klassen** aufgeteilt ist. Nach der Marx'schen Lehre ist die kapitalistische Gesellschaft ebenfalls eine K. mit dem Gegensatz von besitzloser Arbeiterklasse (Proletariat) und besitzenden Kapitalisten (Bourgeois). Der Klassenbegriff ist zunehmend durch ein flexibleres und verfeinertes Schichtmodell von unterschiedlichen Lebenslagen ersetzt worden.

Kommunismus: Bezeichnet das politische Ziel einer klassenlosen Gesellschaft, herbeigeführt durch einen gewaltsamen Umsturz, die proletarische Revolution. In der kommunistischen Gesellschaft ist das Privateigentum an Produktionsmitteln aufgehoben, und das erwirtschaftete Sozialprodukt wird gesellschaftlich angeeignet, d. h. allen Menschen gleichermaßen zugänglich gemacht. Der bedeutendste Denker des K. war Karl Marx.

Konjunktur: Bezeichnung für die Existenz von zyklischen Schwankungen der wirtschaftlichen Aktivität.

Konservatismus: (lat.: conservare = bewahren): Politische Anschauung, die sich vornehmlich für die Erhaltung und Entwicklung des Bestehenden ausspricht. Kennzeichen sind in der Regel Verfassungspatriotismus, Achtung der nationalen Existenz, Forderung nach einem ordnenden Staat.

konstruktives Misstrauensvotum: Nach Art. 67 GG kann der Bundeskanzler vom Bundestag nur gestürzt werden, wenn gleichzeitig die Mehrheit des Parlaments einen neuen Kanzler wählt.

Kyoto-Protokoll: Ein 1997 geschlossenes Abkommen der → **Vereinten Nationen** zum Schutz des Klimas. Es schreibt verbindliche Zielwerte für den Ausstoß von Treibhausgasen fest, die die Hauptursache der globalen Erwärmung sind. Das Protokoll war am 16. Februar 2005 in Kraft getreten und sollte 2012 auslaufen. Auf der UN-Klimakonferenz in Doha, Katar 2012 wurde eine Verlängerung des Kyoto-Protokolls (Kyoto II) bis zum Jahr 2020 beschlossen, einige wichtige Mitglieder bzw. CO_2-Verursacher sind jedoch inzwischen ausgetreten (Kanada, Russland, Japan) oder waren nie beigetreten (USA).

Legislative: Gesetzgebende Gewalt; in der parlamentarischen Demokratie das Parlament.

Legitimation: Anerkennung einer politischen Ordnung und ihrer Repräsentanten durch das Volk. Voraussetzung dafür ist die Übereinstimmung der politischen Ordnung mit den in der Gesellschaft allgemein anerkannten Vorstellungen über die Begründung von politischer Herrschaft. In einer demokratischen Ordnung wird die Legitimation der Herrschaftsausübung auf Zeit vor allem durch demokratische Wahlen geschaffen.

Liberalismus: Politische Anschauung, in deren Mittelpunkt die ungehinderte Entfaltung des Einzelnen und einzelner Gruppen unter Zurückdrängen der Ansprüche des Staates steht.

Macht: Verhältnis der Über- und Unterordnung zwischen Personen, Gruppen, Organisationen oder Staaten, das – im Unterschied zu Herrschaft und Autorität – nicht der Anerkennung der von ihr Betroffenen bedarf. Max Weber definierte Macht als „die Chance, innerhalb einer sozialen Beziehung den eigenen Willen auch gegen Widerstreben durchzusetzen, gleichviel, worauf diese Chance beruht".

Magna Charta Libertatum: Sie gilt als die wichtigste Grundlage des englischen Verfassungsrechts. Die M. wurde dem innen- und außenpolitisch geschwächten König Johann I. Ohneland (1167 – 1216) im Jahr 1215 von Adel und Geistlichkeit abgenötigt. Die Urkunde regelte vor allem das Verhältnis des Königs zu Adel und Klerus und band politische → **Macht** erstmals an das Gesetz (rule of law). Einige der insgesamt 63 Vorschriften der M. erstreckten sich auf den Schutz der Bauern, Bestimmungen zugunsten der Kaufleute, die Rechtsschutzgarantie für Freie und die Steuergesetzgebung.

Marktwirtschaft: Wirtschaftssystem des Wettbewerbs, in dem die Wirtschaftsprozesse dezentral geplant und über die Preisbildung auf den Märkten gelenkt werden. Gewerbe- und Vertragsfreiheit sowie die freie Wahl des Berufs bzw. des Arbeitsplatzes sind Grundvoraussetzungen der Marktwirtschaft (Kapitalismus).

Massenmedien: Technische Mittel, durch die Aussagen schnell und über große Entfernungen zu einer großen Zahl von Menschen gebracht werden können. Empfänger und Sender von Nachrichten sind sich dabei nicht persönlich bekannt. Massenmedien sind sehr einflussreich und werden als eine Kontrollinstanz z. B. gegenüber dem Staat angesehen (sogenannte „Vierte Gewalt"). Zugleich aber sind die durch sie verbreiteten Nachrichten für die Empfängerinnen und Empfänger kaum noch zu überprüfen. Zu den Massenmedien zählen Zeitungen, Rundfunk, Fernsehen und das Internet.

Menschenrechte: Rechte, die jedem Menschen zustehen, unabhängig von seiner Herkunft, seinem Geschlecht, seiner Religion und seinem Vermögen. Ihr Inhalt liegt darin, jedem Menschen eine gesicherte Existenz und Entfaltung zu ermöglichen. Im Gegensatz zu anderen Rechten sollen die Menschenrechte jedem Menschen von Natur aus zukommen, also nicht erst durch die Garantie eines Staates (Bürger). Deshalb „gelten" sie nicht wie andere Rechte, sondern bezeichnen den Anspruch auf ein menschenwürdiges Leben.

Migration: (lat.: migratio = Wanderung) Mit diesem Ausdruck werden verschiedene Formen der Ein- und Auswanderung zusammengefasst (Asylsuche, Arbeitsmigration, Flucht vor Krieg usw.). Das trägt der Tatsache Rechnung, dass alle diese Formen Gemeinsamkeiten aufweisen: einen Migrationsgrund, der in fast allen Fällen eine Art von Zwang beinhaltet – und soziale Probleme, die aus der Situation im Aufnahmeland folgen.

Milieu, soziales: Das soziale Umfeld, in dem ein Mensch lebt und von dem er geprägt wird.

Mobilität, soziale: Positionell-soziale Bewegung von Personen, Personengruppen, Schichten oder → **Klassen** einer Gesellschaft. Wechsel der Position, die keine Änderung im Status einschließen, werden als horizontale M., soziale Auf- und Abstiegsprozesse werden als vertikale M. bezeichnet.

Modernisierung: a) Säkularer Prozess seit der Industriellen Revolution, durch den sich die kleine Gruppe der heute modernen Gesellschaften entwickelt hat, b) die vielfältigen Aufholprozesse unterentwickelter Gesellschaften, c) Bemühungen der modernen Gesellschaften, durch Innovation und Reform die Entwicklung in Gang zu halten und neue Herausforderungen zu bewältigen.

nachhaltige Entwicklung: Bezeichnung für das Prinzip, nach dem die wirtschaftliche Entwicklung so zu beeinflussen ist, dass der Umweltverbrauch zunehmend geringer wird und das ökologische System sich erholen kann.

Nationalismus: Die auf den Begriff der Nation und den souveränen Nationalstaat als zentrale Werte bezogene Ideologie, wobei – im Gegensatz zum Patriotismus – die Identifikation mit der eigenen Nation oftmals mit einer Abwertung anderer Nationen und Kulturen verbunden ist. Nationalismus und Nationalbewusstsein sind geeignet, soziale Großgruppen zu integrieren und sie durch Identifikation von der andersstaatlichen Umwelt abzugrenzen. Als politische → **Ideologie** gewann der Nationalismus seit der Französischen Revolution durch die Verbindung mit den demokratischen Ideen der Selbstbestimmung und der Volkssouveränität überragende Bedeutung.

Nationalsozialismus: Im e. S. die von den Anhängern der Nationalsozialistischen Deutschen Arbeiterpartei (NSDAP) errichtete → **totalitäre** Diktatur Adolf Hitlers (1889 – 1945) zwischen 1933 und 1945. Im w. S. die dahinterstehende → **Ideologie**. Diese fußt auf einem starken → **Rassismus** des arischnordischen Rasse als höchstentwickelter Lebensform und – antisemitische Strömungen bedienend – der jüdischen Rasse als minderwertiger und gegnerischer Rasse. Weitere Elemente waren eine Versatzstücke des Militarismus, des → **Sozialismus** sowie sozialdarwinistischer, antikommunistischer und antidemokratischer Weltanschauung. Hitler schrieb diese Ideologie 1924 in dem Buch „Mein Kampf" in einer wirren Argumentation nieder. Die Ziele des N. wurden im Dritten Reich mit einem Höchstmaß an Gewalt verfolgt; die → **Menschenrechte** des Einzelnen sowie verfolgter Gruppen galten nichts. Dem N. fielen in Deutschland und Europa zwischen 1933 und 1945 Millionen von Menschen zum Opfer.

NATO: (engl.: North Atlantic Treaty Organization). Während des → **Kalten Krieges** war die Allianz unter Führung der USA in Europa das Gegengewicht zur militärischen Präsenz der Sowjetunion und des → **Warschauer Paktes**. Das Militärbündnis wurde 1949 in Washington geschlossen; 1955 trat die Bundesrepublik bei. Sitz der N. ist Brüssel. 2014 zählte die N. 28 Mitgliedstaaten, darunter viele ehemalige Mitglieder des Warschauer Paktes. Nach dem Ende des Ost-West-Konflikts wandelte sich die N. von einem defensiven Verteidigungsbündnis zu einer auch global agierenden Sicherheitsorganisation. Während sich die Allianz in den 1990er-Jahren zunächst auf die Konfliktprävention und das Krisenmanagement auf dem Balkan konzentrierte, bestimmen heute vor allem Abwehr und Bekämpfung des transnationalen Terrorismus ihre Ausrichtung.

Naturrecht: Jeder Mensch hat „von Natur aus" bestimmte Rechte, z. B. das Recht auf Leben und körperliche Unversehrtheit oder das Recht auf persönliche Freiheit. Diese Rechte können von keinem Staat genommen werden.

Nominaleinkommen: In Geld ausgedrücktes Einkommen ohne Rücksicht auf die Kaufkraft dieses Einkommens.

OECD: (Organization for Economic Cooperation and Development) Als Nachfolgeorganisation der Organisation für europäische wirtschaftliche Zusammenarbeit (OEEC) 1961 gegründet; Sitz: Paris; Hauptaufgaben: Sicherung der Währungsstabilität, Förderung des Welthandels, Planung und Förderung des wirtschaftlichen Wachstums in Europa und Koordination der Wirtschaftshilfe für die Entwicklungsländer.

öffentliche Meinung: Zentrale Kategorie für die Bestimmung der Legitimität politischer Herrschaft. Öffentliche Meinung ist nicht die Summe der individuellen Meinungen. Diese werden nur dann zur öffentlichen Meinung, wenn sie die Einschätzungen bedeutender Akteure, Gruppen oder Institutionen zu politisch bedeutsamen Fragen bestimmen und in den → **Massenmedien** ihren Niederschlag finden.

Partizipation: Beteiligung des Bürgers am Willensbildungs- und Entscheidungsprozess im politischen Prozess, u. a. durch Wahlen, Mitgliedschaft in Parteien, Verbänden, Bürgerinitiativen und Vereinen bzw. Wahrnehmung der in der Verfassung verankerten Artikulations- und Mitwirkungsrechte.

Pluralisierung: Prozess der Entwicklung vielfältiger Formen, Strukturen, Lebensstile usw.

Pluralismus: Auffassung, dass es mehrere, in Voraussetzungen und Zielsetzungen verschiedenartige politische und gesellschaftliche Vorstellungen gibt, die in der Gesellschaft gleichzeitig legitim nebeneinander vorhanden sind, wobei allen das gleiche Recht auf Entfaltung ihrer Interessen zukommt.

Prekariat: In der Diskussion über wachsende → **Armut** in Deutschland häufig verwendeter Begriff. Das Wort verbindet die Bezeichnungen „prekär" (lat. „precarius" = schwierig, heikel, misslich) und „Proletariat". Unter der sog. Prekarisierung verstehen → **Soziologen** bereits seit den 1980er-Jahren die wachsende Zahl bis dahin untypischer Beschäftigungsverhältnisse und ihre wirtschaftlichen, sozialen und psychologischen Folgen. Die äußerst heterogene Gruppe der durch befristete Arbeitsverträge, Leih- und Zeitarbeit oder sinkenden Kündigungsschutz „ungeschützten Arbeitenden und Arbeitslosen" wird als eine neue soziale Schicht definiert. Zu dieser Schicht zählen u. a. Arbeitslose, gering Qualifizierte, chronisch Kranke oder allgemein Menschen mit schlechten Berufsaussichten.

Produktivität: Verhältnis zwischen dem Produktionsergebnis und den Mengen der eingesetzten Produktionsfaktoren.

Rassismus: Bezeichnet eine → **Ideologie**, die Menschen aufgrund körperlicher oder kultureller Eigenarten oder aufgrund ihrer → **ethnischen**, nationalen oder religiösen Zugehörigkeit in angeblich naturgegebene Gruppen – sog. Rassen – einteilt und diese → **hierarchisiert**. Rassisten glauben dabei an die Überlegenheit der eigenen „Rasse" und betrachten andere kulturelle oder gesellschaftliche Gruppen als minderwertig.

Rationalisierung: In der Wirtschaft der Sammelbegriff für alle technischen und organisatorischen Maßnahmen in Produktion und Verwaltung mit dem Ziel, Kosten zu sparen.

Regime: Im Allgemeinen eine abwertende Bezeichnung für eine Herrschaftsform, die nicht demokratisch → **legitimiert** ist und in der ein Einzelner oder eine Gruppe von Menschen → **Macht** über alle anderen ausüben. Im strengen politikwissenschaftlichen Sinne bezeichnet der Begriff jedes Regierungs- oder Herrschaftssystem auf nationaler und internationaler Ebene.

Scharia: Das islamische Recht. Es basiert hauptsächlich auf dem Koran und der „Sunna", einer umfassenden Sammlung überlieferter Äußerungen und Handlungen des Propheten Mohammed (570–632) unterschiedlicher Herkunft. Ferner umfasst die S. sämtliche Vorschriften und Empfehlungen für das private und öffentliche Leben, von den religiösen Pflichten über das Familien- und Handelsrecht bis hin zur Kriegsführung.

Sektor: In den Wirtschaftswissenschaften wird die Wirtschaft in den primären, den sekundären und den tertiären S. eingeteilt: Der primäre S. produziert Rohstoffe (z. B. Land- und Forstwirtschaft). Der sekundäre S. umfasst das produzierende Gewerbe, in dem die Rohstoffe verarbeitet werden (z. B. Industrie und Handwerk). Im tertiären S. werden → **Dienstleistungen** erbracht (z. B. Polizei, Krankenhäuser, Banken).

Solidaritätsprinzip: In der gesetzlichen Sozialversicherung der Grundsatz, dass alle zu versichernden Risiken solidarisch von allen Versicherten (durch nach Einkommen gestaffelte Beiträge) zu tragen sind, die Leistungen jedoch unabhängig von der Beitragshöhe gewährt werden.

Souveränität: Der Begriff Souveränität ist ein Produkt des modernen Staates und seiner Theorie und bezeichnet die höchste, nicht abgeleitete, umfassende und nach innen wie nach außen unbeschränkte Hoheitsgewalt, im Staatsinneren als staatliches Gewalt- und Rechtsetzungsmonopol, nach außen als „Völkerrechtsunmittelbarkeit", d. h. also Hoheit über ein bestimmtes Staatsgebiet (Prinzip der Selbstregierung) und rechtliche Unabhängigkeit nach außen.

Soziale Marktwirtschaft: Von Alfred Müller Armack, Walter Eucken und Ludwig Erhard konzipiertes wirtschaftspolitisches Leitbild, das ab 1948 in der Bundesrepublik Deutschland verwirklicht wurde. Es greift die Forderung des Ordoliberalismus nach staatlicher Gewährleistung einer funktionsfähigen Wettbewerbsordnung auf, ergänzt jedoch den Katalog wirtschaftspolitischer Staatsaufgaben unter Betonung sozialpolitischer Ziele mit dem Zweck der → **Integration** aller Bürger.

Sozialismus: Neben dem → **Liberalismus** und dem → **Konservatismus** die dritte große im 19. Jahrhundert entstandene politische → **Ideologie**. Sie bezieht sich auf die Grundwerte Gleichheit, Gerechtigkeit und Solidarität und kritisiert die bestehenden gesellschaftlichen Verhältnisse mit dem Ziel ihrer Weiterentwicklung hin zu einer sozial gerechten Wirtschafts- und Gesellschaftsordnung.

Sozialleistungen: Soziale Leistungen des Staates, z. B. Kranken-, Pflege-, Unfall-, Renten- und Arbeitslosenversicherung, Kriegsopferversorgung, Jugendhilfe, Kindergeld, Elterngeld.

Sozialpolitik: Gesamtheit der staatlichen und privaten Maßnahmen zur Sicherung eines Minimums an sozialer Sicherheit. Neben einem menschenwürdigen Leben für alle Mitglieder der → **Gesellschaft** zielt die S. u. a. auf gleiche Startchancen für alle. Mit dem Sozialstaatsgebot des Grundgesetzes (Art. 20 und 28 GG) ist die S. in der Bundesrepublik zu einem Verfassungsprinzip erhoben.

Sozialprestige: Ansehen (Wertschätzung, Geltung), das bestimmte Personen oder Gruppen aufgrund ihrer Leistung, ihres Rangs bzw. ihrer sozialen Position, ihrer Kompetenz u. a. bei anderen Personen und Gruppen bzw. in der Öffentlichkeit genießen und das i. d. R. meinungsbildenden und verhaltensbestimmenden Einfluss auf Folge hat.

Sozialprodukt: Verkürzende Bezeichnung für die wirtschaftliche Leistung einer Volkswirtschaft. Im Bruttosozialprodukt ist die gesamte Wertschöpfung einer Volkswirtschaft in einer Periode zusammengefasst, einschließlich der Investitionen. Wird diese Größe um die Abschreibungen vermindert, so spricht man vom Nettosozialprodukt. Wird der gesamte von Inländern erwirtschaftete Produktionswert berechnet, so spricht man vom Inlandsprodukt. Das Nettoinlandsprodukt entspricht dabei dem Volkseinkommen.

Sozialstaat: Eines der vier Grundprinzipien des politischen Systems der Bundesrepublik Deutschland – neben Demokratie, Rechtsstaat und Bundesstaat. Das Prinzip bedeutet, dass der Staat seine Bürger gegen soziale Risiken absichern und soziale Ungleichheit abzumildern hilft.

Sozialversicherungen, staatliche: Wurden in Deutschland von Otto von Bismarck (1815–1898) in den 1880er-Jahren eingeführt. Durch die → **Sozialleistungen** sollten die auf die Arbeiterschaft zugeschnittenen Versicherungen diese sozial absichern. Die Pflichtbeiträge für die S. sollten den Arbeitern die weitere Unterstützung gewerkschaftlicher oder kirchlicher Versicherungen unmöglich machen, um die als revolutionär wahrgenommenen Arbeiter an die Gesellschaft des kaiserlichen Deutschlands zu binden. In diesem ersten Schritt der S. etablierten sich: 1883 die Krankenversicherung, 1884 die Unfallversicherung sowie 1889 die Rentenversicherung (ursprünglich Invaliditäts- und Altersversicherung). 1927 kam die Arbeitslosenversicherung hinzu, 1995 die Pflegeversicherung.

Soziologie: Die Wissenschaft von der menschlichen Gesellschaft. Sie untersucht verschiedene Formen von Gesellschaften und ihren Untergruppen (z. B. Familien oder Vereine) sowie deren Wandlungen im Zeitablauf. Dabei erklärt die S. das Zusammenspiel von Verhaltensweisen, Strukturen und Funktionen in diesen Gruppen.

Spätaussiedler: Die Bezeichnung für ab 1980 nach Deutschland eingereiste Migranten aus Osteuropa, Südosteuropa und Asien, die deutschstämmige Vorfahren hatten und darum in ihren Ursprungsländern verfolgt wurden und werden.

Stalinismus: Bezeichnet einerseits die von Josef Stalin (1878–1953) entwickelte Deutung des Marxismus-Leninismus, andererseits das diktatorische Herrschaftssystem Stalins und seiner Kommunistischen Partei in der Sowjetunion. In der → **totalitären** Diktatur fand ein bizarrer Personenkult um Stalin statt. Gegen reale oder vermeintliche Gegner wurde mit brutaler Repression und Staatsterror vorgegangen. So wurden während der „Großen Säuberung" von 1936 bis 1938 die Führungsspitzen aus Partei, Wirtschaft und Armee, aber auch zahllose „einfache" Menschen, verfolgt und umgebracht.

Strukturpolitik: Gesamtheit der staatlichen Maßnahmen zur Gestaltung der branchenorientierten und regionalen Zusammensetzung der Wirtschaft und deren Entwicklung.

Strukturwandel: Mit jedem wirtschaftlichen Wachstumsprozess einhergehende Änderung in der Zusammensetzung der Produktionsgegebenheiten, der Aufteilung der Beschäftigten usw.; folgenreiche Änderung der Zusammensetzung des Wirtschaftslebens (in einer Region). Der Niedergang des Bergbaus und der Stahlindustrie im Ruhrgebiet brachte zum Beispiel vielfältige wirtschaftliche, politische und soziale Veränderungen mit sich. Die Politik versucht, den Strukturwandel günstig zu beeinflussen, indem sie u. a. die Ansiedlung neuer Betriebe anstelle wegfallender Arbeitsplätze fördert.

Subsidiaritätsprinzip: Aus der katholischen Soziallehre stammendes gesellschaftliches Gestaltungsprinzip, das die Selbstbestimmung und Selbstverantwortung der Individuums bzw. der jeweils kleineren sozialen Gruppen im Verhältnis zum Staat sowie den Vorrang von Regelungen auf jeweils unterer Ebene gegenüber Regelungen „von oben" betont.

Theokratie: Eine religiös begründete Diktatur, die nicht auf → **pluralistischen**, sondern auf → **fundamentalistischen** Vorstellungen basiert. In einem derartigen „Gottesstaat" sind es die religiösen Vorsteher, etwa Priester oder Imame, die die Politik bestimmen oder die → **Verfassung** auslegen.

Totalitarismus: Eine Diktatur, die die sozialen Verhältnisse in ihrem Sinne – in ihrer → **Ideologie** – zu verändern versucht. Dabei hat sie den Anspruch, einen „neuen Menschen" zu erschaffen. Der einzelne Mensch wird nicht als eigenständig angesehen und muss sich einem Kollektiv unterordnen. Personen, die sich in Gegnerschaft zur Ideologie der totalitären Diktatur befinden, werden von den Machthabern unterdrückt bis hin zur Vernichtung. Als totalitär werden vor allem der → **Nationalsozialismus** und der → **Stalinismus** angesehen.

Tscheka: Abkürzung für „Außerordentliche allrussische Kommission zur Bekämpfung von Konterrevolution, Spekulation und Sabotage"; politische Polizei der neu gegründeten UdSSR, die zwischen 1917 und 1922 vermeintliche und tatsächliche Systemgegner mit terroristischen Methoden verfolgte.

Umweltpolitik: Gesamtheit der Maßnahmen, die darauf zielen, die natürliche Umwelt als Lebensgrundlage der Menschen auch für die nachfolgenden Generationen zu erhalten.

Ungleichheit, soziale: Unterschiede in den Lebenschancen, die nicht nur durch Kriterien wie Berufs- und Bildungsstatus beeinflusst werden, sondern auch durch Kriterien wie Geschlecht, Nationalität, Alter, Generation oder Region.

Utopie: Eine denkbare – nur in manchen Fällen erstrebenswerte – Wunschvorstellung, die aber (noch) nicht oder nicht mehr verwirklicht werden kann. Oft synonym gebraucht für als unausführbar betrachtete Pläne und Konzepte oder aber als Vision für eine zukünftige Gesellschaftsordnung.

Vereinte Nationen: (engl.: United Nations, UN oder United Nations Organization, UNO). Die UN wurde 1945 in San Francisco gegründet, ihr Hauptsitz ist New York (daneben: Genf und Wien), 2014 waren 193 Staaten Mitglied der UN. Laut der UN-Charta bestehen ihre Hauptaufgaben in der Sicherung des Friedens und in der Beseitigung von Friedensbedrohungen, der Verständigung der Völker untereinander, der internationalen Zusammenarbeit zur Lösung wirtschaftlicher, kultureller, sozialer und humanitärer Probleme u. a. m. – dies alles auf der Grundlage der Gleichberechtigung der Staaten und der Selbstbestimmung der Völker (Art. 1).

Die wichtigsten Organe der UN sind:
1. die jährlich stattfindende Vollversammlung (jeder Mitgliedsstaat hat eine Stimme) und deren Ausschüsse;
2. der Sicherheitsrat der UN mit fünf ständigen Mitgliedern (China, F, GB, Russland, USA, die über ein Vetorecht verfügen, Deutschland bemüht sich um Aufnahme) und zehn jeweils für zwei Jahre gewählten Mitgliedern;
3. das Generalsekretariat mit einem Generalsekretär an der Spitze (auf fünf Jahre von der Vollversammlung gewählt);
4. der Wirtschafts- und Sozialrat mit 54 Mitgliedern (jährlich werden 18 Mitglieder für drei Jahre gewählt) und den fünf regionalen Kommissionen;
5. der Internationale Gerichtshof (15 Richter, die von der Vollversammlung und dem Sicherheitsrat für neun Jahre gewählt werden).

In jüngster Zeit wurden verstärkt Forderungen laut, durch eine Reform der UNO den ärmeren Staaten größere Einflussmöglichkeiten zu geben.

Verfassung: Legt die politische Grundordnung eines Staates fest und bestimmt Umfang und Grenzen der Staatsgewalt.

Versicherungsprinzip: Die gegenseitige Deckung eines im Einzelnen zufälligen, im Ganzen aber schätzbaren Geldbedarfs durch eine Vielzahl gleichartig bedrohter Wirtschaftseinheiten.

Vertrauensfrage: Nach Art. 68 Abs. 1 GG kann der Bundestag dem Bundeskanzler (und damit der Bundesregierung) sein Vertrauen aussprechen. Findet ein entsprechender Antrag im Bundestag nicht die Mehrheit, „so kann der Bundespräsident auf Vorschlag des Bundeskanzlers binnen einundzwanzig Tagen den Bundestag auflösen".

Wandel, sozialer: Beschreibt die grundlegende Veränderung von Gesellschaften. Sozialer Wandel findet immer statt, hat aber auch Phasen der Verlangsamung und Beschleunigung. Oft verbunden mit der Entwicklung neuer Begriffe für die Gesellschaft, z. B. Dienstleistungsgesellschaft, Informationsgesellschaft, Erlebnisgesellschaft usw.

Warschauer Pakt: Im Westen gebräuchliche Kurzform für den am 14. 5. 1955 gegründeten militärischen Beistandspakt des Ostblocks, dem die DDR am 28. 1. 1956 offiziell als Mitglied beitrat und der sich im Zuge des Zusammenbruchs der UdSSR am 31. 3. 1991 auflöste.

Weimarer Republik: Als W. R. wird das demokratische Deutsche Reich zwischen 1919 und 1933 bezeichnet, da die verfassungsgebende Nationalversammlung in Weimar tagte.

Werte: Werte sind allgemeine und grundlegende Orientierungsmaßstäbe bei Handlungsalternativen. Aus Werten leiten sich Normen und Rollen ab, die das Alltagshandeln bestimmen.

Wertewandel: Werte können sich grundsätzlich wandeln. Das gilt sowohl für institutionalisierte als auch für nicht institutionalisierte Werte. Vor allem Letztere sind gemeint, wenn in den vergangenen Jahrzehnten von einem Wertewandel die Rede war. Der Wertewandel hat allerdings inzwischen auf die Institutionen übergegriffen. Zur Erklärung und Bewertung dieses Wandels gibt es sehr unterschiedliche Ansätze.

Wirtschaftswunder: Der wirtschaftliche Aufschwung in der Bundesrepublik Deutschland nach den schweren Zerstörungen des Zweiten Weltkriegs. Der Aufschwung währte von 1949 ununterbrochen bis 1966. Als Grundlage gelten die Währungsreform von 1948, ein großes Reservoir an gut ausgebildeten Arbeitskräften (später auch die sog. → **Gastarbeiter**) sowie niedrige Löhne und Lohnnebenkosten.

PERSONENVERZEICHNIS

Ahmadinedschad, Mahmud (geb. 1956); ist ein fundamentalistisch-islamischer Politiker; von 2005 bis 2013 war er der sechste Präsident der Islamischen Republik Iran. Unter seiner Regierung hatte sich das theokratisch geprägte Land außenpolitisch zunehmend isoliert, insbesondere im Streit mit den USA um das iranische Atomprogramm. Innenpolitisch geriet A. wegen seiner repressiven und antifreiheitlichen Politik in Verruf. Nach wachsenden Spannungen mit dem politischen und geistigen Führer des Irans → **Ali Chamenei** kündigte A. seinen Rückzug aus der Politik an. 2013 wurde → **Hassan Rohani** als neuer Präsident gewählt.

Alexander der Große (356–323 v. Chr.); eroberte als makedonischer König das persische Großreich von der heutigen Türkei über den Nahen und Mittleren Osten, Ägypten und Afghanistan bis nach Indien hinein.

Bagehot, Walter (1826–1877); war ein britischer Ökonom, Verfassungstheoretiker sowie seit 1843 Herausgeber der noch heute erscheinenden Wochenzeitung „The Economist". B. beschäftigte sich vor allem mit wirtschaftswissenschaftlichen Fragen, aber auch mit sozialwissenschaftlichen Themen. Wegweisend waren seine Beschreibungen der Verfassungstheorie des Vereinigten Königreichs im 19. Jahrhundert. Die grundlegende Unterscheidung der vergleichenden Regierungslehre zwischen Präsidentialismus und Parlamentarismus geht auf seine Abhandlung „The English Constitution" (1867) zurück.

von Bismarck, Otto (1815–1898); war von 1862 bis 1890 preußischer Ministerpräsident und von 1871 bis 1890 zudem erster Reichskanzler des von ihm geschaffenen Deutschen Kaiserreichs. In drei Kriegen (1864 gegen Dänemark; 1866 gegen Österreich und 1870/71 gegen Frankreich) setzte er die Einigung Deutschlands zum Deutschen Kaiserreich unter preußischer Führung durch. Innenpolitisch monarchistisch gesinnt, setzte er sich im preußischen Verfassungskonflikt (1862–1864) durch, musste jedoch im Kulturkampf (gegen die Katholiken) und mit dem Sozialistengesetz (gegen die Sozialdemokraten) Niederlagen hinnehmen. Unter seiner Regierung wurden in den 1880er-Jahren die staatlichen Sozialversicherungsgesetze eingeführt. Wegen Meinungsverschiedenheiten mit Kaiser Wilhelm II. (1859–1941) wurde B. 1890 entlassen. Außenpolitisch errichtete er ab 1871 ein komplexes Bündnissystem und versuchte, den „Erzfeind" Frankreich zu isolieren. Damit konnte er für den Zeitraum seiner Kanzlerschaft die friedlichen Beziehungen der europäischen Staaten in Europa sichern.

Bolte, Karl Martin (geb. 1925); ist ein deutscher Soziologe. Er entwickelte in den 1960er-Jahren die sog. „Bolte-Zwiebel", ein Modell zur Darstellung der sozialen Schichten in der Gesellschaft der Bundesrepublik Deutschland. B. untersuchte die Gesellschaft unter den Kriterien „Bildung", „Höhe des Einkommens" und „ähnliche Berufe".

Bosbach, Wolfgang (geb. 1953); Politiker der CDU und Mitglied des Deutschen Bundestages. Der Rechtsanwalt war von 2000 bis 2009 Stellvertretender Vorsitzender der CDU/CSU-Bundestagsfraktion und ist seit November 2009 Vorsitzender des Innenausschusses. Er gilt als Vertreter eines rigiden Kurses in der Verbrechens- und Terrorismusbekämpfung, u. a. durch Videoüberwachung öffentlicher Plätze sowie durch die sogenannte Vorratsdatenspeicherung.

Bush, George Walker (geb. 1946); war von 2001 bis 2009 der 43. Präsident der USA. Nach Geschäftstätigkeit in der Ölindustrie war der Republikaner B. zuvor seit 1994 Gouverneur von Texas. In seine Präsidentschaft fallen die Terroranschläge des 11. September 2001 und der darauf folgende „Krieg gegen den Terror" in Afghanistan sowie der Krieg gegen den Irak Saddam Husseins, bei dem zahlreiche europäische Staats- und Regierungschefs, vor allem der französische Staatspräsident Jacques Chirac (1995–2007) und → **Gerhard Schröder**, den USA die Gefolgschaft verweigerten. Symbolisch für die v. a. vom damaligen britischen Premierminister Tony Blair (1997–2007) unterstützten Antiterrorfeldzug der US-Regierung standen das Gefangenenlager Guantánamo auf Kuba und das Militärgefängnis Abu Ghraib im Irak. Im Zuge der weltweiten Terrorbekämpfung kam es auch in den USA zur Einschränkung bürgerlicher Freiheitsrechte. Am Ende der Ära B. war die soziale Ungleichheit im Lande drastisch gestiegen, die Rassenproblematik hatte sich verschärft und das Ansehen der USA in der Welt war gesunken. Großen Einfluss auf den Ausgang der Präsidentschaftswahlen 2008 und den Sieg → **Barack Obamas** hatte zudem die wirtschaftliche Rezession im Zuge der amerikanischen Immobilien- und Bankenkrise ab 2007.

Chamenei, Seyyed Ali (geb. 1939); war von 1981 bis 1989 Staatspräsident des Iran und ist seitdem als Oberster Rechtsgelehrter der politische und religiöse Führer (Ayatollah) im Land. C. gilt als konservativ, der iranischen Revolution von 1979 verpflichtet; in seiner Amtszeit hat es bislang nur wenige Reformen zur Demokratisierung gegeben.

Dahrendorf, Ralf (1929–2009); einer der bekanntesten deutschen Soziologen und Publizisten. Zunächst Mitglied der SPD, wechselte D. 1967 zur FDP und wurde einer deren programmatischen Vordenker. Von 1987 bis 1997 war er als Rektor des St. Anthony's College in Oxford tätig und anschließend Prorektor der Universität Oxford. Die englische Königin erhob ihn – zwischenzeitlich englischer Staatsbürger – in den Adelsstand. Im Zentrum seiner Arbeit stand die Konfliktsoziologie.

Fourastié, Jean (1907–1990); war ein französischer Ökonom und Entwickler der Drei-Sektoren-Theorie (primärer Sektor: Rohstoffgewinnung; sekundärer Sektor: Rohstoffverarbeitung; tertiärer Sektor: Dienstleistungen) für die volkswirtschaftliche Entwicklung eines Staates.

Fraenkel, Ernst (1898–1975); der deutsche Jurist und Politologe prägte nach dem Zweiten Weltkrieg maßgeblich die deutsche Politikwissenschaft als Demokratiewissenschaft. F. war während des Nationalsozialismus wegen seines jüdischen Glaubens in die USA emigriert und hatte dort das pluralistische und gewaltenteilige politische System kennengelernt. Er gilt als Vater der Pluralismustheorie.

Freisler, Roland (1893–1945); war von August 1942 bis zu seinem Tod Präsident des „Volksgerichtshofs", des höchsten Gerichts des NS-Staates für politische Strafsachen. Er war als Richter persönlich verantwortlich für Tausende von Todesurteilen. Seine „Verhandlungen" – die Urteile standen meist schon vor Prozessbeginn fest – glichen eher Tribunalen, die den Angeklagten ihre letzte Würde nehmen sollten. Prägnant war vor allem sein aggressives und jähzorniges Auftreten. F. starb während eines US-amerikanischen Bombenangriffs auf Berlin.

Gabriel, Sigmar (geb. 1959); ist ein deutscher Politiker und seit 2009 SPD-Parteivorsitzender; er war von 2005 bis 2009 Bundesminister für Umwelt, Naturschutz und Reaktorsicherheit und von 1999 bis 2003 Ministerpräsident des Landes Niedersachsen. Seit 2013 ist er Vizekanzler in der Großen Koalition unter der Bundeskanzlerin → **Angela Merkel** (Kabinett Merkel III) und Bundesminister für Wirtschaft und Energie. Als solcher ist er für die Umsetzung der „Energiewende", also des deutschen Ausstiegs aus der Atomenergie, zuständig.

Geißler, Rainer (geb. 1939); ist ein deutscher Soziologe, der an der Universität Siegen lehrt. Seine Forschungsschwerpunkte liegen u. a. auf der „sozialen Ungleichheit" sowie den „Sozialstrukturen".

Gorbatschow, Michail Sergejewitsch (geb. 1931); ist ein russischer Politiker und war von März 1985 bis August 1991

Generalsekretär des Zentralkomitees der Kommunistischen Partei und von März 1990 bis Dezember 1991 Präsident der Sowjetunion. Durch seine Politik der Glasnost („Offenheit") und der Perestroika („Umbau") versuchte G. den Umbau der UdSSR, woran er allerdings scheiterte. Er leitete jedoch das Ende des Kalten Krieges ein und ermöglichte damit die deutsche Wiedervereinigung, an der er zusammen mit → **Helmut Kohl** maßgeblich mitgewirkt hat. G. erhielt 1990 den Friedensnobelpreis.

Hartmann, Michael (geb. 1952); ist ein deutscher Soziologe und seit 1999 Professor für Elite- und Organisationssoziologie an der TU Darmstadt. Seine Forschungsschwerpunkte sind Eliteforschung, Industrie- und Organisationssoziologie, Managementsoziologie, Globalisierung, nationale Wirtschaftskulturen und Professionsforschung.

Heinemann, Gustav (1899 – 1976); war ein deutscher Politiker. Von 1949 bis 1950 war er Bundesminister des Innern. Wegen der Wiederbewaffnung der Bundesrepublik trat er 1950 von seinem Amt zurück, verließ 1952 die CDU und trat 1957 der SPD bei. Von 1966 bis 1969 war er Bundesminister der Justiz und von 1969 bis 1974 Bundespräsident. Als solcher verstand sich H. als „Bürgerpräsident".

Hitler, Adolf (1889 – 1945); im Ersten Weltkrieg war der gebürtige Österreicher Soldat im deutschen Heer. Nach Ende des Krieges war er maßgeblich am Aufbau der Nationalsozialistischen Deutschen Arbeiterpartei (NSDAP) in Bayern beteiligt. Nach einem misslungenen Putsch 1923 wurde die Partei aufgelöst und Hitler zu fünf Jahren Festungshaft verurteilt, aber schon im Dezember 1924 wieder entlassen. Mit der Neugründung der NSDAP 1925 unternahm Hitler den Versuch, die Macht legal zu erringen. Begünstigt durch die Krisen gegen Ende der Weimarer Republik, besonders durch die Wirtschaftskrise 1930, gelang es ihm, zunehmend größere Wahlerfolge für seine Partei zu erringen. Am 30. Januar 1933 ernannte ihn Reichspräsident Paul von Hindenburg als Führer der stärksten Partei zum Reichskanzler. Nach dem Tod Hindenburgs (1934) machte sich Hitler als „Führer und Reichskanzler" zum Staatsoberhaupt und vereinigte damit die Ämter des Partei-, Regierungs- und Staatschefs in einer Person (Führer). Er errichtete ein auf Rassen- und Machtideologie fußendes totalitäres Herrschaftssystem. Während des Dritten Reichs kam es zu einer beispiellosen Verfolgung der europäischen Juden. Der NS-Vernichtungspolitik fielen Millionen von Menschen zum Opfer (Holocaust). Auch politische Gegner wurden verfolgt und in Konzentrationslager verschleppt. Außenpolitisch betrieb Hitler eine aggressive Expansionspolitik. 1939 löste er mit dem Angriff auf Polen den Zweiten Weltkrieg aus. Nachdem das Kriegsgeschehen in den Jahren 1942/43 eine Wende zuungunsten Deutschlands genommen hatte, kam es zu einer Steigerung von Gewaltpolitik und Völkermord. Kurz vor der Eroberung Berlins durch sowjetische Truppen im Frühjahr 1945 nahm sich Hitler am 30. April das Leben.

Hradil, Stefan (geb. 1946); ein deutscher Soziologe. Er hat eine Professur an der Universität Mainz inne und arbeitet u. a. zu den Themengebieten „soziale Ungleichheit", „soziale Milieus" sowie zur „zukünftigen Entwicklung der modernen Gesellschaft in Deutschland".

Inglehart, Ronald F. (geb. 1934); ist ein US-amerikanischer Politologe und seit 1978 Professor an der University of Michigan. Bekanntheit erlangte er in den 1970er-Jahren durch seine Theorie des Wertewandels. Diese Theorie fußt auf der → Maslow'schen Bedürfnispyramide und besagt, dass bei steigendem Reichtum einer Gesellschaft das Verlangen nach materialistischen Werten (z. B. persönliche Sicherheit und Sicherung der Grundversorgung) abnimmt, während das Verlangen nach postmaterialistischen Werten (z. B. politische und gesellschaftliche Freiheit) zunimmt.

Jelzin, Boris Nikolajewitsch (1931 – 2007); war ein russischer Politiker und von 1991 bis 1999 der erste Präsident Russlands. Nachdem er während eines Putsches 1991 die beginnenden demokratischen Bemühungen vor Altkommunisten bewahrt hatte, war auf seine Initiative hin die Sowjetunion aufgelöst worden. Korruption und der allgemeine wirtschaftliche Niedergang des Landes überschatteten seine weitere Amtszeit.

Johannes Paul II., bürgerlich **Karol Józef Wojtyła** (1920 – 2005); war von 1978 bis 2005 Papst der römisch-katholischen Kirche und zuvor Erzbischof von Krakau. Durch sein Eintreten für die Menschenrechte und seine kompromisslose Haltung gegen die kommunistischen Regime in Mittel- und Osteuropa wird ihm eine wichtige Rolle bei der Beseitigung dieser, insbesondere in Polen, zugeschrieben.

Khomeini, Seyyed Ruhollah Musavi (1902 – 1989); iranischer Schiitenführer (Ayatollah) und Politiker. Er rief 1979 die „Islamische Republik Iran" aus, setzte den Islam als allein maßgebende Kraft durch und legte die führende Rolle der schiitischen Geistlichkeit fest, deren Führung er selbst übernahm. Politisch und religiös Andersdenkende ließ er verfolgen. Außenpolitisch vollzog Khomeini einen radikalen Bruch mit den USA und wurde einer der entschiedensten Gegner Israels. Zwischen 1980 und 1988 führte er gegen den weltlich orientierten Machthaber im Irak, Saddam Hussein, einen erbitterten Verteidigungskrieg (Erster Golfkrieg).

King Jr., Martin Luther (1929 – 1968); der farbige Baptistenpfarrer und Menschenrechtler war der Vorkämpfer des gewaltlosen Widerstandes gegen Rassendiskriminierungen in den USA. Er setzte sich für die Menschenrechte der farbigen Minderheit ein. Dieser Einsatz machte ihn zur Symbolfigur gegen die Unterdrückung der Afroamerikaner und Schwarzafrikaner sowie für soziale Gerechtigkeit. 1964 bekam K. den Friedensnobelpreis verliehen. Zwischen 1955 und 1968 wurde K. indes mehr als 30 Mal inhaftiert, ehe er 1968 in Memphis ermordet wurde.

Klages, Helmut (geb. 1930) war Professor für empirische Sozialwissenschaften, insbes. Soziologie (Organisations- und Verwaltungssoziologie) an der Deutschen Hochschule für Verwaltungswissenschaften Speyer und ist inzwischen emeritiert. In den 1970er-Jahren begründete er die Wertesynthesetheorie.

Kohl, Helmut (geb. 1930); ist ein deutscher Politiker (CDU). Der frühere Ministerpräsident von Rheinland-Pfalz (1969 – 1976) wurde 1982 nach einem erfolgreichen Misstrauensvotum gegen Helmut Schmidt (SPD) deutscher Bundeskanzler. In seiner Regierungszeit (bis 1998) gestaltete der promovierte Historiker den Prozess der deutschen Wiedervereinigung und wirkte maßgeblich am europäischen Einigungsprozess mit.

Köhler, Horst (geb. 1943); war von 2004 bis 2010 Bundespräsident; zuvor bis 2004 Geschäftsführender Direktor des Internationalen Währungsfonds (IWF). 1993 bis 1998 leitete er als Präsident den Deutschen Sparkassen- und Giroverband und anschließend bis 2000 die Europäische Bank für Wiederaufbau und Entwicklung.

Uljanow, Wladimir Iljitsch, genannt **Lenin** (1870 – 1924); war ein russischer Revolutionär und kommunistischer Politiker. Er spielte eine wesentliche Rolle bei der Übernahme der Regierungsgewalt in Russland ab 1917 durch die Kommunisten/Bolschewiken. Er entwickelte eine eigene Version des Marxismus: den Leninismus. Bürgerliche Parteien wurden verboten, „Konterrevolutionäre" brutal verfolgt. L. war der Wegbereiter des Totalitarismus. Nach seinem Tod wurde in der UdSSR ein starker Personenkult um ihn betrieben.

von der Leyen, Ursula (geb. 1958); ist eine deutsche Politikerin (CDU). Seit 2013 ist die approbierte Ärztin Bundesministerin für Verteidigung, zuvor war sie von 2009 bis 2013 Bundesministerin für Arbeit und Soziales, von 2005 bis 2009 Bundesministerin für Familie, Senioren, Frauen und Jugend und von 2003 bis 2005 in Niedersachsen Ministerin für Soziales, Frauen, Familie und Gesundheit. Unter ihrer Federführung wurde in Deutschland zum 1. Januar 2007 das Elterngeld eingeführt. Durch ihre Forderung nach einem massiven Ausbau der Kinderkrippenplätze Anfang 2007 löste sie in der eigenen

Partei sowie in der CSU eine teils heftige Debatte um den Wandel des traditionellen Familienbilds in Deutschland aus. Auch als Verteidigungsministerin hat sie eine Diskussion über die bessere Vereinbarkeit von Beruf und Familie in der Bundeswehr angestoßen. Außerdem kündigte sie Anfang 2014 an, dass sich Deutschland bzw. die Bundeswehr zukünftig verstärkt der internationalen Veranwortung stellen müsse.

Locke, John (1632 – 1704); war ein einflussreicher englischer Rechtsphilosoph und ein Verfechter der bürgerlichen Freiheiten und des individuellen Grundrechtsschutzes. In seinem 1690 erschienenen Hauptwerk „Two Treatises of Government" (Zwei Abhandlungen über die Regierung) entwickelte er Gedanken zu einer Gewaltenteilung zwischen König und Parlament. Locke argumentierte, dass eine Regierung nur rechtmäßig sei, wenn sie die Zustimmung der Regierten besäße und die von Natur aus gegebenen Rechte auf Leben, auf Freiheit und auf Eigentum beschütze. Für den Fall, dass die Regierung gegen diese ihre vertraglichen Pflichten verstößt, hätten die Untertanen das Recht auf Widerstand gegen die Staatsgewalt, d. h. das Recht zur Rebellion.

Luther, Martin (1483 – 1546); der Augustinermönch und Theologieprofessor war die zentrale Person der Reformation. Sein Thesenanschlag in Wittenberg am 31. Oktober 1517 („Reformationstag") gilt als deren Auslösepunkt. Ziel war eine Neuorientierung der Katholischen Kirche, nicht die Kirchenspaltung. L. übersetzte im Herbst 1521 auf der Wartburg das Neue Testament in nur elf Wochen vom Griechischen ins Deutsche. Die „Lutherbibel" veränderte die frühneuzeitliche Gesellschaft nachhaltig.

Marx, Karl (1818 – 1883); war ein deutscher Philosoph. Er untersuchte im Zeitalter der Industrialisierung zusammen mit Friedrich Engels die kapitalistische Gesellschaft und gilt als bedeutendster Denker von Sozialismus und Kommunismus. Marx gab an, durch seine historischen Untersuchungen einen fortdauernden Konflikt zwischen besitzenden und nicht besitzenden Klassen innerhalb einer Gesellschaft erkennen zu können; im Industriezeitalter wären dies die Bürger (Bourgeois), d. h. diejenigen, die Produktionsmittel besitzen, und die Arbeiter (Proletarier), die keinen solchen Besitz haben und ihre Arbeitskraft verkaufen müssen. Diesen Klassenkonflikten sprach Marx die treibende Kraft für die Weiterentwicklung der Gesellschaft zu. Als Endstadium sah er dabei die klassenlose Gesellschaft im Kommunismus an. Diese sollte durch die Aufhebung des Privateigentums an Produktionsmitteln (z. B. Boden, Fabriken, Maschinen usw.) erreicht werden.

Maslow, Abraham (1908 – 1970); war ein US-amerikanischer Psychologe. Er entwickelte eine fünfstufige „Bedürfnispyramide", beginnend bei den (körperlichen) Grundbedürfnissen (Nahrung, Wohnraum, Sexualität) über Sicherheit (Rechtssicherheit, Arbeitsplatzsicherheit), soziale Bedürfnisse (Familie, Freunde, Liebe) und soziale Wertschätzung (Status, Anerkennung, Wohlstand) bis hin zum Bedürfnis nach Selbstverwirklichung (Individualität, Gerechtigkeit, Selbstfindung). Dabei versuche der Mensch stets, zuerst die fundamentalen Bedürfnisse zu befriedigen, bevor die nächste Stufe zum neuen und dominanten Bedürfnis wird, welches das menschliche Verhalten motiviert.

Medwedew, Dimitri Anatoljewitsch (geb. 1965); war von 2008 bis 2012 Präsident und ist seit 2012 Ministerpräsident der Russischen Föderation sowie Vorsitzender der Partei „Einiges Russland". M. wurde von → **Putin**, der 2008 nach zwei Amtszeiten der russischen Verfassung gemäß nicht wieder als Präsident kandidieren konnte, als (temporärer) Nachfolger auserkoren und dafür 2007 zum Ministerpräsidenten ernannt. Auf dieser Basis konnte er die Präsidentschaftswahlen 2008 für sich entscheiden. Bis 2008 war M. Aufsichtsratsvorsitzender des Energieriesen Gazprom. 2012 konnte Putin erneut zu den Präsidentschaftswahlen antreten und löste M. wieder ab.

Merkel, Angela (geb. 1954); ist eine deutsche Politikerin (CDU). Sie ist seit dem 10. April 2000 Bundesvorsitzende der CDU sowie seit dem 22. November 2005 die erste Frau im Amt des deutschen Bundeskanzlers. Zuvor bekleidete sie zwischen 1991 und 1994 das Amt der Bundesministerin für Frauen und Jugend und zwischen 1994 und 1998 das Amt der Bundesumweltministerin. M. wurde als Tochter eines evangelischen Pfarrers in Hamburg geboren, wuchs jedoch in der DDR auf.

Mohammed (570 – 632); wird von den Muslimen als letzter Prophet angesehen, welcher mit dem Koran die Offenbarungen Allahs empfangen habe. Damit gilt M. als Religionsstifter des Islam. Sein Geburtsort Mekka und sein Sterbeort Medina gelten den Gläubigen als heilige Städte und sind als Wallfahrtsorte jedes Jahr Ziel mehrerer Millionen Muslime.

Baron de La Brède et de Montesquieu, Charles-Louis de Secondat, genannt **Montesquieu** (1689 – 1755); war ein französischer Schriftsteller und Staatstheoretiker. Im Jahr 1748 erschien sein bedeutendstes Werk: „De l'esprit des loix" (Vom Geist der Gesetze). Ähnlich wie → **John Locke** versuchte auch Montesquieu, sinnvolle Grundlagen für Regierungssysteme zu entwickeln. Montesquieus größte Sorge galt dabei einer Situation, in der eine einzige Person oder eine einzige Institution übermäßig viel Macht anhäufen und missbrauchen konnte. Das zentrale Prinzip zur Verhinderung einer solchen Situation sah Montesquieu in der Verteilung der Staatsfunktionen (Gewalten) auf verschiedene Verfassungsorgane, die die Staatsmacht gemeinsam ausüben sollten: So war die gesetzgeberische Gewalt (Legislative) dem Parlament zugedacht, die vollziehende Gewalt (Exekutive) lag beim König und die Recht sprechende Gewalt (Judikative) bei den Gerichten. Mit diesen Gedanken verhalf Montesquieu der Lehre von der Gewaltenteilung zum Durchbruch. Als politisches Programm verkündet wurde die Gewaltenteilung erstmals in der Unabhängigkeitserklärung der USA im Jahre 1776.

Mussolini, Benito (1883 – 1945); errichtete in Italien zwischen 1922 und 1943 ein faschistisches Regime. Nach der Eroberung Abessiniens 1936 und der Besetzung Albaniens 1939 trat er in den Zweiten Weltkrieg, der für Italien zunehmend schlechter verlief. Nach der Besetzung Siziliens 1943 durch die US-Armee wurde er entmachtet, konnte jedoch bis 1945 mit deutscher Unterstützung in Norditalien ein neues faschistisches Regime errichten. Auf der Flucht wurde er 1945 erkannt und erschossen.

Obama, Barack Hussein (geb. 1961); seit 2009 der 44. Präsident der USA und der erste Afroamerikaner in diesem Amt. Sein Vater stammte aus Kenia, seine Mutter aus dem US-Bundesstaat Kansas. O. gehört der Demokratischen Partei an. Sein Wahlkampfslogan „Change" hatte den Nerv breiter Bevölkerungsschichten getroffen, die nach der Präsidentschaft → **George W. Bushs** und angesichts großer außenpolitischer, wirtschaftlicher und gesellschaftlicher Probleme einen Wechsel herbeisehnten. Das Motto „Yes, we can" begleitete die kaum vorhersehbare Erfolgsgeschichte des jugendlich und unverbraucht wirkenden Senators aus dem US-Bundesstaat Illinois und hatte eine stark mobilisierende Wirkung v. a. auf junge, farbige und weibliche amerikanische Wähler sowie auf die Gruppe der Hispanics. 2009 erhielt O. den Friedensnobelpreis. 2012 wurde er für eine zweite Amtszeit wiedergewählt.

Putin, Wladimir Wladimirowitsch (geb. 1952); ist ein russischer Politiker und seit Mai 2012 erneut Präsident der Russischen Föderation. Dieses Amt bekleidete er bereits von 2000 bis 2008, nachdem der vorherige Präsident → **Boris Jelzin** aus dem Amt geschieden war und P. zu seinem Nachfolger ernannt hatte. Weil Putin nach zwei Amtszeiten nicht sogleich wieder als Präsident antreten konnte, benannte er seinen Wunschkandidat → **Dimitri Medwedew** als Nachfolger. Putin selbst hatte von 2008 bis 2012 – wie schon von 1999 bis 2000 – das Amt des Ministerpräsidenten Russlands inne. Noch unter Medwedew wurde die Amtszeit des Präsidenten von vier auf sechs Jahre verlängert (gültig seit 2012). Die Ära P. war und ist von außenpolitischer Selbstbehauptung und von Nationalismus gekennzeichnet, während innenpolitisch vor allem die Reform der Wirtschaft und die schrittweise Einschränkung von Grundrechten (z. B. Pressefreiheit) prägend sind. Zwischen 1985 und dem Ende der DDR war P. dort als Offizier des sowjetischen Auslandsgeheimdienstes KGB eingesetzt gewesen.

Reagan, Ronald Wilson (1911 – 2004); war von 1981 bis 1989 der 40. Präsident der USA. Bekanntheit erlangte er zuvor als Schauspieler und als Gouverneur von Kalifornien. R. gehörte der Republikanischen Partei an. Seine Präsidentschaft war innenpolitisch von massiven Steuersenkungen und von dem Versuch geprägt, Bundesaufgaben, v. a. in der Sozialpolitik, auf die einzelstaatliche Ebene zurückzuverlagern. Seine Außenpolitik stand im Zeichen eines starken Antikommunismus und militärischer Aufrüstung. Dennoch machte sich R. insbesondere in seiner zweiten Amtszeit durch Verhandlungen mit → **Michael Gorbatschow** um das Ende des Kalten Krieges verdient, als dessen Sieger er fraglos zu bezeichnen ist.

Rohani, Hassan (geb. 1948); ist ein iranischer Politiker und seit 3. August 2013 der siebte Präsident der Islamischen Republik Iran als Nachfolger von → **Mahmud Ahmadinedschad**. Im Vergleich zu seinem Vorgänger bei der Wahl gilt Rohani als gemäßigt. Von 2003 bis 2005 war R. Chefunterhändler bei den Verhandlungen des Westens und des Irans über das iranische Atomprogramm. Als Präsident erhielt er im September 2013 die Gelegenheit, Irans Atomprogramm vor den Vereinten Nationen zu verteidigen. Er betonte, dass eine „rein friedliche" Nutzung angestrebt werde. Weiterhin gibt es im Westen zwar Misstrauen gegenüber Irans friedlichen Absichten, die im Dezember 2009 abgebrochenen Atomverhandlungen wurden jedoch erneut aufgenommen und Ende 2013 gelang ein erster Durchbruch: Für sechs Monate friert der Iran sein Atomprogramm ein, dafür werden die Sanktionen gegen das Land gelockert. In dieser Zeit soll der Iran Beweise für die rein friedliche Ausrichtung seines Atomprogramms erbringen.

Rousseau, Jean-Jacques (1712 – 1778); war ein schweizerischer Schriftsteller, Moralphilosoph, Pädagoge, Naturforscher und Komponist. Er gilt als einer der bedeutendsten Vertreter der europäischen Aufklärung und wurde von zahlreichen Vertretern der Französischen Revolution hoch verehrt. Seine Arbeiten hatten großen Einfluss auf die Pädagogik sowie die politischen Theorien. R. Staatstheorie setzt sich mit dem Problem auseinander, wie ein von Natur aus gutes und freies Individuum seine Freiheit behalten kann, wenn es den Naturzustand verlässt und in den Zustand der Gesellschaft übertritt. Im Unterschied zu anderen Vertragstheoretikern, insbesondere → **John Locke**, sieht R. im individuellen Eigentum eine zentrale Quelle allen Übels, das durch den Gesellschaftsvertrag (contrat social) aufgehoben werde. Durch diesen werde es allen ermöglicht, sich wieder so frei wie im ursprünglichen Naturzustand zu fühlen und zugleich auf gesellschaftliche und politische Prozesse und Entscheidungen Einfluss zu haben. Allerdings müsste sich dazu jeder verpflichten, sich dem allgemeinen Willen (volonté général) zu unterwerfen, der wiederum dem Allgemeinwohl dient. In dieser Lesart sind die staatlichen Maßnahmen und Gesetze Ausdruck des souveränen Willens des Volksganzen, der die partikularen Interessen verdrängt. Regierte und Regierende sind identisch.

Rushdie, Salman (geb. 1947); der indo-britische Schriftsteller zählt seit Beginn der 1980er-Jahre zu den bedeutendsten Vertretern der zeitgenössischen Weltliteratur. Mit der Publikation seiner „Satanischen Verse" zog R. 1988 den Unmut des islamischen Fundamentalismus auf sich, unter dessen religiösem Feme-Urteil, der Fatwa, er seitdem für mehr als zwei Jahrzehnte zu einem Leben in ständigem Exil und in permanenter Bedrohung gezwungen war. Er lebt heute in den USA.

de Saint-Exupéry, Antoine (1900 – 1944); war ein französischer Schriftsteller und Flieger und schon zu seinen Lebzeiten ein anerkannter und erfolgreicher Autor. Sein bekanntestes schriftstellerisches Werk ist „Der Kleine Prinz" (1943).

S. starb im Juli 1944 über dem Mittelmeer beim Abschuss seiner Maschine durch einen deutschen Jagdflieger.

Schah Pahlevi, Mohammad Reza (1919 – 1980); der Königssohn war von 1941 bis zur Islamischen Revolution 1979 Schah von Persien (Iran) und letzter Herrscher auf dem Pfauenthron. Während seiner autoritären Herrschaft lehnte er sich militärpolitisch an die USA an und genoss trotz weltweiter Proteste die Unterstützung der westeuropäischen Staaten. Im Inneren ließ der Diktator verschiedene oppositionelle Gruppen (v. a. Kommunisten und Islamisten) verfolgen. Er stützte sich dabei auf die gefürchtete Geheimpolizei „Savak" und die enorm aufgerüsteten Streitkräfte.

Schröder, Gerhard (geb. 1944); ist ein deutscher SPD-Politiker. Er war von 1998 bis 2005 der siebte Bundeskanzler der Bundesrepublik Deutschland sowie zuvor von 1990 bis 1998 Ministerpräsident des Landes Niedersachsen. Seine Kanzlerschaft war vor allem durch die umstrittenen Reformen der Sozialsysteme („Hartz IV") und ein neues Selbstbewusstsein in der Außenpolitik geprägt. Durch seinen Regierungsstil galt er als „Medienkanzler". Nach seiner politischen Karriere wechselte S. in die Wirtschaft, wo er bis heute verschiedene Positionen bekleidet.

Schwarzer, Alice (geb. 1942); ist Journalistin und Publizistin; 1977 gründete sie die feministische Zeitschrift „Emma" und ist seitdem ihre Verlegerin und Chefredakteurin. Sie ist eine der bekanntesten Vertreterinnen der deutschen Frauenbewegung.

Stalin, Josef (1878 – 1953); war ein sowjetischer Politiker und Diktator. „Stalin" („der Stählerne") war sein „Kampfname". Nach der Russischen Revolution diente er sich im Parteiapparat hoch, seit 1922 war er Generalsekretär des Zentralkomitees der Kommunistischen Partei der Sowjetunion (KPdSU). Aus dieser Position baute er nach dem Tod → **Lenins** seine Alleinherrschaft systematisch aus. Dabei ließ er alle Personen und Personengruppen, die ihm gefährlich werden konnten oder die seiner Politik oder seinen Ansichten im Wege waren, verfolgen. Insgesamt fanden während seiner Herrschaft mehrere Millionen Menschen durch Terror oder Misswirtschaft den Tod. Stalin, der einen bizarren Kult um seine eigene Person betrieb, war der Meinung, der Sozialismus müsse zuerst in einem Land, nämlich der Sowjetunion, aufgebaut werden, um sich hernach in der ganzen Welt verbreiten zu können.

Ströbele, Hans-Christian (geb. 1939); Politiker von Bündnis'90/Die Grünen und Mitglied des Deutschen Bundestages. Als Anwalt und damals noch Mitglied der SPD verteidigte S. in den 1970er-Jahren Mitglieder der linksextremen Terrorgruppe „Rote Armee Fraktion" (RAF) und gründete die linke Wochenzeitung „taz" mit. In den 1980er-Jahren zählte S. in Berlin zu den Begründern der neuen Partei Die Grünen. Seit 2009 ist er Mitglied im Auswärtigen Ausschuss und im Rechtsausschuss sowie im Parlamentarischen Kontrollgremium für Geheimdienste; seit 2012 Mitglied im parlamentarischen Untersuchungsausschuss zur rechtsextremen Terrorgruppe „Nationalsozialistischer Untergrund" (NSU).

Tito, Josip Broz (1892–1980); war ein kommunistischer Politiker und von 1945 bis 1953 Ministerpräsident, danach bis zu seinem Tod Staatspräsident Jugoslawiens. Während des Zweiten Weltkrieges führte er den Partisanenwiderstand gegen die deutschen und italienischen Faschisten in Jugoslawien an. Als Ministerpräsident orientierte sich Tito zunächst an → **Stalin** und der Sowjetunion, verfolgte dann jedoch zunehmend einen eigenen sozialistischen Kurs und machte Jugoslawien zum führenden Land der sogenannten blockfreien Staaten, die sich im Kalten Krieg neutral verhalten wollten.

Xerxes I. (519 – 465 v. Chr.); war ein persischer Großkönig und ägyptischer Pharao. Er versuchte die Invasion von Griechenland, musste jedoch nach dem Verlust seiner Flotte in der Seeschlacht von Salamis (480 v. Chr.) den Rückzug antreten. Mit der Niederlage seiner Landstreitmacht in der Schlacht von Plataiai (479 v. Chr.) war die persische Invasion in Griechenland endgültig abgewehrt.

STICHWORTVERZEICHNIS

A

11. September 2001 119, 130, 206
Adoptionsrecht 172
Afghanistan 138, 149
Afrika 96
Agenda 2010 75
Agenda 21 168, 236
Alleinerziehende 38, 41, 43, 97
Altersstruktur 10
Arbeit 60 ff.
Arbeitslosenversicherung 80
Arbeitslosigkeit 15, 38, 58, 60 f., 104
Armut 29, 31, 94 ff.
Armut, internationale 96
Armutsrisiko 94 ff.
Atomausstieg 163 ff.
Atomenergie 163 ff.
Atomwaffen 137, 205 ff.
Auswanderung 18

B

Bayern 66 f., 107, 165, 179, 181 f., 184, 188, 214 f.
Berliner Mauer 113, 137
Bevölkerungsentwicklung 8 ff.
Bevölkerungsentwicklung, Zukunftsszenario 12
Bewerbung, anonyme 108 f.
Bildung 32, 38 f., 47 ff., 54 ff., 99, 105
Bildung, akademische 48 f.
Bildung, vorschulische 59
Bildungsabschlüsse 56
Bildungsexpansion 55, 57
Bildungssystem 54 f.
Bill of Rights 121, 124
Blue Card 21
Brain Drain 17
Bundespräsident 185, 188
Bundesverfassungsgericht 125 f., 133, 176

C

Chancengerechtigkeit 54, 81
Chancengleichheit 38 f., 48 f., 54, 57, 108 f.,
China 66, 113, 117,

D

Demografie 8 f., 12 f.
demografischer Übergang 12 f.
Demokratie 118 ff., 148, 156 ff., 184 ff., 192 f.
Demokratie, direkte 184 ff.
Demokratie, Gefährdung der 150 ff.
Demokratie, Probleme der 141
Demokratie, repräsentative 186 ff.
Demokratisierung 196 ff.
Deutsche Demokratische Republik 8, 28, 46, 113, 115 f., 145, 148, 179
Diktatur 112 ff., 144 ff., 198, 204 ff.
Drei-Sektoren-Theorie 37, 60 ff.

E

Ehe 40, 156
Einbürgerungen 19
Einbürgerungstest 17
Einkommen 29 ff., 35 f., 49
Einwanderung 16 ff., 20 f.
Elterngeld 45, 157, 159 ff.
Emanzipation 9, 47 ff., 72
Energien, erneuerbare 163, 167
Energiewende 164, 166
Europäische Union 83, 167, 196 ff.
Extremismus 149, 191, 203

F

Familie 9, 40 ff., 156 ff., 172, 211
Familie, Formen von 41, 43
Familienpolitik 42, 44 f., 156 ff.
Familienrecht 169, 171 f.
Faschismus 144 ff.
Federalist Papers 130, 135
FDGO 140 f.
Föderalismus 125, 178 ff., 181, 183
Föderalismusreform 178 ff.
Fracking 166
Fraktionsdisziplin 125, 132
Frauenquote 52 f., 220
Fukushima 163, 165
Fundamentalismus 145, 149, 204 ff.
Fünfprozenthürde 190, 192
Fürsorgeprinzip 81

G

Ganztagsschule 54 f., 101
Gastarbeiter 16
Geburtenrückgang 9, 20
Generationenvertrag 9, 11, 82, 86
Geschlechterrollen 49 f.
Gesellschaft, bundesrepublikanische 8 f., 28 f., 30 ff., 36 f., 38 ff., 72 f., 96 f., 106 f., 143
Gesellschaftsmodelle 22 ff.
Gesellschaftsvertrag 118, 187
Gesellschaftswandel 34 f.
Gesundheitsreform 81
Gewaltenteilung 125 ff., 133, 135
Gewaltenverschränkung 124 ff., 130 ff.
Gewerkschaft 76, 196
Glasnost 150, 164
Gleichberechtigung 46 ff.
gleichgeschlechtliche Ehe 157
Globalisierung 64 f., 69, 79
Greencard 17
Grundgesetz 118, 140

H

Hartz IV 75, 98
Holocaust 112, 205
Homosexualität 112 f., 155, 169, 172, 205, 209

I

Integration 16 f., 19, 102 ff.
Informationstechnologie 58, 60, 64 f.
Islamismus 149
Iran 149, 204 ff.

J

Jahreseinkommen 32
Jugendkriminalität 103
Jugendmilieus 27
Jugoslawien 107

K

Kinderarmut 92, 100
Kinderbetreuung 42, 106, 157 ff.
Kinderkrippen 157 ff.
Kirchensteuer 84
Klassenmodell 22
Kleinfamilie 40
Klimawandel 69, 139, 163, 167
Kommunismus 146 ff., 150, 197
Kongress, US- 130 f.
Konsum 30
Krankenversicherung 75, 80 f., 84 f.
Kriminalität 103, 170 f.
Kroatien 197, 200 f.

L

Lagenmodell 23, 25
Länderfinanzausgleich 179, 182 f.
Liquid Democracy 185, 189

M

Magna Charta 124
Materialismus 68 ff., 73
Medien 144, 153
Mehrheitswahl 125, 190 ff.,
Menschenrechte 112 ff., 118 ff., 122 f.
Menschenrechte, Erklärung der 119, 122
Menschenrechtsverletzung 112 ff., 209
Migration 16, 18, 20 f., 102 ff.
Mittelschicht 35
Monarchie 124, 204
Muslime 149, 204

N

Nachhaltigkeit 167
Nationalsozialismus 112 ff., 145 f.
NATO 196, 198
Naturzustand 120
Nettoeinkommen 84
New Economy 60
Nordkorea 147

O

Oberhaus, britisches 125 ff.
OECD 20
Oktoberrevolution 145
Ost-West-Konflikt 16 f.

P

Perestrojka 150
Pflegeversicherung 80, 84
Polen 196, 198 f.
Postmaterialismus 68 ff.
Präsident, US- 1230, 133 ff.
Prekariat 23, 27, 95
Premierminister, britischer 124 ff.
Pressefreiheit 153, 204 f.
Primeministerial dictatorship 129
PRISM 119
Privathaushalt 43

R

Reform 174 ff., 193
Reformstau 174 f.
Regierungssystem, britisches 124 ff.
Regierungssystem, bundesdeutsches 126, 133
Regierungssystem, iranisches 207
Regierungssystem, parlamentarisches 132
Regierungssystem, präsidentielles 132
Regierungssystem, russisches 150 ff.
Regierungssystem, US-amerikanisches 130 f., 133 f.
Rente 11, 86 ff.
Rentenreform 87, 90 f.
Rentenversicherung 80, 84, 86 ff.
Repräsentantenhaus, US- 125, 131, 133
Republik 124 f., 135, 204 f.
Resozialisierung 168 ff., 170 f.
Revolution 118 f., 145, 174, 204 f.
Russland, Verfassung 152

S

Schichtmodell 22, 24 f.
Schulabschlüsse 105
Sektor
  primärer 37, 60, 62, 66
  sekundärer 37, 60, 62, 66
  tertiärer 37, 60, 62, 66
Senat, US- 131, 133
Shell-Jugendstudie 156
Sicherungsverwahrung 169, 173
Sinus-Milieus 23, 26 f.
Solidaritätsprinzip 80 ff.
Sowjetunion 113, 146, 150, 196 f.
Sozialbudget 78
Soziale Marktwirtschaft 74
soziale Milieus 23
soziale Mobilität 36 ff.
soziale Sicherung 80 ff.
soziale Sicherung, EU- 83
soziale Sicherung, Theorien 76
soziale Ungleichheit 33, 39
Sozialleistungsquote 78
Sozialstaat 74 ff.
Sozialstaat, Zukunft des 78 f.
Sozialstaatsprinzip 74, 76 ff.
Sozialversicherung 72 f., 76
Staatsbürgerschaftsrecht 177
Staatsverschuldung 75, 92 f.
Stalinismus 112, 145 f.
Ständewesen 22
Statistiken, Manipulation von 15
Strafrecht 168 ff.
Straftheorien 168 f.
Strukturwandel 34 f., 60 ff., 66 f.
Subsidiaritätsprinzip 81 f.
Szenario-Methode 202

T

Terrorismus 119, 133
Theokratie 145, 204
Theorie, Konflikt- 57
Theorie, Konsum- 57
Theorie, Modernisierungs- 57
Totalitarismus 112 f., 115, 144 ff.
Tschernobyl 164

U

Umweltpolitik 140, 162 ff.
Umweltverschmutzung 162 f.
Unabhängigkeitserklärung, US-amerikanische 118
Ungleichheit, Chancen- 28, 47
Ungleichheit, soziale 28 ff., 33 ff., 59, 95, 98, 100 f.
Ungleichheit, Verteilungs- 28
Unterhaus, britisches 125 ff.

V

Vereinte Nationen 112, 119, 122, 139
Verfassung 138
Verfassungsgericht, US-amerikanisches 131, 133 ff.
Verfassungsstaat 138 ff.
Verhältniswahl 190 f., 193
Versicherungsprinzip 80
Versorgungsprinzip 80 f.
Vetospieler 175 f.
Volksbegehren 184 ff.
Volksentscheid 187
Vorratsdatenspeicherung 119, 123
Vorwahlen 191, 194

W

Wahlrechtsreform 190 ff.
Währungsreform 36
Wandel, demografischer 69, 86
Wandel, sozialer 40 ff., 46 ff., 54 ff.
Wandel, Werte- 68 ff., 72 f.
Werte der deutschen Bürger 5
Wertetypen 71
Wiedervereinigung 61
Wikipedia 228
Wirtschaftssektoren 37
Wirtschaftsstandort 64
Wirtschaftswunder 16, 36
Wohlfahrtsstaat 139, 143

Z

Zugehörigkeitsgefühl 106 f.
Zuwanderungsgesetz 17
Zweiklassenmedizin 85

BILDQUELLENVERZEICHNIS

A1pix, Taufkirchen: 111 re.Mi.; **akg-images**, Berlin: 22 (E. Lessing), 115 o., 120, 144; **Appenzeller, H.**, Stuttgart: 131, 202; **Baaske Cartoons**, Müllheim: G. Mester: 16 li., T. Plaßmann: 46 o., 58, 65, 80, 86, E: Rauschenbach: 69; **Bergmoser + Höller Verlag**, Aachen: 152 (nach ZAHLENBILDER 844523), 180 u. (nach ZAHLENBILDER 181114); **Bildagentur Huber**, Garmisch-Partenkirchen: 111 o.li. (J. Lawrence); **Boucherie, D.C.**, Köln: 7 li.o.; **Bundeszentrale für politische Bildung**, Bonn: 203; **Colourbox.com**, Odense: 169 (J. Fouquet); **Corbis**, Düsseldorf: 138 (Reuters/F. Bensch), 156 (C. & J. Lenars), 221 u. (B. Kirst); **creators.com**, Hermosa Beach, CA 90254: 143 (S. Breen/San Diego Unien-Tribue/Distr. Bulls), 150 (G. Varvel/The Indianapolis Star © 2008/Distr. Bulls); **Deutsches Historisches Museum**, Berlin: 46 u.; **die bildstelle**, Hamburg: 162 (REX FEATURES LTD.); **E.ON**, Düsseldorf: 163 o.; **Erl, M.**, Ingolstadt: 29; **Finster, H.**, Aachen: 66; **fotolia.com**, New York: 8 (W. Ihlenfeld), 34 o. (kalichka); **Fritsche, B.**, Köln: 161; **Getty Images**, München: 208 (AFP/B. Mehri); **Guhl, M.**, Stein am Rhein: 235; **Haitzinger, H.**, München: 149; **Haus der Geschichte**, Bonn: 25 u. (P. Leger), 184 (P. Leger), 192 (W. Hanel); **Henniger, B.**, Strausberg: 191; **Imago**, Berlin: 23 (teutopress), 60 (imagebroker/Waldhäusl), 68 (HRSchulz), 179 (F. Berger); **Initiative Neue Soziale Marktwirtschaft**, Köln: 174 (F. Reiss); **INTERFOTO**, München: 40 (Mary Evans Picture Library), 47; **Janson, J.**, Landau: 87, 177; **Klant, M.**, München: 213 re.o.; **Mester, G.**, Wiesbaden: 11 u., 93 u., 101, 178; **Mohr, B.**, Königswinter: 16 re.; **Pfohlmann, C.**, Landsberg am Lech: 206; **Picture-Alliance**, Frankfurt/M.: Titel o. (ZB/A. Burgi), Titel u. (EPA/M. Cavanaugh), 52 u. (dieKLEINERT.de/Scharwel), 67 (dpa/B. Thissen), 96 (epa/F.R. Malasig), 111 u. (ZB/J. Woitas), 125 (dpa/PA), 130 (dpa/M. Sasse), 136 (dpa/K. Nietfeld), 147 (akg-images), 154 (epa/A. Druzhinyn), 155 (dpa/F. Schuh), 163 u. (OKAPIA/K. Wothe), 164 (nach dpa-Infografik 14798), 165 (AbC TV), 170 (dpa/K. Lenz), 166 (nach Globus Grafik 5279), 185 (dpa/Bundesregierung/HO), 196 (dpa/Lehtikuva Oy), 197 (dpa/H. Sanden), 204 o. (AP/E. Noroozi), 205 (dpa//ParsPix/G. Fars), 211 Mi. (dpa/M. Athenstädt), 211 u., 221 o. (EB-Stock), 223 (dpa/H. Hollemann), 225 (chromorange); **Plaßmann, T.**, Essen: 11 o., 102, 103; **Punch Ltd.**, London: 17 (L. G. Illingworth/B. Drain); **Raps, C.**, Tann: 109; **Simplicissimus** (Online-Edition), Weimar: 114 (Simplicissimus Jg., Heft 47/1933; **SINUS Markt- und Sozialforschung GmbH**, Heidelberg: 27 M5; **Sozialverband VdK Deutschland e.V.**, Berlin: 94; **Süddeutsche Zeitung Photo**, München: 146 (dpa/AP); **Tolanlar, Y.**, München: 107; **Traxler, H.**, Frankfurt/M.: 54; **ullstein bild**, Berlin: 112, 113 (Keystone Pressedienst), 115 u. (Probst), 116, 151 (Bonn-Sequenz), 204 u. (C.T. Fotostudio), 213 re.u. (imagebroker/K.-H. Schremberg); **vario images**, Bonn: 213 o.li. (Denkou Images); © **VG Bild Kunst, Bonn 2014**: 114.